DV für Controller

Von
Professor
Dr. Franz Klenger

R. Oldenbourg Verlag München Wien

Die Deutsche Bibliothek - CIP-Einheitsaufnahme

Klenger, Franz:
DV für Controller / Von Franz Klenger. - München ; Wien :
Oldenbourg, 1995
ISBN 3-486-22525-1

Gesamtherstellung: R. Oldenbourg Graphische Betriebe GmbH, München

ISBN 3-486-22525-1

Vorwort

Läßt sich ein Organisationsproblem lösen, ohne daß man es in Cobol programmiert ? Diese Frage stand - unbewußt - am Anfang.

Und die bei den Controllern so beliebte Tabellenkakulation kann auch noch nicht alles gewesen sein.

In der betriebswirtschaftlichen Lehre kommt die Ablauforganisation nur mit ein paar Leerformeln vor, die Komplexität der Praxis wird nicht gelöst.
Die Praxis ist geprägt durch Programmieren in Cobol.

Beide Tatbestände sind für den gegenwärtigen Zustand der Ablauforganisation verantwortlich. Dieser Zustand ist geprägt durch

- Ineffizienz (für eine Zwischensumme braucht man 30 lines of code)
- Intransparenz (der Anwender versteht den Programmierer nicht, der Programmierer versteht sein Programm nicht mehr)

Die Methoden, die dem Ablauforganisator heute zur Verfügung stehen, kann man auf einer DIN-A4-Seite zusammenstellen, wenn man die vielen Doubletten und Lehrbuchgespenster wegläßt. Die scheinbare Vielfalt schrumpft auf **ganz wenige Methoden** zusammen.

Es sind dies

Funktionsbaum (für die Hierarchisierung und Modularisierung)
Minispezifikation
relationales Datenmodell
data dictionary
Masken
Reports

Die **Texte** sind eher **kurz** gehalten, die wesentlichen **Aussagen** sind **in Bildern** dargestellt. Eine **Vielzahl von Aufgaben** (mit Lösungen) soll die Konzepte einüben.

Die Darstellung ist gelegentlich pointiert. Zu Lobeshymnen auf die DV-Branche besteht kein Anlaß, weil der Controller von einem Soll-Zustand geprägt ist und nicht von relativen Verbesserungen.

Zielgruppe

Wer durch diese Arbeit angesprochen werden soll?
In erster Linie **Studenten**, die **aufgeklärten Anwender**, die **Controller als Informationsmanager**.

Die Arbeit kann unabhängig von dem Erwerb von "Tastenvirtuosität auf dem PC" gelesen werden, sie kann aber auch als Begleitung zu einem "tastenorientierten DV-Kurs" (Tabellenkalkulation, Datenbanksystem) zur Klärung des **konzeptionellen Hintergrundes** der DV-Anwendungen genutzt werden.

Danksagungen

Ich habe einen Kollegen (Jürgen Burgermeister), der schreibt grundsätzlich keine Bücher, sondern arbeitet lieber an seiner persönlichen Vervollkommnung.
Ich habe einen Kollegen (Günter Weinrich), der rät von DV-Büchern ab, weil es alles nur Eintagsfliegen sein können.
Ich habe einen Kollegen (Ulrich Kracke), der schreibt schnell und viele DV-Bücher.

Von diesen Vorbildern angeleitet, wollte ich das wenige aufschreiben, was über die Tastenvirtuosität und die Kenntnis einer Syntax hinausgeht.

Am meisten verdanke ich den Mitarbeitern auf der Arbeitsebene, von denen ich mir ein paar praktische Fähigkeiten abgucken konnte: Sigrid Heyden und Klaus Gehrke noch in Lüneburg, Ellen Falk-Kalms und Markus Schmidt in Dortmund. Wer nicht alles selber kann bzw. machen will, braucht Berater: Ronald Portner für die SQL, Uwe Schulze-Brockhausen für den Spreadsheet Connector, Andreas Harzer für die Fallstudie Controlling-Datenmodell; mehrere Diplomanden haben in ihren Arbeiten wichtige Erkenntnisbeiträge (auch über Irrwege) geliefert.

Peter Reusch war der Machtpromotor bei der Einführung von SAP an unserer Institution.

Die Muße eines Sommers in Dortmund-Körne hat auch zur Konzeption beigetragen.

Martin M. Weigert vom Oldenbourg Verlag hat mir mit der Veröffentlichung großes Vertrauen entgegengebracht.

Inhalt (Kurzfassung)

Inhalt

Abkürzungsverzeichnis

a. o.	außerordentlich
ABAP	SAP-eigene Programmiersprache
Abt.	Abteilung
Abw	Abweichung
BAB	Betriebsabrechnungsbogen
bil	bilanziell
bil BE	bilanzielles Betriebsergebnis
BV UF+F	Bestandsveränd. unfertige und fertige Erzeugnisse
BWL	Betriebswirtschaftslehre
CPU	central processing unit (Zentraleinheit)
DB	Deckungsbeitrag, Datenbank
DEC	Computerfirma (Digital)
DV	Datenverarbeitung
EDV	Elektronische Datenverarbeitung
Einschr.	Einschränkungen
EIS	executive information system
ER	Entity-Relationship
Erg	Ergebnis
ET	Entscheidungstabellen
Fibu	Finanzbuchhaltung
FL	Fertigungslöhner
Fremdrep	Fremdreparaturen
GF	Geschäftsführung
GKL	Gemeinkostenlöhner
GuV	Gewinn- und Verlustrechnung
Hochr	Hochrechnung
i. O.	in Ordnung
IBM	Computerfirma
kalk	kalkulatorisch
Kalk Abschr	kalkulatorische Abschreibung
Kalk BE	kalkulatorisches Betriebsergebnis
Kalk Zins	kalkulatorische Zinsen
Kaufm	kaufmännnisch
KER	Kurzfristige Erfolgsrechnung

Kore	Kostenrechnung
lfd	laufend
Mrd	Milliarden
MwSt	Mehrwertsteuer
NF	Normalform
PAP	Programmablaufplan
PC	Personal Computer, Profit-Center
PNK	Personalnebenkosten
RHB	Roh-, Hilfs- und Betriebsstoffe
SAP	Softwarefirma
SAP-R/2	alte Progammpakete von SAP
SAP-R/3	neue Programmpakete von SAP
SQL	Stuctured Query Language (Abfragesprache)
Techn	Technisch
UDM	Unternehmensdatenmodell
UFM	Unternehmensfunktionsmodell
Verwalt	Verwaltung
Vorj	Vorjahr

Organisatorisches

0

Organisatorisches 0

Grundgedanke:

Ein Fall für Zwei

Lernziele: Programm:

- ***ein Fall für zwei:***
  - o ***theoretischer Hintergrund:***
    Datenmodell und Funktionsmodell
  - o ***konkrete Arbeit:***
    Datenbanksystem und Tabellenkalkulation

Bild 0/1: Ein Fall für zwei

- ***straff-lockere Führung***
  - o ***straff: Aussage***
  - o ***locker: Sprache***

- ***Lesestrategien***
  - o ***auf das Wesentliche konzentrieren:***
    Datenmodell und Funktionsmodell
  - o ***nur Bilder***
  - o ***nur Kleingedrucktes***

Ein Fall für Zwei

Um mit einer bekannten Fernsehserie zu sprechen: Eine gute DV-Lösung ist "ein Fall für Zwei". Man braucht eigentlich ein Team, das gleichzeitig sowohl **konzeptionell** gut ist als auch in der Durchführung/**Tastenvirtuosität** Spitzenleistungen vollbringt.

Diese Arbeit stellt den **konzeptionellen Hintergrund** dar, der parallel zur Entwicklung technischer Kenntnisse im Umgang mit Datenbanksystem (und Tabellenkalkulation) aufgebaut werden muß.

Bild 0/1: Ein Fall für Zwei

Straff-lockere Führung

Peters und Waterman haben in Ihrem Buch "Auf der Suche nach Spitzenleistungen" die "straff-lockere Führung" (simultaneous loose-tight properties) als entscheidenden Erfolgsfaktor herausgestellt. Straff sollte im Unternehmen die Leistung sein, locker kann alles übrige, insbesondere der persönliche Umgang sein.

Straff in der Aussage, locker im Stil, ist daher das Motto dieser Arbeit.

Lesestrategien:

- direkt auf den "harten Kern" konzentrieren:
    - o Kapitel 2: Datenmodell
    - o Kapitel 3: Funktionsmodell

- noch härter: gleich die Aufgaben zum relationalen Modell (Modul 25)

- zunächst nur "Bilder kucken"

- zunächst nur das Kleingedruckte lesen

Bild 0/1: Ein Fall für Zwei

Dr. Renz
Dr. Franck

Matula

theoretischer Hintergrund:

DV für Controller

Datenmodell
Funktionsmodell

Konkrete Arbeit:

Datenbanksystem
Tabellenkalkulation
Betriebssystem
Netzwerk
Anwendung

Klenger, DV für Controller

Einführung 1.

1. Einführung

DV für Controller - Anforderungen: Gibt es ein Anforderungsniveau, das nicht auf der Ebene der Tasten, aber auch nicht auf der Ebene irrelevanter intellektueller Übungen liegt ? Beliebige Zahlen im dualen System darzustellen ist zwar "nice to know", aber im Grunde Beschäftigungstherapie. Der Anwender gibt seine Daten bei der DV ab und möchte sie gelegentlich in Form von Auswertungen wiedergewinnen können. Die **wenigen brauchbaren Methoden**, die dies leisten, sind in relationalen Datenbanksystemen enthalten.

Das **Schichtenmodell** der DV mit Anwendung, Datenbank, Betriebssystem und Hardware gibt eine **Grundstruktur für die DV-Konzeption**. Gleichzeitig erzählt es die Geschichte einer versuchten **Emanzipation vom Monopolisten** IBM. Ist es erlaubt, eine heterogene Struktur aufzubauen und die Abhängigkeit zu reduzieren ?

Einführung 1.

Das **Phasenkonzept** ist die Basisempfehlung für DV-Projekte. **Statt Endzielen werden zunächst Etappenziele** angestrebt. Allerdings beinhaltet es eine Arbeitsteilung zwischen Fachabteilung und DV-Abteilung, die sich nicht bewährt hat. Die Fachabteilung ist nur in der ersten Phase der Anforderungsdefinition gefragt. Der Rest der Softwarenentwicklung spielt sich in einer radikal zentralisierten DV-Abteilung unter Ausschluß des Anwenders in "unendlichen" Iterationen des Phasenzyklus ab. Die Abkehr von der "besinnungslosen" Zentralisierung der DV führt zur einer Relativierung des Phasenkonzeptes in alternativen Ansätzen: Im **Fachberateransatz** werden Versuche zur Dezentralisierung der DV unternommen: der Anwender emanzipiert sich und macht seine DV-Lösung selber; der Fachberater organisiert die Hilfe zur Selbsthilfe. Das **rapid prototyping** ist eine Antwort auf die zu langen Durchlaufzeiten der DV-Projekte ohne Rückkopplung zum Anwender.

Methoden und Modelle unterliegen einem starken fast modischen Wechsel. Der Kern der brauchbaren Methoden heißt in der Grobgliederung: **Datenmodell, Funtionsmodell** (und Zustandmodell), wodurch unterschiedliche Aspekte desselben DV-Problems angesprochen werden. Der Überbau - die Vorüberlegungen, die zum Datenmodell und Funktionsmodell führen - werden immer noch auf ein Stück Papier "geskribbelt" oder in nicht ins Datenbankssystem integrierte stand-alone-Systeme eingegeben. So harrt das Problem der DV- Dokumentation weiterhin einer Lösung.

DV für Controller - Anforderungen

11

Betriebswirt und Informatiker - eine Leidensgeschichte auf dem Weg zur Besserung

Schirmer's Visuelle Bibliothek

James Dean in der Rolle der Informatik, Liz Taylor in der Rolle der Betriebswirtschaft - Beide leiden.

DV für Controller - Anforderungen 11

Grundgedanke:

Konzentration auf die wenigen brauchbaren Methoden

Lernziele: Programm

- *Situation der DV*
  - *o Monopolstruktur des Marktes*

Bild 11/1: Monopolstruktur des Marktes

  - *o am Anfang des Lebenszyklus*

Bild 11/2: Am Anfang des Lebenszyklus

Bild 11/3: Von release zu release - mit Microsoft

  - *o Pseudomarketing*

Bild 11/4: Was nicht im Prospekt steht

Bild 11/5: Marketing-Portfolio

  - *o Informatik ringt um Methoden*
  - *o mangelnde Kommunikation zwischen Betriebswirt und Informatiker*
  - *o Machtmißbrauch*

DV für Controller - Anforderungen

11

Lernziele: Programm

- *Lichtblicke*
  - o *Schichtenmodell*
  - o *drei Welten, insbesondere anwenderfreundliche PCs*
  - o *logisches und physisches Datenmodell*
  - o *relationales Modell*
  - o *Datenbank-Schnittstelle für Controller-Auswertungen*

- *Controller´s DV und DV-Controlling*
  - o *Controller´s DV: persönlicher DV-Werkzeugkasten des Controllers*
  - o *DV-Controlling: Steuerung des DV-Bereichs*

- *Anforderungen*
  - o *Datenorientierung statt ausschließlicher Funktions- und Algorithmen-Orientierung*
  - o *nicht tastenorientiert*
  - o *ergebnisorientiert, nicht prozedural*
  - o *nicht syntaxorientiert (mathematische Formelschreibweise muß ausreichen)*
  - o *Konzentration auf die wenigen brauchbaren Methoden*

Situation der DV

Die Situation der DV ist durch folgende Merkmale gekennzeichnet:

- der Markt ist **monopolistisch** geprägt
- der Markt ist **am Anfang seines Lebenszyklus**
- der Markt ist durch **Pseudomarketing** geprägt
- die **Informatik ringt um Methoden**
- **mangelnde Kommunikation** zwischen Betriebswirt und Informatiker: Anwender und DV verkehren bei der Softwareentwicklung quasi juristisch
- **Machtmißbrauch**

Monopolstruktur des DV-Marktes

Die Monopolstruktur des Marktes (IBM, Microsoft, SAP) bedeutet die Abwesenheit von Wettbewerb. Die Konsequenz ist ein **Verkäufermarkt ohne wirkliche Kundenorientierung**. Es dominieren mittelmäßige Produkte zu überhöhten Preisen.

Gewiß, kein Monopol währt ewig. Die Marketing-Strategielehre empfiehlt, den Monopolisten nicht frontal anzugreifen. Marktanteile zu kaufen kommt teuer. Stattdessen sollte man den schlafenden Riesen mit Produktneuentwicklung und Marktsegmentierung überraschen, so wie beim PC geschehen.

Bild 11/1: Monopolstruktur des Marktes

Am Anfang des Lebenszyklus

Die Tatsache, daß sich die DV am Anfang des Lebenszyklus befindet, bedeutet, daß die meisten Produkte den Qualitätsstandard - um es mit dem Auto zu vergleichen - eines Modell T von Ford haben. Beim Auto wissen wir damit, welche Entwicklungen bis zur Sättigungsphase noch möglich sind. Für die **Informatik** wird damit eine glänzende Zukunftsprognose gestellt. Jedenfalls **hat** sie **ihre Zukunft noch vor sich**.

Um es mit der Menschheitsentwicklung zu vergleichen: der jetzige Stand entspricht vielleicht dem Übergang vom Affen zu den Vormenschen: das Feuer war noch nicht erfunden, aber man kannte schon den Gebrauch von Knochen- und Geröllwerkzeugen.

Bild 11/2: Am Anfang des Lebenszyklus

Die jetzigen DV-Produkte sind unausgereift und stecken voller Kinderkrankheiten. Die **Vertröstung auf den nächsten release** ist sprichwörtlich.

Bild 11/3: Von release zu release - mit Mircrosoft

Jede neue Version bringt wesentliche Verbesserungen gegenüber dem Vorläufer. Sie ist aber immer noch weit entfernt von der Erfüllung bescheidener Mindestanforderungen. Die Informatiker bevorzugen eben den Zeitvergleich, die Controller den Soll/Ist-Vergleich.

Vielleicht sind die Betriebswirte an den releases nicht ganz unschuldig, sondern haben sogar dazu geraten. Die Aufgabe der releases: den Kunden an den Entwicklungskosten mit Ratenzahlungen zu beteiligen (und den lästigen Raubkopierern das Geschäft zu erschweren). Es ist einfach interessant und spannend, an den Erkenntnissen des Softwareherstellers sukzessive beteiligt zu werden. Was wird uns der neue release bringen ? Die User group trifft sich auf dem Marktplatz und plauscht über den neuen release.

Bild 11/1: Monopolstruktur des Marktes

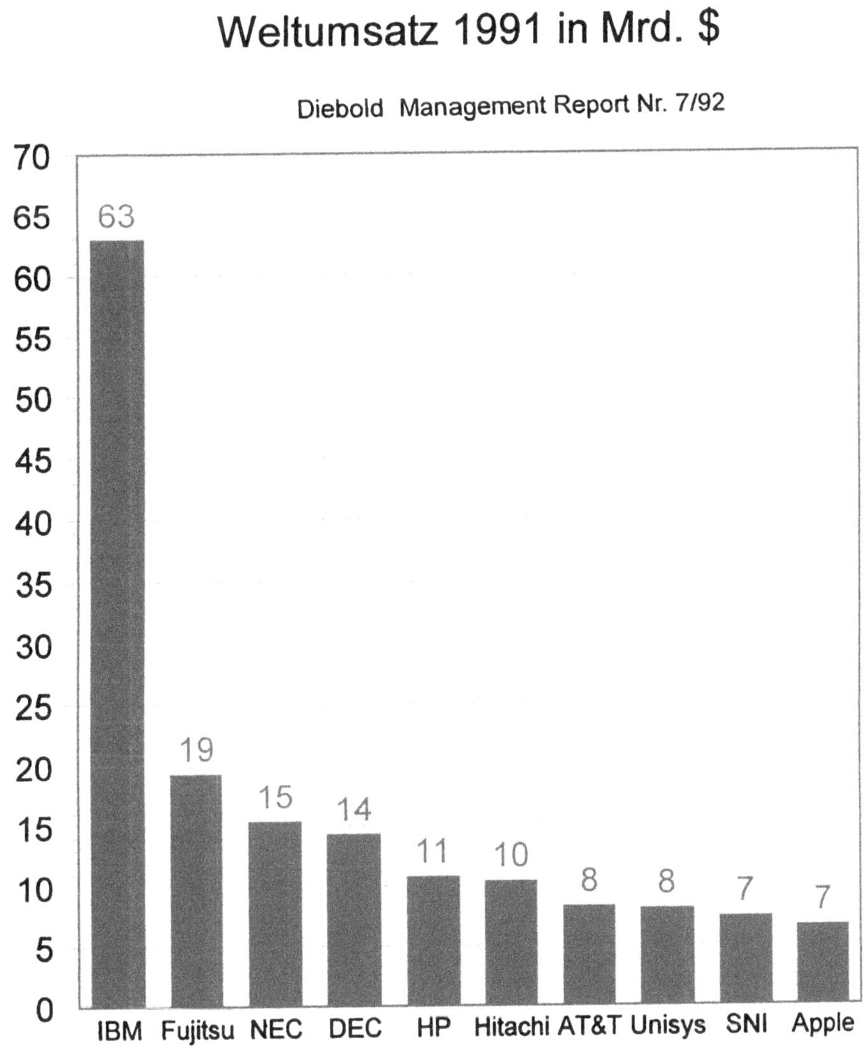

Klenger, DV für Controller

Bild 11/2: Am Anfang des Lebenszyklus

Menschheit

Südaffe	homo habilis	homo erectus	homo sapiens
	Geröllwerkzeuge	Grober Faustkeil	Pfeilspitze, Säge

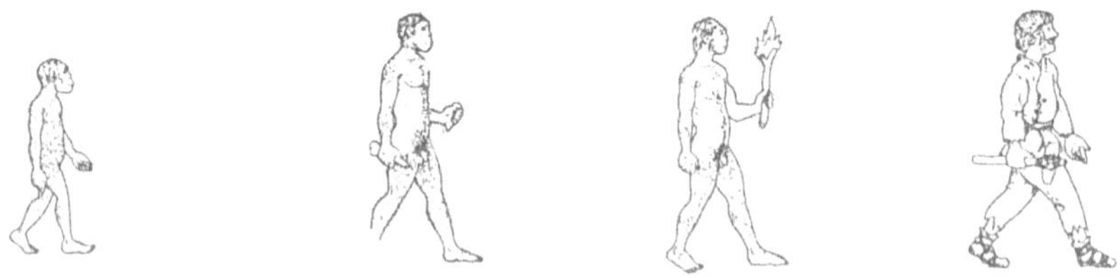

Peter Hoff/Wolfgang Harm, Evolution, S. 130, Schroedel

Landfahrzeuge

Pferdekutsche	Motorkutsche	Auto	...
		(Herkunft von der Kutsche nicht mehr erkennbar)	

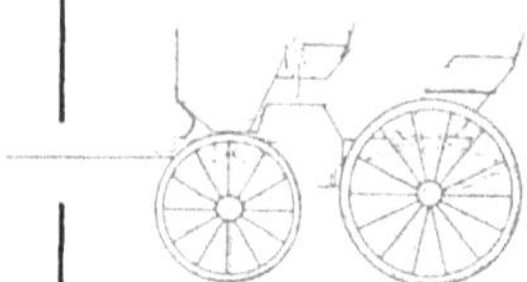

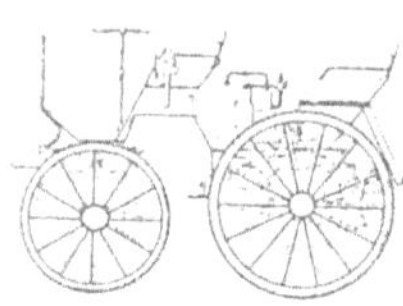

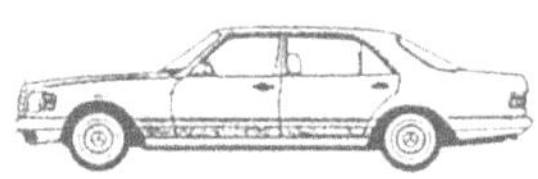

Hermann Lindner, Biologie, S. 494, Schroedel

Informatik

Cobol	SQL	...	...
SAP-R/2	SAP-R/3	...	...
ms-dos	windows	...	...

Klenger, DV für Controller

Bild 11/3: Von release zu release - mit Microsoft

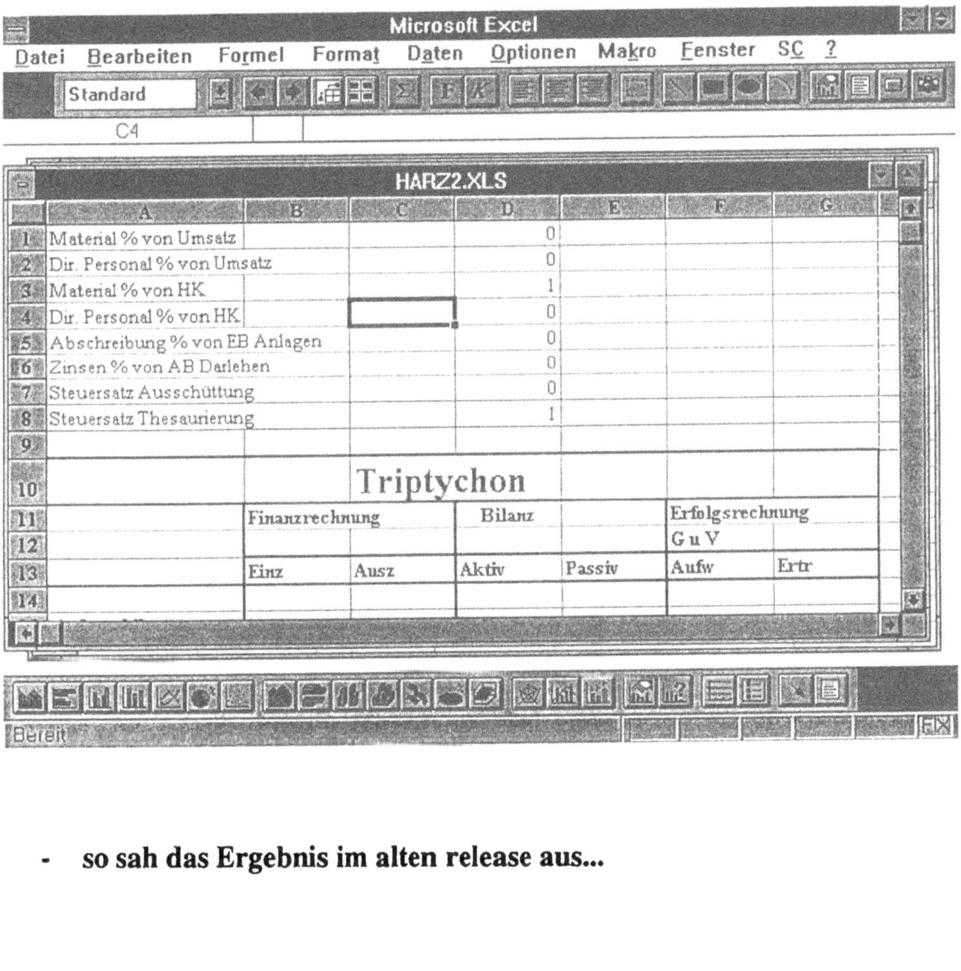

- so sah das Ergebnis im alten release aus...

Bild 11/3 f: Von release zu release - mit Microsoft

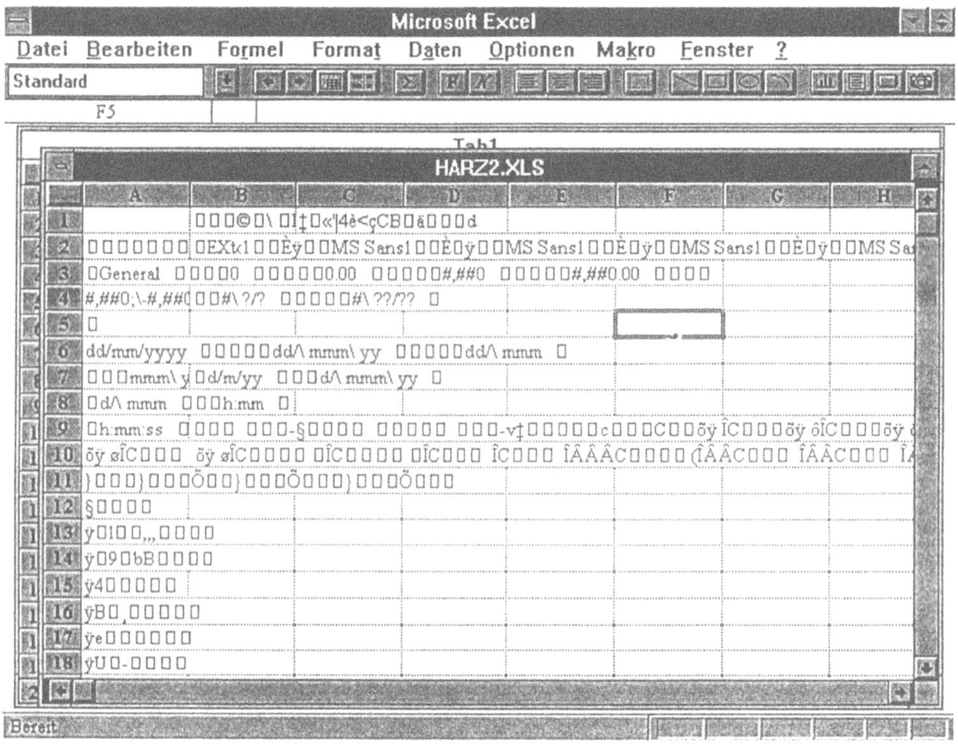

- **...und so sieht das Ergebnis im neuen release aus (oder umgekehrt) (natürlich hat der Anwender irgendetwas falsch gemacht. Oder Microsoft ?)**
- **Fazit: die DV verwendet einen hohen Zeitanteil auf release-Wechsel, d. h. sie beschäftigt sich mit sich selber. Ein greifbarer Fortschritt für den Anwender ist nicht erkennbar.**

Klenger, DV für Controller

Pseudomarketing

Die mangelhafte Ausbildung der Betriebswirte in Informatik macht sie besonders anfällig für Hochglanzprospekte, Leerformeln und unrealistische Vorstellungen.

Bild 11/4: Was nicht im Prospekt steht.

Bild 11/4: Was nicht im Prospekt steht
im Prospekt ... ein hervorragendes Produkt ... **nicht im Prospekt** Ein Dialogfenster mit dem Bombensymbol erscheint Ursache: Im System ist ein Softwarefehler aufgetreten
Klenger, DV für Controller

Das Herz des Marketing ist ein gutes Produkt. Darum ranken sich die anderen Marketing-Mix-Instrumente: Preis, Distribution, Kommunikation. Soweit die offizielle Lehre bzw. wie die Marketingleute ihr Feld gerne sehen möchten. Tatsächlich ist es etwas anders und darüber redet man nicht gerne. Es existiert in weitem Umfang ein Substitutionsverhältnis zwischen Preis/Leistung auf der einen Seite und Durchsetzungsfähigkeit (Verkaufsdruck, Marktgeschrei) auf der anderen.

Was man man an Preis-Leistung nicht bringt, kann man durch besondere Fähigkeiten im Verkauf und in der Kommunikation wettmachen. Beispiel ist wieder IBM mit durchaus mittelmäßigen Produkten zu Monopolpreisen, d. h. einem schlechten Preis-Leistungsverhältnis, aber einer aggressiven Vertriebsmannschaft und schönen (wenn auch nichtssagenden) Prospekten. In einem Marketing-Portfolio mit den Achsen

- Preis/Leistung
- Durchsetzung (Distribution/Kommunikation)

sind die Informatikprodukte in der Regel rechts unten plaziert: geringe Preis/Leistung aber hohe Durchsetzungkraft in Vertrieb und Kommunikation. Es scheint ein Gesetz des Marketing zu sein, daß der Marktführer zweitklassige Produkte hat.

Apple hatte von vorneherein eine bildorientierte Oberfläche. Über zehn Jahre hat es gedauert, bis Microsoft mit windows nachzog - im Sinne des Marketing ein me-too-Produkt. Bei Microsoft erschien links oben auf dem Bildschirm das berüchtigte c:\. Ansonsten war der Bildschirm leer. Beim normalen Anwender setzte jetzt das Rätselraten ein, was nun zu tun sei. Nach Blättern im Handbuch fand man schließlich auf Seite 417 eine Befehlsfolge. Der DV-Mann alter Prägung brillierte in solchen Augenblicken mit seinem "know-how", indem er "aus dem Kopf" den Befehl einhackte. Verächtlich schaute er auf das "Ikonenschießen" an den Apple-Bildschirmen.

Bei Apple war das Betriebssystem immer komplett installiert, bei Microsoft fehlt(e) immer etwas. Fast sprichtwörtlich ist bei Microsoft: "der Druckertreiber fehlt". Bei Apple ist der Mauszeiger deutlich erkennbar, bei Microsoft ist er fast durchsichtig, so daß man ihn ständig sucht. Man vergleiche die Organisation der Textverarbeitung von Ragtime auf dem Mac mit einem zweitklassigen Produkt wie microsoft-word.

Aber Apple war nicht hinreichend durchsetzungsstark.

Bild 11/5: Marketing-Portfolio

Die Hohe Straße in Köln ist von Unternehmen, die im Pseudomarketing höchst erfolgreich sind, fast kaputt gemacht worden. Und von Betriebswirten, die nur die Kennzahl DM/qm kennen.

Bild 11/5: Marketing-Portfolio

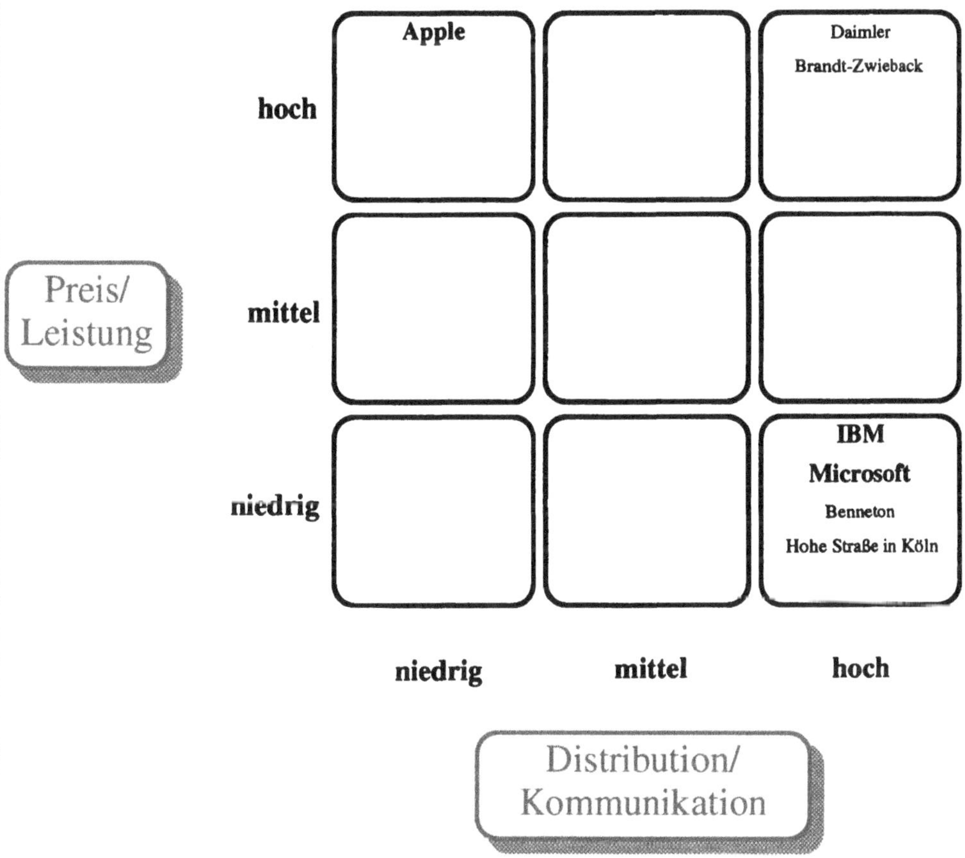

Klenger, DV für Controller

Informatik ringt um Methoden

Die Fülle der verfügbaren Methoden täuscht darüber hinweg, daß wenig brauchbares darunter ist (siehe Modul 14). Der Know-how-Schwerpunkt der Informatiker lag bei der Programmierung, bei prozeduraler Assembler- und Cobol-Programmierung. Das ist nicht gerade beeindruckend.

Mangelnde Kommunikation zwischen Betriebwirt und Informatiker

Wegen der Komplexität der Software hatte sich folgende Arbeitsteilung herausgebildet:

Der Betriebswirt formuliert die Anforderungen, die in einem Pflichtenheft dokumentiert werden (als Grundlage für gegenseitige Vorwürfe bis hin zu juristischen Auseinandersetzungen). Damit ist der 1. Meilenstein des Phasenmodells erreicht (siehe Modul 13).

Der Informatiker reiht das Pflichtenheft in eine Warteschlange von anderen Projekten und Pflichtenheften ein.

Wurde wider Erwarten doch einmal ein Pflichtenheft abgearbeitet, hatten sich inzwischen die Anforderungen geändert oder der bestellende Betriebswirt war verstorben oder es wurde etwas komplett anderes geliefert als bestellt oder die Anforderungen waren gewachsen oder es eröffneten sich neue Möglichkeiten durch Technologiesprünge, aber der Betriebswirt hatte an dieser Entwicklung nicht teilgenommen.

Verglichen mit dem Nutzen war die Erstellung und Pflege der Software zu teuer. Der Betriebswirt stellte sich die heimliche Frage: Was leistet die DV eigentlich im Vergleich zu den Kosten ?

Hinzu kommen fundamentale Sprach- und Verständigungsschwierigkeiten:
die Betriebswirte haben eine Ausbildung als solche;
die Informatiker alten Schlages sind Mathematiker, Physiker, Geologen, Geographen und ähnliche. Ein einfacher Buchungssatz macht ihnen Schwierigkeiten.

Die Informatiker neuen Schlages haben das duale System und andere Spitzfindigkeiten verinnerlicht, aber sie haben letztlich - wie gesagt - keine brauchbaren Methoden zur Verfügung.

Machtmißbrauch

Trotz eines gelegentlichen Überhangs an Informatikern auf dem Arbeitsmarkt ist das Informatik-Know-How im Unternehmen immer noch ein Engpaß. Es ist nur allzu menschlich, daß diese Enpaßsituation von 90 % der DV-Miarbeiter rücksichtslos ausgenutzt wird. Die Tricks sind einfach aber wirkungsvoll: Vorenthalten von "Herrschaftswissen" (oft nur das Know-How über wenige Tasten), eisernes Schweigen (italienisch omertà) über den tatsächlichen Projektstand bzw. über Fehlleistungen im Projekt, Einbahnstraßen-Information (der Betriebswirt soll sein Wissen im Pflichtenheft transparent machen, jedoch ohne Gegenleistung seitens der DV in Form von Informationen über das Datenmodell usw.). Mit anderen Worten, die Fehlsteuerungen im DV-Bereich sind vor allem ein **Machtproblem**.

Aber es gibt auch Lichtblicke: sie werden - think positive - in den folgenden Kapiteln ausführlich behandelt.

Lichtblicke

Die Lichtblicke in der DV-Situation zunächst nur im Überblick:

- das **Schichtenmodell** mit der Möglichkeit der Emanzipation vom Monopolisten (siehe Modul 12)

- die Entstehung der **drei Welten** Mainframe, PC und Netz
  Benutzerfreundlichkeit des PC

- die Unterscheidung in **logisches** und physisches **Modell**
  der Benutzer formuliert seine Anforderugen logisch und wird nicht andauernd mit physischen Restriktionen als Totschlagargumenten gequält

- das **relationale Modell**
  Das relationale Modell (siehe Modul 22) ist eine gute Kommunikationsbasis für Betriebswirt und Informatiker. Es ist nicht mit zuviel technischem Ballast behaftet

und so - bei einigem guten Willen - auch für einen Betriebswirt mit vertretbarem Aufwand nachvollziehbar. Voraussetzung ist allerdings, daß die BWL ihre ausschließliche Algorithmenorientierung aufgibt und sich stärker dem Datenmodell zuwendet (Beispiel: es darf keine Kostenrechnungsvorlesung im Stil der heute vorherrschenden Lehrbücher mehr gegen, in denen vom Datenmodell der Kostenrechnung schlicht keine Notiz genommen wird).

- eine **Datenbank-Schnittstelle** für Controller-Auswertungen (siehe Modul 52) Es ist eine inzwischen schon traditionelle Weisheit, daß man keine Software selber entwickeln, sondern Standardsoftware kaufen und anpassen sollte. Dem ist bei großen Softwaresystemen im Prinzip zu folgen. Allerdings gibt es nur sehr wenig brauchbare Standardsoftware und vielleicht überhaupt keine Standardsoftware, die man mit vertretbarem Aufwand einrichten und anpassen kann.
  In diesem Dilemma könnte ein Ausweg sein, die verfügbare (ungenügende) Standardsoftware dennoch und zwar als Basissystem zur Erfassung der Massendaten einzusetzen, eine **Schnittstelle zum Herunterladen der Daten auf den PC** zu schaffen, wo man in der vertrauten vergleichsweise komfortablen Umgebung selbst seine Auswertungen vornehmen kann.

Ein wichtiges Kriterium zur Beurteilung von Standardsoftware ist daher, ob die Software mit einer Datenbank arbeitet und ob ein **"Seiteneingang" zu dieser Datenbank** möglich ist. Voraussetzung ist, daß das Datenmodell bekannt ist. Ersatzweise dazu muß bei "kryptischer Datenspeicherung" eine Schnittstelle zum PC vorhanden sein, wo man sich seine Daten per Menü aussuchen und auf den PC herunterladen kann. Dabei handelt es sich normalerweise um eine Einbahnstraße (vom Host zum PC, aber nicht umgekehrt), um den Bedenken der Informatiker Rechnung zu tragen, daß ansonsten der Anwender Unordnung in die Daten bringen könnte.

Controller´s DV und DV-Controlling

Die Arbeit behandelt
- Controller´s DV (in den Kapiteln 1-5) und
- DV-Controlling (in Kapitel 6)

Controller´s DV meint den persönlichen **Werkzeugkasten** des Controllers, die Arbeitstechniken, über die er verfügen sollte.
Das ist etwas mehr als Tabellenkalkulation und auch nicht rein handwerklich als Tastenvirtuosität zu verstehen, sondern als die Kenntnis einer Konzeption.

DV-Controlling ist demgegenüber die **Steuerung des DV-Bereichs.** In mittelständischen Unternehmen ist dieser Bereich oft dem Controller zugeordnet. In größeren Unternehmen ist der Controller wegen der fragwürdigen Wirtschaftlichkeit des DV-Bereichs regelmäßig auch damit konfrontiert. Sein Gesprächspartner, der wirklich etwas ändern könnte, ist hier der Leiter des DV-Bereichs. Gibt es einen gemeinsamen Nenner für diese Gespräche ?

Der **konzeptionelle Background** des **Funktions- und Datenmodells** ist prinzipiell für beide Bereiche von Bedeutung.

Anforderungen

- **Datenorientierung der BWL** deutlich machen
  Die Betriebswirtschaftslehre ist immer noch fast ausschließlich Funktions- bzw. Algorithmen-orientiert
  (Algorithmen-orientiert: Wie werden die Sollkosten berechnet;
  Daten-orientiert: wie sieht das Datenmodell der Kostenrechnung aus ?)

- **nicht tastenorientiert:** die F2-Taste bei Excel bedeutet...
  die Tastenvirtuosität muß man parallel erwerben
  (Ein Fall für Zwei: Tasten ? Ein Fall für Matula)

- **ergebnisorientiert, nicht prozedural**

- **nicht syntaxorientiert**
  nicht programmieren, weder prozedural noch abfrageorientiert.

ein SQL-Befahl ist genau so kryptisch wie auch ein wohl strukturiertes Cobol-Programm letztlich immer noch kryptisch ist.
Jeder lernt **eine** Syntax in seinem Leben: die **mathematische Formelschreibweise**; das **muß reichen**.

- Konzentration auf die **wenigen brauchbaren Methoden**, (siehe Bild 14/3) Verschrottung der Lehrbuchgespenster

Einordnung/Schichtenmodell 12

Grundgedanke:

Emanzipation vom Monopolisten

Lernziele:

Programm:

- ***Einordnung***

Bild 11/1: Wirtschaftsprozeß des Unternehmens und Controlling

Bild 11/2: Controlling und Informationsprozeß

- ***Schichtenmodell***

Bild 11/3: Arbeitsteilung zwischen Controller und Wirtschafts-Informatiker

Bild 11/4: Drei Welten: PC - Netz - Mainframe

Bild 11/5: Ausbildungsfelder

Einordnung

Der Wirtschaftsprozeß des Unternehmens wird in Teilprozesse gegliedert
- Leistungsprozeß: Beschaffung, Produktion, Absatz (Marketing)
- Finanzprozeß: Investition und Finanzierung
- Informationsprozeß: Ablauforganisation
- Steuerungsprozeß: Planung, Aufbauorganisation, Führung

Controlling ist **dem Steuerungsprozeß** (=Unternehmensführung) **zugeordnet** und unterstützt diesen. Controlling ist "**Zielerreichungsmanagment**" (Mennenöh).

Bild 12/1: Wirtschaftsprozeß des Unternehmens und Controlling

In diesem Sinne hat sich Controlling als integrative Konzeption und speziell als Planungsinstrument in der Praxis weitgehend durchgesetzt.

Wie der Steuerungsprozeß ist auch der **Informationsprozeß** ein Querschnittsprozeß. Unter Informationsprozeß versteht man in klassischer Sprechweise die Ablauforganisation. Die Eigenständigkeit dieses Prozesses ist nicht zuletzt darin begründet, daß eine umfangreiche Technologie entstanden ist, die außerdem erst am Anfang steht und ihre Zukunft noch vor sich hat.

Controlling auch dem Informationsprozeß zuzuordnen, ist viel weniger selbstverständlich als es beim Steuerungsprozeß war.

Bild 12/2: Controlling und Informationsprozeß

Einmal kann man es so verstehen, daß das Instrumentarium des **"Zielerreichungsmangements" auch auf die Informationswirtschaft angewendet** wird. Man wird in diesem Sinne fragen dürfen, was die strategischen und operativen Ziele des Bereiches sind und wie seine Leistung sich darstellt (DV-Controlling).

Daß der DV-Bereich (insbesondere der kaufmännischen Funktionen) in mittelständischen Unternehmen oftmals dem Controller in Person zugeordnet wird, hat praktische Gründe. Controlling ist selbst ein anspruchsvoller Nutzer der Ergebnisse der Informationswirtschaft.

Bild 12/1: Wirtschaftsprozeß des Unternehmens und Controlling

Wirtschaftsprozeß des Unternehmens

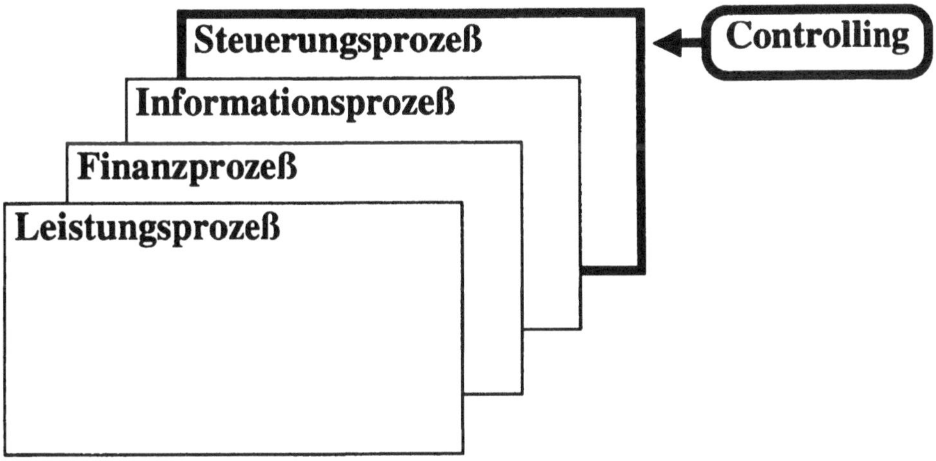

Controlling unterstützt den Steuerungsprozeß des Unternehmens (Unternehmensführung) durch

- **Planung, Soll/Ist-Vergleich**
  (prozessuale Komponente)
- **Aufbauorganisation**
  (strukturelle Komponente)
- **Führung**
  (personelle Komponente)

Klenger, DV für Controller

Bild 12/2: Controlling und Informationsprozeß

Wirtschaftsprozeß des Unternehmens

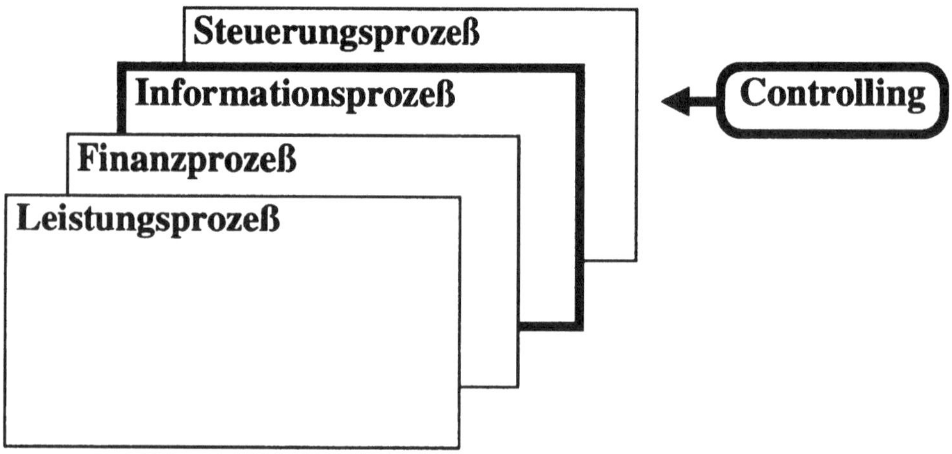

Controlling koordiniert den Informationsprozeß des Unternehmens (Ablauforganisation)

Klenger, DV für Controller

Aber die DV-Technologie erfordert Know-how-Schwerpunkte, über die der Contoller klassischer Prägung nur peripher verfügt.

Auch wird man zugeben müssen, daß die Anforderungen eines Controllers an die Informationswirtschaft (primär in Richtung Planungsinstrumentarium) nur einen Teil der informationswirtschaftlichen Belange des Unternehmens ausmachen.

Schichtenmodell

Die Informationstechnologie kann man in Schichten einteilen:
- Hardware
- Betriebssystem
- Datenbank
- Anwendung

Das Schichtenmodell ist die Geschichte einer Emanzipation. Während man früher gezwungen war, neben der Hardware auch die Software von "mother blue", der allsorgenden Mutter IBM zu kaufen, ist man heute in den Entscheidungen etwas freier.

Selbt wenn der Organisationsleiter in alter Anhänglichkeit an den Monopolisten die Hardware noch bei ihm kauft, ist es vielleicht beim Betriebssystem möglich, das "universelle" Betriebssystem unix und nicht ein "proprietäres" herstellereigenes einzusetzen. Bei den größeren Datenbanken ist es ohnehin erlaubt, "fremdzugehen", da die Datenbankhersteller wie Oracle oder Software AG (adabas) über Schnittstellen zu den wichtigsten Hersteller-Betriebssystemen verfügen. Insoweit die modernere Standard-Anwendungssoftware auf Datenbanksystemen aufsetzt, ist auch hier eine erneute Entscheidung möglich.

Wenn es eine Arbeitsteilung zwischen Controller (Betriebswirt) und Wirtschafts-Informatiker geben könnte, so würde sich der Controller anwendungsnah und der Informatiker systemnah seinen jeweiligen Schwerpunkt suchen.

Bild 12/3: Arbeitsteilung zwischen Controller und Wirtschafts-Informatiker

Durch das Entstehen der anwenderfreundlichen PC-Welt ist der Schichtengedanke nochmal auf die drei Welten

- PC
- Mainframe (Großcomputer)
- Netz

zu übertragen.

Bild 11/4: Drei Welten: PC - Netz - Mainframe

Die Substitution von unflexiblen Großcomputern durch anwenderfreundlichere Client-Server-Strukturen (Netze und PCs) ist potentiell ein weiterer Schritt zu einer Anwenderemanzipation.

Voraussetzung ist allerdings, daß sich die Anwender tatsächlich emanzipieren wollen, d. h. tiefer mit der Informationstechnologie auseinandersetzen und nicht die sprichwörtlichen "Verbalphilosophen" bleiben, die in großen Konzepten das Informationsmanagement darstellen ("Wolke 7"), aber auf der konkreten Arbeitsebene versagen.

In die Stuktur des Schichtenmodells kann man gut eintragen, wo ein Controller (Betriebswirt) auch über technisches Know-How verfügen sollte. Wohlgemerkt: die informationswirtschaftliche Konzeption und Durchsetzung wurde schon einmal als "ein Fall für Zwei" charakterisiert. Wenn man der Meinung ist, daß der Betriebswirt sich nicht nur vornehm als Konzeptionär (Visionär und Verbalphilosoph) profilieren sollte, sondern auch einen Anteil an der Lösung der mühsamen Praxis übernehmen sollte, so sind in

Bild 12/5 Ausbildungsfelder

einige Anhaltspunkte für die Ausbildungsinhalte auf der praktischen Seite gegeben.

Neben der unumgänglichen Tabellenkalkulation könnten es Kenntnisse mindestens eines Datenbanksystems sein, die Arbeit mit dem "local area network (lan)" und Grundkenntnisse der Betriebssysteme dos und unix. Dazu Kenntnisse in der Benutzung ("als dummer Anwender") und in der Anpassung von Standardsoftwarepaketen (customizing).

Bild 12/3: Arbeitsteilung zwischen Controller und Wirtschaftsinformatiker

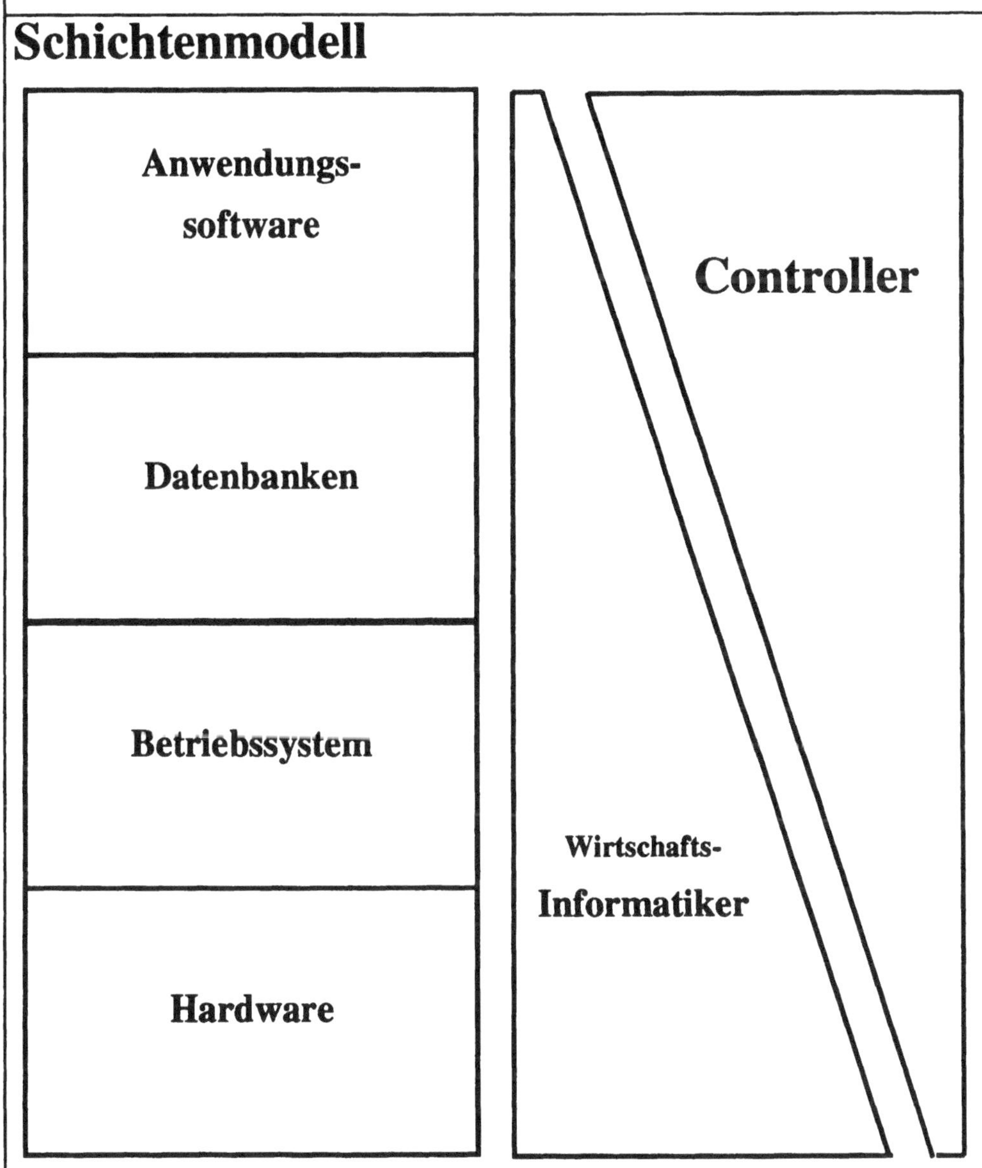

Klenger, DV für Controller

Bild 12/4: Drei Welten: PC - Netz - Mainframe

Schichtenmodell	PC	Netz	Mainframe
Anwendungs-software			
Datenbanken			
Betriebssystem			
Hardware			

Klenger, DV für Controller

Bild 12/5: Ausbildungsfelder

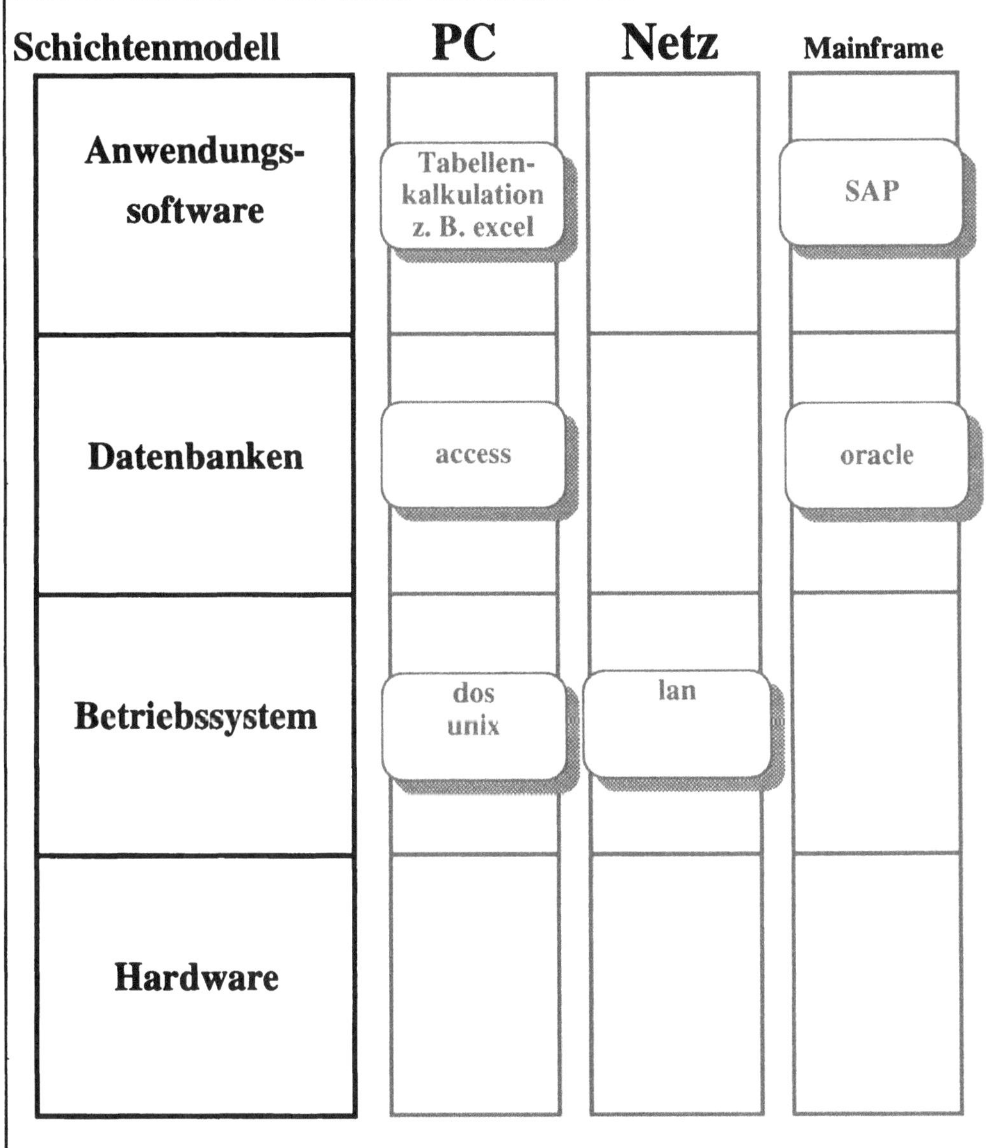

Klenger, DV für Controller

Phasenkonzept und Alternativen 13

Noch ein Phasenkonzept:

(Quelle: in Anlehnung an: Keith, Birgit, Machismo in Südspanien - Ideologie und Wirklichkeit)

Phasen der Verlobungszeit (noviazgo) in Südspanien (idealtypisch)

Phase 1:
novios de calle

Phase 2:
están hablando

Phase 3:
a la esquina / novios de esquina

Phase 4:
a la puerta

← **pedida**

Phase 5:
ya entrado

Phasenkonzept und Alternativen 13

Phasen der Verlobungszeit (noviazgo) in Südspanien (idealtypisch)

Phase 1: novios de.calle (Verlobte der Straße)	Treffen beim abendlichen Spaziergang (Paseo) in der Nähe der plaza
	Während dieser Phase beträchtliche Fluktuation; unverbindlich, ohne Verpflichtungen und Folgen für den Fall der Auflösung
Phase 2: están hablando (sie reden miteinander)	Beginn der novio-Beziehung durch häufigeres Reden miteinander
Phase 3: a la esquina/ novios de esquina (an der Ecke)	Treffen im engen Kontrollbereich der Familie des Mädchens: an der nächstgelegenen Straßenecke, die von der Wohnung aus eingesehen werden kann
	Entscheidungsphase (Dauer max. 2-3 Wochen)
Phase 4: a la puerta (an der Tür)	Allabendliche Treffen an der Haustür zwischen 8-10 Uhr
→ pedida (Bitte):	der Verlobte fragt den Vater des Mädchens, ob er das Haus betreten darf, was einem Heiratsversprechen gleichkommt.
Phase 5: ya entrado (bereits eingetreten)	Regelmäßiges abendliches Erscheinen im Haus der Verlobten
→ Hochzeit	

Phasenkonzept und Alternativen 13

Grundgedanke:

Etappenziele statt Endziele;
für kleine Softwareprojekte eher der Fachberateransatz geeignet

Lernziele: Programm:

- ***Phasenkonzept der Organisationsuntersuchung/Softwareentwicklung***
    - ***herkömmlich***
    - ***DV-orientiert***

Bild 13/1: Phasenkonzept der Organisationsuntersuchung / Softwareentwicklung

Bild 13/2: DV-orientierte Phasenkonzepte

- ***Alternativen zum Phasenkonzept***
    - ***Rapid Prototyping (Kooperationsansatz)***
    - ***Fachberateransatz***

Bild 13/3: Phasenkonzept und Alternativen

- ***Phasenkonzept bei Kauf einer Standard-Software***

Bild 13/4: Phasenkonzept bei Kauf einer Standard-Software

- ***Ironisierungen des Phasenkonzeptes***

Bild 13/5: Ironisierungen des Phasenkonzeptes

Phasenkonzept der Organisationsuntersuchung / Softwareentwicklung

Abgeleitet aus der Lebenszykluskonzeption wird für die Organisationsuntersuchung und die Softwareentwicklung das Phasenkonzept empfohlen.

Die gute alte **Organisationsuntersuchung** funktionierte (und funktioniert) nach dem Schema:

- Istaufnahme und Schwachstellenanalyse
- Sollkonzept
- Einführung (Implementierung)

Für die **Softwareentwicklung** sind verschiedene Phasenschemata propagiert worden.

Die Grobeinteilung lautet:

- Analyse (was?)
- Entwurf (wie?)
- Implementierung

Im Vergleich zum herkömmlichen Schema beinhaltet die erste Phase (Analyse) auch jenen Teil des Sollkonzepts, der als "logisches Modell" bezeichnet wird. Damit meint man jene Sollvorstellung, die noch von performance-Problemen (Laufzeit, Antwortzeit) abstrahiert.

Die Analyse klärt das "was", der Entwurf das "wie".

Bild 13/1: Phasenkonzept der Organisationsuntersuchung / Softwareentwicklung

Bild 13/2: DV-orientierte Phasenkonzepte

Man hat sich immer wieder zu fragen, **was mit dem Phasenschema bezweckt** werden soll. Ist es nur eine Gliederung, die von den bei Betriebswirten üblichen einschränkenden Bemerkungen begleitet ist, daß es erstens auch ganz anders sein kann und daß natürlich mannigfaltige Rückkopplungen und Vorkopplungen zwischen den Phasen bestehen ?

Bild 13/1: Phasenkonzepte der Organisationsuntersuchung / Softwareentwicklung

herkömmlich	DV-orientiert
Ist-Aufnahme und Schwachstellenanalyse	**Analyse (analysis): was ?** - Istanalyse - Anforderungsdefintion (logisches Modell)
Soll-Konzept	**Entwurf (design) : wie ?** (physisches Modell)
Einführung	**Implementierung (implementation)**

Klenger, DV für Controller

Bild 13/2: DV-orientierte Phasenkonzepte

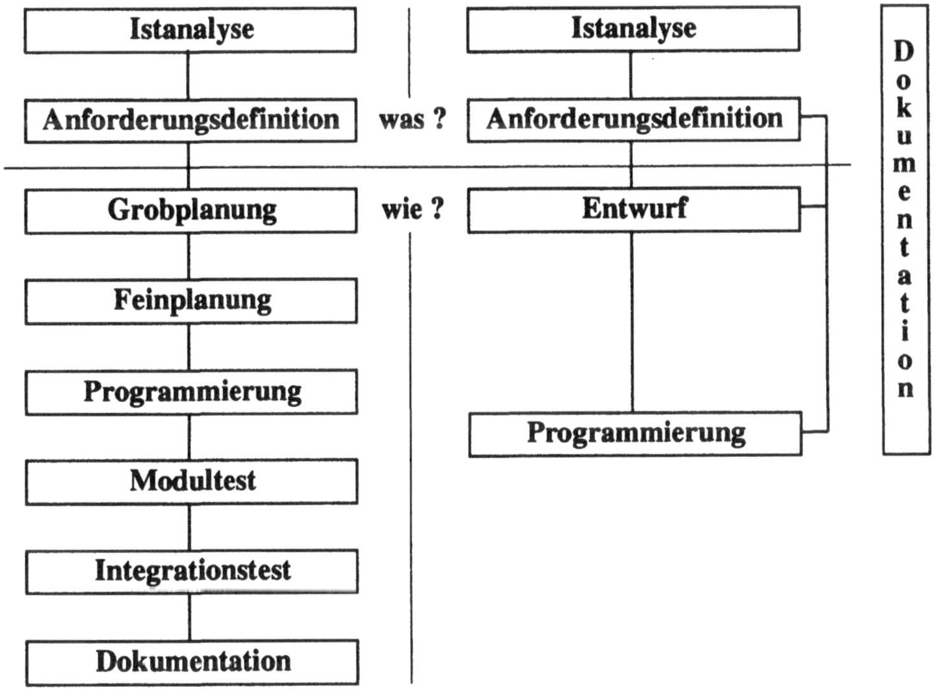

Quelle: Rauh 1990, S. 115

Der **Witz des Phasenschemas** soll sein:

nach jeder Phase wird ein **milestone mit definiertem Arbeitsergebnis** erreicht.

Nach Erreichen des Meilensteins kann - bei bisher unbefriedigendem Ergebnis - das Projekt noch rechtzeitig abgebrochen werden. D. h. durch die Zwischenkontrolle des Projektes am Meilenstein entdeckt man überhaupt erst Fehlentwicklungen, die sonst längere Zeit verdeckt bleiben würden.
Während man ohne Meilensteine immer auf das **Endziel** vertröstet wird, das angeblich immer noch angestrebt und - wenn auch verspätet - erreicht würde, wird man durch das Phasenschema gezwungen, **Etappenziele** zu definieren.

Die Detaillierung der jeweils abgeschlossenen Phase setzt einen in Stand, die nächste hinreichend verläßlich zu kalkulieren. Am Anfang des Projektes ist praktisch **keine Kalkulation des *Gesamt*projektes möglich**, sondern nur der ersten Phase. Es treten immer Berater mit dem Anspruch auf, eine verläßliche Gesamtkalkulation geben zu können. Man hüte sich, Ihnen Glauben zu schenken.

Natürlich wird man eine Rahmenvorstellung haben, aber es bringt nichts, irgendwelche Leute - im Hinblick auf deren angeblich "tausendjährige" Erfahrung - zu Schätzungen zu zwingen oder zu verführen.

Einige Puristen verstehen das Schema auch so, daß man zu einer einmal abgeschlossenen Phase nicht mehr zurückkehren sollte (darf).

Das ist an sich folgerichtig, aber führt direkt zu den **Problemen des Phasenschemas,** denn die sind - bei allen Vorteilen - unübersehbar:

- die **Überforderung des Anwenders** bei der Festschreibung von Anforderungen (Pflichtenheften)

Die Anwender werden in den ersten Phasen eines Projektes veranlaßt, ihre Anforderungen zu definieren und in einem Pflichtenheft festzulegen. An sich ein legitimes Verlangen: Der Informatiker ist durch die ständigen nachträglichen Änderungswünsche des Anwenders und dessen schwammige Ausdrucksweise genervt. Deswegen läßt man sich etwas "Schriftliches" geben. Aber gelöst wird das zugrundeliegende Problem dadurch allerdings nicht.

Der Anwender ist mit der Definition eines Pflichtenheftes oft überfordert, weil er keine Voraussicht hat und weil man ihn hindern will, im Verlaufe des Projektes zu lernen. Wie soll ich als Anwender von mir aus auf eine window-Oberfläche kommen, wenn ich nie eine gesehen habe (sondern nur die Beton-EDV mit ihren grünen Listen kenne); wenn man mir eine window-Oberfläche zeigt, bin ich begeistert und will sie haben.

Soll man einem Anwender empfehlen, seine Unterschrift unter das Pflichtenheft als Arbeitsergebnis der Analysephase zu setzen oder sollte er sie lieber verweigern. Wenn er das Pflichtenheft unterschreibt, welchen Wert hat diese Unterschrift. Sollte man statt vertrauensvoller Zusammenarbeit im Organisationsteam sich gleich der Mitarbeit eines Anwalts versichern (der natürlich außer Formalien nichts beitragen kann) ?

- der **lange Zeitverlauf zwischen vorbereitenden Phasen und Endergebnis**

Es stellt die Geduld eines "Chefs" schon auf eine harte Probe, wenn er immer nur Analysen, Pflichtenhefte, Vorbereitungen und Zwischenergebnisse sieht, aber lange keine Vorstellung über das Endprodukt gewinnen kann. Vielleicht wird er ungeduldig und verlangt nach schnellen Lösungen, die Stunde der Macher, die "quick and dirty" etwas produzieren.

Alternativen zum Phasenkonzept

Hier sind zu nennen
- Rapid Prototyping (Kooperationsansatz)
- Fachberateransatz

Bild 13/3: Phasenkonzept und Alternativen

Bild 13/3: Phasenkonzept und Alternativen
Phasenkonzept **Rapid Prototyping** **Fachberateransatz**
Klenger, DV für Controller

Rapid Prototyping (Kooperationsansatz)
Abkürzung des Phasenschemas im **Rapid Prototyping**: Überlappung der Entwicklungs und Implementierungsphase, stärkere Kooperation zwischen Anwender und Entwickler (**Kooperationsansatz**)

Auch die Beachtung des Phasenschemas verhindert nicht, daß Software-Produkte oft an den Wünschen der Benutzer vorbeientwickelt werden, weil der Auftraggeber seine Vorstellungen nicht genau definieren kann. Um dieser Tatsache entgegenzuwirken, werden in der Praxis teilweise bereits Protoypen bei der Entwicklung von Softwaresystemen eingesetzt.
Ein Prototyp ist ein ablauffähiges Programm, das die wesentlichen Systemeigenschaften darstellt und nach Abschluß der Spezifikationsphase (logisches Modell) eingesetzt wird, um die Ergebnisse der Spezifikationsphase zu überprüfen.

Der Prototyp muß soweit ausgereift sein, daß er als Demonstrationsbeispiel dienen kann. Er soll authentische Probleme der Endbenutzer lösen. Der Enbenutzer muß in der Lage sein, sich in relativ kurzer Zeit mit der Handhabung des Prototypen vertraut zu machen.
Effizienzanforderungen werden hierbei nicht berücksichtigt. Das System muß nicht

fehlerfrei sein und braucht keine Spezialfälle zu berücksichtigen.
"Als Prototyp kommen einzelne Funktionen des Systems in Frage oder auch Komponenten, die in mehreren Funktionen auftreten (wie z.B. Masken, typische Dialogabläufe, Fenstertechniken und andere)." (Bleimann 1990, S. 50).

Fachberateransatz
Emanzipation des Anwenders: er macht sich seine Lösung selber, läßt sich aber von einem DV-Fachmann beraten (**Fachberateransatz**)

Insbesondere bei offenen Endbenutzersystemen (im Gegensatz zu geschlossenen Komplettsystemen) berät der Fachberater beim Einsatz von PC-Werkzeugen wie Tabellenkakulation und Datenbank und stellt die Verbindung zum Großcomputer und zum PC-Netz her.

Fazit für den Controller
Der Controller wird in diesem Streit zum Rapid Prototyping(Kooperationsansatz) und zum Fachberaterkonzept neigen.

In der Hauptfrage: wie soll Software entwickelt werden, drückt sich aber der Controller um eine Antwort, indem er darauf drängen wird, daß Standardsoftware eingesetzt wird. Damit hat der Softwarehersteller die Probleme. Allerdings wie immer, wenn man unlösbare Probleme ("Welträtsel") auf andere verlagert, schlagen sie nach kurzer Zeit auf einen selbst zurück. Die Standardsoftware ist entweder so schlecht, daß sie die Firmenprobleme nicht löst oder sie ist so flexibel, daß der Anpassungsprozeß (customizing) fast so kompliziert erscheint wie Eigenentwicklung.

Wenn das Phasenkonzept zelebriert werden soll, muß der Controller wissen, daß die Software"ingenieure" praktisch selbst über keine zuverlässigen Methoden verfügen, um ein Projekt jenseits der nächsten Phase verläßlich einzuschätzen. Unterschriften unter Pflichtenhefte, die die Schuldzuweisungen der Zukunft juristisch absichern sollen, sind von höchst zweifelhaftem Wert für die Organisationsarbeit.

(Reader: Bleimann 1990, S. 45-53)

Bild 13/4: Phasenkonzept bei Kauf einer Standard-Software

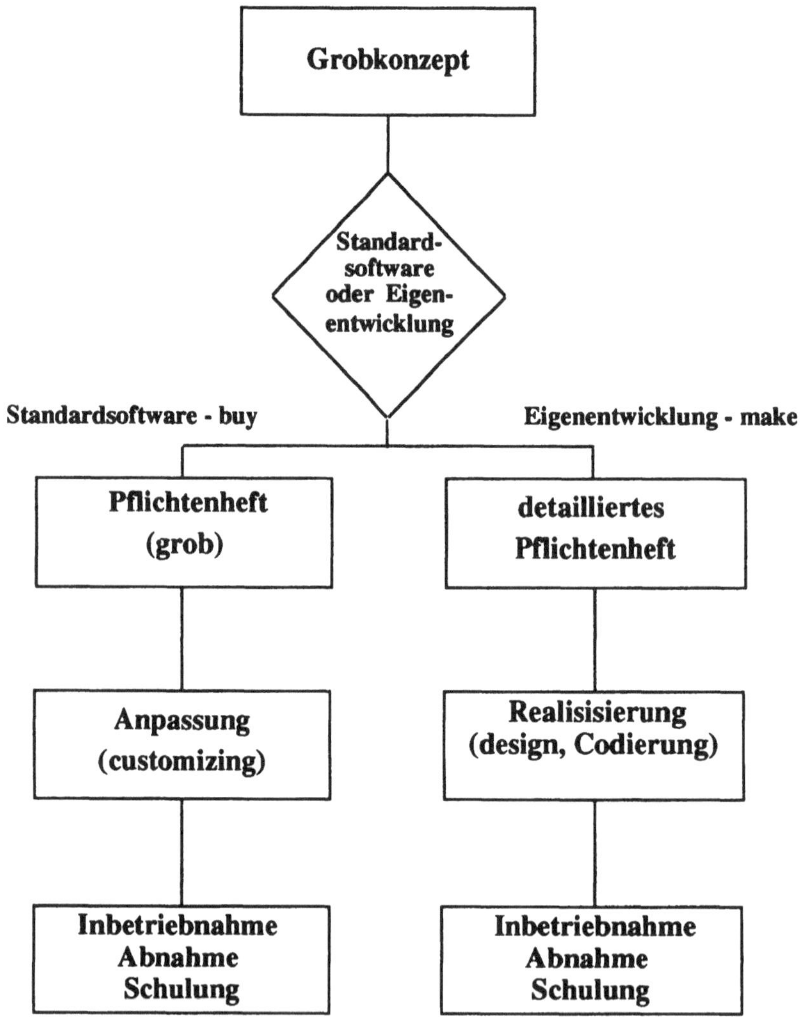

Klenger, DV für Controller

Phasenkonzept bei Kauf einer Standard-Software

Soll Standardsoftware eingesetzt werden, so wird man in einer **Vorauswahl auf Grund eines Grobkonzeptes** prüfen, ob überhaupt Standardsoftware-Kandidaten vorhanden sind, die die wesentlichen Voraussetzungen erfüllen. Wird Standardsoftware eingesetzt, so verkürzt sich das Phasenschema mindestens um die Programmierung/Codierung. Darüberhinaus kann die Spezifikationsphase meist verkürzt werden, indem **Anforderungen** an ein Softwaresystem **gröber** formuliert werden als es für eine nachfolgende Programmierung erforderlich wäre. Dies gilt ebenso für die Entwurfsphase, wo Anforderungen an die Effizienz gestellt werden und es dem Softwarelieferanten überlassen bleibt, sie sicherzustellen.

	make	buy
Problemanalyse	x	x
Spezifikation (logisch)	x	(x)
Entwurf (physisch)	x	(x)
Implementierung (Codierung)	x	
Inbetriebnahme	x	x

Bild 13/4: Phasenkonzept bei Kauf einer Standard-Software

Ironisierungen des Phasenkonzeptes:

Daß auch Informatiker ihre Erfindung des Phasenkonzeptes im nachhinein durchaus ironisch sehen können, sei zum Schluß erwähnt:

Peters unterscheidet folgende Ansätze:

- slam dunk approach:

zu deutsch etwa: **"Quick and dirty"**, man fängt unmittelbar und ohne jegliches Nachdenken an zu programmieren und werkelt auf ewig an ständigen Verbesserungen der Programme

- baroque approach:

zu deutsch etwas: **"concept art"**, das Konzept ist schon das Ergebnis. Realsierungen werden nicht angestrebt und auch nicht erreicht. Man analysiert so lange, bis die Kräfte versagen oder das Geld ausgeht.

- waterfall approach:

Der **Wasserfall** stürzt von einer Stufe zur anderen. Überlappung der Phasen wird zugelassen. Problem: man wird wegen unendlicher Rückkopplungszyklen nie mehr fertig. Dem Anwender, der lernt, fällt immer noch etwas zusätzliches ein, was auch noch realisiert werden könnte.

- prototyping approach:

zu deutsch etwa: **"rapid prototyping"**, man erzielt durch Werkzeuge der vierten Generation (kein procedurales Cobol, sondern u. a. nicht-prozedurale SQL) schnell vorzeigbare Erfolge. Der Anwender nimmt den Prototyp schon fürs Endergebnis (und hat performance-Probleme) oder ändert die Aufgabenstellung oder verliert die Lust.

Bild 13/5: Ironisierungen des Phasenkonzeptes

Bild 13/5: Ironisierungen des Phasenkonzeptes

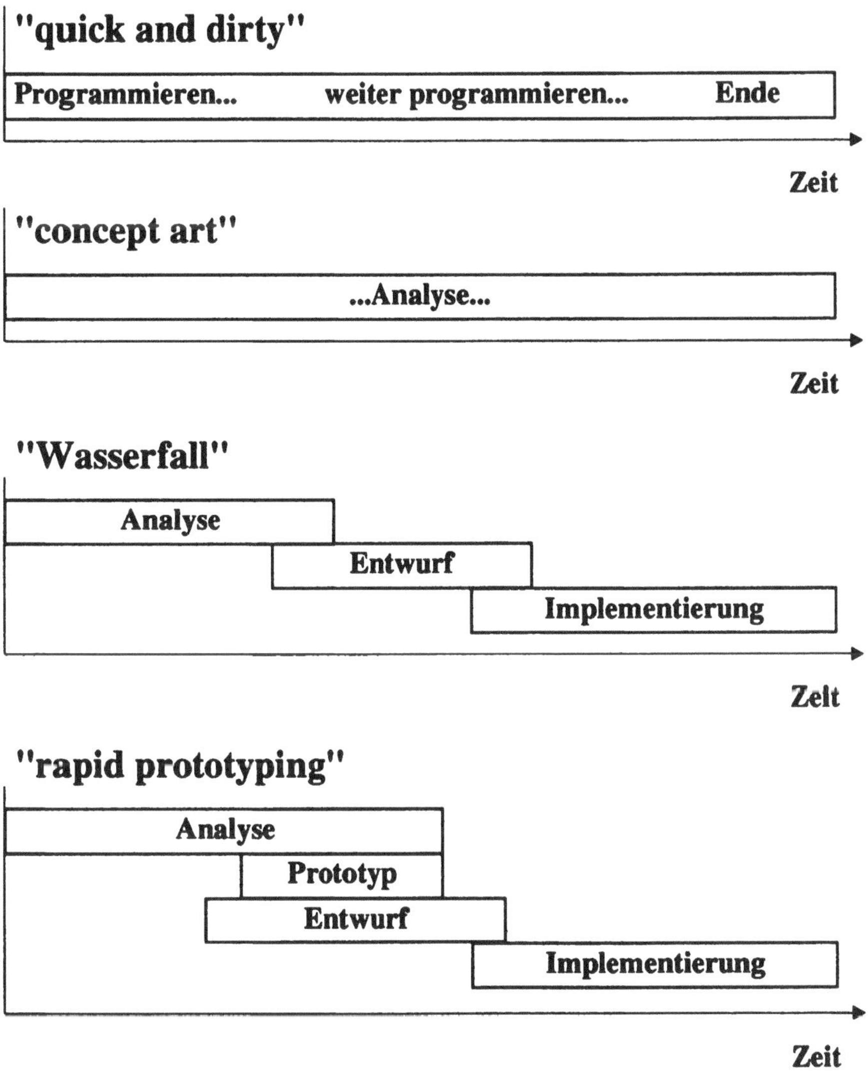

Quelle: in Anlehnung an Peters 1987, S. 4-10

14 Methoden und Modelle

Funktionen, Daten, Zustände

Funktionsmodell

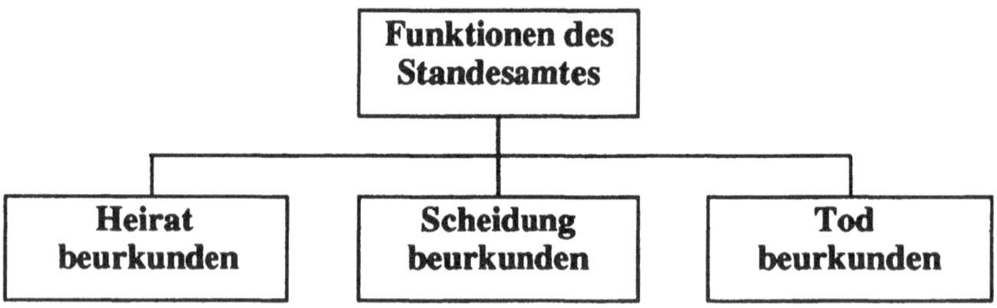

Datenmodell

Person	
Personal-Nr	Zivilstand

Ehe	
Personal-Nr	Personal-Nr Partner

Zustandsmodell

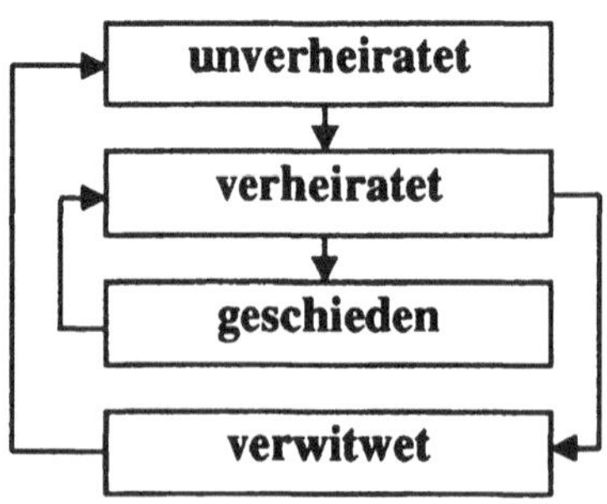

Methoden und Modelle 14

Grundgedanke:

Nur ein kleiner Methodenkern ist brauchbar

Lernziele:

Programm:

- ***Scheinbare Methodenfülle***

Bild 14/1: Scheinbare Methodenfülle

Bild 14/2: Zeitbedingtheit der Methoden

- ***Sog. Modelle***
  - ***o Datenmodell***
  - ***o Funktionsmodell***
  - ***o Zustandsmodell***

- ***Methodenkern***
  - ***o Datenmodell***
    - ***. Relationales Modell***
  - ***o Funktionsmodell***
    - ***. Funktionsbaum/Menü***
    - ***. Minispezifikation/SQL***
  - ***o data dictionary***
  - ***o Ein-/Ausgabe (Masken, Berichte)***

Bild 14/3: Methodenkern

Methoden und Modelle 14

Lernziele: Programm:

- *Der Traum ist die allumfassende Softwareproduktionsumgebung..*
  Dazu gehören in der Idealvorstellung:
  - *o der "Überbau",*
    bestehend aus Funktionsmodell und Datenmodell
  - *o das data dictionary, in dem alle Systemgrößen dokumentiert sind*
  - *o Programm und Datenbank*

Bild 14/4: Generalbebauungsplan

- *die Etappen zur idealen Softwareproduktionsumgebung*
  - *o am Anfang stand Cobol*
  - *o dann wurde die Datenbank entdeckt*
  - *o heute ist Case angesagt zur Unterstüzung des "Überbaus":*
    Funktionsmodell, Datenmodell und data dictionary
  - *o effzient wird der Case-Einsatz erst,wenn Programm und Datenbank nach all den Mühen des "Überbaus " automatisch erstellt werden*

Bild 14/5: Zur Softwareproduktionsumgebung - ein weiter Weg

Methoden

In dem Bild (Quelle Balzert, allerdings nicht unter diesem Titel)

Bild 14/1: Scheinbare Methodenfülle

sind einige Methoden gelistet, die dem Informatiker zur Verfügung stehen. Die Liste ist eindrucksvoll, andererseits auch wieder nicht. Denn je größer die Methodenvielfalt, desto stärker die Vermutung, daß keine wirklich brauchbare Methode existiert. Außerdem weiß man nie, welche Methode nur ein Lehrbuchdasein fristet und welche breite Anwendung in der Praxis findet. Ganze Methodenbereiche sterben mit dem Fortschritt im Lebenszyklus, so z. B. der Programmablaufplan mit dem Erscheinen der Programmiersprachen der 4. Generation.

In dem weiteren Bild

Bild 14/2: Zeitbedingtheit der Methoden

wird nahegelegt, daß es sich bei den Methoden um den jeweiligen zeitlichen Entwicklungsstand handelte, d. h. um die zur gegebenen Zeit jeweils aktuellen "zeitgenössischen Irrtümer".

Man fragt sich, wenn man in 1975 die Jackson-Diagramme propagiert, ob man den Datenflußplan von 1966 eigentlich noch im Methoden-Portfolio halten sollte oder lieber verschrotten/eliminieren sollte.

Ein anderes Beispiel: die Struktogramme von 1973: die Erkenntnis, daß man alle Programme auf drei Figuren zurückführen kann, war erleuchtend. Die drei Figuren sind

- Sequenz: erst dies, dann jenes
- Auswahl: Fallunterscheidungen entweder, oder, oder
- Wiederholung: Schleifen (play it again, Sam)

Wenn aber empfohlen wird, jedes Programm in dieser Notation zu dokumentieren, dann wird das einmal versucht und in der Folge "aus Zeitgründen" auf später verschoben und so harrt das Thema der Dokumentation noch immer einer brauchbaren Lösung.

In der Wissenschaft wird bekanntlich eine Mode von der anderen abgelöst und erst allmählich bildet sich ein Konsens über den aktuellen Fundus an Methoden heraus, die anderen werden nicht bewußt eliminiert, sie fallen barmherzigem Ver-

Bild 14/1: Scheinbare Methodenfülle

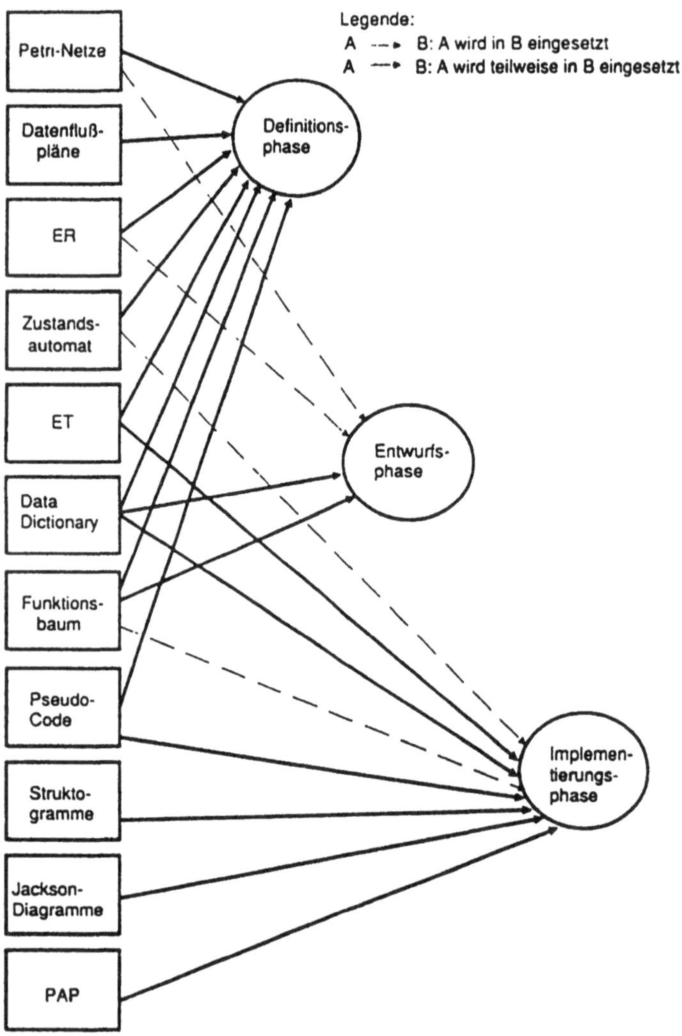

Abb. 6: Einsatz der Basistechniken in verschiedenen Phasen

Quelle: Balzert 1990, S. 35

Bild 14/2: Zeitbedingtheit der Methoden

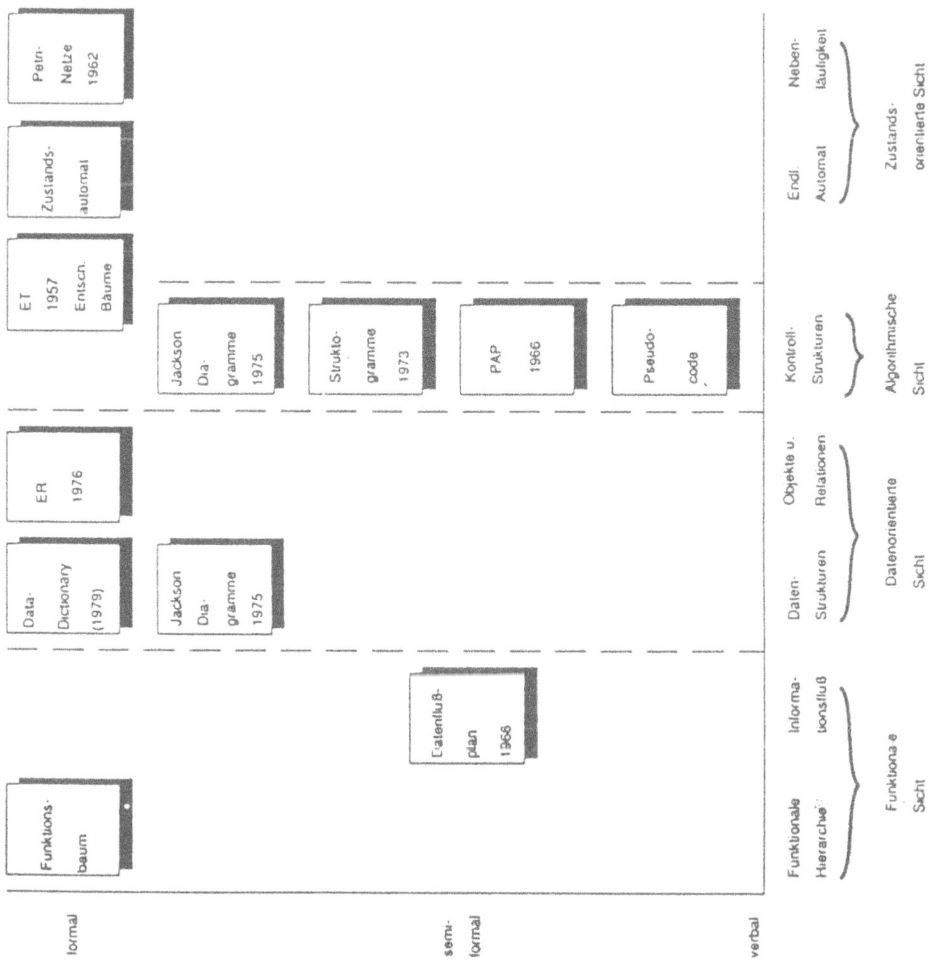

Abb. 5: Überblick über die Basistechniken der Software-Entwicklung

Quelle: Balzert 1990, S. 33

gessen anheim (benign neglect).

Modelle

Der vorerst letzte Versuch zu einer Bereinigung der Methodenvielfalt ist in den "Modellen" zu sehen.

Man sagt, daß es drei Aspekte oder Teilmodelle zur Darstellung der Ablauforganisation gibt (das Ganze nennt man *Unternehmensmodell* der Ablauforganisation)

- das Funktionsmodell
- das Datenmodell
- das Zustandsmodell

Und wo bleiben die bisherigen Methoden ? Sie werden den Modellen zugeordnet bzw. werden dem Vergessen anheim gegeben.

Methodenkern

Es sind hervorzuheben:

- Funktionsmodell
  - o **Funktionsbäume** (Menüs)
  - o **Minispezifikation** (Abfragesprache SQL)
- Datenmodell
  - o ER-Modell (entity-relationship-Modell als **relationales Modell)**
- **Data dictionary** (Datenverzeichnis; auch Systemdatenbank, repository, encyclopedia genannt)
- Ein- Ausgabe: **Masken und Berichte**

Bild 14/3: Methodenkern

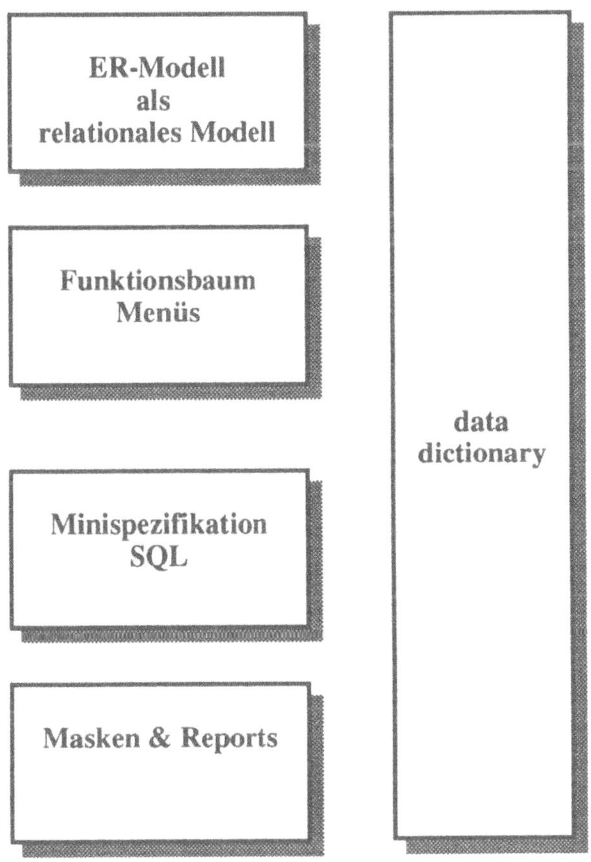

Klenger, DV für Controller

Wo ist der Programmablaufplan ? Er ist zusammen mit der prozeduralen Programmierung gestorben.

Wo ist das Datenflußdiagramm in der auf das wesentliche reduzierten Form nach De Marco ? In einem Datenbanksystem kommt er nicht vor. In einem Casetool nutzt er mir nichts, weil das Casetool nicht mit der Datenbank integriert ist. Außerdem, wenn man einmal begriffen hat, daß die Daten nicht programmbezogen sind, sondern in einer Datenbank zentralisiert werden, reduziert sich das Fließen der Daten zwischen den Modulen auf Datenbankzugriffe. Also sind auch Datenflußpläne so gut wie tot.

Für das waidgerechte Erlegen weitere Methoden fehlt hier der Platz.

Softwareproduktionsumgebung

Die DV-Unterstützung in der Softwareentwicklung ließ bisher zu wünschen übrig. Nach dem Motto: "der Schuster hat die schlechtesten Schuhe" empfahl der DV-Organisator aller Welt die DV-gestützten Systeme, nur er selber ging in seiner Organisationsarbeit bis auf das Programmieren gänzlich "unsupportet" vor.

Wie kann man die Softwareentwicklung ("Softwareproduktion") effizienter machen. Antwort: Durch eine Softwareproduktionsumgebung, das ist der Werkzeugkasten des Organisators.

Bild 14/4: Generalbebauungsplan

Bild 14/5: Zur Softwareproduktionsumgebung - ein weiter Weg

In der ersten Phase befand (und befindet) sich in diesem Werkzeugkasten nur **Cobol**, in seiner Art auch eine Softwareproduktionsumgebung.

In der zweiten Phase wurden (und werden) die **Datenbanken** entdeckt. Teilweise werden sie mit eigenen Datenbanksprachen (neue Syntax!) oder dem guten alten Cobol betrieben.
In diesem Sinne ist z. B. dbase oder access für den Controller eine nicht zu unterschätzende "Softwareproduktionsumgebung" und sicherlich effizienter als Cobol.

In den genannten beiden Phasen findet aber so gut wie keine Arbeitsvorbereitung statt, jedenfalls nicht computergestützt. Mit der industriellen Fertigung verglichen gibt es in der Softwareentwicklung nur Arbeiter im "blauen Anton".

Funktionsbäume und Minispezifikationen werden auf einem Stück Papier **"geskribbelt"** oder gleich **"aus dem Kopf"** ohne Dokumentation ins System "gehackt".

Der Gegenstand von **Case** (computer aided software engineering) ist die "Arbeitsvorbereitung", d. h. der "Überbau". Die Vorüberlegungen, die dann zum Funktionsmodell und zum Datenmodell führen, werden selbst softwareunterstützt dokumentiert. Damit hat man aber noch keine fertigen Programme und Datenbanken.

Beim gegenwärtigen Stand ist die Avantgarde bemüht, einerseits immer weiter verbesserte case-tools zu testen, andererseits die Schnittstelle zu Programmgenerierung und Datenbanken herzustellen.(Daneben gibt es weiterhin Softwareentwicklung in allen anderen "Aggregatzuständen".)

Der Traum ist jedenfalls die allumfassende Softwareproduktionsumgebung (SPU).

Hinweis auf einige Casetools
Der Markt für Casetools ist dynamisch. Die Produkte sind unausgereift und ein release jagt den nächsten. Trotzdem seien einige Markennamen genannt:

- IEW/ADW (Knowledgeware)
- IEF (James Martin)
- Excelerator (Index Technologies)
- Maestro (Softlab)
- PC-basierte Casetools von Bachmann (Bachmann information systems)

Es gibt noch über 300 weitere casetools (siehe Balzert 1990).

Wenn sich die Casetools so weit verbessert haben, daß sie nicht nur den Überbau im Funktions- und Datenmodell erfassen, sondern diese Vorarbeiten durch die automatische Erstellung des Programms und der Datenbank belohnen, ist eine Einsatz auch für kleine Softwaresysteme durchaus erwägenswert.

Casetools hätten vielleicht **als eine graphische Oberfläche** zu den in der **Datenbank** bereits integrierten Instrumenten (Funktionsbaum/Menüstruktur, SQL, ER-Modell, Masken & Reports, data dictionary) am ehesten eine Chance.

Bild 14/4: Generalbebauungsplan

Generalbebauungsplan

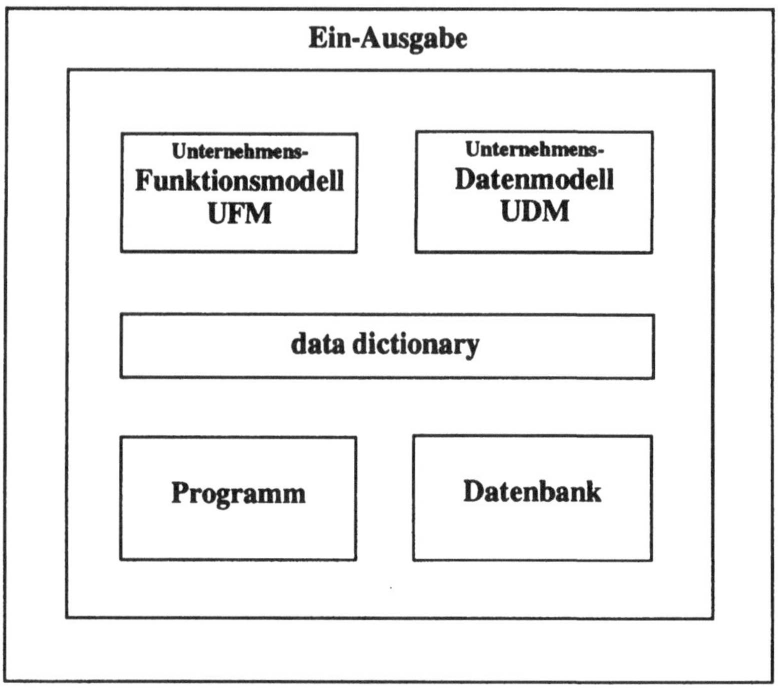

Klenger, DV für Controller

Bild 14/5: Zur Softwareproduktionsumgebung - ein weiter Weg

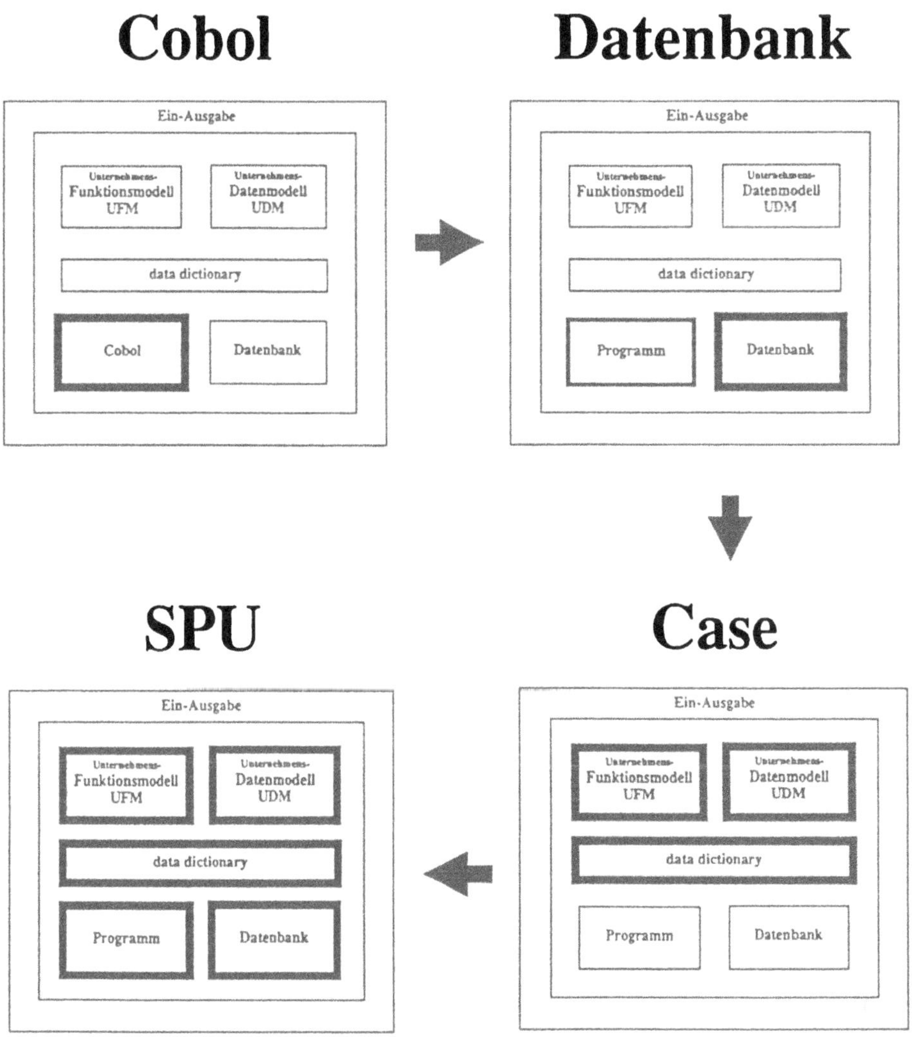

Klenger, DV für Controller

Datenmodell

2.

2. Datenmodell

Das **Entity-Relationship-Modell als allgemeines Datenmodell** soll den Kern aller Datenmodelle herauskristallisieren. Die wesentlichen Bestandteile sind - wie der Name sagt - entities und relationships (Objekte und Beziehungen).

Von den Umsetzungen des ER-Modells ist hauptsächlich das **relationale Modell** bedeutsam. In ihm werden Objekte und Beziehungen in Tabellen abgebildet. Redundanzen werden nur in den Schlüsseln akzeptiert. Eine Festlegung über die Auswertungsreihenfolge (erst Kunde dann Auftrag) braucht man nicht zu treffen, sondern es bleiben alle Auswertungsrichtungen offen. Wiederholgruppen werden in "Einzelgruppen" aufgelöst, so daß auch keine Festlegungen über die maximal mögliche Zahl von Wiederholgruppen (Artikel pro Auftrag) notwendig sind.

Die **Normalformen** und der Normalisierungsprozeß stellen eine formale Vorgehensweise dar, um Wiederholgruppen aufzulösen und Redundanzen zu vermeiden.

2. Datenmodell

Das **Unternehmens-Datenmodell** ist einTotalmodell des Unternehmens in Bezug auf die Ablauforganisation. Das **Controlling-Datenmodell** ist ein **verdichtetes** Unternehmens-Datenmodell. Es deckt alle Bereiche des Unternehmens ab, aber verzichtet auf die Tiefe bis hin zum Belegniveau.

Das relationale Modell ist die eigentliche Leistung der modernen Informatik. Auf Seiten des Funktionsmodells steht ihm nichts Vergleichbares gegenüber. Allerdings ist die Modellierung nicht gerade trivial.

In den **Aufgaben zum relationalen Modell** soll die Modellierung geübt werden.

ER-Modell als allgemeines Datenmodell 21

Objekte und Beziehungen
Von Beziehungen zu sprechen, ohne den Beziehungsstreß zu erwähnen, ist kaum möglich.
Also: die katholische Kirche fordert, daß die Ehe eine 1:1 Beziehung sei ("bis daß der Tod Euch scheidet").
Tatsächlich haben wir heute die sequentielle Monogamie: d. h. nimmt man die Zeit als Objekt hinzu, so wird für diese Dreier-Beziehung
Partner - Partner - Zeit gesetzlich die Forderung erhoben, daß zu einer gegebenen Zeit nur eine 1:1- Beziehung herrsche,
über die Lebenszeit betrachtet ist aber eine n:m -Beziehung zulässig.
(Genaugenommen ist noch der Ort: BRD als Objekt hinzuzunehmen)
Casanova arbeitete orts- und zeitunabhängig an einem Modell von n:m - Beziehungen. In anderen Kulturen werden diese simplen Modelle durch Budgetrestriktionen ergänzt (zulässig sind soviel Partner, wie man unterhalten kann).

ER-Modell als allgemeines Datenmodell 21

Grundgedanke:

Es gibt einen gemeinsamen Kern aller Datenmodelle mit zwei Elementen: Objekte (entities) und Beziehungen (relationships) (Objekt-Beziehungs-Modell oder Entity-Relationship-Modell: ER-Modell)

Lernziele: Programm:

- *ER-Modell als allgemeines Datenmodell und drei Umsetzungen in*
  - o *relationales Modell*
  - o *Netzwerk-Modell*
  - o *hierarchisches Modell*

Bild 21/1: ER-Modell als allgemeines Datenmodell und Umsetzungen

- *Objekte (entities) und Beziehungen (relationships) als Elemente des allgemeinen Datenmodells*

Bild 21/2:ER-Modell: Objekte und Beziehungen in graphischer Darstellung

Bild 21/3:Beispiel BAB als ER-Modell

Bild 21/4:Beispiel Personen - Projekte - Abteilungen als ER-Modell

ER-Modell als allgemeines Datenmodell 21

Lernziele: **Programm:**

- ***Attribute und Schlüssel***

- ***Quantifizierung von Beziehungen - 1:1, 1:n, m:n***

Bild 21/5: Quantifizierung von Beziehungen - 1:1, 1:n, m:n

- ***logisches und physisches Datenmodell:***
  Das logische Datenmodell wird als ER-Modell in relationaler Ausprägung formuliert und dient als Kommunikationsbasis.

  Die physische Implementierung mag aus performance-Gründen vom logischen Modell abweichen

Bild 21/6: Logisches und Physisches Modell

ER-Modell und Umsetzungen

Es hat sich eine **allgemeine Darstellung des Datenmodells** als Objekt-Beziehungs-Modell (entity-relationship-Modell oder auch kurz ER-Modell) herausgebildet, die einen gemeinsamen Kern aller Datenmodelle darstellt. Dieser gemeinsame Kern besteht unabhängig von der Umsetzung in spezielle Darstellungen, die eng mit Datenbanksystemen verbunden sind.

Das allgemeine Datenmodell wird **umgesetzt** entweder in

- ein **relationales** Datenmodell
- ein **Netzwerk**-Datenmodell
- ein **hierarchisches** Datenmodell

siehe Bild 21/1: ER-Modell als allgemeines Datenmodell und Umsetzungen

Bild 21/1: ER-Modell als allgemeines Datenmodell und Umsetzungen

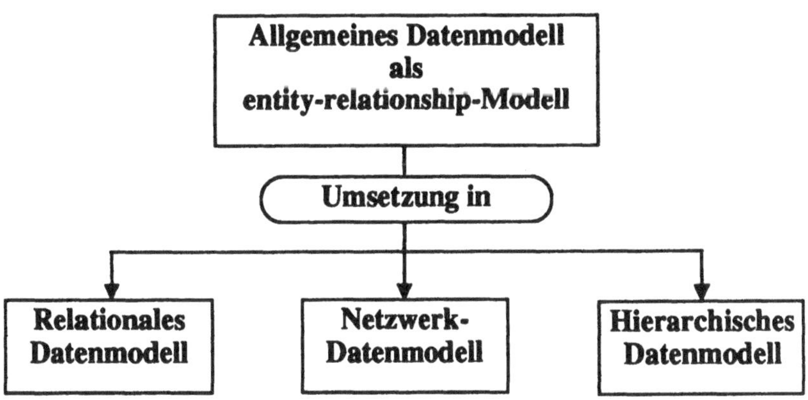

Klenger: DV für Controller

Diese Sichtweise, d. h. die Unterscheidung in allgemeines Datenmodell und spezielle Umsetzungen hat sich allerdings erst allmählich herausgebildet. Nachdem man mehrere Datenmodelle vorliegen hatte, hat man sich die Frage nach dem gemeinsamen Kern aller Datenmodelle gestellt.

Für den Controller ist praktisch nur noch die Umsetzung ins relationale Modell von Bedeutung. Auf PCs ist in den gängigen Datenbanksystemen immer die relationale Variante realisiert.

Objekte und Beziehungen

In einer ersten Betrachtungsweise gibt es nur **zwei Elemente**, die ein Datenmodell kennzeichnen:

- **Objekte (entities)**
- **Beziehungen** (zwischen den Objekten) (relationships)

Graphisch dargestellt werden

- die Objekte durch Kästchen,
- die Beziehungen durch Rauten mit Verbindungslinien zu den jeweiligen Objekten

Bild 21/2: ER-Modell: Objekte und Beziehungen in graphischer Darstellung

Diese graphische Darstellung wird nur in den Bildern 21/2 bis 21/4 verwendet und dann sofort wieder aufgegeben, weil im relationalen Modell (Modul 22) sowohl Objekte als auch Beziehungen in Tabellen dargestellt werden und man damit mit einem Element (Kästchen) in graphischen Darstellungen auskommen kann.

Was **Objekte (entities)** im Sinne des Datenmodells sind, ist vordergründig ziemlich klar:

Beispiele sind: Kunden, Artikel, Personen, Projekte.

Bild 21/2: ER-Modell: Objekte und Beziehungen in graphischer Darstellung

Klenger: DV für Controller

Beziehungen (relationships) zwischen Objekten können durch Tätigkeitswörter (Verben) beschrieben werden:

Beispiel: Kunde <u>kauft</u> Artikel, Person <u>nimmt teil</u> an Projekt.

Eselsbrücke: Männer und Frauen sind Objekte, die Ehe ist eine mögliche Beziehung zwischen diesen Objekten.

Was ist ein Auftrag ? ein Objekt, eine Beziehung ?
Antwort: leider bereits ein komplizierter Fall: Im Auftragsformular stehen Kundendaten, Artikeldaten (und Zeitdaten - das Datum). Kunden, Artikel sind Objekte, zwischen denen Beziehungen bestehen. Also scheint der Auftrag eine Beziehung zu sein zwischen Kunden und Artikeln (und der Zeit). Auf den ersten Blick hätte man aber auch den Auftrag als ein Objekt ansehen können, das einem Kunden zugeordnet ist. (In Aufgabe 22/8 wird diese Angelegenheit noch einmal näher betrachtet)

Was ist eine Stückliste ?
Antwort: ein Beziehung zwischen übergeordneten Teilen und untergeordneten Teilen. Ein Auto habe vier Türen: Auto und Türen sind Ausprägungen desObjekts Artikel. Die Stückliste ist eine rekursive Beziehung: eine Beziehung des Objekts Artikel

mit dem Objekt Artikel, d. h. mit sich selber.

Daß man Datenmodelle mit nur zwei Elementen darstellen kann - Objekte und Beziehungen - ist zu schön, um wahr zu sein. Bei näherer Betrachtung stellt man fest, daß es noch hierarchische Beziehungen gibt (Arbeitsplatz gehört zu Abteilung), rekursive Beziehungen (Stückliste: die Teile als solche bestehen aus den Teilen als solchen), überlappende Objekte (Lieferant ist gleichzeitig Kunde). Es treten Doppelrollen auf: Auftragskopf ist einerseits Objekt und andererseits Beziehung.

Selbstverständlich kann man dafür neue graphische Symbole entwickeln, aber das Modell verliert den Reiz der Einfachheit. Da im relationalen Modell (siehe Modul 22) ohnehin sowohl Objekte als auch Beziehungen als Tabellen dargestellt werden und die genannten Sonderfälle ohne große Schwierigkeiten darstellbar sind, wird hier auf diese feinsinnigen Unterscheidungen nicht weiter eingegangen. (Verweis auf die Literatur: Scheer 1990 WI, S. 26 f; Rauh 1990, S. 81 f).

Beispiel: BAB als Zuordnung von Kostenarten und Kostenstellen

Bild 21/3: Beispiel BAB

Bild 21/3: Beispiel BAB als ER-Modell

Klenger: DV für Controller

Beispiel: Personen gehören zu Abteilungen und nehmen an Projekten teil

Hier gibt es drei Objekte: Personen, Abteilungen, Projekte und zwei Beziehungen: "gehört zu" und "nimmt teil"

Bild 21/4: Beispiel Personen-Projekte-Abteilungen als ER-Modell

Bild 21/4: Beispiel Personen - Projekte - Abteilungen als ER-Modell

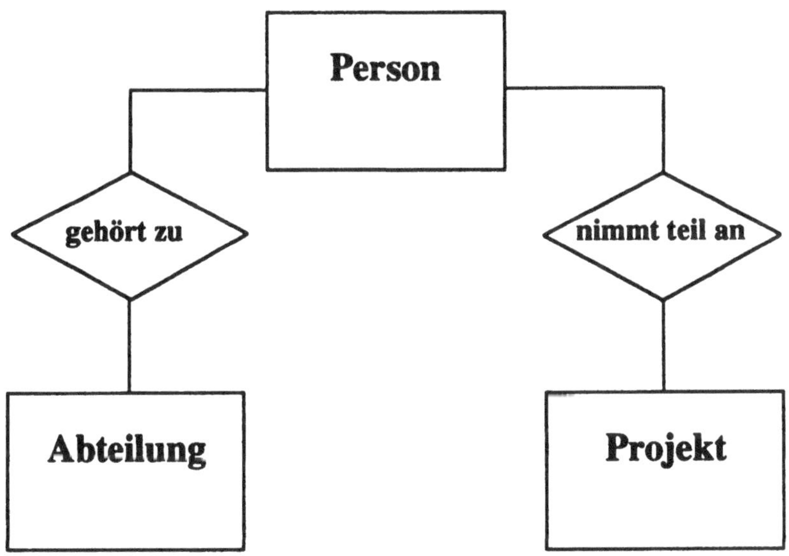

Klenger: DV für Controller

Attribute und Schlüssel

Die Objekte und Beziehungen werden durch **Attribute** gekennzeichnet.
Beispiel: Kostenstellen-Nummer und Kostenstellen-Bezeichnung sind Attribute des Objektes Kostenstelle.
Beispiel: Der Wert pro Kostenstelle und Kostenart (das "Kästchen" im BAB) ist ein Attribut der Beziehung Kostenstelle-Kostenart (BAB).

Attribute (oder Kombinationen von Attributen), die ein Objekt oder eine Beziehung eindeutig **identifzieren,** nennt man **Schlüssel.**
Beispiel: Kostenstellen-Nummer identifiziert die Kostenstelle.
Beispiel: Die Kombination Kostenstellen-Nummer - Kostenarten-Nummer identifiziert die BAB-Zelle.

Die Schlüsseleigenschaft ist nicht absolut, sondern hängt vom Objekt ab. Kundenummer ist im Objekt Kunde Schlüssel (**Primärschlüssel**), d. h. identifizierend. Im Auftrag ist Kundennummer ein einfaches Attribut ohne Schlüsseleigenschaft. Man sagt, daß im Auftrag die Kundennummer **Fremdschlüssel** sei. Sie ist in einem anderen Objekt (Kunde) Schlüssel (Primärschlüssel), nicht aber im gerade betrachteten Auftrag.

Quantifizierung von Beziehungen - 1:1, 1:n, m:n

1:1
Beispiel: Auftrag - Rechnung
Zu einem Auftrag gehört "normalerweise" eine und nur eine Rechnung.
(Obwohl dies in der Praxis eher die Ausnahme ist: es wird anders geliefert als bestellt wegen Teillieferung, es wird anders berechnet als geliefert wegen Zusammenfassung von Lieferungen, bleibt dies ein richtiges Beispiel. Aber man müßte eigentlich etwas anders formulieren: Wenn zu einem Auftrag eine und nur eine Rechnung gehört, ist dies ein schönes Beispiel für eine 1:1-Beziehung)

1:n
Beispiel: Person - Abteilung
Person gehört einer Abteilung an, Abteilung besteht aus mehreren Personen

m:n
Beispiel: Kunde - Artikel.
Kunde kann mehrere Artikel bestellen, Artikel kann von mehreren Kunden bestellt werden. (wird meistens aufgelöst durch das "dazwischengeschobene" Objekt Auftrag: Kunde kann mehrere Aufträge erteilen, ein Auftag wird nur von einem Kunden erteilt; Auftrag umfaßt mehrere Artikel, aber eine Artikelmenge ist immer einem Auftrag zugeordnet)

Was ist der Sinn dieser Quantifizierungen außer geistiger Ertüchtigung ?
Im Datenbanksystem lassen sich bei entsprechenden Angaben Überprüfungen vornehmen. Legt man beispielsweise Aufträge (Auftragsköpfe) mit dem Schlüssel Auftragnummer an und deklariert eine 1: n Beziehung zwischen Kunde und Auftrag, so duldet das System die Anlage mehrerer Aufträge mit demselben Kunden. Dagegen würde, wenn für Auftrag und Rechnung eine 1:1 Beziehung deklariert ist, das Anlegen von mehr als einer Rechnung zu dem Auftrag zu einer Fehlermeldung führen.

Bild 21/56: Quantifizierung von Beziehungen - 1:1, 1:n, m:n

Bild 21/5: Quantifizierung von Beziehungen - 1:1, 1:n, m:n

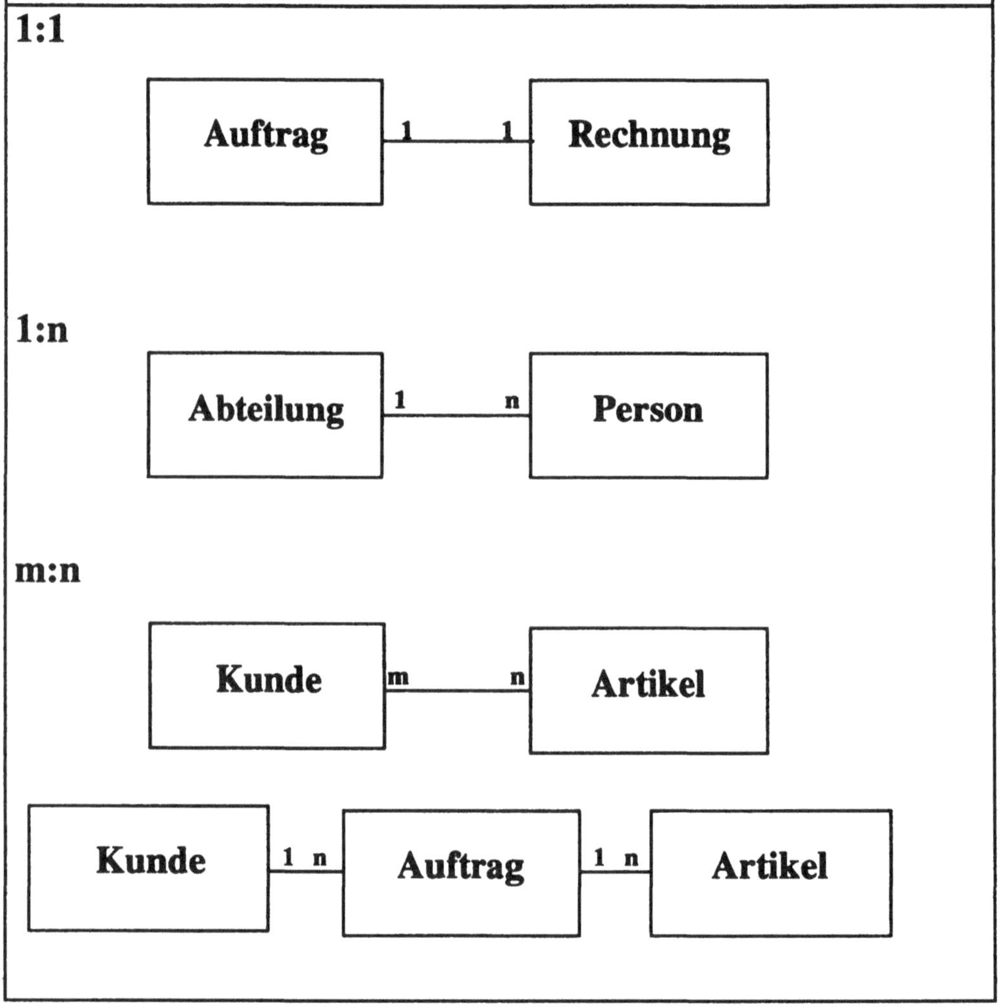

Logisches und Physisches Modell

Während der Anwender früher seine Anforderungen formulieren durfte und dann nicht mehr gefragt wurde, ist er heute in der Lage, das Datenmodell als relationales Modell zu formulieren.

Der Betriebswirt /Anwender formuliert sein Datenmodell als **logisches** Modell. Was dann der Informatiker daraus macht (**physisches** Modell) ist seine Sache. Insbesondere aus performance-Gründen (Laufzeit-, Antwortzeitverhalten) wird das physisch implementierte System vom logischen abweichen. Es müssen aber weiterhin die Anforderungen des logischen Modells erfüllt werden, das als gemeinsame Kommunikationsbasis zwischen Betriebswirt und Informatiker dient.

Da aus dem logischen Datenmodell mehrere **Auswertungen** (die als **view** oder **Sicht** bezeichnet werden) vorgenommen werden können, kann man auch von drei Ebenen sprechen: Sicht - logisches Modell - Physisches Modell.

Bild 21/6: Logisches und Physisches Modell

Bild 21/6: Logisches und Physisches Modell

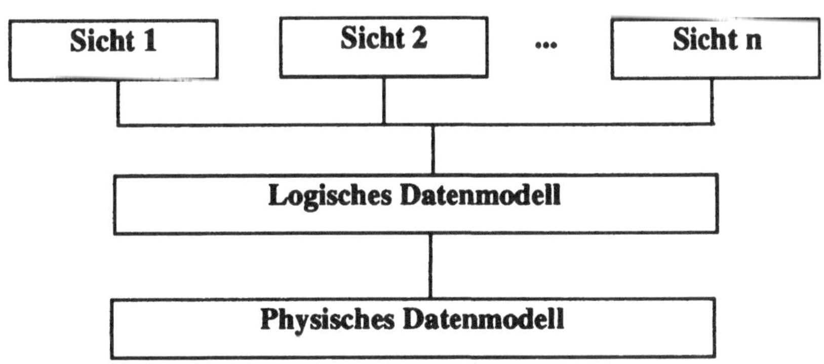

Klenger: DV für Controller

Relationales Modell 22

Grundgedanke:

Sowohl Objekte als auch Beziehungen werden in Tabellen dargestellt

Lernziele: Programm

- ***Umsetzung des ER-Modells in das relationale Modell: Objekte und Beziehungen werden als "Tabellen" dargestellt***
  - o ***die Zeilen sind die Datensätze***
  - o ***die Spalten sind die Felder des Datensatzes***
  - o ***der Schlüssel identifiziert die Objekte ebenso wie die Beziehungen;***
  - o ***bei den Beziehungen setzt sich der Schlüssel aus den Schlüsseln der beteiligten Objekte zusammen***

Bild 22/1: Darstellung des relationalen Modells

Bild 22/2: Sprechweisen

Relationales Modell f

22

Lernziele:

Programm

- *es gelten folgende Prinzipien*
    - *o keine Redundanz bis auf die gemeinsamen Schlüssel*
    - *o keine Wiederholfelder*

Bild 22/3: Prinzipien bei der Erstellung des relationalen Modells

Bild 22/4: Beispiel BAB

Aufgabe 22/5: Wiederholfelder

Aufgabe 22/6: BAB/Belegniveau

Aufgabe 22/7: Beispiel Personen - Abteilungen - Projekte

Aufgabe 22/8: Beispiel Kunde - Auftrag

Tabellen als Abbildung für Objekte und Beziehungen

Das ER-Modell als **allgemeines Datenmodell** wird nun **in das relationale Datenmodell umgesetzt**.

Objekte und Beziehungen werden in **Tabellen** (tables) erfaßt.
Synonym werden die Bezeichnungen **Relation und Datei** verwendet
(Relation aber - höchst verwirrend - als Oberbegriff für Objekt und Beziehung (entity und relationship)).

Die **Zeilen** entsprechen den Ausprägungen der jeweiligen Objekte, z. B. einzelne Kunden in der Kundentabelle oder -datei, einzelne Aufträge in der Auftragstabelle oder -datei.
Synonym werden die Bezeichnungen **Tupel** und **Satz** verwendet.

Die **Spalten** enthalten **die Attribute** des Objektes, d. h. die Satzbeschreibung
Synonym für Attribut: **Feld**.

Der **Schlüssel** ist ein Attribut, das den Satz eindeutig indentifiziert, meistens eine Nummer; es können auch Kombinationen von Attributen als Schlüssel auftreten. Der Schlüssel wird in der Darstellung unterstrichen.

Bild 22/1: Darstellung des relationalen Modells

Bild 22/1: Darstellung des relationalen Modells

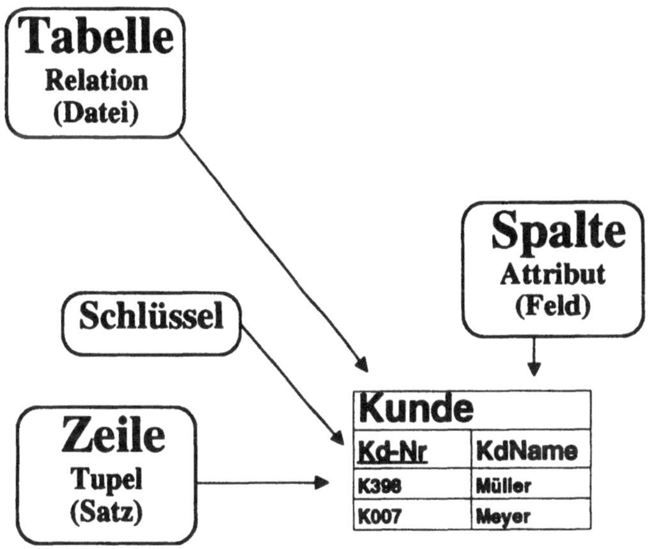

Kurzform:

Kunde (<u>Kd-Nr</u>, KdName)

graphisch:

Klenger, DV für Controller

Einige Autoren haben die alten Begriffe Datei, Satz, Feld ausschließlich für das physische Modell reserviert und verwenden diese Begriffe nicht für das logische Modell. Dieser **Sprechweise** wird hier weitgehend gefolgt.

Bild 22/2: Sprechweisen

Bild 22/2: Sprechweisen

logisches Modell	**physisches Modell**
Tabelle, Relation	**Datei**
Zeile, Tupel	**Satz**
Spalte, Attribut, Merkmal	**Feld**

Klenger, DV für Controller

Prinzipien bei der Darstellung des relationalen Modells

Bei der Erstellung des relationalen Modells gelten folgende **Prinzipien**:

- **keine Redundanzen** (= keine Doppelspeicherung)
  (das gilt allerdings für alle Umsetzungen in Datenbankmodelle, nicht nur für das relationale Modell)
  Für dieses Prinzip fällt die Begründung leicht:
  Doppelspeicherung ist eben unwirtschaftlich.
  Beim Aktualisieren (updaten) muß nur an einer Stelle geändert werden und der neue Datenstand gilt dann für alle Programme, die auf die Tabelle (Datei) zugreifen

- **keine Wiederholgruppen**
  Die Begründung hierfür fällt schon schwerer: zunächst nur soviel: Durch das Vermeiden von Wiederholgruppen (z. B. Auftragspositionen in Aufträgen) wird man der nicht lösbaren Aufgabe enthoben, Schätzungen dafür abzugeben, wie oft maximal eine Wiederholgruppe vorkommt. Selbst wenn man sich zu einer derartigen Angabe hinreißen ließe, müßte immer pro Auftrag die maximale Anzahl an Auftragspositionen vorgehalten werden (Verschwenden von Speicherplatz) oder es würden variable Satzlängen entstehen (kurze Sätze bei wenig Positionen, lange bei vielen).

Bild 22/3: Prinzipien bei der Erstellung des relationalen Modells

Bild 22/3: Prinzipien bei der Erstellung des relationalen Modells

keine Redundanzen

keine Wiederholgruppen

Klenger, DV für Controller

Diese sehr einfachen Prinzipien werden von den Informatikern wieder kompliziert, indem sie von sog. **Normalformen** sprechen. Was es mit dieser intellektuellen Übung auf sich hat, wird im Modul 23 kurz erläutert.

Beispiel: BAB
Konstruktion des relationalen Modells
Vermeidung von Wiederholgruppen

Die Daten eines Betriebsabrechnungsbogens (BAB) sollen gespeichert werden. Dabei fallen einem folgende grundsätzlichen Möglichkeiten ein:

- zellenweise
- zeilenweise
- spaltenweise

(Die Systematiker denken noch an eine weitere Möglichkeit: den ganzen BAB-Inhalt in einen Satz)

Zellenweise:

Satzaufbau:
- Kostenart
- Kostenstelle
- Wert

Anzahl Sätze: Soviel Werte wie im BAB stehen, d. h. Anzahl Zeilen x Spalten.

Dieser Aufbau ist auch relational. Aber es kommt einem so vor, als ob man "Platz sparen" könnte, wenn man den BAB z. B. zeilenweise in den Satz übernimmt. Dann brauchte man nur einmal die Kostenart zu speichern, die für alle Werte des Satzes, d. h. für die verschiedenen Kostenstellen diegleiche ist.

Satzaufbau:
- Kostenart
- 1. Kostenstellen-nr
- Wert
- 2. Kostenstellen-nr
- Wert

.
.
.

- n-te Kostenstellen-nr
- Wert

Die Kombination Kostenstellen-nr / Wert bildet hier eine Wiederholgruppe. Also ist dies kein relationales Modell.

Vermeidung von Wiederholgruppen: Versuch einer Begründung

Problem: Wie will man die 17. Kostenstelle (in dieser Kostenart) ansprechen. Welche Variablenbezeichnung hat diese Kostenstellennummer ?
"Kostenstelle" reicht jedenfalls nicht aus, denn dann würde man nicht die spezielle Kostenstelle herausgreifen können.

Als Auswege fallen einem Betriebwirt ein:
Die Kostenstellennummer in den Variablennamen zu legen, also beispielsweise Kostenstelle_17 zu sagen. Aber vielleicht ahnt man die Unzulänglichkeit dieser Lösung. Man bilde z. B. eine Summe über alle Kostenstellen: Umständlich müßte man vielleicht 400 Kostenstellennamen Kostenstelle_1 bis Kostenstelle_400 ansprechen.

Einem Informatiker liegt nahe, sich die Addresse zu merken, wo er den Wert der Kostenstelle (und Kostenart) gespeichert hat. Und über diese Art von Speicheradressen-Buchhaltung stolpert er dann später selber.

Noch ein Argument:
Wenn der BAB schwach besetzt ist: Einige Kostenstellen-Kostenarten-Kombinationen sind nicht bebucht. Dann müßte man in den Zeilensätzen Leerstellen (=Vergeudung von Speicherplatz) in Kauf nehmen. Der Informatiker bietet hier sicher eine Art von "Packung" an, d. h. er will die Felder zusammenschieben, damit keine unbesetzten Felder entstehen. Dabei gerät entweder seine Speicheraddressenverwaltung durcheinander oder er hat sich hier einen Know-how-Schwerpunkt gebildet, den nur noch er versteht. Diese Art von Tricks kann man sich für die Realisierung im physischen Modell aufsparen. Der Betriebswirt beteiligt sich an diesen Spielchen nicht und formuliert seine Anforderungen im relationalen Modell ohne Kompromisse.

Übrigens: Wenn man zeilenweise speichert, ist das Modell nicht mehr symmetrisch: man hat die Reihenfolge: erst Kostenart, dann Kostenstelle bevorzugt, was sich bei Auswertungen in anderer Reihenfolge sicherlich rächt.

Auf die Frage, ob man die BAB-Werte als Kostenstellenwerte unter der Kostenart speichern sollte oder lieber umgekehrt als Kostenartenwerte unter der Kostenstelle, kann die Antwort nur lauten:

Diese Frage möchte ich nicht beantworten, denn ich weiß noch garnicht, welche Auswertungen ich irgendwann einmal machen möchte.

Es folgen Beispiele und Aufgaben für die Darstellung im relationalen Modell:

Bild 22/4: Beispiel BAB

Aufgabe 22/5: Wiederholfelder

Aufgabe 22/6: BAB/Belegniveau

Aufgabe 22/7: Beispiel Personen - Abteilungen - Projekte

Aufgabe 22/8: Beispiel Kunde - Auftrag

Weitere Aufgaben sind in Modul 25 enthalten.

Bild 22/4: Beispiel BAB

Gegeben ist ein einfaches Beispiel eines Betriebsabrechnungsbogens (BAB).
Es ist das Datenmodell zu entwickeln.

BAB	Mai/02					
Ko-st-Nr		100	200	300	400	
Kostenstelle		Fuhrpark	Produktion	Verwaltung	Vertrieb	Summe
Ko-art-Nr	Kostenart					
40	Fertigungslohn	0	2.100	0	0	2.100
50	Gemeinkostenlohn	2.500	7.300	0	0	9.800
60	Gehalt	4.000	7.100	8.300	6.200	25.600
	Summe	6.500	16.500	8.300	6.200	37.500

Bild 22/4 f: Beispiel BAB

Lösung:
Das Datenmodell in ausführlicher Form lautet:

BABWert

KoArt-Nr	KoSt-Nr	BABWert	Mon	Jahr
40	200	2100	05	0002
50	100	2500	05	0002
50	200	7300	05	0002
60	100	4000	05	0002
60	200	7100	05	0002
60	300	8300	05	0002
60	400	6200	05	0002

KoArt

KoArt-Nr	KoArtBez
40	Fertigungslohn
50	Gemeinkostenlohn
60	Gehalt

KoSt

KoSt-Nr	KoStBez
100	Fuhrpark
200	Produktion
300	Verwaltung
400	Vertrieb

Monat

Mon	MonBez
05	Mai

Jahr

Jahr
0002

in Kurzform:

BABWert (KoArt-Nr, KoSt-Nr, BABWert, Mon, Jahr)
KoArt (KoArt-Nr, KoArtBez)
KoSt (KoSt-Nr, KoStBez)
Monat (Mon, MonBez)
Jahr (Jahr)

Bild 22/4 2f: Beispiel BAB

Graphisch:

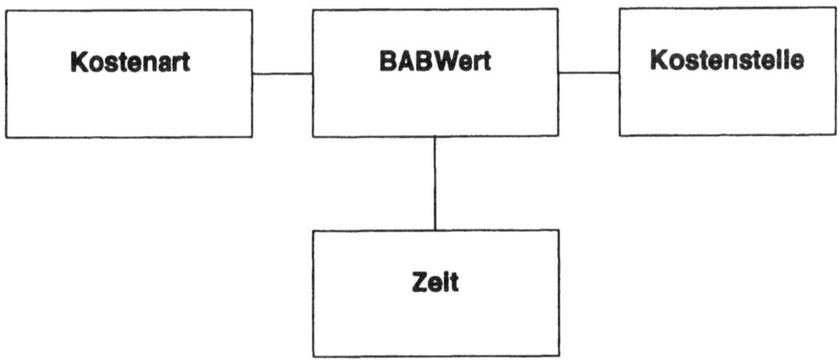

Kommentierung der Lösung:

Die Werte des BAB werden weder pro Zeile noch pro Spalte des BAB gespeichert, sondern pro **Zelle**. Die "Koordinaten" der Zelle, nämlich Kostenart und Kostenstelle sind dabei jeweils anzugeben, weil sonst der Wert (z. B. 2.100) nicht zuzuordnen ist.
Die **Redundanz in den Schlüsselwerten** wird dabei in Kauf genommen (die Kostenartennummer KoArt-Nr 60 in der Tabelle BABWert kommt z. B. 4-mal vor, aber jeweils mit einer anderen Kostenstellennummer KoSt-Nr).

Zellen, in denen offenbar kein Wert bzw. 0 steht, werden nicht in einem Datensatz erfaßt.

Außerdem ist der Zeitbezug herzustellen durch Angabe von Monat und Jahr.

Die Schlüssel (unterstrichen) in der Tabelle BABWert sind KoArt-Nr, KoSt-Nr, Mon, Jahr. Nur diese vier Angaben identifizieren eindeutig einen Wert im Betriebsabrechnungsbogen.

In der Tat ist es beeindruckend, daß man für den Inhalt (z. B. 2.100) einer BAB-

Bild 22/4 3f: Beispiel BAB

Zelle allein vier Angaben braucht (Kostenart, Kostenstelle, Monat, Jahr), um diesen Inhalt zu spezifizieren.
Andererseits, was bedeutet schon die Zahl 2.100 ? Garnichts, wenn man nicht die spezifizierenden Angaben hat.

Die Kostenartenbezeichnung und die Kostenstellenbezeichnung werden jeweils in "Stammtabellen" ausgelagert.

Die Einträge in den Tabellen Monat und Jahr geben an, welche Monate und Jahre überhaupt zulässig sind und können für die Überprüfung bei der Eingabe benutzt werden. Wird z. B. versehentlich das nicht zugelassene Jahr 0017 bei der Erfassung eingegeben, kann gegen die Tabelle Jahr geprüft werden. Wenn Jahr 0017 dort nicht enthalten ist, kann eine Fehlermeldung ausgegeben werden.

Die Summenwerte werden nicht im Datenmodell erfaßt, weil sie jederzeit aus den "Urdaten" zu ermitteln sind. Im Gegenteil: Die Auswertungen sollten auf keinen Fall erfaßt werden (z. B. mit dem Argument, daß man dadurch Rechenzeit sparen könnte). Vielmehr sollten die Auswertungen jeweils mit den aktuellen Daten erneut ermittelt werden und allenfalls temporär gespeichert werden.

Es wurde davon abgesehen, die Texte wie "BAB" oder "Summe" ebenfalls zu erfassen.

Wie aus diesen Tabellen wieder die vorgegebene und andere Auswertungen gewonnen werden können, ist in Modul 32 Minispezifikation ausführlich dargestellt.

Im folgenden sollen einige **alternative Lösungen des BAB-Beispiels** diskutiert werden. So hanebüchen diese Lösungvorschläge auch im Zeitalter des relationalen Modells erscheinen mögen, sie wurden und werden in der einen oder anderen Form immer wieder angedient mit den Argumenten:

- Speicherplatzökonomie und
- Performance (Laufzeitverhalten)

Bild 22/4 4f: Beispiel BAB - Variante Zeilenweise Speicherung

Aufgabenstellung:
(Zeilenweise Speicherung des BAB-Inhaltes)

Diskutieren sie folgenden alternativen Vorschlag für das Datenmodell

BABWert

KoArt-Nr	KoSt-Nr	BABWert	KoSt-Nr	BABWert	KoSt-Nr	BABWert
40	100	0	200	2100	300	0
50	100	2500	200	7300	300	0
60	100	4000	200	7100	300	8300

KoSt-Nr	BABWert	Mon	Jahr
400	0	05	0002
400	0	05	0002
300	8300	05	0002

Lösung:

Als Vorteil dieses Vorschlags erscheint, daß eine bestimmte Kostenartennummer (z. B. 60) nur einmal vorkommt.

Aber man hat einige Nachteile eingehandelt:

- Die Variablennamen KoSt-Nr und BABWert kommen mehrmals vor und sind nicht mehr eindeutig identifizierend.
  (Würde man versuchen, dies durch unterschiedliche Variablennamen wie
  KoSt-Nr-1, KoSt-Nr-2, KoSt-Nr-3, ...
  BABWert-1, BABWert-2, BABWert-3, ...
  zu lösen, so müßten bei Änderung der Kostenstellennummerierung auch die Variablennamen geändert werden müssen - ein ziemlich umständliches Verfahren, besonders bei z. B. 400 Kostenstellen)

- die Nullen bzw. nicht vorkommenden Werte müssen mitgespeichert werden, weil sonst keine eindeutige Zuordnung zum Spaltenkopf mehr bestehen würde (siehe vorstehender Punkt)

Bild 22/4 5f: Beispiel BAB - Weglassen der Nullen

Aufgabenstellung:
(Weglassen der Nullen bzw. nicht vorkommenden Werte)

Diskutieren sie folgenden alternativen Vorschlag für das Datenmodell

BABWert

KoArt-Nr	KoSt-Nr	BABWert	KoSt-Nr	BABWert	KoSt-Nr	BABWert	KoSt-Nr	BABWert	Mon	Jahr
40	200	2100							05	0002
50	100	2500	200	7300					05	0002
60	100	4000	200	7100	300	8300	400	6200	05	0002

Lösung:
Es entstehen wieder Leerfelder bzw. - wenn man Monat und Jahr nach vorne rückt - variable Satzlängen, auch unsympathisch.

BABWert

KoArt-Nr	Mon	Jahr	KoSt-Nr	BABWert	KoSt-Nr	BABWert	KoSt-Nr	BABWert	KoSt-Nr	BABWert
40	05	0002	200	2100						
50	05	0002	100	2500	200	7300				
60	05	0002	100	4000	200	7100	300	8300	400	6200

Bild 22/4 6f: Beispiel BAB - Variante Nur Inhalt

Aufgabenstellung:
(Nur Inhalt des BAB speichern)

Diskutieren sie folgenden alternativen Vorschlag für das Datenmodell:

BABWert 05/0002			
0	2100	0	0
2500	7300	0	0
4000	7100	8300	6200

In der Dokumentation müßte festgehalten werden, daß in den Zeilen (Sätzen) die Kostenarten stehen (z. B. aufsteigend oder in ebenfalls dokumentierter Form) und in den Feldern (Spalten) die Kostenstellen. Der Zeitbezug wird im Tabellennamen untergebracht - eine unter Programmierern besonders beliebte Lösung!

Lösung:

- der Charme dieser Lösung liegt zweifellos im vergleichsweise geringen Speicherbedarf - die Schlüsselwerte für Kostenart und -stelle, sowie für Monat und Jahr brauchen überhaupt nicht, geschweige denn vielfach erfaßt werden, aber:

- abgesehen davon, daß Dokumentationen in brauchbarer Form praktisch nicht vorkommen, besonders nicht in aktueller Form

- abgesehen davon, daß wieder das Problem der Nullenspeicherung entsteht

- wenn auch nur einmal diese Speicherbuchführung durcheinander gerät, ist das Zahlenchaos vollständig

- einfache Abfragen: "wie hoch sind die Gehaltskosten in Kostenstelle Fuhrpark im Mai bedürfen komplizierter Suche

Aufgabe 22/5: Wiederholfelder

Gegeben ist folgendes **Datenmodell**:

BABPlWert

KoArt-Nr	KoSt-Nr	Plan/Ist	BABPlW
40	200	Plan	2100
50	100	Plan	2500
50	200	Plan	7300
60	100	Plan	4000
60	200	Plan	7100
60	300	Plan	8300
60	400	Plan	6200
40	200	Ist	2400
50	100	Ist	2300
50	200	Ist	7300
60	100	Ist	4500
60	200	Ist	7050
60	300	Ist	7900
60	400	Ist	6100

KoArt

KoArt-Nr	KoArtBez
40	Fertigungslohn
50	Gemeinkostenlohn
60	Gehalt

KoSt

KoSt-Nr	KoStBez
100	Fuhrpark
200	Produktion
300	Verwaltung
400	Vertrieb

Plan/Ist

Plan/Ist
Plan
Ist

in Kurzform:

BABPIW (<u>KoArt-Nr</u>, <u>KoSt-Nr</u>, <u>Plan/Ist</u>, BABPIW)
KoArt (<u>KoArt-Nr</u>, KoArtBez)
KoSt (<u>KoSt-Nr</u>, KoStBez)
Plan/Ist (<u>Plan/Ist</u>)

Kommentierung des Datenmodells: Gegenüber den bisherigen BAB-Datenmodellen ist die Plandimension ergänzt.

Was halten Sie von diesem Datenmodell ? Beurteilen Sie, ob Plan/Ist ein Wiederholfeld ist und damit wie im Entwurf geschehen die Werte für Plan und Ist "untereinander" stehen oder ob eine Anordnung nebeneinander richtiger wäre.

Lösung zu Aufgabe 22/5: Wiederholfelder

Das alternative Datenmodell sieht wie folgt aus

BABPlWert			
KoArt-Nr	KoSt-Nr	BABPW	BABIW
40	200	2100	2400
50	100	2500	2300
50	200	7300	7300
60	100	4000	4500
60	200	7100	7050
60	300	8300	7900
60	400	6200	6100

in Kurzform:

BABPIW (KoArt-Nr, KoSt-Nr, BABPW, BABIW)
KoArt (KoArt-Nr, KoArtBez)
KoSt (KoSt-Nr, KoStBez)
Plan/Ist (Plan/Ist)

Kommentierung der Lösung:
Plan- und Istwerte werden als Attribute der Kostenarten-Kostenstellenkombination betrachtet. Daß zum Zeitpunkt der Planung nur Planwerte vorhanden sind und daher zunächst Leerfelder für die Istwerte mitgeschleppt werden, soll dabei nicht stören.

Was sind eigentlich Wiederholfelder ?
Was ist philosophisch das Objekt, die Kostenarten-Kostenstellenkombination oder der Planwert (bzw. Istwert) der Kostenstellenkombination ?

Auswertungsmäßig ist die neue Lösung etwa beim Plan/Ist-Vergleich einfacher.

Und wie lautet die Entscheidung; was ist richtig ?
Begrifflich eher Tendenz zur Lösung mit nebeneinandergestellten Plan- und Istwerten. Aber die andere Lösung mit Plan/Ist als Teilschlüssel ist auch schön, weil symmetrisch. Der Reportgenerator SC (Modul 53) tut sich mit ihr leichter.

Aufgabe 22/6: BAB/Belegniveau

In dem BAB-Beispiel 22/4 ist davon auszugehen, daß die Daten in den "Kästchen" des BAB (Kostenarten-Kostenstellenkombination) durch die Verdichtung über mehrere Belege entstanden sind.

Es ist das Datenmodell zu entwickeln.

BAB Mai/02

Ko-st-Nr		100	200	300	400		
Kostenstelle		Fuhrpark	Produktion	Verwaltung	Vertrieb		Summe
Ko-art-Nr	Kostenart						
40	Fertigungslohn	0	2.100	0	0		2.100
50	Gemeinkostenlohn	2.500	7.300	0	0		9.800
60	Gehalt	4.000	7.100	8.300	6.200		25.600
	Summe	6.500	16.500	8.300	6.200		37.500

	4.000
	2.000
	1.100
Summe	7.100

Lösung zu Aufgabe 22/6: BAB/Belegniveau

Lösung:
Das Datenmodell in ausführlicher Form lautet:

BelWert

Beleg-Nr	KoArt-Nr	KoSt-Nr	BelWert	Mon	Jahr
4711	60	200	4000	05	0002
4712	60	200	2000	05	0002
5683	60	200	1100	05	0002

KoArt

KoArt-Nr	KoArtBez
40	Fertigungslohn
50	Gemeinkostenlohn
60	Gehalt

KoSt

KoSt-Nr	KoStBez
100	Fuhrpark
200	Produktion
300	Verwaltung
400	Vertrieb

Monat

Mon	MonBez
05	Mai

Jahr

Jahr
0002

Beleg

Beleg-Nr
4711
4712
5683

in Kurzform:

BelWert (Beleg-Nr, KoArt-Nr, KoSt-Nr, BelWert, Mon, Jahr)
KoArt (KoArt-Nr, KoArtBez)
KoSt (KoSt-Nr, KoStBez)
Monat (Mon, MonBez)
Jahr (Jahr)
Beleg (Beleg-Nr)

Lösung zu Aufgabe 22/6 f: BAB/Belegniveau

Graphisch:

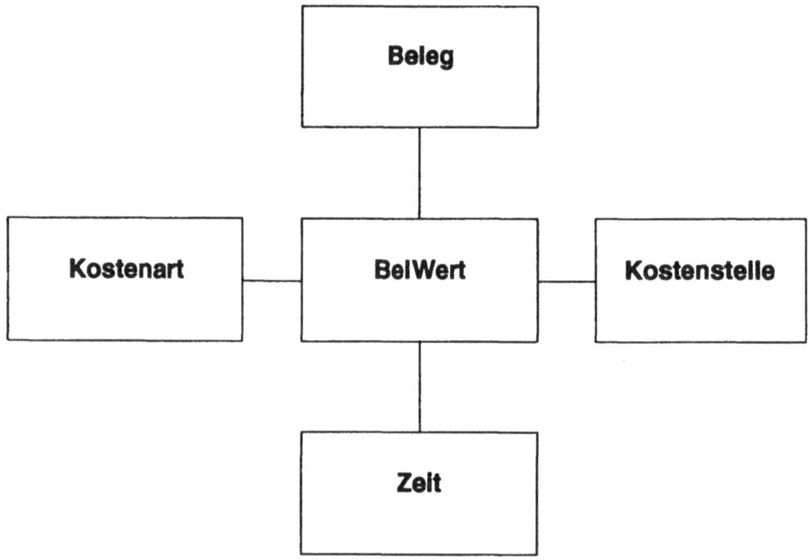

Kommentierung der Lösung:

Die eigentlichen Werte des BAB sind auf Belegen erfaßt, die durch eine Belegnummer (Beleg-Nr) identifiziert sind. Der Beleg enthält auch (als Attribute) die Kostenstelle und Kostenart sowie das Datum. Daß Kostenart, Kostenstelle, Monat und Jahr nicht mehr Schlüsselbestandteil sind, liegt daran, daß die Belegnummer für sich allein schon eindeutig identifizierend ist.

Die Verdichtung über Belege mit derselben Kostenart und Kostenstelle ist eine Auswertung, deren Ergebnis im Datenmodell nicht erfaßt wird. Die Auswertung kann jederzeit aus den "Urdaten" erzeugt werden.

Die Beleg-Schlüsseltabelle identifziert die zulässigen Belegnummern.

Aufgabe 22/7: Beispiel Personen - Abteilungen - Projekte

Gegeben ist folgende Zuordnung von Personen zu Projekten.

Es ist das Datenmodell zu entwickeln.

Projektübersicht		
Pers.Nr.	Name	Abteilung
Projekt Alpha		
003	Senft	Abt. 3785
004	Berberich	Abt. 3785
007	Güllich	Abt. 4307
Projekt Beta		
003	Senft	Abt. 3785
006	Deckel	Abt. 3785
009	Zacharias	Abt. 4307
Projekt Gamma		
003	Senft	Abt. 3785
005	Cicero	Abt. 3785
009	Zacharias	Abt. 4307
Abt.		
3785	Fertigung	
4307	Verkauf	

Lösung zu Aufgabe 22/7: Beispiel Personen - Abteilungen - Projekte

Lösung:
Das Datenmodell in ausführlicher Form lautet zunächst - **in einer symmetrischen Lösung** -:

Projekt	
Pro-Nr	ProName
1	Alpha
2	Beta
3	Gamma

Personal	
Pers-Nr	PersName
003	Senft
004	Berberich
005	Cicero
006	Deckel
007	Güllich
009	Zacharias

Abteilung	
Abt-Nr	AbtName
3785	Fertigung
4307	Verkauf

Personal-Projekt	
Pers-Nr	Pro-Nr
003	1
003	2
003	3
004	1
005	3
006	2
007	1
009	2
009	3

Personal-Abteilung	
Pers-Nr	Abt-Nr
003	3785
004	3785
005	3785
006	3785
007	4307
009	4307

in Kurzform:

Projekt (Pro-Nr, ProName)
Personal (Pers-Nr, PersName)
Abteilung (Abt-Nr, AbtName)

Personal-Projekt (Pers-Nr, ProNr)
Personal-Abteilung (Pers-Nr, Abt-Nr)

Lösung zu Aufgabe 22/7 f: Beispiel Personen - Abteilungen - Projekte

Kommentierung der Lösung:

Objekte sind
- Projekte
- Personal
- Abteilungen

Sie werden jeweils durch eine Nummer und einen Namen (man könnte auch Bezeichnung verwenden) beschrieben.

Beziehungen sind
- Projekt-Personal
- Personal-Abteilung

Die Beziehungen enthalten die Schlüssel der an der Beziehung beteiligten Objekte.

Durch Projekt-Personal wird z. B. zum Ausdruck gebracht, daß zu bestimmten Projekten bestimmte Personen gehören. Diese werden nur durch ihre Schlüsselnummer erfaßt. Alle weiteren Informationen zum Projekt bzw. zum Personal können aus den Objekttabellen entnommen werden.

In den Tabellen können die Attribute auch in anderer Reihenfolge stehen. Z. B. in der Tabelle Projekt-Personal könnte auch die Reihenfolge Pro-Nr, Pers-Nr gewählt werden.

In der Tabelle Personal-Abteilung ist das Attribut Pers-Nr bereits identifiziernd. Es besteht ein 1:n - Beziehung zwischen Abteilung und Personal: eine Person gehört nur zu einer Abteilung, umgekehrt können mehrere Personen zu einer Abteilung gehören.

Man kann die Lösung noch in einem Punkt vereinfachen:
Man kann die Zuordnungstabelle Personal-Abteilung sparen, indem man die entsprechend Information in die Tabelle Personal als Attribut aufnimmt.

Dies kann man aber bei der Zuordnungstabelle Projekt-Personal nicht machen, da eine Person mehreren Projekten angehören kann.

Lösung zu Aufgabe 22/7 2f: Beispiel Personen - Abteilungen - Projekte

Damit lautet die Lösung **in endgültiger Fassung**:

Projekt

Pro-Nr	ProName
1	Alpha
2	Beta
3	Gamma

Personal

Pers-Nr	PersName	Abt-Nr
003	Senft	3785
004	Berberich	3785
005	Cicero	3785
006	Deckel	3785
007	Güllich	4307
009	Zacharias	4307

Abteilung

Abt-Nr	AbtName
3785	Fertigung
4307	Verkauf

Personal-Projekt

Pers-Nr	Pro-Nr
003	1
003	2
003	3
004	1
005	3
006	2
007	1
009	2
009	3

in Kurzform:

Projekt (Pro-Nr, ProName)
Personal (Pers-Nr, PersName, Abt-Nr)
Abteilung (Abt-Nr, AbtName)

Personal-Projekt (Pers-Nr, Pro-Nr)

Lösung zu Aufgabe 22/7 3f: Beispiel Personen - Abteilungen - Projekte

Graphische Darstellung der "symmetrischen Lösung"

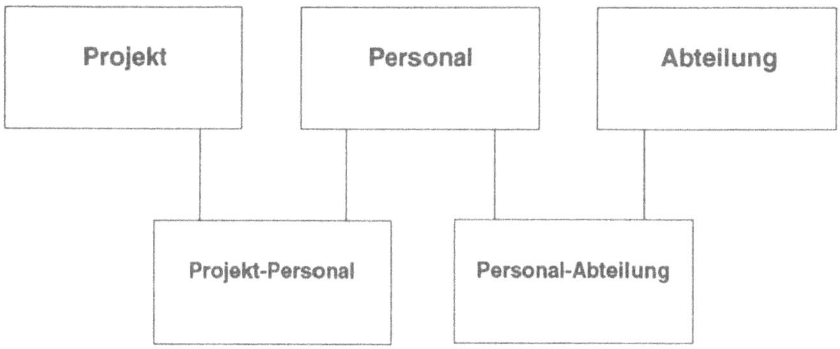

Graphische Darstellung der endgültigen Lösung:

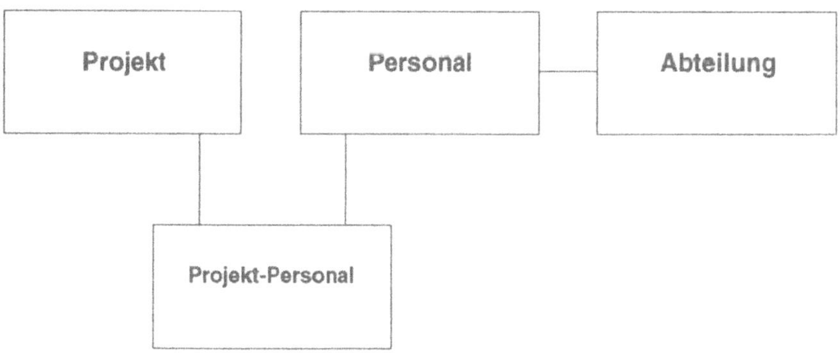

Aufgabe 22/8: Beispiel Kunde - Auftrag

Eine Handelsfirma hat ca. 5.000 Artikel im Sortiment, die zu festen Verkaufspreisen angeboten werden. Rabatte werden nicht gewährt. Die Kunden bestellen im Durchschnitt ca. 10 Artikel pro Bestellung mit einer großen Spannbreite (ca. 1 bis 50). Jeder Auftrag erhält eine fortlaufende Nummer. Die Firma verwendet für die Auftragserfassung folgendes Formular:

Auftragsnummer:	Kundennummer:	Kunde:

Menge	Artikel-nummer	Artikel-bezeichnung	Einzelpreis	Gesamtpreis

Auftragssumme ohne Mwst	
______% Mwst	
Auftragssumme mit Mwst	

Entwicklen Sie die Datenstruktur für die Auftragserfassung und tragen Sie auch die beiden folgenden konkreten Aufträge ein.

Aufgabe 22/8 f: Beispiel Kunde - Auftrag

Auftragsnummer:	Kundennummer:	Kunde:
4812	K398	Müller

Menge	Artikel-nummer	Artikel-bezeichnung	Einzelpreis	Gesamtpreis
3	77001	Handbuch	34,00	102,00
7	66666	Diskette	5,00	35,00

Auftragssumme ohne Mwst	137,00
20 % Mwst	27,40
Auftragssumme mit Mwst	164,40

Auftragsnummer:	Kundennummer:	Kunde:
4918	K007	Meyer

Menge	Artikel-nummer	Artikel-bezeichnung	Einzelpreis	Gesamtpreis
2	77001	Handbuch	34,00	68,00
10	44444	Bleistift	2,00	20,00
30	66666	Diskette	5,00	150,00

Auftragssumme ohne Mwst	238,00
20 % Mwst	47,60
Auftragssumme mit Mwst	285,60

Lösung zu Aufgabe 22/8: Beispiel Kunde - Auftrag

Lösung:
Das Datenmodell in ausführlicher Form lautet:

AufKopf

Auf-Nr	Kd-Nr
4812	K398
4918	K007

AufZeile

Auf-Nr	Art-Nr	Menge
4812	77001	3
4812	66666	7
4918	77001	2
4918	44444	10
4918	66666	30

Kunde

Kd-Nr	KdName
K398	Müller
K007	Meyer

Artikel

Art-Nr	ArtBez	VKPreis
77001	Handbuch	34,00
66666	Diskette	5,00
44444	Bleistift	2,00

in Kurzform:

AufKopf (Auf-Nr, KdNr)
AufZeile (Auf-Nr, Art-Nr, Menge)
Kunde (Kd-Nr, KdName)
Artikel (Art-Nr, ArtBez, VKPreis)

graphisch

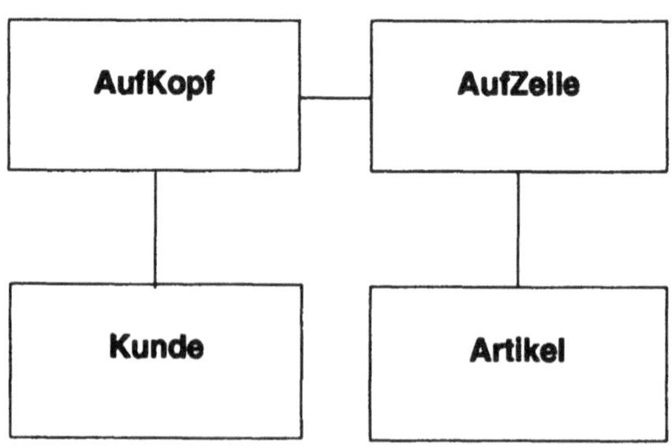

Lösung zu Aufgabe 22/8 f: Beispiel Kunde - Auftrag

Kommentierung der Lösung:

Kunde und Artikel sind "Stamm"-dateien bzw. -tabellen.

Der Auftrag muß zerlegt werden in einen Auftragskopf und Auftragszeilen (Auftragspositionen).

Die Kundennummer wird im Auftrag nur einmal erfaßt und gilt damit für alle Auftragspositionen. Würde die Kundennummer in der Auftragszeile erfaßt, läge unnötige Redundanz vor.

Die Kundennummer ist im Auftragskopf ein Attribut (keinSchlüssel). Der Auftrag ist durch die Auftragsnummer schon hinreichend eindeutig identifiziert.

Die Auftragspositionen im Auftrag(skopf) zu erfassen geht deshalb nicht, weil damit schwer ansprechbare (nur durch Variablenname eindeutig benennbare) Wiederholfelder entstehen würden. Außerdem ergäbe sich eine variable Satzlänge, da die Aufträge eine unterschiedliche Anzahl von Auftragspositionen haben. Eine feste Satzlänge pro Auftrag vorzusehen, die einer Maximalzahl von Auftragspositionen entspräche, verbietet sich, weil keiner verbindlich die Maximalzahl festlegen kann. Bei vielen Aufträgen müßten dann auch Leerfelder mitgeschleppt werden.

Den Mehrwertsteuerprozentsatz mit Länder- und Zeitbezug könnte man ebenfalls festhalten, worauf hier verzichtet wird.

Ebenso wurden die Texte des Auftragsformulars vernachlässigt.

Lösung zu Aufgabe 22/8 2f: Beispiel Kunde - Auftrag

Es ist eine **alternative Lösung** möglich, die ohne Auftragskopf und insbesondere **ohne Auftragsnummer** auskommt (ein Objekt Auftrag ist nicht unbedingt erforderlich):

Kunde

Kd-Nr	KdName
K398	Müller
K007	Meyer

Artikel

Art-Nr	ArtBez	VKPreis
77001	Handbuch	34,00
66666	Diskette	5,00
44444	Bleistift	2,00

Zeit

TT	MM	JJ
28	02	0003
25	11	0003

Kunde-Artikel-Zeit

Kd-Nr	Art-Nr	Menge	TT	MM	JJ
K398	77001	3	28	02	0003
K398	66666	7	28	02	0003
K007	77001	2	25	11	0003
K007	44444	10	25	11	0003
K007	66666	30	25	11	0003

in Kurzform:

Kunde (Kd-Nr, KdName)
Artikel (Art-Nr, ArtBez, VKPreis)
Zeit (TT, MM, JJ)
Kunde-Artikel-Zeit (Kd-Nr, Art-Nr, Menge, TT, MM, JJ)

graphisch

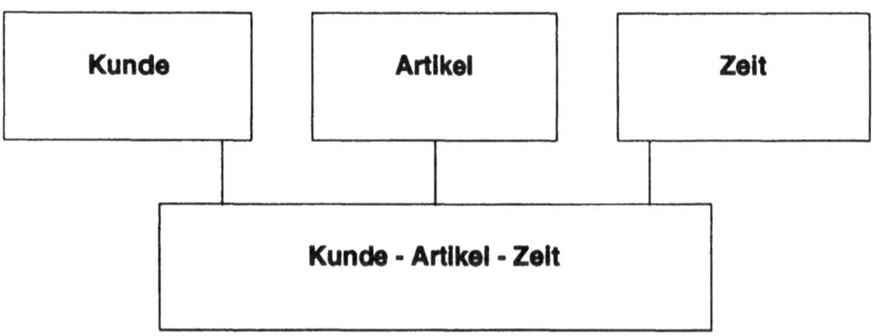

Lösung zu Aufgabe 22/8 3f: Beispiel Kunde - Auftrag

Kommentierung der Lösung:

Für jeden Praktiker etwas erstaunlich: ein Auftrag ohne Auftragsnummer ?

Durch die Dreier-Kombination Kunde-Artikel-Zeit ist der Vorgang Auftragerteilung eindeutig bestimmt (Wenn der Kunde mehrmals täglich bestellen würde, müßte nur die Zeit um die Uhrzeit (Stunden, nötigenfalls auch Minuten, Sekunden) ergänzt werden.

Nur für Fans:

Da in Kunde-Artikel-Zeit das Datum so oft vorkommt wie auch die Kundennummer, könnte man den Eindruck haben, daß hier eine Redundanz vorliegt und daß mit Kunde-Zeit und Kunde-Artikel derselbe Zweck besser erreicht würde.

Kunde (Kd-Nr, KdName)
Artikel (Art-Nr, ArtBez, VKPreis)
Zeit (TT, MM, JJ)

Kunde-Zeit (Kd-Nr, TT, MM, JJ)

Kunde-Artikel (Kd-Nr, Art-Nr, Menge)

Das ist aber nicht der Fall, denn Kunde-Artikel ist nicht ausreichend, weil der Bezug zum Auftrag fehlt. Er kann nur wieder hergestellt werden, indem zusätzlich das Datum aufgenommen wird:

Kunde-Artikel-Zeit(Kd-Nr, Art-Nr, Menge, TT, MM, JJ)

Die Information von Kunde-Zeit ist aber dann entbehrlich, denn sie ist in Kunde-Artikel-Zeit bereits enthalten.

Im übrigen sind eben Redundanzen *im Schlüsselbereich* kein Verstoß gegen die Prinzipien.

23 Normalformen

Unnormalisiert

1. Normalform

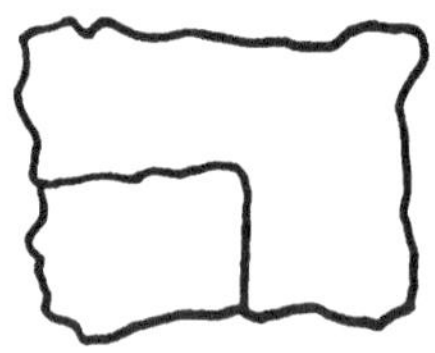

2. Normalform

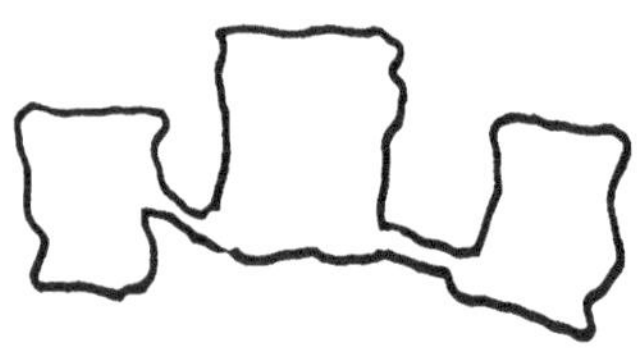

3. Normalform

Normalformen 23

Grundgedanke:

Normalformen - eine intellektuelle Übung

Lernziele:

Programm

- *1. Normalform: keine Wiederholgruppen*
- *2. Normalform: alle Attribute voll funktional vom Schlüssel abhängig keine Abhängigkeiten von einem Teilschlüssel*
- *3. Normalform: keine Abhängigkeiten im Nicht-Schlüsselbereich*

Bild 23/1: Normalformen

Bild 23/2: Normalformen
Beispiel Kunde - Auftrag

Aufgabe 23/3: Normalformen
Beispiel Mietwagen

Die Darstellung des relationalen Modells ist in vielen Lehrbüchern mit den sog. Normalformen belastet. Darunter versteht man, daß beliebige Tabellen/Dateien auf Redundanzen und Wiederholfelder geprüft werden und gegebenenfalls entsprechende Bereinigungen vorgenommen werden. Die angeführten Beispiele sind aber derart an den Haaren herbeigezogen, daß man sich eher über die Erfindung offensichtlich unsinniger Beispiele wundert, anstatt über die Normalisierung erstaunt zu sein.

Aber zunächst die drei bekanntesten Normalformen in Kurzdarstellung:

siehe bild 23/1: Normalformen

Bild 23/2: Normalformen

1. Normalform: Keine Wiederholgruppen

2. Normalform: Keine Abhängigkeit der Attribute von Teilen des Schlüssels

3. Normalform: Keine Abhängigkeit der Attribute im Nicht-Schlüsselbereich

Klenger, DV für Controller

1. Normalform: Eine Relation ist in der ersten Normalform (1 NF), wenn sie keine Wiederholgruppen enthält

Beispiel: Würde man unter der Auftragsnummer auch die Auftragspositionen mit jeweils Artikelnummer, Artikelbezeichnung und Menge speichern, so würde eine Wiederholgruppe entstehen. Man löst statt dessen den Auftragsinhalt in soviele Auftragszeilen auf wie Auftragspositionen bestehen (pro Wiederholgruppe *eine* Zeile). In den Auftragszeilen notiert man jeweils die Auftragsnummer, um nicht den Bezug zum Auftrag zu verlieren.

2. Normalform: Eine Relation ist in der 2. Normalform (2 NF), wenn (sie in der 1. Normalform ist und) es kein Nicht-Schlüsselfeld gibt, das nur von einem Teil des Schlüssels abhängt.

Beispiel: In der Tabelle Auftragszeile heißt der Schlüssel: Auftragsnummer-Artikelnummer (Kombination).
Wenn man in der Tabelle Auftragszeile hinter der Artikelnummer auch die Artikelbezeichnung angeben würde (was natürlich überhaupt nicht naheliegt, denn man bekommt dadurch offensichtliche Redundanzen), so wäre die Artikelbezeichnung nur von einem Teil des Schlüssels, nämlich der Artikelnummer, nicht aber von der Auftragsnummer abhängig. Dasgleiche gilt für die Kundennummer und den Kundennamen, sie sind ebenfalls nur von einem Teil des Schlüssels, der Auftragsnummer, abhängig.
Die Attribute, die nur von einem Teil des Schlüssels abhängig sind, werden ausgelagert.

3. Normalform: Eine Relation ist in der 3. Normalform (3 NF), wenn (sie in der 2. Normalform ist und) keine Abhängigkeiten im Nicht-Schlüsselbereich bestehen, d. h. die Attribute in diesem Bereich unabhängig voneinander sind; andere Ausdrucksweise: keine transitiven (indirekten) Abhängigkeiten zwischen den Attributen bestehen

Beispiel: In der Tabelle Auftragskopf besteht zwischen Kundenname und Kundenummer (beide im Nicht-Schlüsselbereich) eine Abhängigkeit. Der Kundenname ist zwar auch von der Auftragsnummer abhängig, aber nur indirekt über die Kundennummer:
Von der Auftragsnummer hängt die Kundennumer ab,
von der Kundennummer hängt der Kundenname ab
und damit hängt von der Auftragsnummer auch (über die Kundennummer) der Kundenname ab.

Wieder ist andererseits auch leicht zu sehen, daß der Kundenname redundant vorkäme, nämlich in allen Aufträgen dieses Kunden.

Bei der **2. Normalform** geht es um **Abhängigkeiten vom Schlüsselbereich** und zwar um Abhängigkeiten von einem Teilschlüssel, in der **3. Normalform** geht es um **Abhängigkeiten im Nicht-Schlüsselbereich** und zwar um Abhängigkeiten unter den Attributen im Nicht-Schlüsselbereich.

Ziel ist die 3. Normalform, in der alle Attribute, die nicht zum Primärschlüssel gehören, direkt von diesem abhängig sind.

siehe Bild 23/2: Normalformen Beispiel Kunde - Auftrag

Bild 23/2: Normalformen Beispiel Kunde - Auftrag

Unnormalisiert

Auftrag			Wiederholgruppe			
Auf-Nr	Kd-Nr	KdName	Art-Nr	ArtBez	VKPreis	Menge
4812	K398	Müller	77001	Handbuch	34,00	3
4918	K007	Meyer	77001	Handbuch	34,00	2

Auftrag forts.	Wiederholgruppe			Wiederholgruppe			
Art-Nr	ArtBez	VKPreis	Menge	Art-Nr	ArtBez	VKPreis	Menge
66666	Diskette	5,00	7				
44444	Bleistift	2,00	10	66666	Diskette	5,00	30

Kommentierung der unnormalisierten Form:

Alle Daten eines Auftrags werden "hintereinanderweg" in den Satz geschrieben. Man erkennt Wiederholgruppen: die Gruppe

Artikelnummer, Artikelbezeichnung, Verkaufspreis, Menge

taucht mehrmals auf, beim ersten Auftrag 2-mal, beim zweiten Auftrag 3-mal, so daß variable Satzlängen (bzw. Leerstellen) entstehen.

Eigentlich müßten die Variablenbezeichnungen in den Wiederholgruppen zur eindeutigen Identifzierung unterschiedlich bezeichnet werden - z. B. durch den Zusatz "1. Gruppe", "2. Gruppe" usw.

Außerdem tauchen die Artikelbezeichnungen und die Verkaufspreise redundant auf.

Klenger, DV für Controller

Bild 23/2 f: Normalformen Beispiel Kunde - Auftrag

1. Normalform: Wiederholgruppen auflösen

Wiederholgruppe

Auftrag

Auf-Nr	Kd-Nr	KdName	Art-Nr	ArtBez	VKPreis	Menge
4812	K398	Müller	77001	Handbuch	34,00	3
4918	K007	Meyer	77001	Handbuch	34,00	2
			66666	Diskette	5,00	7
			44444	Bleistift	2,00	10
			66666	Diskette	5,00	30

AufZeile (Entwurf)

Auf-Nr	Kd-Nr	KdName	Art-Nr	ArtBez	VKPreis	Menge
4812	K398	Müller	77001	Handbuch	34,00	3
4918	K007	Meyer	77001	Handbuch	34,00	2
?	?	?	66666	Diskette	5,00	7
?	?	?	44444	Bleistift	2,00	10
?	?	?	66666	Diskette	5,00	30

AufZeile 1 NF

Auf-Nr	Kd-Nr	KdName	Art-Nr	ArtBez	VKPreis	Menge
4812	K398	Müller	77001	Handbuch	34,00	3
4918	K007	Meyer	77001	Handbuch	34,00	2
4812	K398	Müller	66666	Diskette	5,00	7
4918	K007	Meyer	44444	Bleistift	2,00	10
4918	K007	Meyer	66666	Diskette	5,00	30

Klenger, DV für Controller

Bild 23/2 2f: Normalformen Beispiel Kunde - Auftrag

Kommentierung des 1. Normalisierungsschrittes:

Die Wiederholgruppen werden aufgelöst, sozusagen untereinander geschrieben.

Damit aber der Zusammenhang zu den jeweiligen Aufträgen nicht verloren geht, muß jeweils der Auftragszusammenhang wiederholt werden (übrigens ein Schritt, der zu neuen Redundanzen führt, nämlich im Kundennamen).

Der Schlüssel kann jetzt nicht mehr allein Auftragsnummer lauten, sondern er muß "Auftragsnummer - Artikelnummer" lauten, damit eine Zeile in der Tabelle (alte Sprechweise: ein Satz in der Datei) durch die Kombination von Auftragsnummer und Artikelnummer eindeutig identifiziert wird.

Das Problem, daß eine unterschiedliche Anzahl von Auftragspositionen in den Aufträgen zu variablen Satzlängen (oder zu Leerstellen) führt, wird durch das "Untereinanderschreiben" auch gelöst. Der erste Auftrag hat 2 Zeilen, der zweite 3 Zeilen.

Klenger, DV für Controller

Bild 23/2 3f: Normalformen Beispiel Kunde - Auftrag

2. Normalform: Attribute auslagern, die nur von einem Teil des Schlüssels abhängen

AufZeile 1 NF

Auf-Nr	Kd-Nr	KdName	Art-Nr	ArtBez	VKPreis	Menge
4812	K398	Müller	77001	Handbuch	34,00	3
4918	K007	Meyer	77001	Handbuch	34,00	2
4812	K398	Müller	66666	Diskette	5,00	7
4918	K007	Meyer	44444	Bleistift	2,00	10
4918	K007	Meyer	66666	Diskette	5,00	30

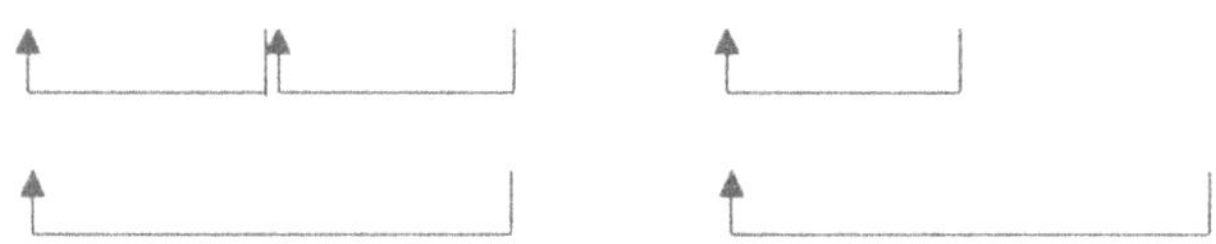

AufZeile 3 NF

Auf-Nr			Art-Nr			Menge
4812			77001			3
4918			77001			2
4812			66666			7
4918			44444			10
4918			66666			30

AufKopf 2 NF

Auf-Nr	Kd-Nr	KdName
4812	K398	Müller
4918	K007	Meyer

Artikel 3 NF

Art-Nr	ArtBez	VKPreis
77001	Handbuch	34,00
66666	Diskette	5,00
44444	Bleistift	2,00

Klenger, DV für Controller

Bild 23/2 4f: Normalformen Beispiel Kunde - Auftrag

Kommentierung des 2. Normalisierungsschrittes:

In diesem Schritt geht es um die **Auslagerung von Attributen**, die nur von einem **Teil des Schlüssels** abhängen.

Dies ist bei der Artikelbezeichnung der Fall. Sie hängt nur von der Artikelnummer ab, nicht aber von dem gesamten Schlüssel, der Kombination aus Auftragsnummer und Artikelnummer.

Die Artikel werden in eine eigene Tabelle ausgelagert, allerdings bleibt die Artikelnummer auch in der Auftragstabelle erhalten, so daß sie jetzt zweimal vorkommt, in der Auftragstabelle und in der Artikeltabelle. Nur so bleibt die Verbindung erhalten zwischen Auftrag und Artikel.
Redundanzen in den Schlüsseln werden in Kauf genommen.

Ebenso steht es mit Kundennummer und Kundenname. Der Kundenname hängt über die Kundennummer (der 3. Normalisierungsschritt wirft seine Schatten voraus) nur von der Auftragsnummer als Teil des Schlüssels ab.

Durch den 2. Normalisierungschritt sind im Endergebnis Redundanzen verschwunden: die Artikelbezeichung, die in dem "Auftrag 1NF" noch redundant vorkam, kommt jetzt in der Artikeltabelle nur noch einmal vor. Ebenso bei den Kundennummern und Kundennamen.

Man ist vielleicht geneigt, den Kundennamen auch in diesem 2. Normalisierungschritt auszulagern und zwar in eine Kundentabelle.

Die Theoretiker erkennen hier aber einen anderenFall (transitive Abhängigkeit), den sie dem 2. Schritt vorbehalten haben.
(Im Endergebnis leistet aber auch der 3. Schritt nichts anderes als eine Beseitigung von Redundanzen.)

Klenger, DV für Controller

Bild 23/2 5f: Normalformen Beispiel Kunde - Auftrag

3. Normalform: Abhängigkeiten im Nicht-Schlüsselbereich beseitigen

AufZeile 3 NF

Auf-Nr	Art-Nr	Menge
4812	77001	3
4918	77001	2
4812	66666	7
4918	44444	10
4918	66666	30

AufKopf 2 NF

Auf-Nr	Kd-Nr	KdName
4812	K398	Müller
4918	K007	Meyer

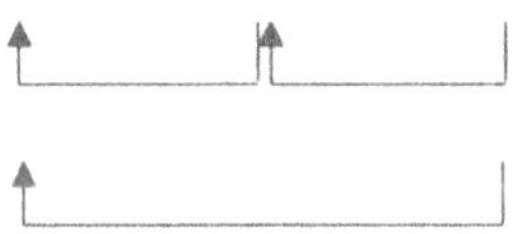

Artikel 3 NF

Art-Nr	ArtBez	VKPreis
77001	Handbuch	34,00
66666	Diskette	5,00
44444	Bleistift	2,00

AufKopf 3 NF

Auf-Nr	Kd-Nr
4812	K398
4918	K007

AufZeile 3 NF

Auf-Nr	Art-Nr	Menge
4812	77001	3
4918	77001	2
4812	66666	7
4918	44444	10
4918	66666	30

Kunde 3 NF

Kd-Nr	KdName
K398	Müller
K007	Meyer

Artikel 3 NF

Art-Nr	ArtBez	VKPreis
77001	Handbuch	34,00
66666	Diskette	5,00
44444	Bleistift	2,00

Klenger, DV für Controller

Bild 23/2 6f: Normalformen Beispiel Kunde - Auftrag

Kommentierung des 3. Normalisierungsschrittes:

In diesem Schritt geht es um die Beseitigung von Abhängigkeiten im Nicht-Schlüsselbereich bzw. von sog. transitiven Abhängigkeiten. Darunter versteht man den Fall, daß Attribute nur indirekt vom Schlüssel abhängen. Anders formuliert: die Attribute (nur Nicht-Schlüssel-Attribute werden betrachtet) müssen untereinander unabhängig sein.

Der Kundenname hängt zunächst einmal von der Kundennummer ab. Da die Kundennummer von der Auftragsnummer abhängt, hängt auch der Kundenname von der Auftragsnummer ab, aber indirekt (über die Kundennummer). Oder Kundennummer und Kundenname sind keine untereinander unabhängigen Attribute der Auftragskopf-Tabelle.

Der Kundenname hängt vom Auftrag ab (jeder Auftrag hat einen Kundennamen), aber nicht umkehrbar eindeutig. Denn wenn der Kunde mehrere Aufträge erteilt, hat immer noch jeder Auftrag einen Kundennamen, aber zu einem Kundennamen gehören mehrere Aufträge.

Im Endergebnis wird auch durch den 3. Normalisierungsschritt Redundanz beseitigt. Zwar ist in dem Beispiel keine Redundanz sichtbar, aber sie kann leicht entstehen, wenn z. B. - wie gesagt - ein Kunde mehrere Aufträge plaziert.

AufKopf 2 NF		
Auf-Nr	Kd-Nr	KdName
4812	K398	Müller
4918	K007	Meyer
→ 1919	K007	Meyer

Klenger, DV für Controller

Bild 23/2 7f: Normalformen Beispiel Kunde - Auftrag

Verknüpfung der normalisierten Tabellen über gemeinsame Schlüsselfelder

AufKopf

Auf-Nr	Kd-Nr
4812	K398
4918	K007

Kunde

Kd-Nr	KdName
K398	Müller
K007	Meyer

AufZeile

Auf-Nr	Art-Nr	Menge
4812	77001	3
4918	77001	2
4812	66666	7
4918	44444	10
4918	66666	30

Artikel

Art-Nr	ArtBez	VKPreis
77001	Handbuch	34,00
66666	Diskette	5,00
44444	Bleistift	2,00

Klenger, DV für Controller

Kommentierung des Endergebnisses der Normalisierung

Aus der einen unnormalisierten Tabelle Auftrag sind nach Abschluß der Normalisierung vier Tabellen entstanden. Durch die gemeinsamen Schlüssel ist es jederzeit möglich, für Auswertungen die vier Tabellen wieder zusammenzuführen und zwar durch Verknüpfung über die gemeinsamen Schlüsselfelder.

Als Fazit der Normalformen bleibt:
die wesentlich neue Forderung des relationalen Modells ist die Vermeidung von Wiederholgruppen.
Die Aussagen der 2. und 3. Normalform sind Trivialitäten, die durch die Forderung nach nicht redundanter Datenspeicherung abgedeckt sind.

Der normale Betriebswirt würde garnicht auf derart unnormalisierte Dateien kommen (eine kleine Übertreibung), die dann umständlich normalisiert werden müssen.

Die starke Betonung der Normalformen hat auch dazu geführt, daß man verleitet wird, die Beseitigung von Redundanzen beispielsweise als typisch für das relationale Modell zu betrachten, was natürlich nicht zutrifft. Auch das hierarchische und die anderen älteren Modelle vermeiden Redundanzen.

Die Notwendigkeit zur Normalisierung ergibt sich hauptsächlich bei folgender wenig wahrscheinlicher Vorgehensweise:
Wenn man ohne nachzudenken alle Daten, die sich beispielsweise auf einem Auftragsformular befinden, in eine Tabelle/Datei packen würde, dann müßte man das so entstehende Sammelsurium allerdings einem Normalisierungprozeß unterziehen. An dessen Ende würde man feststllen, daß es nicht eine Auftragsdatei geben sollte, sondern stattdessen mehrere Dateien, nämlich eine Auftragskopfdatei, eine Auftragszeilendatei, eine Kundendatei und eine Artikeldatei.

Immerhin wird durch diese akademischen Ertüchtigungen deutlich, daß man nicht alles, was zufällig auf einem Formular zusammensteht, auch gleich in *eine* Datei packen sollte.

Aber wer kommt schon auf die Idee, alle Daten eines Auftrags in eine Datei packen zu wollen.

Man kann also festhalten, daß man den Normalisierungsprozeß nur dann braucht, wenn man "besinnungslos" alle Daten, die sich zufällig auf einem Dokument zusammen befinden, in eine Datei packt.

In der Theorie werden diese beiden Wege als formale bzw. semantische Methode bezeichnet.
Bei der **formalen** Methode geht man von beliebigen Datenanhäufungen aus, wie man sie z. B. auf einem Auftragsformular findet. Man stellt Abhängigkeiten zwischen den Feldern fest und zerlegt die unnormalisierte Relation in normalisierte Relationen.
Bei der **semantischen** Methode geht man von der Bedeutung der Felder aus und ordnet gleich Kundendaten in die Kundendatei mit Schlüssel Kundennummer ein, Artikeldaten in die Artikeldatei usw. Das einzige was man beim relationalen Modell zu beachten hat, ist die Vermeidung von Wiederholfeldern.

Der Betriebswirt versteht eigentlich nur die semantische Methode. Trotzdem ist es natürlich beruhigend zu wissen, daß es formale Methoden (den Normalisierungsprozeß) gibt, um den Datenentwurf in Bezug auf Redundanzen und Wiederholfelder zu prüfen.

Aufgabe 23/3: Normalformen Beispiel Mietwagen

Erläutern Sie die drei Normalformen an Hand des folgenden Beispiels.

Mieter			Mietwagen					
Nr.	Name	Branche	Nr.	Fahrzeugtyp	Baujahr	Versicherung	Mietsatz (DM)	Mietdauer (Tage)
MNR	MNA	BR	WNR	FT	BJ	VS	MS	MD
M1	AEG	B2	W12	OPEL CORSA	87	ALLIANZ	43	31
	AEG	B2	W84	FORD ESCORT	89	LLOYD	53	160
M2	BOLLE	B1	W45	OPEL VECTRA	88	ALLIANZ	69	215
M3	IBM	B3	W99	MERCEDES 230	89	IDUNA	85	87
	IBM	B3	W52	MERCEDES 300	88	LLOYD	119	8
	IBM	B3	W64	FORD ESCORT	88	IDUNA	53	324
M4	KADEWE	B1	W75	VW GOLF	00	ALLIANZ	53	106
M5	SIEMENS	B2	W12	OPEL CORSA	87	ALLIANZ	43	289
	SIEMENS	B2	W99	MERCEDES 230	89	IDUNA	85	149
M6	ZUNTZ	B1	W33	VW GOLF	87	LLOYD	53	57

Abb. 5.12: *Mietverhältnisse der Autovermietung BERENT*

Quelle: Stahlknecht 1989, S. 188

Lösung zu Aufgabe 23/3: Normalformen
Beispiel Mietwagen

1. Normalform

MNR	MNA	BR
M1	AEG	B2
M2	BOLLE	B1
M3	IBM	B3
M4	KADEWE	B1
M5	SIEMENS	B2
M6	ZUNTZ	B1

MNR	WNR	FT	BJ	VS	MS	MD
M1	W12	CORSA	87	ALLIANZ	43	31
M1	W84	ESCORT	89	LLOYD	53	160
M2	W45	VECTRA	88	ALLIANZ	69	215
M3	W99	DB 230	89	IDUNA	85	87
M3	W52	DB 300	88	LLOYD	119	8
M3	W64	ESCORT	88	IDUNA	53	324
M4	W75	GOLF	88	ALLIANZ	53	106
M5	W12	CORSA	87	ALLIANZ	69	289
M5	W99	DB 230	89	IDUNA	85	149
M6	W33	GOLF	87	LLOYD	53	57

2. Normalform

MNR	MNA	BR
M1	AEG	B2
M2	BOLLE	B1
M3	IBM	B3
M4	KADEWE	B1
M5	SIEMENS	B2
M6	ZUNTZ	B1

MNR	WNR	MD
M1	W12	31
M1	W84	160
M2	W45	215
M3	W52	8
M3	W64	324
M3	W99	87
M4	W75	106
M5	W12	289
M5	W99	149
M6	W33	57

WNR	FT	BJ	VS	MS
W12	CORSA	87	ALLIANZ	43
W33	GOLF	87	LLOYD	53
W45	VECTRA	88	ALLIANZ	69
W52	DB 300	88	LLOYD	119
W64	ESCORT	88	IDUNA	53
W75	GOLF	88	ALLIANZ	53
W84	ESCORT	89	LLOYD	53
W99	DB 230	89	IDUNA	85

3. Normalform

MNR	MNA	BR
M1	AEG	B2
M2	BOLLE	B1
M3	IBM	B3
M4	KADEWE	B1
M5	SIEMENS	B2
M6	ZUNTZ	B1

MNR	WNR	MD
M1	W12	31
M1	W84	160
M2	W45	215
M3	W52	8
M3	W64	324
M3	W99	87
M4	W75	106
M5	W12	289
M5	W99	149
M6	W33	57

WNR	FT	BJ	VS
W12	CORSA	87	ALLIANZ
W33	GOLF	87	LLOYD
W45	VECTRA	88	ALLIANZ
W52	DB 300	88	LLOYD
W64	ESCORT	88	IDUNA
W75	GOLF	88	ALLIANZ
W84	ESCORT	89	LLOYD
W99	DB 230	89	IDUNA

FT	MS
CORSA	43
DB 230	85
DB 300	119
ESCORT	53
GOLF	53
VECTRA	69

Quelle: Stahlknecht 1989, S. 200

Unternehmens-Datenmodell - Controlling-Datenmodell 24

Mount Fuji

Unternehmens-Datenmodell - Controlling-Datenmodell 24

Quelle: Klenger, Operatives Controlling, 3. Aufl. 1994, S. 206

Bild 13/1: Zum Verhältnis von Basissystemen und Berichtssystemen

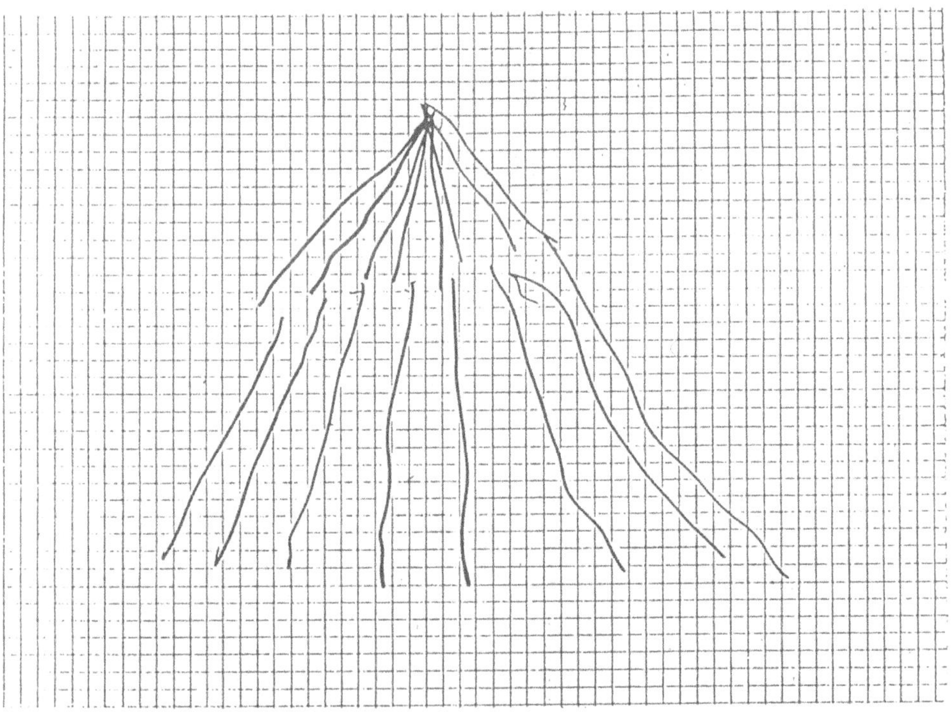

...an der "Bruchstelle" zwischen Dispositions- und Abrechnungssystemen (Basis) einerseits und den hochverdichteten Planungs- und Berichtssystemen (Spitze) andererseits...

...werden die Daten neu eingegeben (Ist-Zustand)

Unternehmens-Datenmodell - Controlling-Datenmodell 24

Grundgedanke:

Unverdichtet oder verdichtet ?

Lernziele: Programm:

- ***Unternehmens-Datenmodell=Totalmodell***

Bild 24/1: Unternehmens-Datenmodell

- ***Controlling-Datenmodell = verdichtetes Unternehmens-Datenmodell***
  - o ***verdichtet***
  - o ***bereichsübergreifend***
  - o ***"vorgedacht"***

Bild 24/2: Unverdichtetes und verdichtetes Datenmodell

- ***Separate Datenbasis für das Controlling-Datenmodell wegen***
  - o ***Zustand der dispositiven Systeme***
  - o ***Kapazitäsproblem bei Verdichtung***
  - o ***Schutz vor ungewollten Änderungen der Urdaten***
  - o ***Zusammenfassung aus separaten regionalen Datenbanken***
  - o ***Aktualisierung in einer einzigen Aktion***

Unternehmensdatenmodell

Es besteht der Ehrgeiz, flächendeckend für das Unternehmen das Unternehmensdatenmodell festzuhalten.
In älteren Veröffentlichungen von Scheer gelingt dies noch auf einer DIN A4 Seite.

Bild 24/1 Unternehmens-Datenmodell (Scheer 1985, Seite 20/21)

Den neueren Veröffentlichungen (Scheer 1990 BW, Seite 517 f) sind bereits Falttafeln (ca. 1 qm) beigefügt. Der Umfang des Datenmodells sind ca. 400 Dateien, die in einem Katalog beispielhaft mit Feldern beschrieben werden.

Die SAP stellt ihr Datenmodell interessierten Kunden auch auf ca. 10 Fahnen mit je 2 qm als Wandschmuck zur Verfügung.

Was ist die Botschaft dieser Modelle ?

Die DV-Wirklichkeit ist komplex.

Was ist der Nutzen dieser Modelle ?

Es wird der Versuch der Transparenz gemacht. Wer in der Verlegenheit ist, ein Datenmodell entwickeln zu müssen, wird zur Anregung vielleicht gern auf die Totalmodelle zurückgreifen.

Controlling-Datenmodell

Das Controlling-Datenmodell ist ein **verdichtetes Unternehmens-Datenmodell**, "die schneebedeckte Spitze des Mount Fuji".
Verdichtung bedeutet Informationsverlust und erfordert Entscheidungen: welcher Detaillierungsgrad ist noch erwünscht, welcher ist zu aufwendig.

Beispiel: Man erfaßt in der verdichteten Datenbasis die Umsätze unterteilt nach Kunden, Artikeln und Perioden, aber man verzichtet auf die Information der zugrundeliegenden Aufträge. Dann kann man Auswertungen nach Kunden, Artikeln und Perioden machen, aber keine ABC-Analyse über die Auftragsgrößen. Auf die Information, in wieviel Aufträgen ein Kunde einen Artikel in einem Monat bestellt hat, hat man ver-

Bild 24/1: Unternehmens-Datenmodell

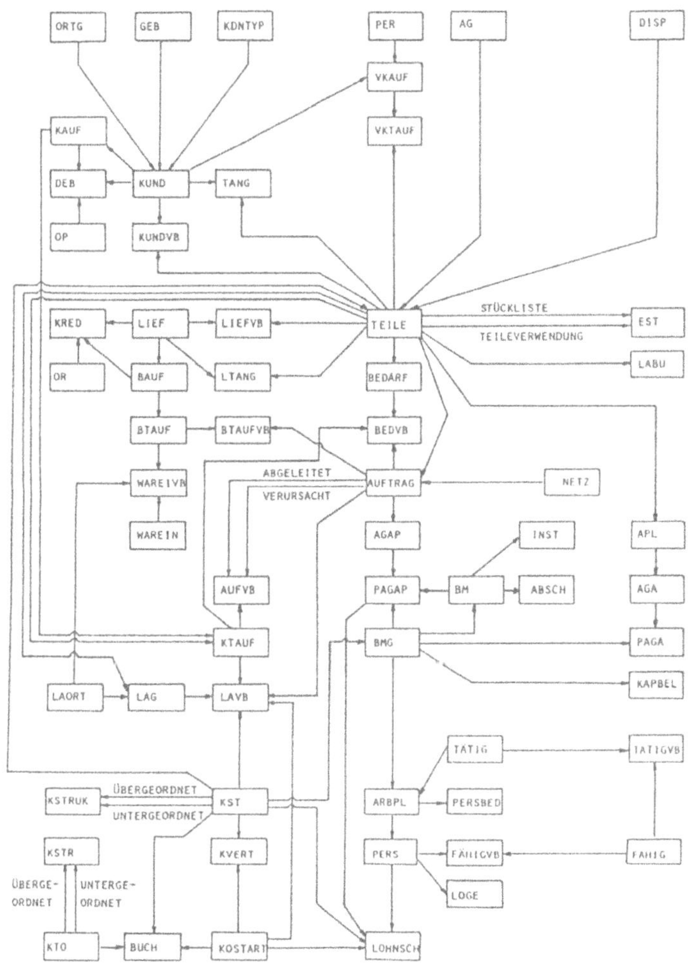

Abb. 2.1.08: Schema einer integrierten Datenbank für alle betrieblichen Teilbereiche

Quelle: Scheer 1985, S. 20/21

Bild 24/1 f: Unternehmens-Datenmodell

Abkürzungsverzeichnis zu Abb. 2.1.08

ABSCH = Abschreibungsbuchung
AG = Artikelgruppe
AGA = Arbeitsgang
AGAP = Arbeitsgang (Plan)
APL = Arbeitsplan
ARBPL = Arbeitsplatz
AUFTRAG = Auftrag (Fertigungs- oder Beschaffungsauftrag)
AUFVB = Auftragsverbindung
BAUF = Bestellauftrag
BEDARF = Bedarf
BEDVB = Bedarfsverbindung
BM = Betriebsmittel
BMG = Betriebsmittelgruppe
BTAUF = Teilebezogener Bestellauftrag
BTAUFVB = Teilebezogene Bestellauftragsverbindung
BUCH = Buchung
DEB = Debitorenbuchung
DISP = Dispositionsstufe
EST = Erzeugnisstruktur
FÄHIG = Fähigkeit
FÄHIGVB = Fähigkeitsverbindung
GEB = Gebiet
INST = Instandhaltungsbuchung
KAPBEL = Kapazitätsbelegung
KAUF = Kundenauftrag
KTAUF = Zeile eines Kundenauftrags
KDNTYP = Kundentyp
KOSTART = Kostenart
KRED = Kreditorenbuchung
KST = Kostenstelle
KSTRUK = Kostenstruktur
KTO = Konto
KSTR = Kontostruktur
KUND = Kunde
KUNDVB = Kundenverbindung
KVERT = Kostenverteilung
LABU = Lagerbuchung
LAG = Lager
LAORT = Lagerort
LAVB = Lagerverbindung
LIEF = Lieferant
LIEFVB = Lieferantenverbindung
LOGE = Lohn- und Gehaltsbuchung
LOHNSCH = Lohnschein
LTANG = Teilebezogenes Lieferantenangebot
NETZ = Auftragsnetz
OP = Offene Posten
OR = Offene Rechnungen
ORTG = Ortsgrösse
PAGA = Paralleler Arbeitsgang (Stamm)
PAGAP = Paralleler Arbeitsgang (Plan)
PER = Periode
PERS = Personal
PERSBED = Personalbedarf
TANG = Teilebezogenes Angebot an Kunden
TATIG = Tätigkeit
TATIGVB = Tätigkeitsverbindung
TEILE = Teil
VKAUF = (Vergangenheits-) Kundenauftrag
VKTAUF = (Vergangenheits-) Kundenauftragszeile
WAREIN = Wareneingang
WAREIVB = Wareneingangsverbindung

Quelle: Scheer 1985, S. 20/21

zichtet.

Bild 24/2: Unverdichtetes und verdichtetes Datenmodell

Bei den ständig schwankenden Anforderungen an ad-hoc-Auswertungen tut sich der Controller bei derartigen Festlegungen allerdings schwer.

Selbstverständlich ist das Controlling-Datenmodell wie das Unternehmens-Datenmodell **bereichübergreifend** und es hält alle Controlling-relevanten Informationen für Auswertungen bereit.

Alle wesentlichen Datenobjekte des Controlling-Datenmodells sollten **"vorgedacht"** in der Datenbasis zur Verfügung stehen (statt immer wieder neue, ständig wechselnde Anforderungen zu stellen).

Separate Datenbasis für das Controlling-Datenmodell

Für eine **separate Datenbasis** (statt einer Anbindung an die dispositiven Systeme) spricht (vgl. Rauh 1990, S. 266 f):

- der **Zustand der dispositiven Datenbasis** in den meisten Unternehmen (keine Datenbanken, sondern alte Datenhaltungstechniken; kryptische Datenmodellierung; Aufteilung der Datenbasis)
- die **Kapazität der Datenbanksysteme** (wenn vorhanden) wird durch das Verdichten stark beansprucht
- der **Schutz** der dispositiven Datenbasis vor ungewollten Änderungen des Benutzers ist aufwendig
- in Großunternehmen mit vielen Standorten gibt es auch bei hoher Datenintegration meist **separate regionale** Datenbanken
- die **Aktualisierung** kann **in einer einzigen**, periodisch wiederkehrenden **Aktion** erfolgen (statt fallweiser "Kopien")

Bild 24/2: Unverdichtetes und verdichtetes Datenmodell

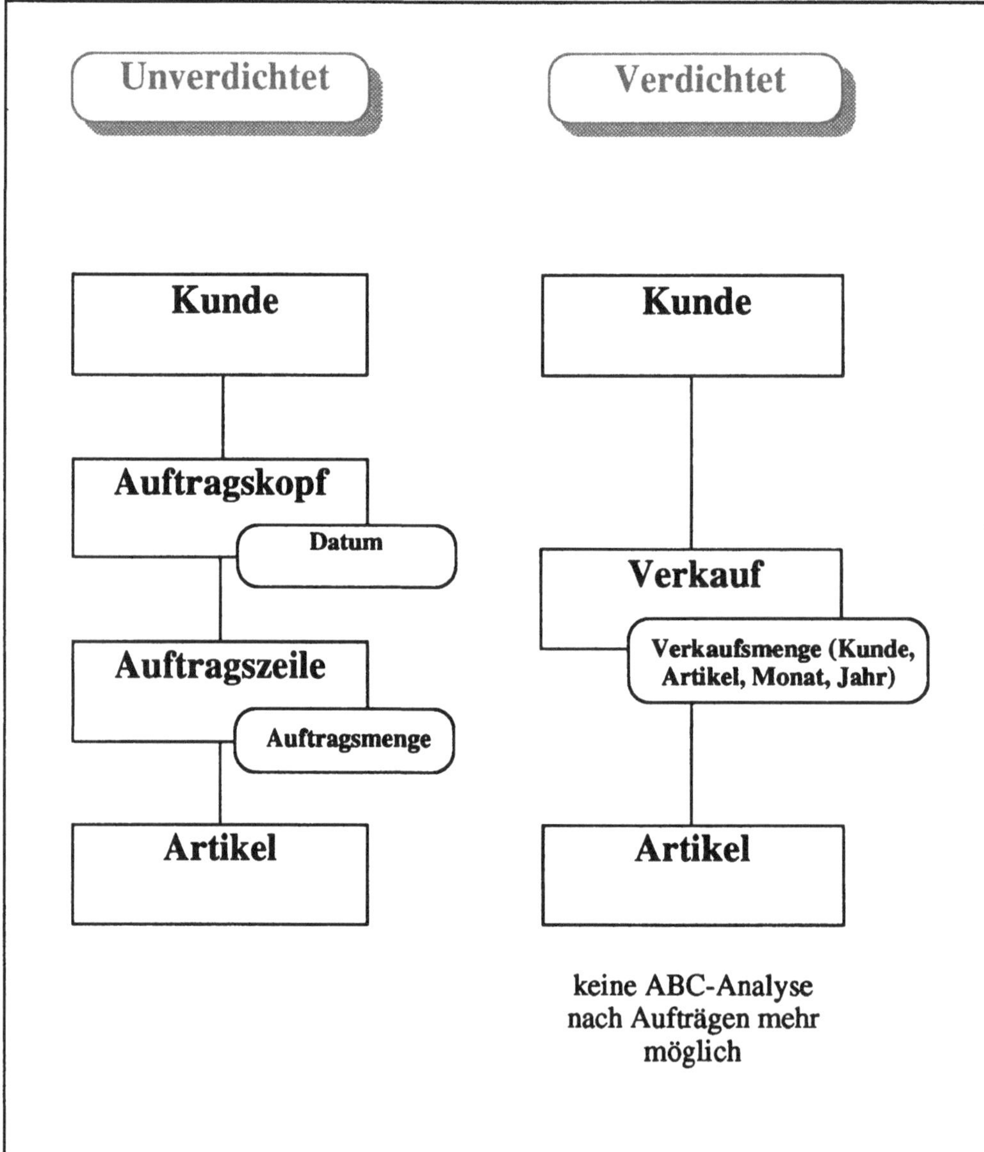

Quelle: in Anlehnung an Rauh 1990, S. 269 f

Aufgaben zum relationalen Modell 25

Grundgedanke:

Übung macht den Meister

Lernziele:

- *Allgemeines*
- *Vertrieb*
- *Produktion*

Programm:

Aufgabe 25/1: Sprechende Schlüssel

Aufgabe 25/2: Mehrsprachige Auftragserfassung

Aufgabe 25/3: Rabatt

Aufgabe 25/4: Teillieferung

Aufgabe 25/5: Ausgangs-Rechnung

Aufgabe 25/6: Handelsvertreter

Aufgabe 25/7: Produkt-Hierarchie

Aufgabe 25/8: Stückliste

Aufgabe 25/9: Rezeptur

Aufgabe 25/10: Arbeitsplan

Aufgaben zum relationalen Modell f 25

Lernziele:

Programm:

- *Einkauf*

Aufgabe 25/11: Einkauf

- *Finanzbuchhaltung*

Aufgabe 25/12: Finanzbuchhaltung

- *Kostenrechnung*

Aufgabe 25/13: Kundenerfolgsrechnung

Aufgabe 25/14: Kurzfristige Erfolgsrechnung (KER)

Aufgabe 25/15: Kostenstellen-Hierarchie

- *Personal*

Aufgabe 25/16: Stellenhierarchie

Aufgabe 25/17: Personelle und organisatorische Veränderungen

Aufgabe 25/18: Stellenhistorik

Aufgabe 25/1: Sprechende Schlüsselnummern

Es ist ein allgemeiner Brauch, sprechende Schlüsssel zu verwenden:

Beipiel: Die Technikkostenstellen haben in der ersten Stelle der Kostenstellennummer eine 1. Da die Programmierer inzwischen auch gemerkt haben, daß diese Schlüssel regelmäßig platzen, wenn die Firma wächst und mehr als zehn Kostenstellen dem Technikbereich zugeordnet sind, werden - ebenfalls unprofessionell - zwei Stellen reserviert, das sind 99 Möglichkeiten!!

Wie sieht eine ordentliche Lösung aus, die ohne Festlegung von maximal vorkommenden Kostenstellen pro Bereich auskommt. Keiner kann derartige Festlegungen treffen. Außerdem ist es Platzverschwendung, wenn von 99 Kostenstellenmöglichkeiten gerade 11 genutzt werden.

Wie sieht also eine ordentliche Lösung aus ?

10

11 **12** **13** **14** **15** **16** **17** **18** **19** **1?** **1?** **1?**

Lösung zu Aufgabe 25/1: Sprechende Schlüsselnummern

Lösung:

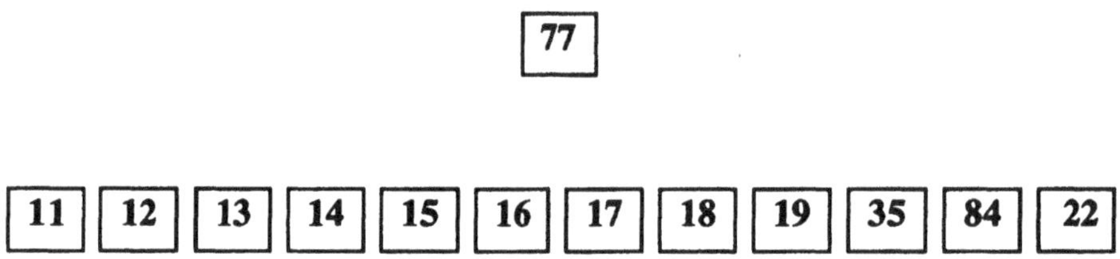

KoStHier

OKoSt-Nr	UKoSt-Nr
77	11
77	12
77	13
77	14
77	15
77	16
77	17
77	18
77	19
77	35
77	84
77	22

Kommentierung der Lösung:

Die Kostenstellennummer spricht nicht, sondern identifiziert nur !

Sind die Kostenstellenummern nach alter Tradition bis 19 vergeben, macht man mit beliebigen freien Nummern weiter.

Es gibt eine Zuordnungstabelle Unter-Kostenstelle zu Ober-Kostenstelle (wobei die Ober-Kostenstelle in einer mehrstufigen Hierarchie ihrerseits auch in der Rolle der Unterkostenstelle auftreten kann)

Aber: Da die Kostenstellennummern nicht mehr sprechen, ist es eine Unhöflichkeit (um nicht zu sagen Sabotage) des Programmierers, jemals noch eine Kostenstellennummer auszudrucken ohne nicht gleichzeitig die nächste Hierarchiestufe mitanzugeben. Und zwar auf jedem Ausdruck und nicht in einer obskuren, niemals aktuellen Dokumentation.

Kostenstelle 84 Kostenstellenbereich 77

Lösung zu Aufgabe 25/1 f: Sprechende Schlüsselnummern

Alternative Lösung: In der Kostenstellen-Stammtabelle wird der Kostenstellenbereich als Attribut erfaßt (und ist dann nicht mehr Schlüssel). Die auf der Vorseite angegebene Lösung ist die bessere, weil unter realistischen Verhältnissen es weitere Daten geben wird, die sich nur auf die Zuordnung beziehen, z. B. die Zeiten (Datum), wann sie bestanden hat.

KoSt

Kost-Nr	KostBez	OKoSt-Nr
11		77
12		77
13		77
14		77
15		77
16		77
17		77
18		77
19		77
35		77
84		77
22		77

Aufgabe 25/2: Mehrsprachige Auftragserfassung

Geben Sie ein Datenmodell für die Texte des Erfassungformulars, so daß unterschiedliche Sprachen berücksichtigt werden können.

Auftragsnummer:	Kundennummer:	Kunde:

Menge	Artikel-nummer	Artikel-bezeichnung	Einzelpreis	Gesamtpreis

Auftragssumme ohne Mwst	
______% Mwst	
Auftragssumme mit Mwst	

order-nr.	customer-nr:	customer:

quantity	item-nr.	name	unit-price	total price

total order value	
______% vat	
total order value incl vat	

Lösung zu Aufgabe 25/2: Mehrsprachige Auftragserfassung

Texte		
Text-Nr	Sprache	Text
1	D	Auftragnummer
1	GB	order nr.
2	D	Kundennummer
2	GB	customer nr.
3	D	Kunde
3	GB	customer
4	D	Menge
4	GB	quantity
5	D	Artikelnummer
5	GB	item nr
6	D	Artikelbezeichnung
6	GB	name
7	D	Einzelpreis
7	GB	unit price
8	D	Gesamtpreis
8	GB	total price
9	D	Auftragssumme ohne MwSt
9	GB	total order value
10	D	% MwSt
10	GB	% vat
11	D	Auftragssumme inkl MwSt
11	GB	total oder value incl vat

in Kurzform:
Auftragstexte (<u>Text-Nr</u>, <u>Sprache</u>, Text)

Graphisch:

Kommentierung der Lösung:
no comment

Aufgabe 25/3: Rabatt

Erweitern Sie das Datenmodell der Aufgabe 22/8 Beispiel Kunde - Auftrag, so daß folgende Rabattgewährungen erfaßt werden können:

a) kundenspezifischer Rabatt: pro Kunde wird ein Rabatt ausgehandelt, der für alle Artikel gilt und für alle Aufträge des Kunden

b) kunden- und artikelspezifischer Rabatt: pro Kunde und Artikel wird ein Rabatt festgelegt

c) auftragsspezifischer Rabatt: der Rabatt wird jeweils bei Auftragserteilung ausgehandelt, der

   ca) für alle Auftragpositionen gilt

   cb) pro Auftragsposition unterschiedlich ist

d) Mischung der genannten drei Systeme: Es wird zwar ein kundenspezifischer Rabatt festgelegt, der nur dann gilt, wenn er nicht pro Kunde bzw. pro Kunde und Artikel bzw. für einen bestimmten Auftrag (entweder für den Auftrag gesamt oder pro Arktikel) "überschrieben" wird.
Es gilt die angedeutete Priorität: Wird für den Auftrag nichts besonderes festgelegt, gilt der Rabatt pro Kunde und Artikel, wird auch dort nichts festgelegt, gilt der Rabatt pro Kunde.

e) Erweitern Sie das Datenmodell zu b) so, daß die Rabattgewährung nicht mehr artikelspezifisch, sondern artikel*gruppen*spezifisch ist.

Lösung zu Aufgabe 25/3: Rabatt

a) kundenspezifischer Rabatt: Erweiterung der Kundentabelle um den Rabattsatz.

b) kunden- und artikelspezifischer Rabattsatz: neue Tabelle mit Schlüssel Kunde-Artikel und dem kunden- und artikelspezifischen Rabattsatz.

c) auftragsspezifischer Rabattsatz

ca) für alle Auftragspositionen: Erweiterung des Auftragskopfs um den Rabattsatz

cb) Erweiterung der Auftragszeile um den Rabattsatz.

d) die Erweiterungen a) bis c) sind sämtlich vorzusehen. Die Prioritätsregelung muß im Funktionsmodell gelöst werden.

e) Zusätzliche Tabelle zur Identifizierung der Artikelgruppe. Zuordnung des Artikels zur Artikelgruppe (Attribut im Artikelstamm). Die Rabatt-Tabelle hat jetzt den Schlüssel Kunde - Artikel*gruppe*.

Aufgabe 25/4: Teillieferung

Führen Sie die Aufgabe 22/8 Beispiel Kunde - Auftrag weiter, indem Sie annehmen, daß die Aufträge in Teillieferungen bedient werden und auch Teillieferungen für verschiedene Aufträge, die denselben Kunden betreffen, in einer Lieferung zusammengefaßt werden.

Lieferübersicht							
Kunde	**Auftrag**	**Artikel**	**Auftr.-**	**Artikel-**	**Teil-**	**Teil-**	**Rest-**
Kd-Nr			**menge**	**bezeichn.**	**lieferung**	**menge**	**menge**
Müller	4812	77001	3	Handbuch	55001	1	
K398					56001	2	
							0
		66666	7	Diskette	55001	2	
					56001	3	
							2
	4912	44444	15	Bleistift	56001	15	
							0
		66666	13	Diskette			
							13
Meyer	4918	77001	2	Handbuch	57001	2	
K007							0
		44444	10	Bleistift	57001	5	
					58001	5	
							0
		66666	30	Diskette	58001	10	
							20
	5918	77001	10	Handbuch	58001	10	
							0

Lösung zu Aufgabe 25/4: Teillieferung

Lösung:
Das Datenmodell in ausführlicher Form lautet:

AufKopf

Auf-Nr	Kd-Nr
4812	K398
4918	K007
4912	K398
5918	K007

AufZeile

Auf-Nr	Art-Nr	AufMeng
4812	77001	3
4812	66666	7
4918	77001	2
4918	44444	10
4918	66666	30
4912	44444	15
4912	66666	13
5918	77001	10

Kunde

Kd-Nr	KdName
K398	Müller
K007	Meyer

Artikel

Art-Nr	ArtBez	VKPreis
77001	Handbuch	34,00
66666	Diskette	5,00
44444	Bleistift	2,00

LiefKopf

Lief-Nr	Kd-Nr
55001	K398
56001	K398
57001	K007
58001	K007

LiefZeile

Lief-Nr	Auf-Nr	Art-Nr	LiefMeng
55001	4812	77001	1
55001	4812	66666	2
56001	4812	77001	2
56001	4812	66666	3
56001	4912	44444	15
57001	4918	77001	2
57001	4918	44444	5
58001	4918	44444	5
58001	4918	66666	10
58001	5918	77001	10

Lösung zu Aufgabe 25/4 f: Teillieferung

in Kurzform:

AufKopf (Auf-Nr, KdNr)
AufZeile (Auf-Nr, Art-Nr, AufMeng)
Kunde (Kd-Nr, KdName)
Artikel (Art-Nr, ArtBez, VKPreis)

LiefKopf (Lief-Nr, KdNr)
LiefZeile (Lief-Nr, Auf-Nr, Art-Nr, LiefMeng)

graphisch

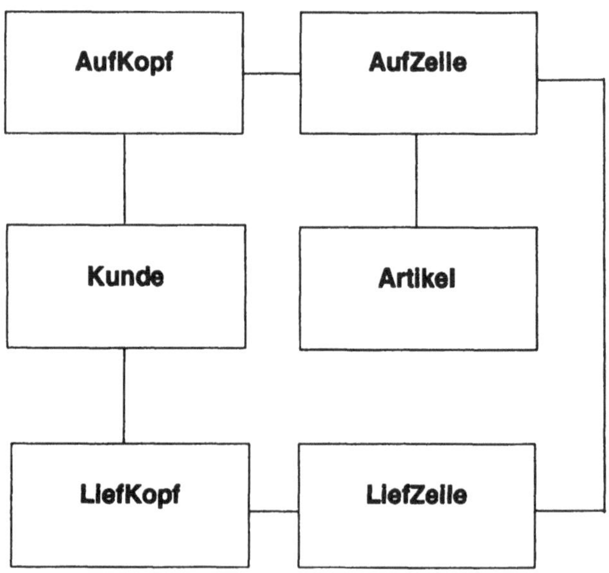

Lösung zu Aufgabe 25/4 2f: Teillieferung

Kommentierung:

Teillieferungen sind die Regel, nicht die Ausnahme. Wenn die Lieferung immer identisch wäre mit dem Auftrag, so wäre die Lieferung kein eigenes Objekt, sondern " voll geliefert" oder nicht, wäre ein Attribut des Auftrags.

In der Auftragszeile könnte man die Teilmengen festhalten, aber wieviele Teilmengen kommen vor ? Eine Frage, die man nicht beantworten sollte. Technisch würden Wiederholfelder entstehen oder ein Verstoß gegen die erste Normalform.

Die ersten vier Tabellen Auftragskopf, Auftragszeile, Kunde und Artikel können aus Aufgabe 22/8 übernommen werden. Folgende Änderungen bzw. Ergänzungen sind erforderlich: Die beiden Aufträge 4912 für Kunde Müller und 5918 für Kunde Meyer müssen mit Auftragskopf und Auftragzeilen ergänzt werden. Die Auftragsmenge muß von der Liefermenge unterscheidbar sein; daher der Name AufMeng für die Auftragsmenge und LiefMeng für die Liefermenge.

Die Lieferung ist - wie gesagt - ein eigenes Objekt, unabhängig vom Auftrag. Sie besteht wie üblich aus Kopf und Zeile. Im Lieferkopf sind alle Informationen zu erfassen, die sich auf die Lieferung insgesamt beziehen. Das sind neben einer Identifizierung z. B. der Kunde, das Liefer-Datum usw. Die Lieferzeile ist über die Liefernummer dem Lieferkopf zuordenbar. Darüberhinaus wird der Bezug zur Auftragszeile hergestellt und die Liefer(teil–)menge festgehalten, die zur Auslieferung kommt. Die Restmenge kann aus den vorhandenen Daten durch Rechnen ermittelt werden und wird deswegen nicht gespeichert.

Aufgabe 25/5: Ausgangsrechnung

Führen Sie die Aufgabe 22/8 Beispiel Kunde - Auftrag und die Aufgabe 25/4 Teillieferung weiter, indem Sie annehmen, daß Rechnungen gestellt werden, die sich auf Teillieferungen beziehen und auch in einer Rechnung mehreren Teillieferungen (bezogen auf einen Kunden) zusammengefaßt werden (ob sinnvoll oder nicht).

Rechnung		R0034			Kunde K398		
Artikel	**Artikel-bezeichn.**	**Menge**	**Einzel-preis**	**Gesamt-preis**	Auftrag	Lief.	Liefer-menge
44444	Bleistift	**15**	2,00	30,00	4912	56001	15
66666	Diskette	**5**	5,00	25,00	4812	55001	2
					4812	56001	3
77001	Handbuch	**3**	34,00	102,00	4812	55001	1
					4812	56001	2
Rechnungssumme ohne Mwst				157,00			
20 % Mwst				31,40			
Rechnungssumme mit Mwst				**188,40**			

Lösung zu Aufgabe 25/5: Ausgangsrechnung

Lösung:
Das Datenmodell in ausführlicher Form lautet:

AufKopf

Auf-Nr	Kd-Nr
4812	K398
4918	K007
4912	K398
5918	K007

AufZeile

Auf-Nr	Art-Nr	AufMeng
4812	77001	3
4812	66666	7
4918	77001	2
4918	44444	10
4918	66666	30
4912	44444	15
4912	66666	13
5918	77001	10

Kunde

Kd-Nr	KdName
K398	Müller
K007	Meyer

Artikel

Art-Nr	ArtBez	VKPreis
77001	Handbuch	34,00
66666	Diskette	5,00
44444	Bleistift	2,00

LiefKopf

Lief-Nr	Kd-Nr
55001	K398
56001	K398
57001	K007
58001	K007

LiefZeile

Lief-Nr	Auf-Nr	Art-Nr	LiefMeng
55001	4812	77001	1
55001	4812	66666	2
56001	4812	77001	2
56001	4812	66666	3
56001	4912	44444	15
57001	4918	77001	2
57001	4918	44444	5
58001	4918	44444	5
58001	4918	66666	10
58001	5918	77001	10

RechKopf

Rech-Nr	Kd-Nr
R0034	K398

RechZeile

Rechn-Nr	Lief-Nr
R0034	55001
R0034	56001

Lösung zu Aufgabe 25/5 f: Ausgangsrechnung

in Kurzform:

AufKopf (Auf-Nr, KdNr)
AufZeile (Auf-Nr, Art-Nr, AufMeng)
Kunde (Kd-Nr, KdName)
Artikel (Art-Nr, ArtBez, VKPreis)
LiefKopf (Lief-Nr, KdNr)
LiefZeile (Lief-Nr, Auf-Nr, Art-Nr, LiefMeng)

RechKopf (Rech-Nr, Kd-Nr)
RechZeile (Rechn-Nr, Lief-Nr)

graphisch

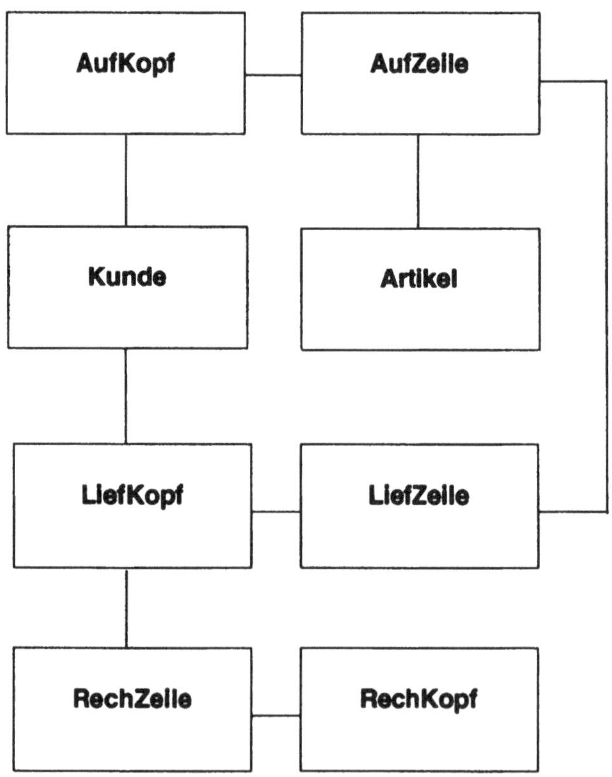

Lösung zu Aufgabe 25/5 2f: Ausgangsrechnung

Kommentierung:

Auch hier gilt: wenn die Rechnung mit der Lieferung und die Lieferung mit dem Auftrag identisch ist, dann gibt es keine selbständigen Objekte Lieferung und Rechnung. Was gemeinhin als Ausnahme gilt, daß Abweichungen vom Auftrag und der Lieferung in der Rechnung stattfinden, ist aber eher die Regel. Z. B. werden die Lieferungen eines Monats in einer Rechnung zusammengefaßt. Die Rechnung wird daher richtigerweise als neues Objekt neben Lieferung und Auftrag betrachtet.

Hier wurde davon ausgegangen, daß in einer Rechnung immer eine Reihe von Lieferungen zusammengefaßt werden, aber immer als Ganzes (sonst müßte man sich auf Zeilen der Lieferung beziehen) und daß auch keine Modifikationen stattfinden (nur ein Teil der Lieferung wird berechnet; in diesem Fall müßte man die Rechnungsmenge einführen, d. h. die berechnete Menge, die sich auf die Zeile einer Lieferung bezieht oder eine Untermenge davon ist).

Unter diesen Vereinfachungen wird das bisher entwickelte Datenmodell nur um zwei kleine Tabellen RechKopf und RechZeile erweitert. RechKopf idendifiziert die Rechung und nimmt alle Daten auf, die sich auf die Rechnung als Ganzes beziehen. RechZeile muß über die Rechnungsnummer die Verbindung zu RechKopf herstellen und enthält darüberhinaus die Nummer der Lieferungen, auf die sich die Rechnung bezieht.

Auf die Erfassung des Mehrwertsteuersatzes und der Formulartexte wurde verzichtet.

Aufgabe 25/6: Handelsvertreter

Führen Sie das Beispiel Kunde - Auftrag aus Aufgabe 22/8 fort, indem Sie annehmen, daß

a) jeder Kunde von einem Handelsvertreter betreut wird, der dem Kunden fest zugeordnet ist

b) jedem Kunden mehrere Handelsvertreter zugeordnet sind, die für die "Bearbeitung" des Kunden zuständig sind

c) einer der nach b) zugeordneten Handelsvertreter einen Auftrag plaziert. Diese Tatsache soll festgehalten werden, um eine Provisionszahlung auslösen zu können.

Wie ändert sich in den angegeben Fällen das Datenmodell der Aufgabe 22/8 ?

Lösung zu Aufgabe 25/6: Handelsvertreter

a) Jeder Kunden wird von einem Handelsvertreter betreut, der dem Kunden fest zugeordnet ist

Die Tabelle Kunde wird um die Vertreternummer ergänzt. Der Vertreter wird in einer eigenen Tabelle identifiziert.

Kunde (Kd-Nr, KdName, Vertr-Nr)
Vertreter (Vertr-Nr, VertrName)

b) Jedem Kunden sind mehrere Handelsvertreter zugeordnet, die für die "Bearbeitung" des Kunden zuständig sind

Eine Erweiterung der Kundentabelle um die Identnummern der zugeordenten Vertreter kommt nicht in Frage, da Wiederholfelder entstehen würden - ein Verstoß gegen die 1. Normalform. Daher wird die Information in eine eigene Tabelle Kunde-Vertreter ausgelagert, die nur die Zuordnung enthält. Der Vertreter wird wiederum in einer eigenen Tabelle identifiziert.

KundeVertr (Kd-Nr, Vertr-Nr)

c) Einer der nach b) zugeordneten Handelsvertreter plaziert einen Auftrag. Diese Tatsache soll festgehalten werden, um eine Provisionszahlung auslösen zu können.

Die Auftragsplazierung wird in der Tabelle AufKopf durch Angabe der Vertreternummer notiert.

AufKopf (Auf-Nr, KdNr, Vertr-Nr)
AufZeile (Auf-Nr, Art-Nr, Menge)
Kunde (Kd-Nr, KdName)
Artikel (Art-Nr, ArtBez, VKPreis)

Lösung zu Aufgabe 25 /6 f: Handelsvertreter

Das gesamte Datenmodell, das die Sachverhalte b) und c) simultan erfaßt, lautet:

Kunde (Kd-Nr, KdName)
Vertreter (Vertr-Nr, VertrName)
KundeVertr (Kd-Nr, Vertr-Nr)
AufKopf (Auf-Nr, KdNr, Vertr-Nr)
AufZeile (Auf-Nr, Art-Nr, Menge)
Artikel (Art-Nr, ArtBez, VKPreis)

Die Aufgabe wird oft "metaphysisch", d. h. über die Aufgabenstellung hinausgehend, kritisiert.

Ist es sinnvoll, auf einen Kunden gleich mehrere Vertreter anzusetzen ? Warum nicht, wenn es dem Ergebnis dient.

Allenfalls wird eine produktweise Mehrfachbearbeitung für sinnvoll gehalten. Der eine Vertreter redet über Stiefel, der andere über Pasteten. Dann müßte im Datenmodell in der Tabelle Artikel eine Artikelgruppennummer aufgenommen werden, die in einer Artikelgruppentabelle wiederum identifiziert werden müßte.

Das Datenmodell würde dann lauten:

Kunde (Kd-Nr, KdName)
Vertreter (Vertr-Nr, VertrName)
KundeVertr (Kd-Nr, Vertr-Nr, Artgrup-Nr)
AufKopf (Auf-Nr, KdNr, Vertr-Nr)
AufZeile (Auf-Nr, Art-Nr, Menge)
Artikel (Art-Nr, ArtBez, VKPreis, Artgrup-Nr)

Tatsächlich wurden aber hierdurch die Bedingungen der Aufgabe geändert, die in der vielbeschworenen "Praxis" durchaus vorkommen. Manche Versicherungen setzen für ein und dasselbe Produkt (z. B. Lebensversicherungen) auf ein und denselben Kunden verschiedene Vertreter an, die dies voneinander noch nicht einmal zu wissen brauchen. Da es entscheidend auf den Kontakt ankommt, wird die Chance für den "richtigen" Kontakt einfach erhöht. Der Kunde kann es in der Regel verkraften, daß er von mehreren Seiten zum Abschluß gedrängt wird.

Aufgabe 25/7: Produkthierarchie

Eine Fleischwarenfabrik hat folgende produktbezogene Gliederung (oberstes Niveau) ihrer Ergebnisrechnung

- Eigenproduktion
  - Wurst
    - Traditionell
    - Geflügel
    - Kalorienreduziert
  - Tiefkühl
    - Traditionell
    - Geflügel
    - Kalorienreduziert
  - Frisch
    - Traditionell
    - Geflügel
- Handelsware
  - Wurst
    - Traditionell
    - Geflügel
    - Kalorienreduziert
  - Tiefkühl
    - Traditionell
    - Geflügel
    - Kalorienreduziert
  - Frisch
    - Traditionell
    - Geflügel

(Hinweis:
Traditionell: Alle Gruppen außer Geflügel
Tiefkühl und Frisch: nur Fleisch, keine Wurstwaren)

Darüberhinaus sind tiefere Gliederungen möglich.

Aufgabe 25/7 f: Produkthierarchie

Insgesamt sind folgende Einzelkriterien gegeben:

- Eigenproduktion / Handelsware
- kalorienreduziert
- Frisch- /Tiefkühl (nur bei Fleisch)
- Verpackung siehe unten
- Marke siehe unten
- Produktgruppen (mehrstufig) siehe unten

Entwicklen Sie das Datenmodell.

Verpackung

- lose
- vakuum
- cellophan
- cyrovak (Vakuumverpackung mit geriffelter Umrandung)
- aroma Umverpackung
- Weißblech
- sonstige Verpackung
  - Klarsichttragetaschen
  - Plastikbecher
  - sonstige

Marke

- Marke 1
- Marke 2
- Marke 3
- Marke 4
- Marke 5
- markenlos

Aufgabe 25/7 2f: Produkthierarchie

Produktgruppen (mehrstufig)

- Fleisch
  - Schwein
  - Rind
  - Kalb
  - Schaf/Ziege
  - Pferd
  - Innereien
  - Geflügel
    - Ente
    - Gans
    - Truthahn
    - Hähnchen
    - Wachteln
  - Sonstiges
    - Wild
    - Kaninchen
    - Sonstiges

- Fleischerzeugnisse/Fleischwaren
  - Wurstwaren/Wurst
    - Rohwurst
      - Salami
      - Mettwurst
    - Brühwurst
      - Geflügelware
      - Truthahnware
    - Kochwurst
      - Leberwurst
        - Kalbsleberwurst
        - Geflügelleberwurst
      - Blutwurst
    - Würstchen
    - Bratwurst
  - Sonstige Fleischerzeugnisse
    - Speck
    - Aspik/Sülzen
    - Schinken
    - Fleischpasteten
    - sonstige

Lösung zu Aufgabe 25/7 f: Produkthierarchie

Lösung:
Das Datenmodell in ausführlicher Form lautet:

Artikel

Art-Nr	ArtBez	EP/HW	Kalred	FriTK	Verpa	Marke	Produktgruppe
4711	Sommerwurst	HW	ja		ar	Marke 4	Salami

EP/HW

EP/HW	EP/HWBez
EP	Eigenproduktion
HW	Handelsware

Kalred

Kalred
ja
nein

FriTK

FriTK	FriTKBez
Fri	Frisch
TK	Tiefkühl

Marke

Marke
Marke 1
Marke 2
Marke 3
Marke 4
Marke 5
markenlos

Verpackung

Verpa	VerpaBez
lo	lose
va	vakuum
ce	cellophan
cy	cyrovak
ar	aroma
we	Weißblech
so	Sonstige Verpackung
kl	Klarsichttragetaschen
pl	Plastikbecher
soso	sonstige

VerpaHier

OVerpa	UVerpa
so	kl
so	pl
so	soso

Produktgruppe

Produktgruppe
Fleisch
Schwein
Rind
Kalb
Schaf/Ziege
Pferd
Innereien
Geflügel
Ente
Gans
Truthahn
Hähnchen
Wachteln
Sonstiges
Wild
Kaninchen
Sonstiges
Fleischerzeugnisse/Fleischwaren
Wurstwaren/Wurst
Rohwurst
Salami
Mettwurst
Brühwurst
Geflügelware
Truthahnware
Kochwurst
Leberwurst
Kalbsleberwurst
Geflügelleberwurst
Blutwurst
Würstchen
Bratwurst
Sonstige Fleischerzeugnisse
Speck
Aspik/Sülzen
Schinken
Fleischpasteten
sonstige

Lösung zu Aufgabe 25/7 2f: Produkthierarchie

Produktgruppenhierarchie	
Ober-Produktgruppe	Unter-Produktgruppe
Fleisch	Schwein
Fleisch	Rind
Fleisch	Kalb
Fleisch	Schaf/Ziege
Fleisch	Pferd
Fleisch	Innereien
Fleisch	Geflügel
Geflügel	Ente
Geflügel	Gans
Geflügel	Truthahn
Geflügel	Hähnchen
Geflügel	Wachteln
Fleisch	Sonstiges
Sonstiges	Wild
Sonstiges	Kaninchen
Sonstiges	Sonstiges
Fleischerzeugnisse/Fleischwaren	Wurstwaren/Wurst
Wurstwaren/Wurst	Rohwurst
Rohwurst	Salami
Rohwurst	Mettwurst
Wurstwaren/Wurst	Brühwurst
Brühwurst	Geflügelware
Brühwurst	Truthahnware
Wurstwaren/Wurst	Kochwurst
Kochwurst	Leberwurst
Leberwurst	Kalbsleberwurst
Leberwurst	Geflügelleberwurst
Kochwurst	Blutwurst
Wurstwaren/Wurst	Würstchen
Wurstwaren/Wurst	Bratwurst
Fleischerzeugnisse/Fleischwaren	Sonstige Fleischerzeugnisse
Sonstige Fleischerzeugnisse	Speck
Sonstige Fleischerzeugnisse	Aspik/Sülzen
Sonstige Fleischerzeugnisse	Schinken
Sonstige Fleischerzeugnisse	Fleischpasteten
Sonstige Fleischerzeugnisse	sonstige

Lösung zu Aufgabe 25/7 3f: Produkthierarchie

in Kurzform:

Artikel (Art-Nr, ArtBez, EP/HW, Kalred, FriTK, Verpa, Marke, Produktgruppe)
EP/HW (EP/HW, EP/HWBez)
Kalred (Kalred)
FriTK (FriTK, FriTKBez)
Verpackung (Verpa, VerpaBez)
VerpaHier (OVerpa, UVerpa)
Produktgruppe (**Produktgruppe**)
Produktgruppenhierarchie (**Ober-Produktgruppe**, **Unter-Produktgruppe**)

Kommentierung der Lösung:

Der Einzelartikel ist durch eine Reihe von Attributen gekennzeichnet, die in den zugehörigen ("Stamm-")Tabellen spezifiziert werden.
Es gibt zwei Hierarchien: bei der Verpackung (einstufig) und bei den Produktgruppen (mehrstufig). Die Hierarchien werden immer so beschrieben, daß man sich auf einen Hierarchiepunkt stellt und auf die unmittelbar darunterliegende Ebene schaut. Sind weitere Verzweigungen gegeben, so ist ein zunächst unterer Punkt in der Folge ein Oberpunkt, von dem man nach unten schaut usw.

Es ist bei den Produktgruppen darauf verzichtet worden, identifiziernde Nummern oder Kurzbezeichnungen einzuführen, vielmehr ist die Bezeichnung selber identifizierend.

Es sind beliebige Auswertungen möglich. Die Firma verwendet allerdings zu recht eine Hauptauswertung für ihre Ergebnisrechnung. Es soll überprüft werden, ob diese aus dem Datenmodell rekonstrurierbar ist: Es wird sortiert

- zunächst nach Eigenproduktion/Handelsware,
- dann nach der ersten Ebene der Produktgruppenhierarchie,
  d. h. nach Fleisch und Wurst (genauer: Fleischerzeugnisse/Fleischwaren)
- dann beim Fleisch nach Tiefkühl und Frisch
- dann nach Kalorienreduziert und nicht
- dann die Nicht-Kalorienreduzierten nach Traditionell und "Geflügel"

Lösung zu Aufgabe 25/7 4f: Produkthierarchie

Jetzt stellt man fest, daß mit diesem Datenmodell die Einteilung in Traditionell und Geflügel noch nicht herstellbar ist. Das ist aber nicht schlimm, weil man, ohne das Datenmodell ändern zu müssen, durch Einfügen von Zeilen (Tupeln, Sätzen) in der Produktgruppenhierachie das Versäumte nachholen kann. Gleichzeitg auch ein schönes Beispiel dafür, daß das Datenmodell dazu zwingt, Know-how transparent zu machen.

Produktgruppenhierarchie

Ober-Produktgruppe	Unter-Produktgruppe
Traditionell	Schwein
Traditionell	Rind
Traditionell	Kalb
Traditionell	Schaf/Ziege
Traditionell	Pferd
Traditionell	Innereien
Geflügel-Hauptgruppe	Geflügel
Traditionell	Sonstiges
Traditionell	Rohwurst
Geflügel-Hauptgruppe	Brühwurst
Traditionell	Kalbsleberwurst
Geflügel-Hauptgruppe	Geflügelleberwurst
Traditionell	Blutwurst
Traditionell	Würstchen
Traditionell	Bratwurst
Traditionell	Sonstige Fleischerzeugnisse

Lösung zu Aufgabe 25/7 5f: Produkthierarchie

In der Firma wird man zwar sagen, daß jeder wisse, was unter "Traditionell" zu verstehen ist. Auch wenn es "jeder" weiß, für die Auswertung muß man es dem Computer sagen.

Der angemessene Ort, um diese Information niederzulegen ist nicht eine schwer auffindbare Stelle in einem Assembler-Programm, sondern in dem für jeden transparenten Datenmodell.

In der Ergänzung der Produktgruppenhierarchie sind Leerzeilen gelassen worden, um besser mit der vor-vorgehenden Seite vergleichen zu können.

Die Einteilung in Traditionell und "Geflügel" ist eine zweite Hierarchie, die der ersten Produktgruppenhierarchie überlagert ist.

Wie immer in der Praxis tauchen hier Inkonsistenzen in der Bezeichnung auf: Einerseits ist Geflügel der Oberbegriff für Ente bis Wachteln (Geflügelfleisch) in der ursprünglichen Produktgruppenhierarchie. Andererseits ist "Geflügel" ein Oberbegriff in der Ergebnishierachie und hat dort ganz anderen Inhalt (Geflügelfleisch (= Ente bis Wachteln), dazu noch Brühwurst(=Geflügelware und Truthahnware) und Geflügelleberwurst).

Im Zweifelsfalle müßte man nochmal eine(n) Fachmann/-Fachfrau aus der Firma fragen, wie die Systematik sein soll. Man weiß eben doch recht wenig über dieses Gewerbe, wenn man seine Erfahrungen in einer Bank oder in der Metallverarbeitung gesammelt hat. Was aber branchen*un*abhängig ist: überall werden Gliederungen bzw. Hierarchien gebraucht.

Aufgabe 25/8: Stückliste
Das Regal 160 besteht aus 2 Seitenteilen 160, 8 Fachböden, 32 Schrauben; das Regal 80 besteht aus 2 Seitenteilen 80, 4 Fachböden, 16 Schrauben. Die Fachböden und Seitenteile werden aus gehobelten Brettern gefertigt: es werden benötigt für ein Seitenteil 160 160 cm, für ein Seitenteil 80 80 cm und für einen Fachboden 60 cm. (Die Anfälligkeit der Konstruktion gegen Scherbeanspruchung läßt sich durch eine Rückwand verbessern, die aber hier aus Vereinfachungsgründen weggelassen wurde). Wie lautet das Datenmodell der Stückliste ?

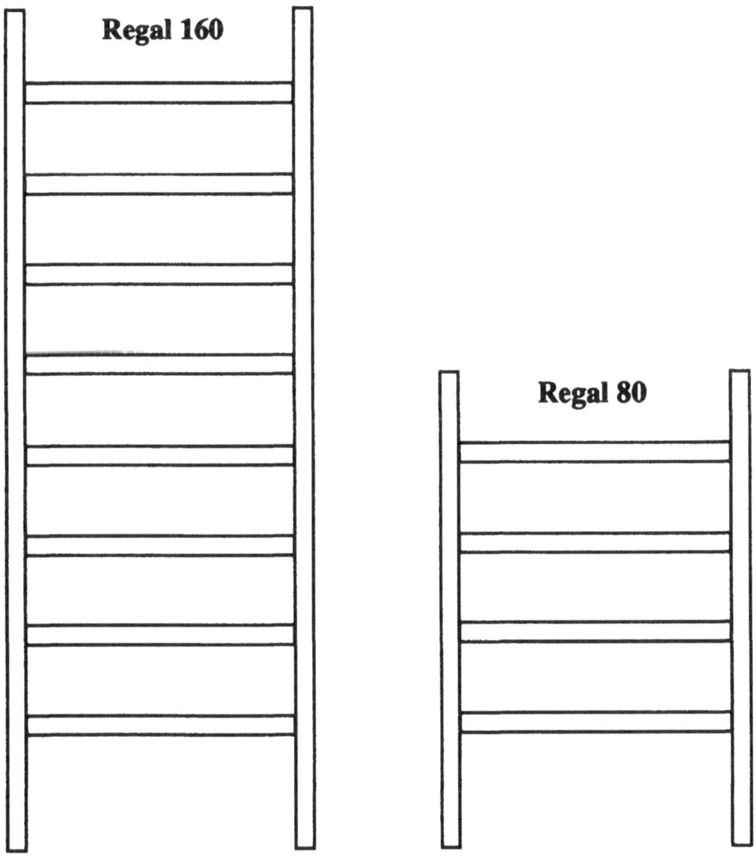

Lösung zu Aufgabe 25/8: Stückliste

Lösung:
Die Stücklistenstruktur lautet:

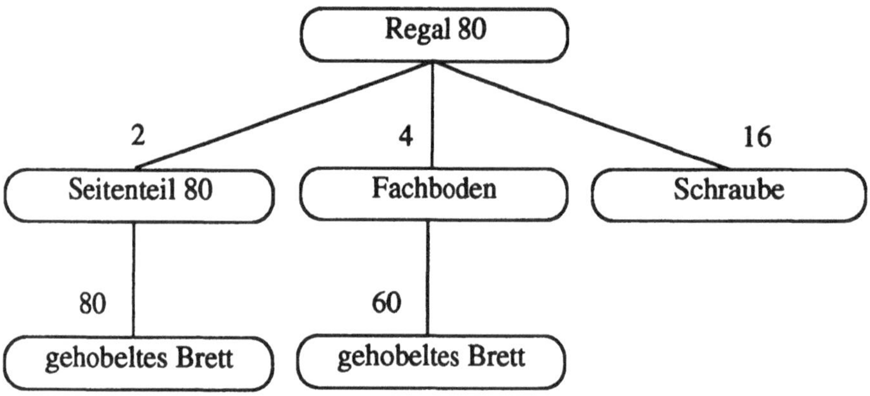

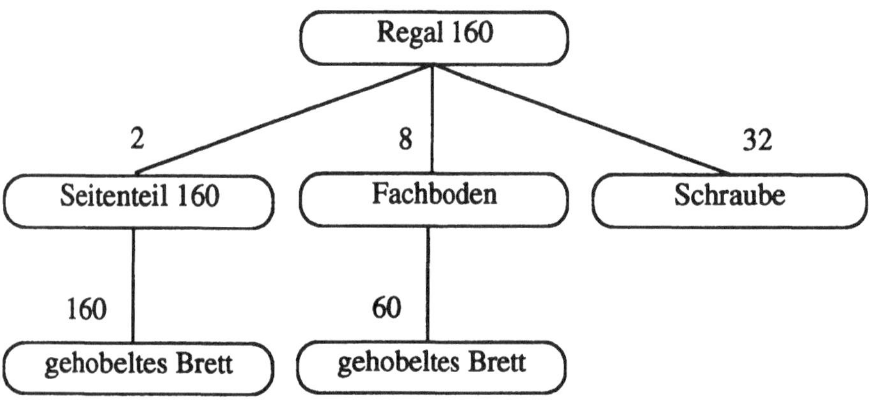

Lösung zu Aufgabe 25/8 f: Stückliste

Das Datenmodell in ausführlicher Form lautet:

Stüli

Oberteil	Unterteil	Anzahl
Regal 80	Seitenteil 80	2
Regal 80	Fachboden	4
Regal 80	Schraube	16
Seitenteil 80	gehobeltes Brett	80
Fachboden	gehobeltes Brett	60
Regal 160	Seitenteil 160	2
Regal 160	Fachboden	8
Regal 160	Schraube	32
Seitenteil 160	gehobeltes Brett	160

Artikel

Artikel
Regal 80
Regal 160
Seitenteil 80
Seitenteil 160
Fachboden
Schraube
gehobeltes Brett

in Kurzform:

Stüli (Oberteil, Unterteil, Anzahl)
Artikel (Artikel)

graphisch

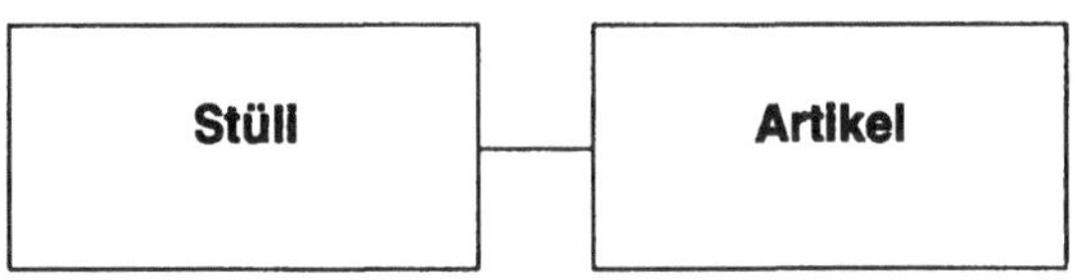

Kommentierung der Lösung:
Es wurde darauf verzichtet, die Artikel durch eine eigene Artikelnummer zu identifizieren. Weggelassen sind auch Attribute des Artikels wie z. b. der Einkaufspreis. Die Stücklistenstruktur wird von oben nach unten beschrieben, zunächst in der ersten Ebene: Regal 80 ist Oberteil und besteht aus den Unterteilen Seitenteil 80, Fachböden und Schrauben. Dafür wird jeweils eine Zeile benötigt (unter Wiederholung des Oberteils), denn sonst würden die schon bekannten Wiederholgruppen entstehen. In der nächsten Ebene ist z. B. Seitenteil 80 jetzt Oberteil und besteht aus dem gehobelten Brett in bestimmter Länge (gemessen in cm) als Unterteil.

Fachboden, Schraube, gehobeltes Brett kommen im Artikelstamm nur einmal vor.

Aufgabe 25/9: Rezeptur
Input-Output-Tabelle

Tt=Tütchen
St=Stück
Pg=Packung
Eßl.=Eßlöffel
M.=Messersp.=Messerspitze
Schoko-Couv=Schokoladen-Couvertüre (z. B. von Schwartau)
Teel.=Teelöffel
Schokolade, herb (z. B. Feodora Edel Bitter)
Schoko=Schokolade

Rohstoffe		Spritz-gebäck	Heidesand	Nuß-plätzchen	Wespen-nester	Gesamt
Butter	g	250	500	50	-	800
Zucker	g	250	500	125	125	1000
Vanillin	Tt	2	etwas	1	-	3+etwas
Ei	St	3	4	1	4	12
Milch		1 Eßl.	-	-	-	1 Eßl.
Mehl	g	500	500	250	-	1250
Backpulver	Tt	-	Messersp.	2 Teel.	-	M.+2 Teel.
Zitrone (ungespritzt)	St	1	-	-	-	1
Kartoffelmehl	g	-	500	-	-	500
Nüsse gemahlen	g	-	-	150	-	150
Nüsse (halbe)	St	-	-	einige	-	einige
Mandeln	g	-	-	-	250	250
Puderzucker	g	-	-	-	125	125
Schokolade, herb	g	-	-	-	150	150
Schoko-Couv. herb	g	200	-	-	-	200
Backobladen	Pg	-	-	-	1	1
Salz		-	-	Prise	-	Prise
Fett	g	-	-	50	-	50

Hilfsstoffe
Zucker für das Rollen des Heidesands
3 Eigelb und Milch für das Bestreichen des Spritzgebäcks
1 Packung Backobladen von Küchle je 100 Stück Durchmesser 50 mm für die Wespennester
etwas Wasser für die Nußplätzchen

Entwickeln Sie das Datenmodell für die Rezepturen.
(Ausnahmsweise ohne Lösung)

Amerikanischer Tradition folgend (der Autor dankt seiner Familie und sonstigen Musen) danke ich meiner Mutter für die Überlieferung dieser Rezepte.

Aufgabe 25/10: Arbeitsplan

Gegeben sind folgende Arbeitspläne:

Arbeitspläne

		Arbeitsgänge						
Artikel	**sägen**		**fasen**		**bohren**		**montieren**	
	t_r	t_e	t_r	t_e	t_r	t_e	t_r	t_e
Regal 80								20
Regal 160								25
Seitenteil 80	10	0,5		0,5	20	10		
Seitenteil 160	10	0,5		0,5	20	10		
Fachboden	10	0,5		0,5				

Arbeitsgänge sind sägen,fasen (Kante brechen), bohren und montieren

t_r = Rüstzeit in Minuten

t_e = Einzelzeit (Stückzeit) in Minuten

Aufgabe 25/10 f: Arbeitsplan

Was halten Sie von folgendem Datenmodell Nr.1. Ist Rüstzeit und Einzelzeit eine Wiederholgruppe ?

Das Datenmodell Nr. 1 in ausführlicher Form lautet:

Arbeitsplan

Artikel	Arbeitsgang	Rüstzeit	Einzelzeit
Regal 80	montieren		20,0
Regal 160	montieren		25,0
Seitenteil 80	sägen	10,0	0,5
Seitenteil 80	fasen		0,5
Seitenteil 80	bohren	20,0	10,0
Seitenteil 160	sägen	10,0	0,5
Seitenteil 160	fasen		0,5
Seitenteil 160	bohren	20,0	10,0
Fachboden	sägen	10,0	0,5
Fachboden	fasen		0,5

Arbeitsgang

Arbeitsgang
sägen
fasen
bohren
montieren

Artikel

Artikel
Regal 80
Regal 160
Seitenteil 80
Seitenteil 160
Fachboden

in Kurzform:

Arbeitsplan (Artikel, Arbeitsgang, Rüstzeit, Einzelzeit)
Artikel (Artikel)

Arbeitsgang (Arbeitsgang)

graphisch

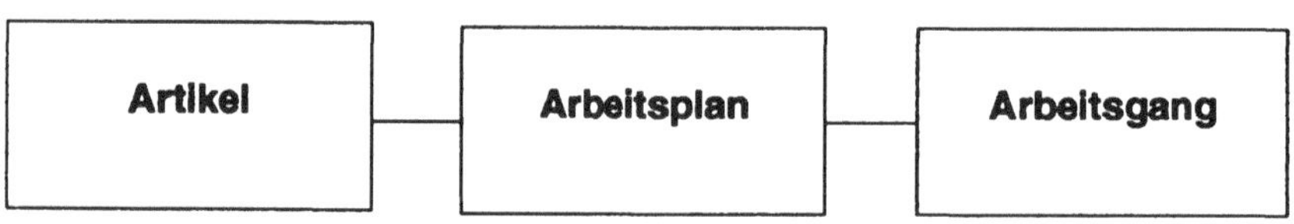

Lösung zu Aufgabe 25/10: Arbeitsplan

Kommentierung der Lösung:

Rüstzeit und Einzelzeit Wiederholfeld ?

Alternatives Datenmodell Nr. 2:

Man könnte ein weiteres Schlüsselelement Zeitart einführen, das die Ausprägungen Rüstzeit und Einzelzeit hat. Die Sätze (Tupel) ohne Zeiteintrag würde man weglassen.

Arbeitsplan (Variante)

Artikel	Arbeitsgang	Zeitart	Zeit
Regal 80	montieren	Rüst	
Regal 160	montieren	Rüst	
Seitenteil 80	sägen	Rüst	10,0
Seitenteil 80	fasen	Rüst	
Seitenteil 80	bohren	Rüst	20,0
Seitenteil 160	sägen	Rüst	10,0
Seitenteil 160	fasen	Rüst	
Seitenteil 160	bohren	Rüst	20,0
Fachboden	sägen	Rüst	10,0
Fachboden	fasen	Rüst	
Regal 80	montieren	Einzel	20,0
Regal 160	montieren	Einzel	25,0
Seitenteil 80	sägen	Einzel	0,5
Seitenteil 80	fasen	Einzel	0,5
Seitenteil 80	bohren	Einzel	10,0
Seitenteil 160	sägen	Einzel	0,5
Seitenteil 160	fasen	Einzel	0,5
Seitenteil 160	bohren	Einzel	10,0
Fachboden	sägen	Einzel	0,5
Fachboden	fasen	Einzel	0,5

Ist diese Lösung mit "atomaren" Zeitwerten besser oder richtiger als die vorherige ?

Das läßt sich nur über die philosophische Frage lösen: was ist das Objekt ? Ist es der Arbeitsgang oder ist es der atomare Zeitwert ? Wohl eher der Arbeitsgang. Andererseits: ist nicht auch eine Zeitart ein Objekt. Was ist überhaupt ein Objekt ? Fragen Sie Ihren Philosophen. Tendenz zu Lösung Nr. 1

Was ist auswertungstechnisch einfacher ? Mit manchen Instrumenten (z. B. "Spreadsheet-Connector", siehe Modul 53) Lösung Nr. 2.

Aufgabe 25/11: Einkauf

Wie lautet das Datenmodell für

a) Bestellung an Lieferanten

"Bleistifte der Marke Faber-Castell des Härtegrades B ohne Lackierung" haben bei uns die Artikelnummer 4711 und können bei drei Lieferanten (Büromaterial-Großhändler) bestellt werden

- Firma Pferdekämper (unter deren Artikelnummer PF4545)
- Firma Salus (unter deren Artikelnummer 676SABlei)
- Firma Jensen (unter deren Artikelnummer Jebl34)

Der Einkäufer kauft bei Salus, weil diese Firma zwar etwas teurer, aber im Service und überhaupt (Weihnachtsgeschenke, charmante Verkäuferin) besser ist.

b) Wareneingang (nur Voll-Lieferung einer Bestellung; keine Teillieferung, keine Zusammenfassung von Bestellungen)

c) Eingangsrechnung (soll sich immer auf nur eine Bestellung (und Lieferung) beziehen)

Lösung zu Aufgabe 25/11: Einkauf

a) Bestellung an Lieferanten

in ausführlicher Form

Lieferant

Lief-Nr	LiefName
L17	Pferdekämper
L19	Salus
L07	Jensen

Artikel

EigArt-Nr	ArtBez
4711	Faber-Castell B

ArtLief

EigArt-Nr	Lief-Nr	FremdArt-Nr	EKPreis
4711	L17	PF4545	0,20
4711	L19	676SABlei	0,21
4711	L07	Jebl34	0,25

BestKopf

Best-Nr	Lief-Nr
BE5001	L19

BestZeile

Best-Nr	EigArt-Nr	BestMeng
BE5001	4711	700

in Kurzfrom

Lieferant (Lief-Nr, LiefName)
Artikel (EigArt-Nr, ArtBez)

ArtLief (EigArt-Nr, Lief-Nr, FremdArt-Nr, EKPreis)

BestKopf (Best-Nr, Lief-Nr)
BestZeile (Best-Nr, EigArt-Nr, BestMeng)

Lösung zu Aufgabe 25/11 f: Einkauf

graphisch

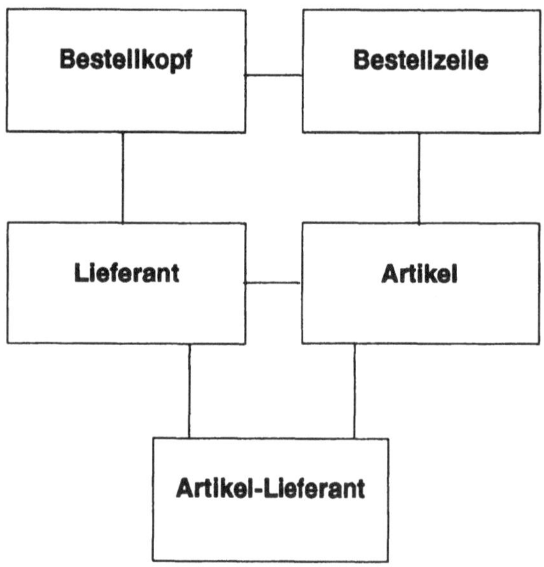

Kommentierung der Lösung:

Es ist erforderlich, zwischen eigener Artikelnummer und den jeweiligen (Fremd–)Artikelnummern der Lieferanten zu unterscheiden. Die Lieferanten haben in ihren Bestellkatalogen jeweils ihre eigene Nummernsystematik. (Auf der Verkaufseite ist dieser Tatbestand weniger wichtig; deshalb war er in (Aufgabe 22/8) nicht berücksichtigt worden).

In der Tabelle Artikel-Lieferant werden die möglichen Lieferanten für die Artikel mit den jeweiligen Preisen festgehalten - eine Art Einkaufsinformationssystem.

b) und c) Wenn eine 1:1-Beziehung zwischen Bestellung und Lieferung bzw. Rechnung besteht, so reicht es aus, in der Tabelle Bestellkopf je ein Attribut "geliefert" und "berechnet" zu ergänzen. Ansonsten muß man zu ähnlichen Lösungen wie auf der Verkaufseite greifen (Aufgaben 25/4 und 25/5).

Aufgabe 25/12: Finanzbuchhaltung

Entwicklen Sie Datenmodelle für folgende Sachverhalte:

a) Buchung einer Ausgangsrechnung

Rechnung		9998		
Kunde: Schulze GmbH				
Artikel	**Artikel-bezeichn.**	**Menge**	**Einzel-preis**	**Gesamt-preis**
	Regal R80	6	100,00	600,00
	Regal R160	2	200,00	400,00
Rechnungssumme ohne Mwst				1.000,00
20 % Mwst				200,00
Rechnungssumme mit Mwst				**1.200,00**

b) Buchung einer Kundenzahlung: Schulze GmbH zahlt 570,-- DM

c) Offene Posten / Zahlungsausgleich:

Das Konto Schulze GmbH weise nach Zahlungseingang nach b) folgende Buchungen auf. Offene-Posten-Liste vor und nach der Zahlung ?

Konto 4747 Schulze GmbH					
Soll			**Haben**		
Beleg-Nr	Zeil-Nr	Betrag	Beleg-Nr	Zeil-Nr	Betrag
60010	1	2.400,00	77550	2	2.400,00
60020	1	1.200,00	77660	2	570,00
60030	1	240,00			
60040	1	330,00			

Lösung zu Aufgabe 25/12: Finanzbuchhaltung

a) Buchung einer Ausgangsrechnung

In der "T-Konten-Welt" könnte man diesen Vorgang verkürzt wie folgt buchen:

per Konto 24 Forderungen 1.200 DM
an Konto 50 Erlöse 1.000 DM
an Konto 48 Sonstige Verbindlichkeiten (Mehrwertsteuer) 200 DM

Tatsächlich wird aber in der Debitorenbuchführung als Nebenbuchführung ein Personenkonto Schulz GmbH geführt und zunächst auf diesem gebucht und später der Saldo in die Hauptbuchführung übernommen:

per Konto 4747 Debitorenkonto Schulze GmbH 1.200 DM
an Konto 50 Erlöse 1.000 DM
an Konto 48 Sonstige Verbindlichkeiten (Mehrwertsteuer) 200 DM

Angenommen es existiert ein eigener Buchungsbeleg

<table>
<tr><td colspan="2">Buchungsbeleg</td><td>60020</td><td></td><td></td><td></td><td></td></tr>
<tr><td></td><td></td><td></td><td></td><td></td><td></td><td></td></tr>
<tr><td colspan="6">per Konto 4747 Debitorenkonto Schulze GmbH 1.200 DM</td><td></td></tr>
<tr><td></td><td colspan="3">an Konto 50 Erlöse 1.000 DM</td><td></td><td></td><td></td></tr>
<tr><td></td><td colspan="6">an Konto 48 Sonstige Verbindlichkeiten (Mehrwertsteuer) 200 DM</td></tr>
<tr><td></td><td></td><td></td><td></td><td></td><td></td><td></td></tr>
</table>

Die Artikelinformationen sind bekanntlich für die Buchung des Rechnungsgesamtbetrags nicht erforderlich.

Lösung zu Aufgabe 25/12 f: Finanzbuchhaltung

Das Datenmodell in ausführlicher Form lautet:

BelegKopf

Bel-Nr	Datum
60020	

BelegZeile

Bel-Nr	Zeil-Nr	Konto-Nr	Betrag	SoHa
60020	1	4747	1.200	So
60020	2	50	1.000	Ha
60020	3	48	200	Ha

Konto

Kto-Nr	KtoBez
4747	Schulze Gmbh
50	Erlöse
48	Mehrwertsteuer

in Kurzform:

BelegKopf (Bel-Nr, Datum)
BelegZeile (Bel-Nr, Zeil-Nr, Konto-Nr, Betrag, SoHa)
Konto (Kto-Nr, KtoBez)

graphisch

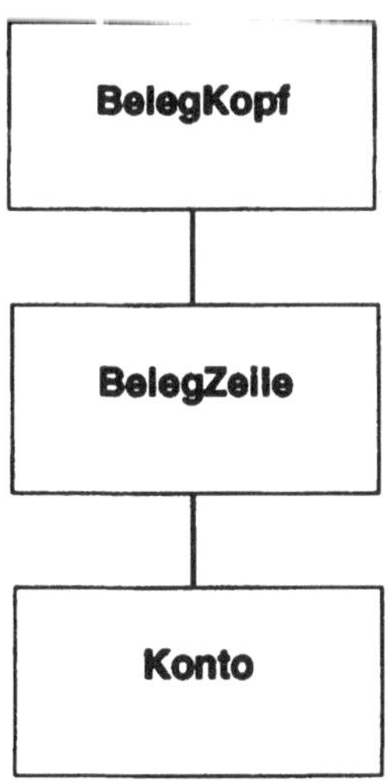

Lösung zu Aufgabe 25/12 2f: Finanzbuchhaltung

Kommentierung:
In der Tabelle BelegKopf sind die Daten zusammengefaßt, die den Beleg als Ganzes betreffen. Hier könnte man auch die Verbindung zu einem Urbeleg wie z. B. Ausgangsrechnung hinterlegen.

In BelegZeile muß die Verbindung zum Belegkopf hergestellt werden. Die Belegnummer dient als Klammer, um die Bestandteile des Buchungssatzes wiederzufinden. Die Teile des Buchungssatzes werden nicht hintereinander (das wären Wiederholfelder !), sondern untereinander erfaßt. Als zusätzlich identifzierendes Kriterium wird eine Zeilennummer benötigt. SoHa gibt die altehrwürdigen Buchhaltungsbegriffe Soll bzw. Haben an.

Ohne im Detail darauf einzugehen, sei hier angedeutet:
Ist kein eigener Buchungsbeleg vorhanden, sondern bezieht sich die Buchung auf eine Rechnung, die als Tabelle vorhanden ist (siehe z.B. RechKopf und RechZeile in Aufgabe 25/5), so können im Prinzip auch die Tabellen BelegKopf und BelegZeile entfallen, weil ja alle relevanten Informationen in der Rechnung vorhanden sind.
Für eigene Belegtabellen spricht:
- Der Beleg beinhaltet einen Auszug aus den Urbelegen (hier Ausgangsrechnung)
- Schnittstellen zu anderen Systemen lassen sich so besser darstellen.

b) Kundenzahlung

Buchungsbeleg		77660				
per Konto 15 Kasse						
	an Konto 4747 Debitorenkonto Schulze GmbH 570 DM					

Zahlung ist eine neues Objekt, weil die Zahlung nicht mit der Rechnung übereinstimmen muß (Teilzahlung einer Rechnung, Zusammenfassung mehrerer Rechnungen).
Man kann aber die Datenstruktur aus a) verwenden (Ergänzung des Kassenkontos)

Lösung zu Aufgabe 25/12 3f: Finanzbuchhaltung

BelegKopf	
Bel-Nr	Datum
77660	

BelegZeile				
Bel-Nr	Zeil-Nr	Konto-Nr	Betrag	SoHa
77660	1	15	570	So
77660	2	4747	570	Ha

Konto	
Kto-Nr	KtoBez
4747	Schulze Gmbh
50	Erlöse
48	Mehrwertsteuer
15	Kasse

c) Der Zahlungsausgleich

Zwar lassen sich aus den Umsatzbuchungen und den Zahlungseingängen die offenen Posten entwickeln, aber durch den Zahlungausgleich werden Zuordnungsentscheidungen getroffen, deren Ergebnis festzuhalten ist, damit man später weiß, welche Posten noch offen sind.

Offene-Posten-Liste vorher			
Kto-Nr	Beleg-Nr	Zeil-Nr	Betrag
4747	60020	1	1.200,00
4747	60030	1	240,00
4747	60040	1	330,00

Offene-Postcn-Liste nachher			
Kto-Nr	Beleg-Nr	Zeil-Nr	Betrag
4747	60020	1	1.200,00

Zahlungsausgleich						
Konto-Nr	Beleg-Nr	Zeil-Nr	Betrag	Beleg-Nr	Zeil-Nr	Z-Betrag
4747	60010	1	2.400,00	77550	2	2.400,00
4747	60030	1	240,00	77660	2	240,00
4747	60040	1	330,00	77660	2	330,00
aus offenen Posten				aus Zahlungen		

Lösung zu Aufgabe 25/12 4f: Finanzbuchhaltung

Der Buchhalter hat aus der Zahlung "erraten" (oder aus Angaben des Zahlers entnommen), daß sie sich offenbar auf die beiden letzten Rechnungen bezieht. Also sind diese ausgeglichen worden und die ältere Rechnung über 1.200 DM ist noch offen.

Wäre dies nicht so eindeutig zuzuordnen gewesen oder nicht erkannt worden, hätte man die Zahlung als teilweisen Ausgleich der Rechnung über 1.200 betrachten können. Wie immer man sich auch entscheidet, es muß jedenfalls nachvollziehbar bleiben, wie die Zuordnungsentscheidung getroffen wurde.

Aufgabe 25/13: Kundenerfolgsrechnung

Es sind folgende Produkt- und Auftragsdaten gegeben:

	A	B	C	D
1	Produkt	1	2	3
2				
3	Brutto-Umsatz(DM/FE)	80	20	40
4	Wareneinsatz(DM/FE)	40	6	30
5				

	A	B	C	D	E	F
1	Auftrag	1	2	3	4	5
2						
3	Kunde	47	49	49	51	53
4	Holding/Kette	1	2	2	3	3
5	Region	1	1	2	2	2
6	Vertriebsweg	1	2	2	1	1
7						
8	Produkt		1	1	1	1
9	Anzahl		4	6	8	4
10	Erlösschmälerung		10%	10%	2%	2%
11						
12	Produkt	2	2		2	
13	Anzahl	5	13		7	
14	Erlösschmälerung	5%	10%		4%	
15						
16	Produkt	3	3			3
17	Anzahl	7	12			17
18	Erlösschmälerung	8%	15%			10%
19						
20						
21	Fuhrpark-Aufschreibung					
22	in km		200	300		
23						
24	Fixkosten 1.100 DM					
25	km-Kosten: 1 DM/km					

Aufgabe 25/13 f: Kundenerfolgsrechnung

Die kundenbezognene Ergebnisrechnung ist durch die Machtkonzentration im Handel erforderlich geworden. Der Hersteller (um dessen Ergebnisrechnung es geht) wird von den wenigen Handelsriesen zu immer neuen Zugeständnissen gezwungen. Diese Konditionen haben Gemeinkostencharakter (Werbekostenzuschüsse, Listungsgelder, freie Anlieferung) und verschwinden damit in allgemeinen Zuschlägen. Die Kundenerfolgsrechnung rechnet diese Vorgänge dem Kunden (=Handelsriese) zu. Dazu muß bei der Buchung außer der Kostenart noch die Kundennummer erfaßt werden (im Beispiel: die Fuhrparkkilometer werden pro Kunde erfaßt).

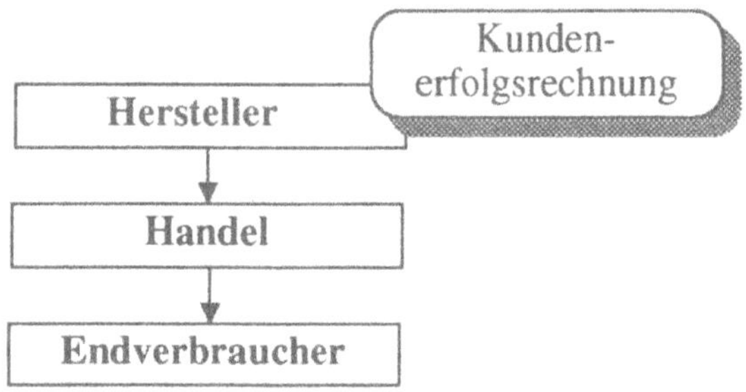

Gehen Sie davon aus, daß der Auftrag eines Kunden sich immer eindeutig auf eine Region und einen Vertriebsweg (z. B. Gastronomie, Handel) bezieht. Anders ausgedrückt: die Bolle-Holding bestellt nicht für ein Zentrallager, aus dem heraus sie ihre Filialen bedient; die Bolle Filiale Mannheim bestellt nicht in *einem* Auftrag für mehrere Vertriebswege. Die Vertriebswege werden als getrennte Kunden geführt: Bolle/Mannheim-Seckenheimer Straße 11/Gastronomie ist ein anderer Kunde als Bolle/Mannheim-Seckenheimer Straße 11/Handel.

Wie lautet das Datenmodell ?

Lösung zu Aufgabe 25/13: Kundenerfolgsrechnung

Datenmodell in ausführlicher Form

AufKopf

Auf-Nr	Kd-Nr	km
1	45	
2	47	200
3	49	300
4	51	
5	53	

Kunde

Kd-Nr	Hold-Nr	Reg-Nr	Vweg-Nr
45	1	1	1
47	2	1	2
49	2	2	2
51	3	2	1
53	3	2	1

AufZeile

Auf-Nr	Prod-Nr	Anzahl	Erlschm
1	2	5	5
1	3	7	8
2	1	4	10
2	2	13	10
2	3	12	15
3	1	6	10
4	1	8	2
4	2	7	4
5	1	4	2
5	3	17	10

Produkt

Prod-Nr	VKPreis	EKPreis
1	80	40
2	20	6
3	40	30

in Kurzform

AufKopf (Auf-Nr, Kd-Nr, km)

Kunde (Kd-Nr, Hold-Nr, Reg-Nr, Vweg-Nr)

AufZeile (Auf-Nr, Prod-Nr, Anzahl, Erlschm)

Produkt (Prod-Nr, VKPreis, EKPreis)

Lösung zu Aufgabe 25/13 f: Kundenerfolgsrechnung

Kommentierung der Lösung:

Der Auftragskopf, durch die Auftragsnummer identifiziert, enthält noch die Kundennummer und die km-Anzahl, die für diesen Auftrag erfaßt wurde.

Der Kunde ist voraussetzungsgemäß ein Standort, der eindeutig einem Vertriebsweg zugeordnet werden kann. Außerdem ist die Zugehörigkeit zu einer Holding bzw. einer Kette und ein Regionalkennzeichen angegeben.

Die Auftragszeile nimmt auf den Auftrag Bezug und erhält pro Produkt Anzahl und Erlösschmälerung.

Die Produkte werden mit Verkaufs- und Einkaufspreis erfaßt.

Weggelassen wurden die Tabellen für Region und Vertriebsweg, in denen in diesem Beispiel nur stehen würde, welche Regionen und Vertriebswege überhaupt zugelassen sind.

Weggelassen wurden auch die Fixkosten und der km-Preis. Diese Größen könnten für die Firma und die Periode festgehalten werden.

Es sind eine Reihe von Auswertungen möglich:

- Auftragsergebnis
- Produktergebnis
- Kundenergebnis
- Holding-/Kettenergebnis
- Regionergebnis
- Vertriebswegergebnis

Eine zwanglose (=ohne Umlage) Zuordnung der Fuhrpark-Kosten ist nur im Auftrags- und den darauf aufbauenden Ergebnissen (Kunde, Holding, Region, Vertriebsweg) nicht aber im Produktergebnis möglich. Die km nach irgendwelchen Schlüsseln auf die Produkte aufzuteilen, wäre zwar möglich, aber Schlüsselungen sollen hier unterbleiben.

Lösung zu Aufgabe 25/13 2f: Kundenerfolgsrechnung

	A	B	C	D	E	F	G
1	**Auftragsergebnis**						
2							
3	**Auftrag**	1	2	3	4	5	Summe
4							
5	Umsatz	380	1.060	480	780	1.000	3.700
6	Erlösschmälerung	27	130	48	18	74	298
7	Wareneinsatz	240	598	240	362	670	2.110
8	DB 1	113	332	192	400	256	**1.292**
9	DB 1%	30%	31%	40%	51%	26%	35%
10	Fuhrparkkosten	0	200	300	0	0	500
11	DB 2	113	132	-108	400	256	792
12	DB 2%	30%	12%	-23%	51%	26%	21%
13	Rest-Fixkosten						600
14	Ergebnis						**192**

	A	B	C	D	E	F	G
1	**Produktergebnis**						
2							
3	**Produkt**	1	2	3			Summe
4							
5	Umsatz	1.760	500	1.440			3.700
6	Erlösschmälerung	99	37	162			298
7	Wareneinsatz	880	150	1.080			2.110
8	DB 1	781	313	198			**1.292**
9	DB 1%	44%	63%	14%			35%
10	Fuhrparkk. nicht aufgeteilt	0	0	0			0
11	DB 2	781	313	198			1.292
12	DB 2%	44%	63%	14%			35%
13	Rest-Fixkosten						1.100
14	Ergebnis						**192**

Lösung zu Aufgabe 25/13 3f: Kundenerfolgsrechnung

	A	B	C	D	E	F	G
1	**Holding-/Kettenergebnis**						
2							
3	**Holding/Kette**	1	2	3			Summe
4							
5	Umsatz	380	1.540	1.780			3.700
6	Erlösschmälerung	27	178	93			298
7	Wareneinsatz	240	838	1.032			2.110
8	DB 1	113	524	655			**1.292**
9	DB 1%	30%	34%	37%			35%
10	Fuhrparkkosten	0	500	0			500
11	DB 2	113	24	655			792
12	DB 2%	30%	2%	37%			21%
13	Rest-Fixkosten						600
14	Ergebnis						**192**

	A	B	C	D	E	F	G
1	**Regionergebnis**						
2							
3	**Region**	1	2				Summe
4							
5	Umsatz	1.440	2.260				3.700
6	Erlösschmälerung	157	141				298
7	Wareneinsatz	838	1.272				2.110
8	DB 1	445	847				**1.292**
9	DB 1%	31%	37%				35%
10	Fuhrparkkosten	200	300				500
11	DB 2	245	547				792
12	DB 2%	17%	24%				21%
13	Rest-Fixkosten						600
14	Ergebnis						**192**

Lösung zu Aufgabe 25/13 4f: Kundenerfolgsrechnung

	A	B	C	D	E	F	G
1	**Vertriebswegergebnis**						
2							
3	**Vertriebsweg**	1	2				Summe
4							
5	Umsatz	2.160	1.540				3.700
6	Erlösschmälerung	120	178				298
7	Wareneinsatz	1.272	838				2.110
8	DB 1	768	524				**1.292**
9	DB 1%	36%	34%				35%
10	Fuhrparkkosten	0	500				500
11	DB 2	768	24				792
12	DB 2%	36%	2%				21%
13	Rest-Fixkosten						600
14	Ergebnis						**192**

Das Kundenergebnis ist in diesem einfachen Beispiel mit dem Auftragsergebnis identisch, da pro Kunde nur ein Auftrag betrachtet wurde.

Das Holdingergebnis - für das hauptsächlich der ganze Aufwand betrieben wurde - zeigt, daß nach Berücksichtigung der Konditionen (hier Anlieferung) die Beurteilung an Hand des DB1 zu Fehlschlüssen führt und daß statt dessen die Folgedeckungsbeiträge nach teilweiser Zurechnung (aber ohne Schlüsselung) von Fixkostenbestandteilen heranzuziehen sind. Die Holding 2 erweist sich als ungünstig (DB 2).

Aufgabe 25/14: KER

Entwickeln Sie das Datenmodell der Kurzfristigen Erfolgsrechnung KER.

	A	B
1	**KER**	
2		
3	Umsatz	12.314.395
4	BV UF+F	1.265.784
5	*Gesamtleistung*	*13.580.179*
6	Mat-Einzel	6.079.590
7	*Einzelkosten*	*6.079.590*
8	Gemkomat	573.714
9	FL	816.935
10	GKL	627.457
11	Gehalt	1.539.120
12	PNK Lohn	1.004.561
13	PNK Gehalt	461.736
14	Energie	253.394
15	Fremdrep	247.236
16	Kalk Abschr	307.807
17	Kalk Zins	644.559
18	Abgaben	111.780
19	Sonst Kosten	551.472
20	*Gemeinkosten*	*7.139.771*
21	*Gesamtkosten*	*13.219.361*
22	*Kalk BE zu Standards*	*360.818*
23		
24	Wertkorrrekturen	5.033
25		
26		
27	*kalk BE zu Durchschn*	*365.851*
28		
29	Austausch bil/kalk	
30	+kalk Abschr	307.807
31	+Kalk Zins	644.559
32	-bil Abschr	-300.000
33	-bil Zins	-700.000
34	*Erg Austausch bil/kalk*	*-47.634*
35	*Bil BE*	*318.217*
36		
37	Neutrales	
38	betriebsfremd	650.000
39	a. o.(KER)	-2.500.000
40	*Erg Neutrales*	*-1.850.000*
41		
42	*Erg vor Steuern*	*-1.531.783*
43		
44	Steuern	0
45		
46	*Erg nach Steuern*	*-1.531.783*

Lösung zu Aufgabe 25/14: KER

Man erkennnt folgende Sachverhalte:

Nur die nicht-kursiven Zeilen enthalten **originäre Werte**, die kursiven Zeilen sind **errechenbare Ergebnisse**.

Die KER hat eine **Baum-Struktur**.

Insbesondere sei auf die Zeilen 16, 17 und 30, 31 hingewiesen. **Die kalkulatorischen Abschreibungen und Zinsen** werden **jeweils an zwei Stellen zu unterschiedlichen Gruppen** des KER-Schemas **zugeordnet** (mit demselben Wert, allerdings mit anderem Vorzeichen).

Das Datenmodell besteht aus **vier Tabellen**

KERUrzeile (<u>KER-Nr</u>, KERBez)

Sie dient zur Identifzierung der KER-Zeilen. Kalk Abschr und Kalk Zins kommen nur einmal vor.

(auf ein Attribut zur Reihenfolge der Zeilen wurde verzichtet; KER-Nummern identifizieren nur!)

KERGruppe (<u>Grup-Nr</u>, GrupBez, OGrup)

In dieser Tabelle werden die KER-Gruppen identifiziert. Gleichzeitig wird auf die Ober-Gruppe verweisen (OGrup), in die die Gruppe eingeht (Fremdschlüssel).

(Das Erg nach Steuern hat den Aufsichtsrat zur Obergruppe, der im Aktiengesetz identifziert wird)

(auf ein Attribut zur Reihenfolge der Gruppen wurde verzichtet)

UrzeileGrup (<u>KER-Nr</u>, <u>Grup-Nr</u>, E/A)

Diese Tabelle enthält die Zuordnung von Urzeilen zu Gruppen. Insbesondere werden hier die Zeilen Kalk Abschr und Kalk Zins zweimal zugeordnet und zwar einmal als Aufwand und einmal als Ertrag.

KERDaten (<u>KER-Nr</u>, <u>MM</u>, <u>JJ</u>, <u>P/I</u>, KERWert)

Diese Tabelle enthält die perioden-bezogenen Werte.

Lösung zu Aufgabe 25/14 f: KER

	A	B	C	D	E	F	G	H	I	J
1	**KER**									
2										
3	Umsatz							Umsatz		12.314.395
4	BV UF+F							BV UF+F		1.265.784
5	*Gesamtleistung*					(3)	*Gesamtleistung*			*13.580.179*
6	Mat-Einzel								Mat-Einzel	6.079.590
7	*Einzelkosten*						(1)	*Einzelkosten*		*6.079.590*
8	Gemkomat								Gemkomat	573.714
9	FL								FL	816.935
10	GKL								GKL	627.457
11	Gehalt								Gehalt	1.539.120
12	PNK Lohn								PNK Lohn	1.004.561
13	PNK Gehalt								PNK Gehalt	461.736
14	Energie								Energie	253.394
15	Fremdrep								Fremdrep	247.236
16	Kalk Abschr								Kalk Abschr	307.807
17	Kalk Zins								Kalk Zins	644.559
18	Abgaben								Abgaben	111.780
19	Sonst Kosten								Sonst Kosten	551.472
20	*Gemeinkosten*						(2)	*Gemeinkosten*		*7.139.771*
21	*Gesamtkosten*					(4)	*Gesamtkosten*			*13.219.361*
22	*Kalk BE zu Standards*				(5)	*Kalk BE zu Standards*				*360.818*
23										
24	Wertkorrrekturen					Wertkorrrekturen				5.033
25										
26										
27	*kalk BE zu Durchschn*			(6)	*kalk BE zu Durchschn*					*365.851*
28										
29	Austausch bil/kalk									
30	+kalk Abschr					+kalk Abschr				307.807
31	+Kalk Zins					+Kalk Zins				644.559
32	-bil Abschr					-bil Abschr				-300.000
33	-bil Zins					-bil Zins				-700.000
34	*Erg Austausch bil/kalk*			(7)	*Erg Austausch bil/kalk*					*-47.634*
35	*Bil BE*		(8)	*Bil BE*						*318.217*
36										
37	Neutrales									
38	betriebsfremd				betriebsfremd					650.000
39	a. o.(KER)				a. o.(KER)					-2.500.000
40	*Erg Neutrales*		(9)	*Erg Neutrales*						*-1.850.000*
41										
42	*Erg vor Steuern*	(10)	*Erg vor Steuern*							*-1.531.783*
43										
44	Steuern		Steuern							0
45										
46	*Erg nach Steuern* (11)	*Erg nach Steuern*								*-1.531.783*

Lösung zu Aufgabe 25/14 2f: KER

KerUrzeile

KER-Nr	KerBez
3	Umsatz
4	BV UF+F
6	Mat-Einzel
8	Gemkomat
9	FL
10	GKL
11	Gehalt
12	PNK Lohn
13	PNK Gehalt
14	Energie
15	Fremdrep
16	Kalk Abschr
17	Kalk Zins
18	Abgaben
19	Sonst Kosten
24	Wertkorrrekturen
32	bil Abschr
33	bil Zins
38	betriebsfremd
39	a. o.(KER)
44	Steuern

UrzeileGrup

Ker-Nr	Grup-Nr	E/A
3	3	E
4	3	E
6	1	A
8	2	A
9	2	A
10	2	A
11	2	A
12	2	A
13	2	A
14	2	A
15	2	A
16	2	A
17	2	A
16	7	E
17	7	E
18	2	A
19	2	A
24	6	E
32	7	A
33	7	A
38	9	E
39	9	E
44	11	A

KERDaten

Ker-Nr	MM	JJ	P/I	KERWert
3			P	12.314.395
4			P	1.265.784
6			P	6.079.590
8			P	573.714
9			P	816.935
10			P	627.457
11			P	1.539.120
12			P	1.004.561
13			P	461.736
14			P	253.394
15			P	247.236
16			P	307.807
17			P	644.559
18			P	111.780
19			P	551.472
24			P	5.033
32			P	300.000
33			P	700.000
38			P	650.000
39			P	-2.500.000
44			P	0

KerGruppe

Grup-Nr	GrupBez	OGrup
1	*Einzelkosten*	4
2	*Gemeinkosten*	4
3	*Gesamtleistung*	5
4	*Gesamtkosten*	5
5	*Kalk BE zu Standards*	6
6	*kalk BE zu Durchschn*	8
7	*Erg Austausch bil/kalk*	8
8	*Bil BE*	10
9	*Erg Neutrales*	10
10	*Erg vor Steuern*	11
11	*Erg nach Steuern*	AR

Aufgabe 25/15: Kostenstellen-Hierarchie

Bilden Sie die folgende Kostenstellenhierarchie im relationalen Modell ab.

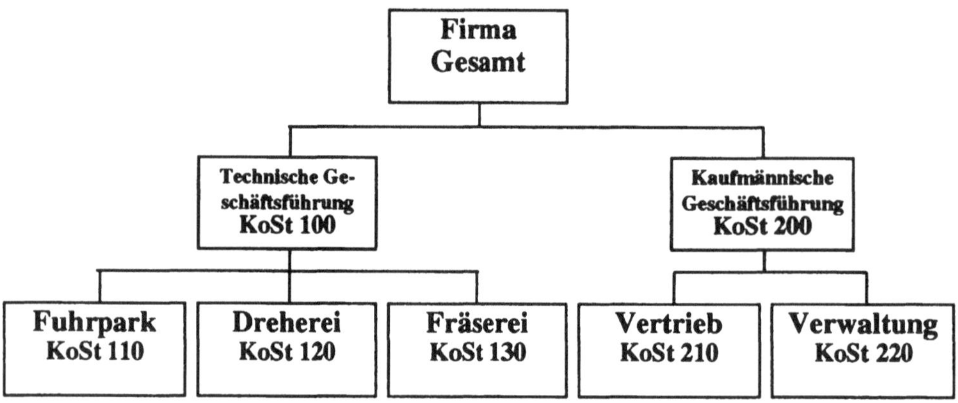

a) Entwicklen Sie das Datenmodell.

b) Wie ändert sich das Datenmodell, wenn der Fuhrpark der kaufmännischen Geschäftsführung zugeordnet wird ?

c) Wie ändert sich das Datenmodell, wenn eine Verdichtung der beiden produktiven Kostenstellen (Dreherei, Fräserei) verlangt wird, selbstverständlich ohne daß dafür eine Stelle bzw. Kostenstelle geschaffen wird

Lösung zu Aufgabe 25/15: Kostenstellen-Hierarchie

Lösung zu a):

Bei der Darstellung derKostenstellenhierarchie in der Aufgabenstellung fällt auf:

- die "Firma" als Verdichtungsbegriff hat selbst keine Kostenstellennummer. Das liegt daran, daß die Stellenhierarchie und die Berichtshierarchie nicht übereinstimmen. Es gibt zwar keinen "Gesamtgeschäftsführer", wohl aber das Bedürfnis, die Firma insgesamt als Verdichtungs- und Summierungsbegriff zu erfassen.
- die Kostenstellen der zweiten Ebene (Technische und Kaufmännische Geschäftsführung) sind einerseits Kostenstellen, auf denen direkt Kosten erfaßt werden (z. B. die Kosten des Geschäftsführes und seines Sekretariats), andererseits ist der "Technische Bereich" mit den ihm zugeordneten Kostenstellen inkl. der Leitungskostenstelle ein Verdichtungsbegriff.

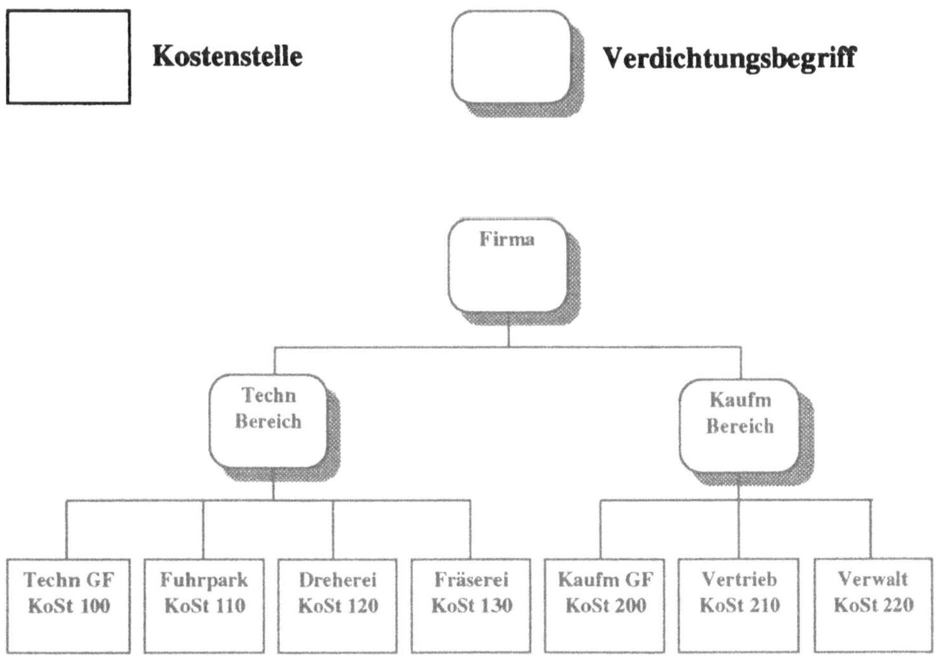

Lösung zu Aufgabe 25/15 f: Kostenstellen-Hierarchie

Man kann die Verdichtungsbegriffe - zur allgemeinen Verwirrung - natürlich auch identisch mit Kostenstellenbezeichnungen wählen. Statt "Techn Bereich" sagt man "Techn GF" und muß dann immer klar auseinanderhalten: Techn GF als Kostenstelle 100 oder Techn GF als Begriff der Verdichtungshierarchie.

Lösungsalternative I:
Einführung von Pseudo-Kostenstellen oder Dummy-Kostenstellen, die die Verdichtungsknoten bezeichnen.
Auf diesen Verdichtungskostenstellen werden keine Kosten direkt erfaßt, sie dienen nur dazu, die verdichteten Werte der ihnen zugeordneten Kostenstellen aufzunehmen.

Verdichtungsbegriff:	Pseudo-Kostenstellennummer:
Firma:	001
Technischer Bereich	101
Kaufmännischer Bereich	201

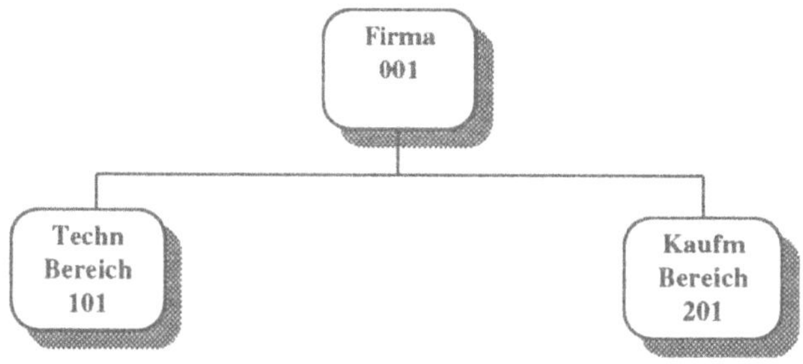

Der **Nachteil** dieser Lösung ist, daß man immer auseinanderhalten muß, daß es echte Kostenstellen gibt, die Kosten aufnehmen und "unechte", die nur als Verdichtungs- und Summierungsbegriff auftreten. Es muß sichergestellt werden, daß auf den Verdichtungskostenstellen nicht gebucht wird.

Lösung zu Aufgabe 25/15 2f: Kostenstellen-Hierarchie

KoSt		
KoSt-Nr	KoStBez	KoStArt
100	Techn GF	K
110	Fuhrpark	K
120	Dreherei	K
130	Fräserei	K
200	Kaufm GF	K
210	Vertrieb	K
220	Verwaltung	K
101	Techn Bereich	V
201	Kaufm Bereich	V
001	Firma	V

KoStHier	
OKoSt-Nr	UKoSt-Nr
001	101
001	201
101	100
101	110
101	120
101	130
201	200
201	210
201	220

in Kurzform:

KoSt (KoSt-Nr, KoStBez, KoStArt)
KoStHier (OKoSt-Nr, UKoSt-Nr)

Graphisch:

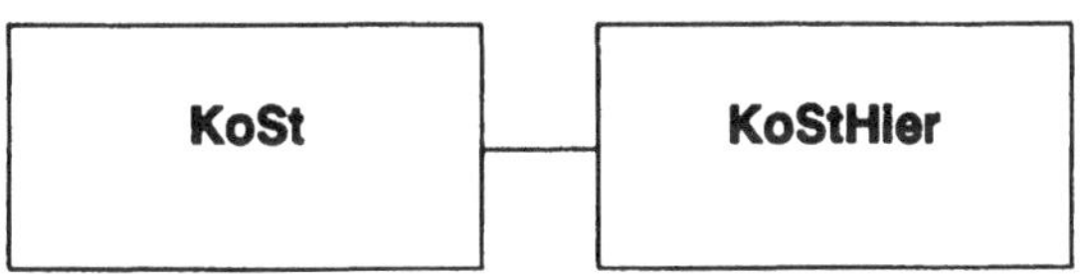

Kommentierung der Lösung:

In der Kostenstellentabelle werden zu den "normalen" Kostenstellen, auf die auch gebucht wird, noch "Verdichtungskostenstellen" (Kennzeichen V) ergänzt.

In der Hierarchietabelle wird eine "Oberkostenstelle und eine Unterkostenstelle unterschieden, wobei in der mittleren Ebene die Kostenstelle einmal die Rolle einer Oberkostenstelle für die unteren spielt, zum anderen selbst auch in der Rolle einer Unterkostenstelle auftritt (Beipiel: 101)

Lösung zu Aufgabe 25/15 3f: Kostenstellen-Hierarchie

Lösungsalternative II:

Unterscheidung zwischen (echten) Kostenstellen und Verdichtungsbegriffen

Da es von einem begrifflichen und systematischen Gesichtspunkt aus unbefriedigend erscheint, echte und unechte Kostenstellen nebeneinander zu verwenden, soll die Lösung bei klarer Trennung zwischen Kostenstellen und Verdichtungseinheiten entwickelt werden.

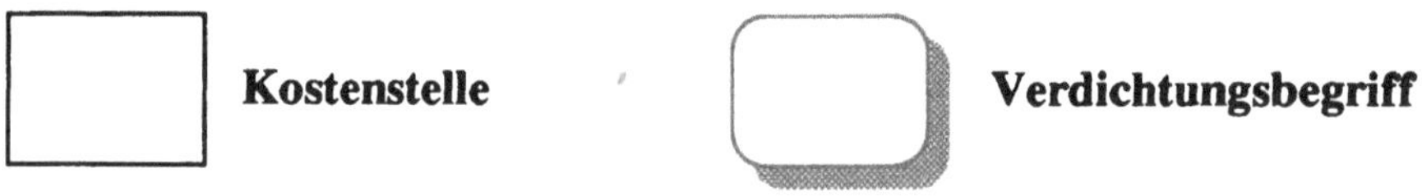

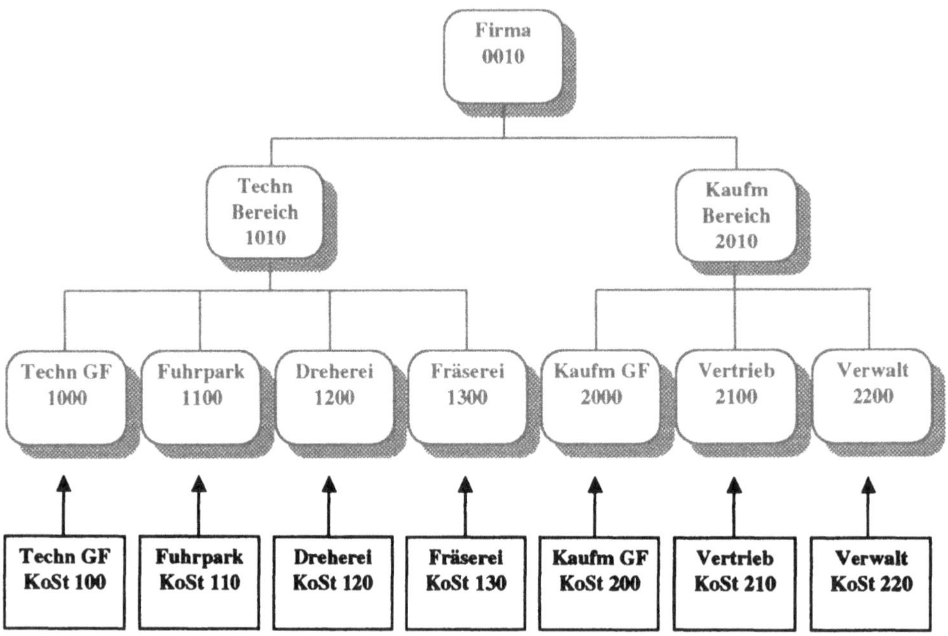

Lösung zu Aufgabe 25/15 4f: Kostenstellen-Hierarchie

Datenmodell in ausführlicher Form:

KoSt

KoSt-Nr	KoStBez	KoStV-Nr
100	Techn GF	1000
110	Fuhrpark	1100
120	Dreherei	1200
130	Fräserei	1300
200	Kaufm GF	2000
210	Vertrieb	2100
220	Verwaltung	2200

KoStVerd

KoStV-Nr	KoStVBez
1000	Techn GF
1100	Fuhrpark
1200	Dreherei
1300	Fräserei
2000	Kaufm GF
2100	Vertrieb
2200	Verwaltung
1010	Techn Bereich
2010	Kaufm Bereich
0010	Firma

KoStVHier

OKoStV-Nr	UKoStV-Nr
0010	1010
0010	2010
1010	1000
1010	1100
1010	1200
1010	1300
2010	2000
2010	2100
2010	2200

in Kurzform:

KoSt (KoSt-Nr, KoStBez, KoStV-Nr)
KoStVerd (KoStV-Nr, KoStVBez)
KoStVHier (OKoStV-Nr, UKoStV-Nr)

Graphisch:

Lösung zu Aufgabe 25/15 5f: Kostenstellen-Hierarchie

Kommentierung der Lösung:

Die Kostenstellen werden selbst auch als Verdichtungseinheiten auf der untersten Ebene betrachtet.

Die Verdichtungshierarchie wird eigenständig durchnummeriert, im Beispiel vierstellig (zur besseren Unterscheidung von den Kostenstellen, die dreistellig nummeriert sind). Eine Entsprechung zwischen den Nummern in den ersten drei Stellen ist selbstverständlich nicht nötig.

In der Kostenstellentabelle ist die Verknüpfung zur untersten Ebene der Verdichtungshierarchie anzugeben. Dies geschieht durch das Attribut KoStV-Nr.

Die Verdichtungseinheiten haben ihr eigene Stammtabelle KoStVerd.

Schließlich wird wieder die Hierarchie innerhalb der Verdichtungseinheiten abgebildet, jetzt unter Verwendung der Ober- bzw. Unternummern der Verdichtungseinheiten.

Man könnte die unterste Ebene der Verdichtungseinheiten, die identisch ist mit den Kostenstellen, vielleicht einsparen. Dadurch würde sich die Tabelle der Verdichtungseinheiten KoStVerd verkürzen. In der Kostenstellentabelle müßte die nächst höhere Verdichtungebene angesprochen werden.

Insgesamt scheint man durch die Lösungsalternative II nicht viel gewonnen zu haben:

- man hat eine zusätzliche Nummer eingeführt, die nicht unbedingt parallel zur Kostenstellennummer aufgebaut sein muß. Zweckmäßigerweise müßte man immer Kostenstellenummer und Verdichtungsnummer parallel angeben. Wird dies vergessen, muß in (nicht gepflegten) Dokumentationen gesucht werden.

Lösung zu Aufgabe 25/15 6f: Kostenstellen-Hierarchie

Lösung zu b):

Das "Umhängen" der Kostenstelle Fuhrpark (KoSt-Nr 110) kann leicht bewältigt werden:

KoStHier (vorher)

OKoSt-Nr	UKoSt-Nr
001	101
001	201
101	100
101	110
101	120
101	130
201	200
201	210
201	220

KoStHier (nachher)

OKoSt-Nr	UKoSt-Nr
001	101
001	201
101	100
201	110
101	120
101	130
201	200
201	210
201	220

Lösung zu c):

Auch die Einführung einer neuen Verdichtungseinheit "Produktiver Bereich" (Pseudokostenstelle 121) macht keine Probleme:

KoSt

KoSt-Nr	KoStBez	KoStArt
100	Techn GF	K
110	Fuhrpark	K
120	Dreherei	K
130	Fräserei	K
200	Kaufm GF	K
210	Vertrieb	K
220	Verwaltung	K
101	Techn Bereich	V
201	Kaufm Bereich	V
001	Firma	V
121	Produktiver Bereich	V

KoStHier

OKoSt-Nr	UKoSt-Nr
001	101
001	201
101	100
101	110
101	120
101	130
201	200
201	210
201	220
121	120
121	130

Aufgabe 25/16: Stellenhierarchie

Bilden Sie das angegebene Organigramm in einem Datenmodell ab.

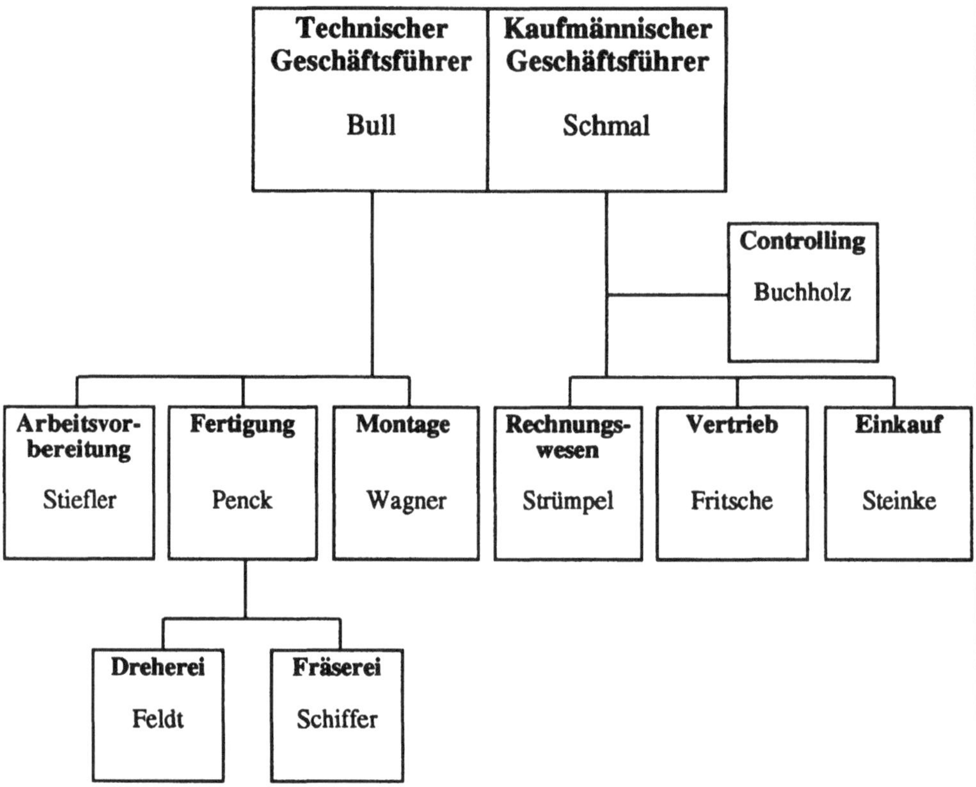

Lösung zu Aufgabe 25/16: Stellenhierarchie

Lösung:

Zum leichteren Nachvollziehen der Lösung wird das Organigramm um die Stellen- und Personalnummern ergänzt.

Selbstverständlich werden keine sprechenden, sondern nur identifizierende Nummern verwendet.

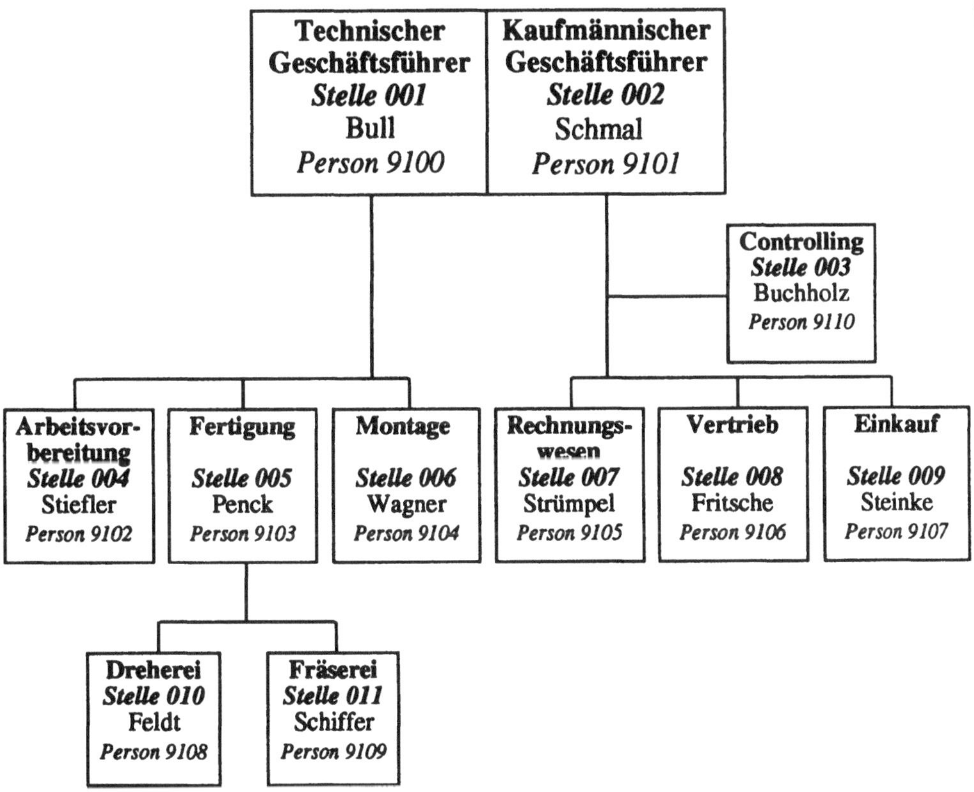

Lösung zu Aufgabe 25/16 f: Stellenhierarchie

Das Datenmodell in ausführlicher Form lautet:

Stelle

Stellen-Nr	StellenBez	StelArt
001	Technischer Geschäftsführer	Linie
002	Kaufmännischer Geschäftsführer	Linie
003	Controlling	Stab
004	Arbeitsvorbereitung	Linie
005	Fertigung	Linie
006	Montage	Linie
007	Rechnungswesen	Linie
008	Vertrieb	Linie
009	Einkauf	Linie
010	Dreherei	Linie
011	Fräserei	Linie

Person

Pers-Nr	PersName
9100	Bull
9101	Schmal
9102	Stiefler
9103	Penck
9104	Wagner
9105	Strümpel
9106	Fritsche
9107	Steinke
9108	Feldt
9109	Schiffer
9110	Buchholz

StellenHier

OSt-Nr	USt-Nr
001	004
001	005
001	006
002	003
002	007
002	008
002	009
005	010
005	011

StellenBesetz

Stellen-Nr	Pers-Nr
001	9100
002	9101
003	9110
004	9102
005	9103
006	9104
007	9105
008	9106
009	9107
010	9108
011	9109

in Kurzform:

Stelle (Stellen-Nr, StellenBez, StelArt)

Person (Pers-Nr, PersName)

StellenHier (OSt-Nr, USt-Nr)

StellenBesetz (Stellen-Nr, Pers-Nr)

Lösung zu Aufgabe 25/16 2f: Stellenhierarchie

graphisch

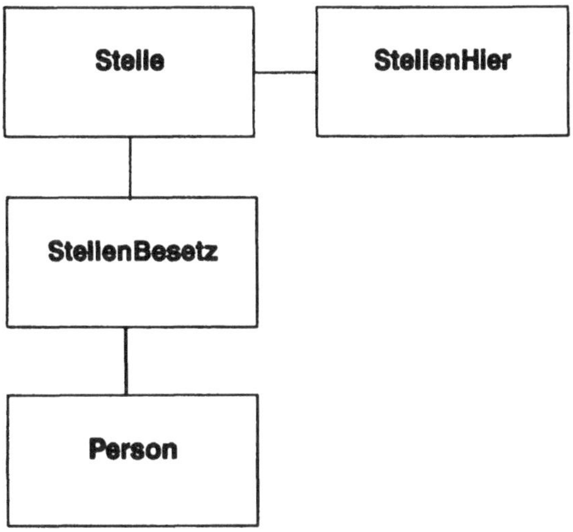

Kommentierung der Lösung:

Stellen und Personen werden durch Nummern identifiziert. Stellen und Personen können durch weitere Attribute beschrieben werden; die Stelle z. B. durch die Stellenart (Linie oder Stab).

Es wird die Stellenhierarchie abgebildet durch Zuordnung einer Stelle zur übergeordneten Stelle. Eine Stelle kann in beiden Rollen auftreten: als übergeordnete Stelle für die nachgeordneten und selbst auch untergeordnet (Beispiel: Fertigung).

Die Personen werden den Stellen zugeordnet (Stellenbesetzung). In der Tabelle StellenBesetz ist nur Stellen-Nr Schlüssel, nicht aber Pers-Nr. Das ist dann richtig, wenn - wie üblich - keine Mehrfachbesetzungen der Stelle vorkommen. Wie in Aufgabe 25/18 Stellenhistorik diskutiert, kommt eine Mehrfachbesetzung zumindest für eine Überlappungsphase durchaus vor, dann ist die Kombination Stellen-Nr/Pers-Nr Schlüssel.

Wenn man von Mehrfachbesetzungen absieht, könnte man in der vorstehenden Lösung die Tabellen StellenBesetz und Stelle zusammenfassen, wie man am gleichen Schlüssel erkennt.

Aufgabe 25/17: Personelle und organisatorische Veränderungen

Wie wirken sich folgende Veränderungen in der Stellenbesetzung bzw. in der Organisationsstruktur in dem Datenmodell nach Aufgabe 25/16 aus ?

a) Buchholz übernimmt neben der Stabsstelle Controlling auch die Stelle Rechnungswesen.

b) Der Einkauf wird dem Technischen Geschäftsführer zugeordnet.

c) Bull scheidet aus und wird durch Paff ersetzt.

Lösung zu Aufgabe 25/17: Personelle und organisatorische Veränderungen

a) Buchholz übernimmt neben der Stabsstelle Controlling auch die Stelle Rechnungswesen. Strümpel scheidet aus.

In der Tabelle StellenBesetz wird der Stellennummer für das Rechnungswesen die Personalnummer für Buchholz zugeordnet. Aktualisierung der Personaltabelle.

b) Der Einkauf wird dem Technischen Geschäftsführer zugeordnet.

Es wird nur in der Tabelle StellenHier die Stelle Einkauf der Stelle Technischer Geschäftsführer zugeordnet (Auch alle dem Einkauf anhängenden Stellen werden damit automatisch "umgehängt" - im Beispiel nicht dargestellt). Die Stellenbesetzung ändert sich nicht.

c) Bull scheidet aus und wird durch Paff ersetzt.

Änderung in der Tabelle Stellenbesetzung. Änderungen in der Personaltabelle.

Das aktualisierte Datenmodell sieht wie folgt aus:

Lösung zu Aufgabe 25/18 f: Personelle und organisatorische Veränderungen

Das Datenmodell in ausführlicher Form lautet:

Stelle

Stellen-Nr	StellenBez	StelArt
001	Technischer Geschäftsführer	Linie
002	Kaufmännischer Geschäftsführer	Linie
003	Controlling	Stab
004	Arbeitsvorbereitung	Linie
005	Fertigung	Linie
006	Montage	Linie
007	Rechnungswesen	Linie
008	Vertrieb	Linie
009	Einkauf	Linie
010	Dreherei	Linie
011	Fräserei	Linie

Person

Pers-Nr	PersName
9101	Schmal
9102	Stiefler
9103	Penck
9104	Wagner
9106	Fritsche
9107	Steinke
9108	Feldt
9109	Schiffer
9110	Buchholz
9111	Paff

StellenHier

OSt-Nr	USt-Nr
001	004
001	005
001	006
002	003
002	007
002	008
001	009
005	010
005	011

StellenBesetz

Stellen-Nr	Pers-Nr
001	9111
002	9101
003	9110
004	9102
005	9103
006	9104
007	9110
008	9106
009	9107
010	9108
011	9109

Aufgabe 25/18: Stellenhistorik

Wie ändert sich das Datenmodell aus Aufgabe 24/24, wenn man die Änderungen aus Aufgabe 24/25 so festhalten will, daß die **Stellen- und Personenhistorie** jederzeit nachvollzogen werden kann.

a) Buchholz übernimmt ab 1. 4. 01 neben der Stabsstelle Controlling auch die Stelle Rechnungswesen. Strümpel scheidet zum 30. 6. 01 aus.

b) Der Einkauf wird ab 1. 1. 02 dem Technischen Geschäftsführer zugeordnet.

c) Bull scheidet zum 30. 6. 01 aus und wird ab 1. 7. 01 durch Paff ersetzt.

Lösung zu Aufgabe 25/18: Stellenhistorik

Lösung:

a) Buchholz übernimmt ab 1. 4. 01 neben der Stabsstelle Controlling auch die Stelle Rechnungswesen. Strümpel scheidet zum 30. 6. 01 aus.

In der Tabelle StellenBesetz müssen die Zeiten festgehalten werden, während der die Besetzung Gültigkeit hat, zweckmäßigerweise mit Beginn- und Ende-Datum.

Die Betriebszugehörigkeit (evtl. auch mit Unterbrechungen) kann aus der Tabelle StellenBesetz jederzeit rekonstruiert werden.

Auch die überlappende Stellenbesetzung geht aus dieser Tabelle hervor.

Wegen der Möglichkeit der (zeitlich begrenzten) Doppelbesetzung einer Stelle, ist in der Tabelle StellenBesetz ein kombinierter Schlüssel aus Stellennummer und Personalnummer zu verwenden.

b) Der Einkauf wird ab 1. 1. 02 dem Technischen Geschäftsführer zugeordnet.

Hier ist die Tabelle Stellenhierarchie durch ein Beginn- und Ende-Datum zu ergänzen.

c) Bull scheidet zum 30. 6. 01 aus und wird ab 1. 7. 01 durch Paff ersetzt.

Dieser Vorgang findet seinen Niederschlag in der Tabelle Stellenbesetzung

Hinweis 1: Das Datum ist vereinfacht dargestellt. Es ist zweckmäßig die einzelen Bestandteile (Tag, Monat und Jahr(vierstellig)) getrennt zu verwalten.

Hinweis 2: Die Attributbezeichnungen "von" und "bis" sind nur eindeutig, wenn der Tabellenname hinzugenommen wird. Die gängigen Datenbanksysteme leisten dies.

Lösung zu Aufgabe 25/18 f: Stellenhistorik

Stelle

Stellen-Nr	StellenBez	StelArt
001	Technischer Geschäftsführer	Linie
002	Kaufmännischer Geschäftsführer	Linie
003	Controlling	Stab
004	Arbeitsvorbereitung	Linie
005	Fertigung	Linie
006	Montage	Linie
007	Rechnungswesen	Linie
008	Vertrieb	Linie
009	Einkauf	Linie
010	Dreherei	Linie
011	Fräserei	Linie

Person

Pers-Nr	PersName
9100	Bull
9101	Schmal
9102	Stiefler
9103	Penck
9104	Wagner
9105	Strümpel
9106	Fritsche
9107	Steinke
9108	Feldt
9109	Schiffer
9110	Buchholz
9111	Paff

Das modifizierte Datenmodell sieht wie folgt aus:

StellenHier

OSt-Nr	USt-Nr	von	bis
001	004		
001	005		
001	006		
002	003		
002	007		
002	008		
002	009		311201
005	010		
005	011		
001	009	010102	

StellenBesetz

Stellen-Nr	Pers-Nr	von	bis
001	9100		300601
002	9101		
003	9110		
004	9102		
005	9103		
006	9104		
007	0105		300601
008	9106		
009	9107		
010	9108		
011	9109		
007	9110	010401	
001	9111	010701	

Funktionsmodell 3.

3. Funktionsmodell

Im Funktionsmodell wird festgehalten, wie die Daten des Datenmodells ausgewertet werden sollen. Das Funktionsmodell hat noch nicht die elegante Qualität des Datenmodells. Die Methoden haben sich verbessert, sind aber immer noch stark mit syntaktischen Problemen belastet. Aus Sicht des Anwenders ist eine neue Syntax zur Wiedergewinnung der Daten eigentlich unnötig. Entweder reicht die mathematische Syntax aus, die ohnehin jeder lernen muß, oder man wählt einfach die Daten aus ("durch Mausklick"), die für die Auswertung benötigt werden.

Programmierer, deren Existenz auf der Kenntnis einer Syntax gründet, werden diese Aussage mit Befremden hören. Tatsächlich steckt aber in umständlichem Programmieren ein Potential, daß man alternativ sinnvoller einsetzen könnte.

Im **Funktionsbaum** wird die Anwendung strukturiert, d. h. modularisiert und hierarchisiert.

Funktionsmodell 3.

In der **Minispezifikation** wird auf dem untersten Niveau des Funktionsbaums angegeben, welche Manipulationen mit den Daten vorgenommen werden sollen. Dabei handelt es sich zunächst um die Grundrechnungsarten und sonstige mathematische Operationen. Dazu kommen noch Sequenzen und Fallunterscheidungen.

Der Fortschritt ist hier immerhin soweit gediehen, daß man Abfragen direkt formulieren kann (und nicht mehr prozedural). Mit anderen Worten: Statt Cobol jetzt **SQL**, d. h. eine formalisierte Standard-Abfragesprache, allerdings mit neuer Syntax. Wegen der Unhandlichkeit der SQL wird dem Anwender meist ein Menüsystem zur Verfügung gestellt, mit dem die SQL-Befehle zusammengestellt werden. Im Hintergrund der Menüsysteme läuft die SQL ab, ohne daß der Anwender direkten Kontakt damit zu pflegen braucht. Er kann sich die SQL-Befehle anzeigen lassen, braucht aber auf diesem Niveau keine Eingaben zu machen.

Im **Unternehmens-Funktionsmodell** wird die Gesamtheit aller Funktionen der Ablauforganisation in einem Totalmodell strukturiert.

Funktionsbaum 31

Modularisierung (Arbeitsteilung) und Hierarchisierung (Strukturierung)

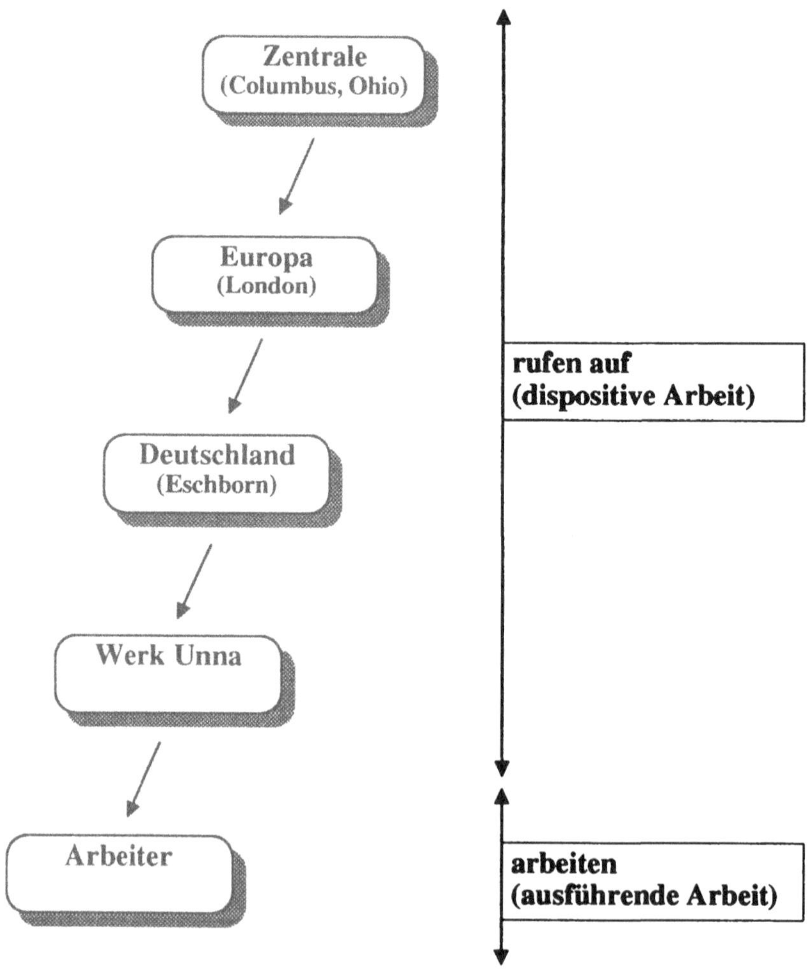

Funktionsbaum 31

Grundgedanke:

Modularisierung und Hierarchisierung sind die Grundprinzipien

Lernziele: Programm:

- ***Modularisierung und Hierarchisierung***
  - o ***Strukturierung top-down:***
    eine Gesamtfunktion wird in Teilfunktionen unterteilt,
    die Teilfunktionen bei Bedarf wieder aufgeteilt,
    bis die Module so klein sind, daß sie auf einer DIN-A4-Seite beschrieben (=spezifiziert) werden können
    (siehe Modul 32 Minispezifikation)
  - o ***bottom-up: umgekehrt kann man auch von den Details ausgehen und immer mehr verdichten***
  - o ***die Funktionsbäume werden technisch in den Menüs umgesetzt***
  - o ***nur auf der untersten Ebene wird "gearbeitet", auf den höheren Ebenen wird nur "aufgerufen"***

Bild 31/1: Funktionsbaum

Funktionsbaum 31

Lernziele: **Programm:**

- ***Die Module tauschen keine Daten direkt aus, sondern nur indirekt über die Datenbank***

Bild 31/2: Kommunikation zwischen Funktionsbaum und Datenbank

- ***Die Navigation im Funktionsbaum (Menü) läßt sich durch Bildfolgediagramme darstellen***

Bild 31/3: Bildfolgediagramme

Modularisierung und Hierarchisierung

Das **Funktionsmodell** wird als **Teilmodell** zur Darstellung der Ablauforganisation (neben Datenmodell und Zustandsmodell) betrachtet.

Das **Funktionsmodell** wird seinerseits durch **Funktionsbaum** und **Minispezifikation** abgebildet (und eine Ablauf- bzw. Reihenfolgestruktur)

Die Strukturierung in einem **Funktionsbaum** liegt für einen Betriebswirt mit seiner Vorliebe für Begriffssysteme besonders nahe. Die alte Betriebwirtschaftslehre leistete (ähnlich wie die Theologie und Philosophie) eigentlich nur dies: die Strukturierung des Themas in einem Begriffssystem. (Es gibt Tiere und Pflanzen, beide sind Lebewesen; Lebewesen und unbelebte Natur fassen wir zur Schöpfung oder dem Sein als solchem zusammen).
Die modernere Betriebswirtschaftslehre ist stärker entscheidungsorientiert, teilweise besser empirisch fundiert und stärker methodenorientiert, aber Begriffssysteme erfreuen sich immer noch großer Beliebtheit und im Funktionsbaum findet man sogar eine Anwendung für sie.

Der Kern von Begriffssystemen bzw. Funtkionsbäumen ist eine **Modularisierung und Hierarchisierung**. Diese erfolgt **entweder top-down**: Die Unternehmensfunktion wird aufgeteilt in Marketing-, Produktions- und Controlling-Funktion. Die Marketingfunktion wird ihrerseits aufgeteilt in Marketingforschung, Produktentwicklung, Vertrieb und Werbung usw. bis zur Stellenbeschreibung einer Person (die auch nochmals atomisiert werden kann).

Oder man geht im umgekehrten Ansatz von Einzeltätigkeiten aus (**bottom up**) und aggregiert immer weiter bis zur Gesamtaufgabe des Unternehmens.

Der Sinn der Modularisierung besteht in der Schaffung von Übersicht und einer **Verkleinerung des Gesamtproblems**. Das setzt voraus, daß die Module relativ unabhängig voneinander sind (möglichst viel innerhalb des Moduls erledigt wird, möglichst wenig über die Schnittstelle zu anderen Modulen ausgetauscht werden muß).

Bild 31/1: Funktionsbaum

Seine **Umsetzung** findet der Funktionsbaum **in den Menüs** der Datenbanksysteme.

Der Funktionsbaum kann zwar im Datenbankssystem realisiert werden, er kann aber nicht als Graphik abgelegt werden, sondern muß auf irgendwelche Zettel "geskribbelt" werden. Wenn er aus-

Bild 31/1: Funktionsbaum

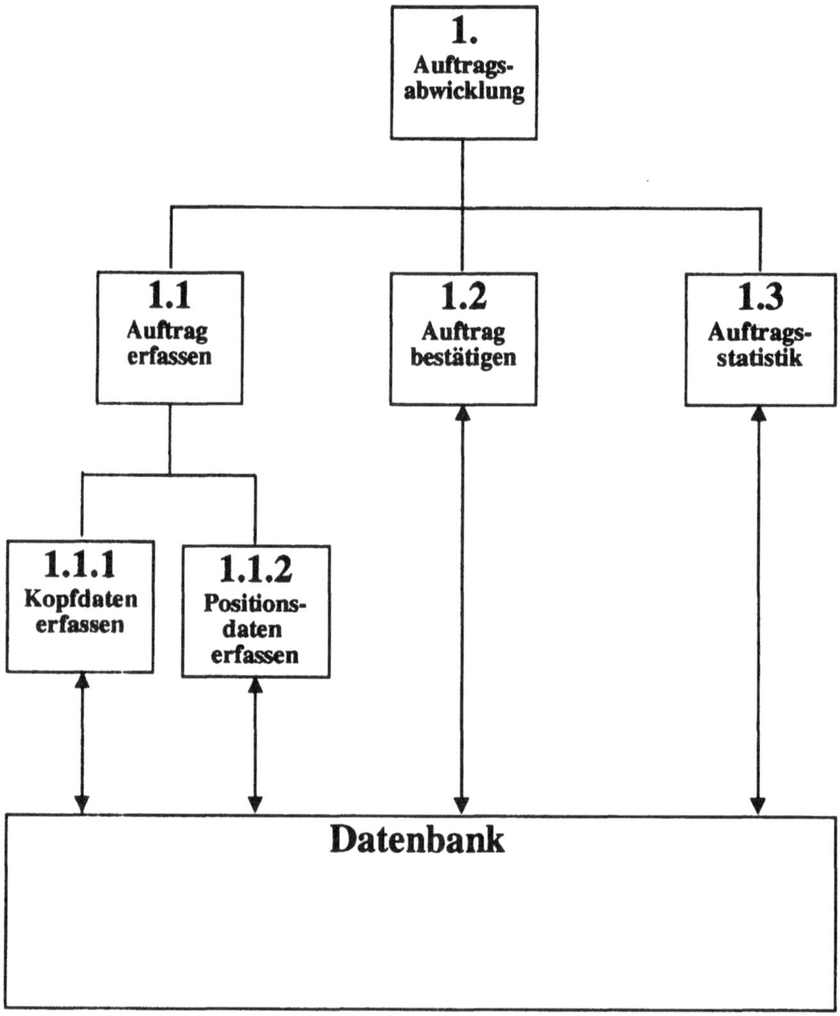

Klenger, DV für Controller

nahmsweise doch einmal in einem Datenbanksystem ausgedruckt oder angezeigt werden kann, dann eben nur im nachhinein, nachdem die Struktur im Datenbanksystem angelegt wurde.

Das liegt an der fehlenden Integration zwischen Datenbanksystem und "Überbau". In Case-tools ist zwar die Graphikseite gelöst, aber sozusagen folgenlos: daraus entsteht nicht automatisch eine Menüstruktur im Datenbankssysstem.

Die Versprechungen der Hersteller gehen natürlich in diese Richtung. In einem unserer nächsten releases...

Nur auf der untersten Ebene werden Prozesse realisiert, d. h. eine Funktion ausgeführt ("wirklich gearbeitet"). Auf den oberen Ebenen "verkümmern" die Prozesse zum Aufrufen der Module der unteren Ebene.

Datenaustausch

Der **Datenaustausch** geschieht nicht direkt zwischen den Modulen, sondern **nur** indirekt **über die gemeinsame Datenbank**.

Bild 31/2: Kommunikation zwischen Funktionsbaum und Datenbank

Es lassen sich praktisch kaum Empfehlungen zur Bildung der Module geben. Wenn zwei Leute ein Gebiet modularisieren, kommen daher auch zwei unterschiedliche Entwürfe heraus. Das ist schade, denn man hat das Gefühl, daß es durchaus gutgeschnittene Module und ungeschickt geschnittene geben kann.

Navigation im Funktionsbaum

Die Navigation im Funktionsbaum geht zunächst einmal wie in allen Hierarchien entlang der Befehlskette von unten nach oben und von oben nach unten. Die Querbewegung ("auf dem kleinen Dienstweg"), die in der Firmenhierarchie offiziell verboten ist, ist im Funktionsdiagramm erlaubt.

Die **Bildfolgediagramme** als Darstellungsmittel der Navigation im Funktionsbaum zeigt

Bild 31/3: Bildfolgediagramme

Beispiele für Funktionsbäume findet man in in Modul 44 Vertrieb und Modul 45 BAB.

Bild 31/2: Kommunikation zwischen Funktionsbaum und Datenbank

Kommunikation zwischen den Modulen indirekt über die Datenbank

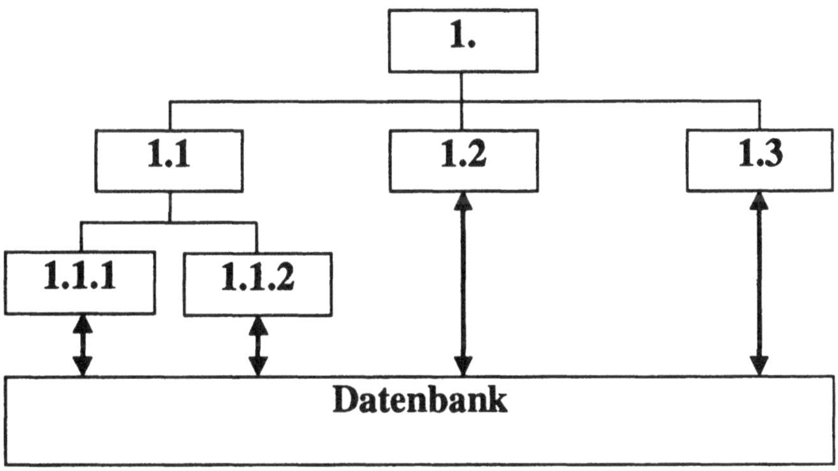

nicht direkt jedes Modul mit jedem

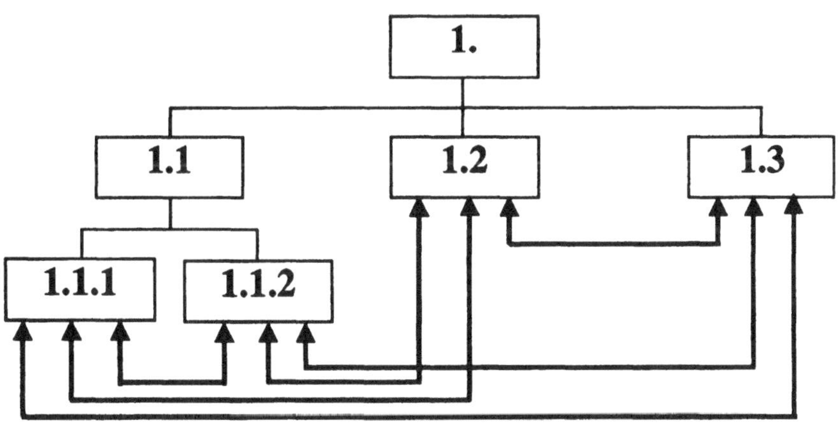

Klenger, DV für Controller

Bild 31/3: Bildfolgediagramme

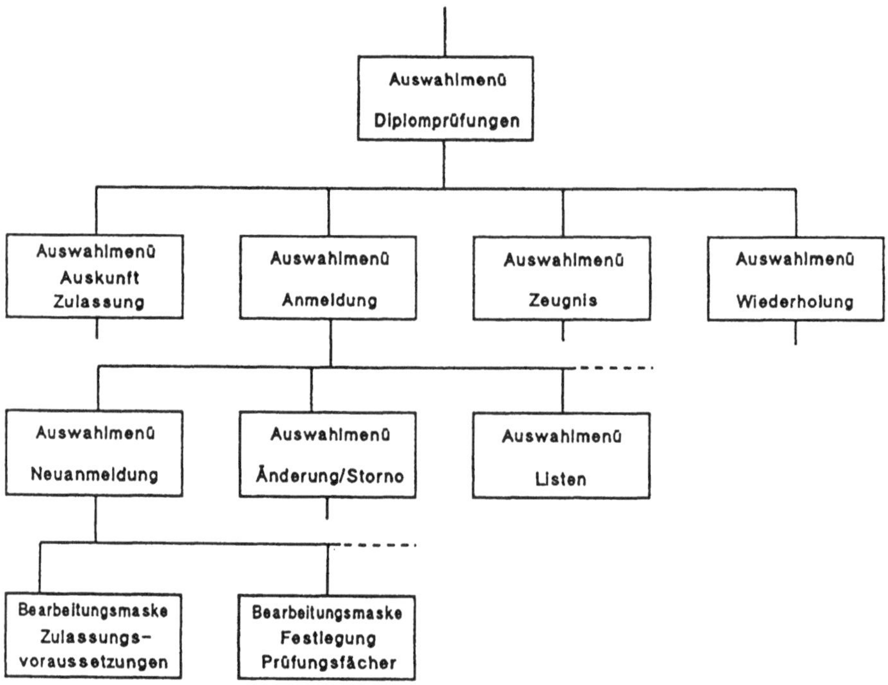

Abb. 12.3 Hierarchische Menüstruktur der Dialogfunktion Diplomprüfungen

Quelle: Bleimann 1990, S. 144/145

Bild 31/3 f: Bildfolgediagramme

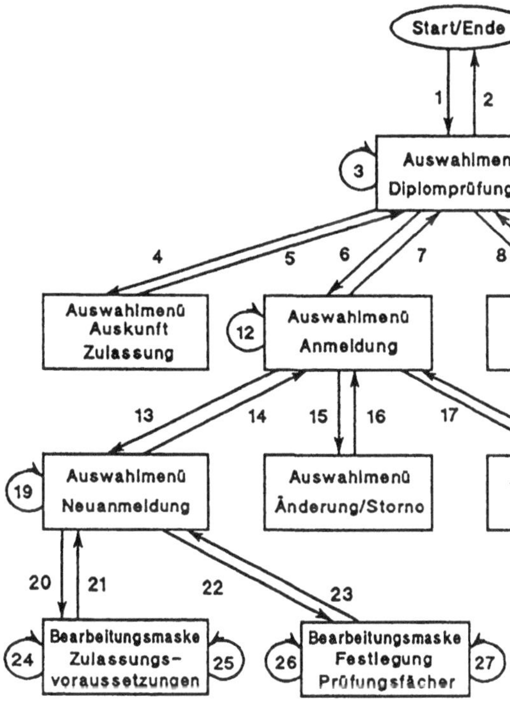

Übergänge :

1 / 2	Aufruf der Funktion Diplomprüfungen bzw. Ende
3 / 12 / 19	Eingabefehler bei Auswahlmenü
4 / 6 / 8 / 10 / 13 / 15 / 17 / 20 /22	Aufruf der entsprechenden Unterfunktion
5 / 7 / 9 / 11 / 14 / 16 / 18 / 21 / 23	Rückkehr nach Beendigung der Unterfunktion
24 / 26	Eingabefehler in Bearbeitungsmaske
25 / 27	Fortsetzung der Bearbeitung auf Folgemaske

Abb. 12.4 Bildfolgediagramm für die Dialogfunktion Diplomprüfungen

Quelle: Bleimann 1990, S. 144/145

Minispezifikation 32

es war einmal... Cobol

setze das Gehaltssummenfeld gleich null

lies den ersten Satz
addiere das Gehalt des gelesenen Satzes auf das Gehaltssummenfeld,

war dies schon der letzte Satz ?

nein, dann...
lies den nächsten Satz

ja, dann...
mach Schluß.

(dem Vernehmen nach sind heute noch 80 % aller existenten Programme in der prozeduralen Sprache Cobol geschrieben (was ein bezeichnendes Licht auf die geringe Produktivität der Branche wirft))

Minispezifikation 32

Grundgedanke:

**Module, die nicht weiter unterteilt werden,
werden spezifiziert, d. h. es werden Rechenformeln angegeben**

Lernziele: Programm:

- ***Minispezifikation***
  auf unterster Ebene des Funktionsbaums Rechenoperationen angeben

- ***Generationen von Sprachen***
  in den (Programmier-) Sprachen der 4. Generation sagt man nur noch, WAS man haben will, zumeist in Form von Rechenformeln oder man fomuliert in der sogenannten SQL (eine standardisierte WAS-Sprache) (siehe Modul 33)

- ***Parallele Entwicklung von Funktions- und Datenmodell***
  die Minispezifikation kann man nicht schreiben, ohne schon eine genaue Vorstellung der Daten (Variablennamen) zu haben, d. h. man muß Funktionsmodell und Datenmodell parallel entwickeln

- ***Verknüpfung von Tabellen***
  der Kern der Minispezifikation mit Hilfe von SQL ist eine Verknüpfung von Tabellen (das Erzeugen einer Sicht) über gemeinsame Schlüssel

Bild 32/1: Verknüpfen von Tabellen

Minispezifikation 32

Lernziele: Programm:

- ***Kreuztabelle***
  um die lineare Struktur der Sicht in eine vertikale und eine horizontale Komponente zu zerlegen, bedient man sich einer sog. Kreuztabelle

Bild 32/2: Kreuztabelle

- ***Im Zusammenspiel zwischen Datenbanksystem und Tabellenkalkulation hat sich folgende Schwerpunktbildung herausgebildet***
  - ***o Datenhandling (Datenein- und -ausgabe, Tabellenverknüpfung, Sortieren, absummieren nach Gruppenwechsel) in dem Datenbanksystem***
  - ***o Berechnungen in der Tabellenkalulation***

Bild 32/3: Zusammenspiel von Datenbanksystem und Tabellenkalkulation

- ***I have a dream***
  Syntax: allenfalls mathematische Formelschreibweise
  Daten aus dem Datenmodell durch Anklicken auswählen

- ***Rückblick auf den Gang der Untersuchung***
  - ***o von der Auswertung zum Datenmodell***
  - ***o umgekeht aus dem Datenmodell die ursprüngliche Auswertung entwickeln und darüberhinaus noch andere***

Bild 32/4: Gang der Untersuchung

Aufgabe 32/5: Beispiel BAB - Abfrage

Minispezifikation

Ist eine Funktion hinreichend weit in Teilfunktionen zerlegt worden, so ist nun **auf der untersten Ebene des Funktionsbaums** operational zu beschreiben, was gemacht werden soll. Die Aufteilung im Funktionsbaum soll aber soweit erfolgt sein, daß jetzt die verbleibende Teilfunktion bequem auf einem DIN-A-4-Blatt beschrieben werden kann bzw. nur eine oder wenige Formeln zur Beschreibung benötigt werden. Man spricht deswegen auch von einer *Mini*spezifikation.

Welche Grundoperationen gibt es nun, die in der Minispezifikation anzugeben sind ?

Im Prinzip recht simple Dinge, hauptsächlich **Grundrechnungsarten** (Addieren,...) und noch **Vergleichsoperatoren** (Größer als,...); daneben **Ein- und Ausgabe/Anzeige** von Daten.

Am einfachsten würde man diese Funktionen mit Hilfe der Mathematik lösen, die ohnehin in unserem Kulturkreis alle Leute lernen müssen.

Leider haben die Informatiker nicht diese einfache Lösung gewählt, sondern - zum Teil vielleicht entschuldbar durch technische Probleme -, eigene **Sprachen** erfunden, für die man immer wieder eine neue Syntax lernen muß.

Die Minispezifikation ist daher leider der Schwachpunkt des Funktionsmodells. Wirklich leistungsfähige Methoden bleiben noch zu erwarten.

Generationen von Sprachen

Diese Sprachen werden heutzutage nach Generationen eingeteilt:

- die **ersten beiden Generationen** sind (aus Sicht des Anwenders besonders wenig leistungsfähige) **Maschinensprachen** (Assembler)

- die **3. Generation** sind die sog. **prozeduralen Sprachen** - Cobol ist der bekannteste Vertreter - , auch WIE-Sprachen genannt, weil man angeben muß, *wie* ein Ergebnis ermittelt werden muß

- die **4. Generation** sind **abfrageorientierte**, nicht-prozedurale **Sprachen**

Sprachen, auch WAS-Sprachen genannt, weil man angeben muß, *was* man haben will, ohne sich um das *wie* kümmern zu müssen.
Man hat sich zu einer Standardisierung durchgerungen und nennt diese standardisierte Sprache "structured query language" oder kurz SQL.
Mit der Benutzerfreundlichkeit dieser Sprache ist es nicht allzu weit her, so daß menüorientierte Oberflächen entwickelt wurden, um die Konstruktion der SQL-Befehle zu erleichtern.

Parallele Entwicklung von Funktions- und Datenmodell

Es wird auch deutlich, daß **Datenmodell und Funktionsmodell parallel** entwickelt werden müssen - als Teilaspekte eines einzigen Sachverhaltes -, denn für die Spezifikation von Rechenformeln muß man die Variablennamen aus dem Datenmodell verwenden. Andererseits muß man sich die Auswertungen im Funktionsmodell vorstellen, um alle Anforderungen an das Datenmodell zu erkennen.

Verknüpfung von Tabellen

Der Kern der SQL ist die Verknüpfung von Tabellen über gemeinsame Schlüssel.

Bild 32/1: Verknüpfung von Tabellen

Kreuztabelle

Die Begrenzung der vielgepriesenen SQL kann man daran ablesen, daß es z. B. nicht gelingt, einen Betriebsabrechnungsbogen (BAB), wie er im Lehrbuch steht, zu erzeugen.

Mit der SQL kann man zwar zuerst nach Kostenstelle und dann nach Kostenart sortieren, aber das Ergebnis steht linear untereinander, wohingegen der Lehrbuch-BAB in den Spalten die Kostenstellen und in den Zeilen die Kostenarten hat.

Man mag einwenden, daß in der Praxis ohnehin der Lehrbuch-BAB nicht benötigt wird, da man beim einzelnen Kostenstellenleiter nur "seinen" BAB braucht, das heißt den Ausschnitt, der ihn betrifft.

Bild 32/1: Verknüpfung von Tabellen

Datenmodell

BABWert

KoArt-Nr	KoSt-Nr	BABWert
40	200	2100
50	100	2500
50	200	7300
60	100	4000
60	200	7100
60	300	8300
60	400	6200

KoArt

KoArt-Nr	KoArtBez
40	Fertigungslohn
50	Gemeinkostenlohn
60	Gehalt

KoSt

KoSt-Nr	KoStBez
100	Fuhrpark
200	Produktion
300	Verwaltung
400	Vertrieb

Verknüpfung

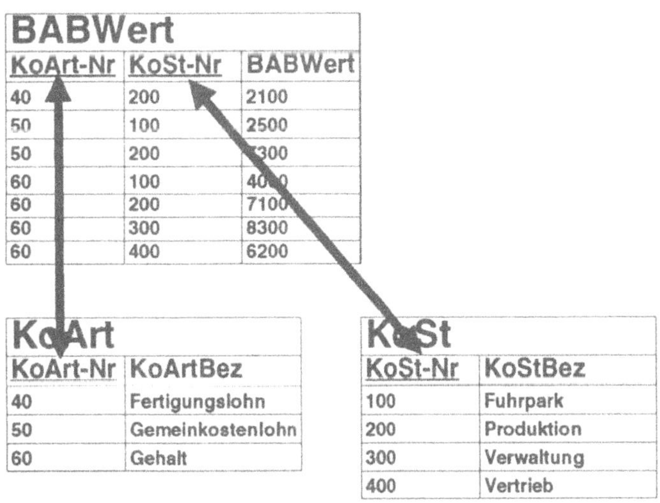

Bild 32/1 f: Verknüpfung von Tabellen

Verknüpfungsergebnis

BABSicht				
KoArt-Nr	KoArtBez	KoSt-Nr	KoStBez	BABWert
40	Fertigungslohn	200	Produktion	2100
50	Gemeinkostenlohn	100	Fuhrpark	2500
50	Gemeinkostenlohn	200	Produktion	7300
60	Gehalt	100	Fuhrpark	4000
60	Gehalt	200	Produktion	7100
60	Gehalt	300	Verwaltung	8300
60	Gehalt	400	Vertrieb	6200

Aufbereitung

Kostenstellenrechnung				
KoSt-Nr	KoStBez	KoArt-Nr	KoArtBez	BABWert
100	Fuhrpark	50	Gemeinkostenlohn	2500
		60	Gehalt	4000

Kostenstellenrechnung				
KoSt-Nr	KoStBez	KoArt-Nr	KoArtBez	BABWert
200	Produktion	40	Fertigungslohn	2100
		50	Gemeinkostenlohn	7300
		60	Gehalt	7100

Kostenstellenrechnung				
KoSt-Nr	KoStBez	KoArt-Nr	KoArtBez	BABWert
300	Verwaltung	60	Gehalt	8300

Kostenstellenrechnung				
KoSt-Nr	KoStBez	KoArt-Nr	KoArtBez	BABWert
400	Vertrieb	60	Gehalt	6200

Klenger, DV für Controller

Bild 32/2: Kreuztabelle

Verknüpfungsergebnis

BABSicht

KoArt-Nr	KoArtBez	KoSt-Nr	KoStBez	BABWert
40	Fertigungslohn	200	Produktion	2100
50	Gemeinkostenlohn	100	Fuhrpark	2500
50	Gemeinkostenlohn	200	Produktion	7300
60	Gehalt	100	Fuhrpark	4000
60	Gehalt	200	Produktion	7100
60	Gehalt	300	Verwaltung	8300
60	Gehalt	400	Vertrieb	6200

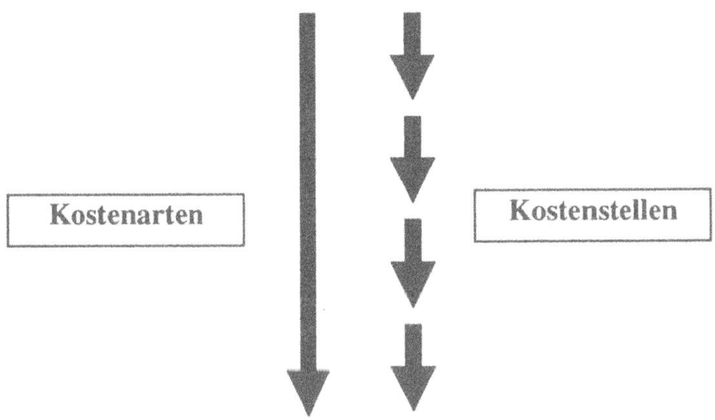

Klenger, DV für Controller

Bild 32/2 f: Kreuztabelle

Kreuztabelle

BAB	Mai/02						
Ko-st-Nr		100	200	300	400		
Kostenstelle		Fuhrpark	Produktion	Verwaltung	Vertrieb		Summe
Ko-art-Nr	Kostenart						
40	Fertigungslohn	0	2.100	0	0		2.100
50	Gemeinkostenlohn	2.500	7.300	0	0		9.800
60	Gehalt	4.000	7.100	8.300	6.200		25.600
	Summe	6.500	16.500	8.300	6.200		37.500

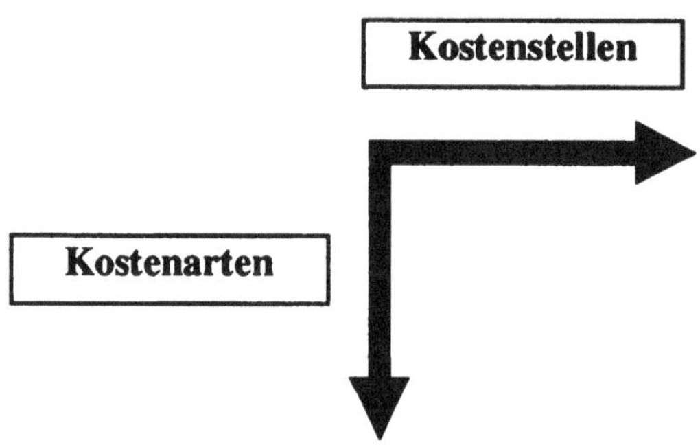

Außerdem füllt ein ordentlicher BAB mit Soll/Ist-Vergleich und Abweichung schon für *eine* Kostenstelle eine DIN-A4-Seite.
Aber das sind nur Ausflüchte, um von den Darstellungsmängeln der SQL-Ergebnisse abzulenken.

Inzwischen gibt es die "Kreuztabelle", die das Gewünschte leistet: bei zwei Kriterien das eine in die x-Achse und das andere in die y-Achse zu legen.

Bild 32/2: Kreuztabelle

Zusammenspiel von Datenbanksystem und Tabellenkalkulation

Der Betriebswirt könnte auf den Gedanken kommen, die Rechenoperationen gleich in der **Tabellenkalkulation** auszuführen **und** die **Datenbank** nur für die Datenhaltung zu benutzen.

Das ist auch die Arbeitsteilung, die sinnvoll ist. Im Laufe der Zeit werden sich einerseits die Berichtsgeneratoren der Datenbanken so verbessern, daß sie die Qualität einer Tabellenkalkulation gewinnen. Andererseits wird die Schnittstelle zwischen Datenbanksystem und Tabellenkalkulation besser werden. Die Ansätze sind vielversprechend (vgl. Modul 52).

Bild 32/3: Zusammenspiel zwischen Datenbanksystem und Tabellenkalkulation

Da immer noch viel in Cobol programmiert wird, sei erwähnt, daß die COBOL-Programmierer ihre Minispezifikation gern in sogenanntem **Pseudocode** abliefern. Pseudocode ist wie eine natürliche Sprache - also z. B. Englisch - aber ansonsten so prozedural wie Cobol, jedoch noch ohne die letzten Härten der Syntax.

Und wer trotz der vorhandenen Sprachen der 4. Generation nicht auf prozedurales Programmieren verzichten will, kann dies selbstverständlich auch in einem Datenbanksystem tun. Z. B. in einer datenbankeigenen prozeduralen Programmiersprache (neue Syntax lernen !) oder im allgegenwärtigen Cobol. Auch Mischungen sind möglich: Cobol mit Einsprengseln von SQL (embedded SQL).

Ein Controller wird sich für seine Zwecke der Werkzeuge der 4. Generation bedienen und auf wirklich leistungsfähige Werkzeuge warten.

Bild 32/3: Zusammenspiel zwischen Datenbanksystem und Tabellenkalkulation

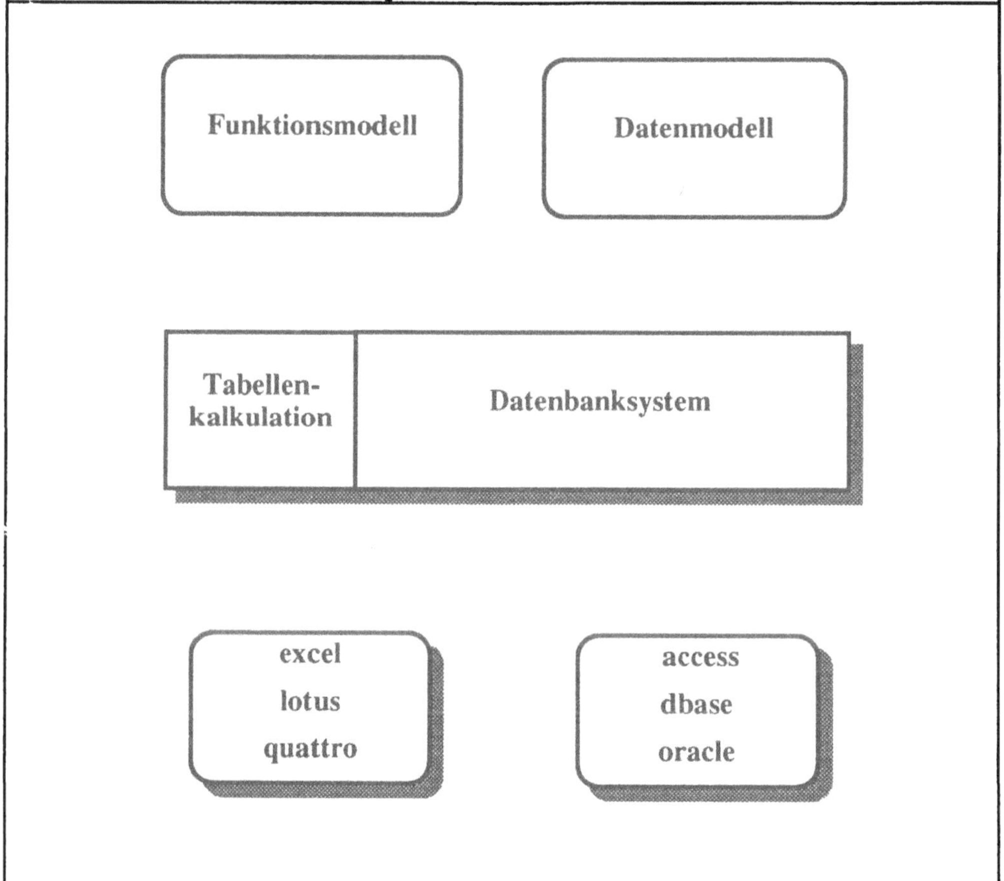

Klenger, DV für Controller

I have a dream

Es soll nicht verschwiegen werden, daß die SQL beileibe nicht das ist, was man sich als Anwender wünscht. Gewiß ist sie besser als Cobol, aber in ihrer Schwerfälligkeit ein typisches Informatikerprodukt.

Es ist nicht einzusehen, warum erneut eine Syntax zu lernen ist, nachdem man schon einmal in seinem Leben mit Mühen (und auch mit Freude ob der Klarheit) eine formale Schreibweise gelernt hat, nämlich die der Mathematik - die mathematische Formelschreibweise. Das muß reichen.

Zuzumuten ist dem Anwender, daß er im Berichtsformular angibt, welche Daten dort stehen sollen.

Die Chancen für diese Art von Benutzerfreundlichkeit stehen - wie gesagt - nicht schlecht. Vgl. Modul 52.

Rückblick auf den Gang der Untersuchung

Überblickt man den Gang der Untersuchung, so wurde

> im Kapitel "Datenmodell" **ausgehend von einer Auswertung das** zugrundeliegende **Datenmodell** entwickelt.
>
> im vorliegenden Kapitel "Funktionsmodell" wird nun **umgekehrt aus dem Datenmodell wieder die Auswertung** erzeugt, **aber** nicht nur die ursprüngliche, sondern **auch beliebige andere**, die aus dem Datenbestand möglich sind.

Bild 32/4: Gang der Untersuchung

Vgl. auch Bild 21/6 Logisches und Physisches Modell

Aufgabe 32/5: Beispiel BAB - Abfragen

Bild 32/4: Gang der Untersuchung

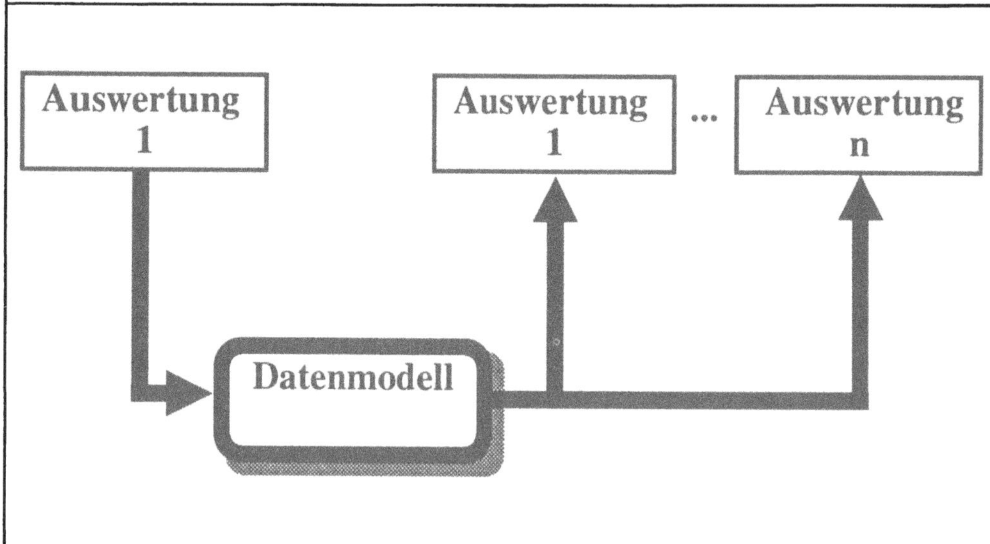

Klenger, DV für Controller

Aufgabe 32/5: Beispiel BAB - Abfragen

Gegeben ist folgendes Datenmodell (aus Bild 22/4 unter Weglassung des Zeitbezugs).

BABWert

KoArt-Nr	KoSt-Nr	BABWert
40	200	2100
50	100	2500
50	200	7300
60	100	4000
60	200	7100
60	300	8300
60	400	6200

KoArt

KoArt-Nr	KoArtBez
40	Fertigungslohn
50	Gemeinkostenlohn
60	Gehalt

KoSt

KoSt-Nr	KoStBez
100	Fuhrpark
200	Produktion
300	Verwaltung
400	Vertrieb

Daraus sind folgende Auswertungen zu entwickeln:

a) ein Betriebsabrechnungsbogen mit je einer Kostenstelle pro Seite (wie in der Praxis üblich)

b) ein Betriebsabrechnungsbogen als Tabelle mit Kostenarten und Kostenstellen (wie in Lehrbüchern üblich)

c) für jede Kostenart eine ABC-Analyse der Kosten nach Kostenstellen (Welche Kostenstelle hat die meisten Fertigungslöhne usw. ?)

Lösung zu Aufgabe 32/5: Beispiel BAB - Abfragen

a) Betriebsabrechnungsbogen mit je einer Kostenstelle pro Seite (wie in der Praxis üblich)

Verknüpfung von Tabellen über gemeinsame Schlüssel

BABWert

KoArt-Nr	KoSt-Nr	BABWert
40	200	2100
50	100	2500
50	200	[illegible]300
60	100	40[illegible]0
60	200	7100
60	300	8300
60	400	6200

KoArt

KoArt-Nr	KoArtBez
40	Fertigungslohn
50	Gemeinkostenlohn
60	Gehalt

KoSt

KoSt-Nr	KoStBez
100	Fuhrpark
200	Produktion
300	Verwaltung
400	Vertrieb

Lösung zu Aufgabe 32/5 f: Beispiel BAB - Abfragen

Verknüpfungsergebnis

BABSicht				
KoArt-Nr	KoArtBez	KoSt-Nr	KoStBez	BABWert
40	Fertigungslohn	200	Produktion	2100
50	Gemeinkostenlohn	100	Fuhrpark	2500
50	Gemeinkostenlohn	200	Produktion	7300
60	Gehalt	100	Fuhrpark	4000
60	Gehalt	200	Produktion	7100
60	Gehalt	300	Verwaltung	8300
60	Gehalt	400	Vertrieb	6200

Diese Auswertung ist zuerst nach Kostenarten, dann nach Kostenstellen sortiert, weil die Ausgangstabelle BABWert zufällig so sortiert war.

Da einen Kostenstellenleiter nur seine Kostenstelle zu interessieren hat ("need to know"; die anderen Kostenstellen sind "nice to know") muß noch umsortiert werden.

Lösung zu Aufgabe 32/5 2f: Beispiel BAB - Abfragen

Umsortieren: erst Kostenstelle, dann Kostenart

Ergebnis nach Umsortierung

BABSicht, umsortiert

KoArt-Nr	KoArtBez	KoSt-Nr	KoStBez	BABWert
50	Gemeinkostenlohn	100	Fuhrpark	2500
60	Gehalt	100	Fuhrpark	4000
40	Fertigungslohn	200	Produktion	2100
50	Gemeinkostenlohn	200	Produktion	7300
60	Gehalt	200	Produktion	7100
60	Gehalt	300	Verwaltung	8300
60	Gehalt	400	Vertrieb	6200

Dies ist noch keine sehr benutzerfreundliche Form, aber im Grund ist die Information schon so vorhanden wie benötigt: Sortiert nach Kostenstellen.

Daß die Kostenstellennummer KoSt-Nr erst an dritter Stelle erscheint, ist nur ein Schönheitsfehler, der im folgenden Schritt beseitigt werden kann.

Ebenso sind die Redundanzen (Fuhrpark als Kostenstellenbezeichnung kommt je Kostenart vor) nur ein Schönheitsfehler.

Lösung zu Aufgabe 32/5 3f: Beispiel BAB - Abfragen

in eine benutzerfreunliche Berichtsform bringen

Kostenstellenrechnung				
KoSt-Nr	KoStBez	KoArt-Nr	KoArtBez	BABWert
100	Fuhrpark	50	Gemeinkostenlohn	2500
100	Fuhrpark	60	Gehalt	4000
200	Produktion	40	Fertigungslohn	2100
200	Produktion	50	Gemeinkostenlohn	7300
200	Produktion	60	Gehalt	7100
300	Verwaltung	60	Gehalt	8300
400	Vertrieb	60	Gehalt	6200

und noch freundlicher

Kostenstellenrechnung				
KoSt-Nr	KoStBez	KoArt-Nr	KoArtBez	BABWert
100	Fuhrpark	50	Gemeinkostenlohn	2500
		60	Gehalt	4000

Kostenstellenrechnung				
KoSt-Nr	KoStBez	KoArt-Nr	KoArtBez	BABWert
200	Produktion	40	Fertigungslohn	2100
		50	Gemeinkostenlohn	7300
		60	Gehalt	7100

Kostenstellenrechnung				
KoSt-Nr	KoStBez	KoArt-Nr	KoArtBez	BABWert
300	Verwaltung	60	Gehalt	8300

Kostenstellenrechnung				
KoSt-Nr	KoStBez	KoArt-Nr	KoArtBez	BABWert
400	Vertrieb	60	Gehalt	6200

und und und...

Lösung zu Aufgabe 32/5 4f: Beispiel BAB - Abfragen

b) Betriebabrechnungsbogen als Tabelle mit Kostenarten und Kostenstellen (wie in Lehrbüchern üblich)

Ausgangspunkt ist wieder die Verknüfpung der Tabellen über gemeinsame Schlüssel. wie schon in a)

Verknüpfungsergebnis

BABSicht

KoArt-Nr	KoArtBez	KoSt-Nr	KoStBez	BABWert
40	Fertigungslohn	200	Produktion	2100
50	Gemeinkostenlohn	100	Fuhrpark	2500
50	Gemeinkostenlohn	200	Produktion	7300
60	Gehalt	100	Fuhrpark	4000
60	Gehalt	200	Produktion	7100
60	Gehalt	300	Verwaltung	8300
60	Gehalt	400	Vertrieb	6200

In den Lehrbüchern ist der Gesamt-BAB mit wenigen Kostenstellen immer auf einer DIN-A4-Seite quer dargestellt. Dieses Auswertungsergebnis läßt sich durch die gängigen Menüsysteme, die auf dem SQL-Befehl beruhen, nicht erzeugen.

Das Wesen des Schul-BAB ist ja, daß die Kostenstellen in der Horizontale stehen und die Kostenarten in der Vertikale.

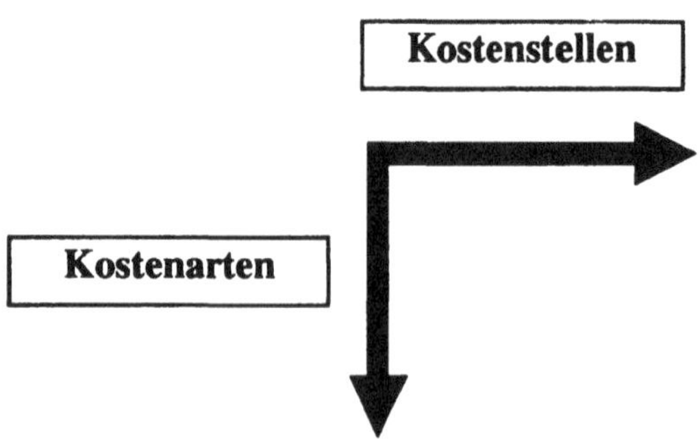

Lösung zu Aufgabe 32/5 5f: Beispiel BAB - Abfragen

In dem Verknüpfungsergebnis stehen die Daten aber linear untereinander, bei der vorliegenden Sortierung erst Kostenart, dann innerhalb der Kostenart die Kostenstellen (was man ohne weiteres umsortieren könnte, erst Kostenstelle, dann innerhalb der Kostenstelle Kostenart; aber dies würde nichts an der linearen Struktur ändern):

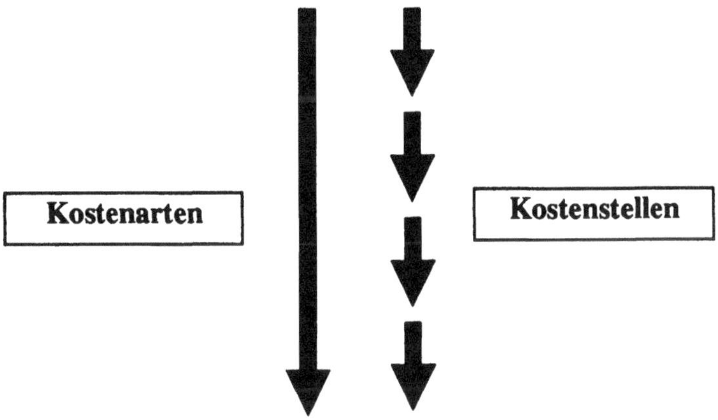

Die Lösung besteht in der sogenannten "**Kreuztabelle**".

Diese ist in den Datenbanksystemen inzwischen verbreitet. Sie erlaubt es, aus einer Sicht wie oben angegeben, die noch zwei Schlüsselwerte hat (Kostenstelle, Kostenart), anzugeben, welcher in die Horizontale und welcher in die Vertikale gelegt werden soll.

Man erhält damit das Ergebnis, das in Bild 22/4 den Ausgang bildete:

BAB	Mai/02						
Ko-st-Nr		100	200	300	400		
Kostenstelle		Fuhrpark	Produktion	Verwaltung	Vertrieb		Summe
Ko-art-Nr	Kostenart						
40	Fertigungslohn	0	2.100	0	0		2.100
50	Gemeinkostenlohn	2.500	7.300	0	0		9.800
60	Gehalt	4.000	7.100	8.300	6.200		25.600
	Summe	6.500	16.500	8.300	6.200		37.500

Lösung zu Aufgabe 32/5 6f: Beispiel BAB - Abfragen

c) für jede Kostenart eine ABC-Analyse der Kosten nach Kostenstellen (Welche Kostenstelle hat die meisten Fertigungslöhne usw. ?)

Man kann wieder von dem Verknüpfungsergebnis nach a) ausgehen, daß im Prinzip schon die gewünschte Information enthält.

Verknüpfungsergebnis

BABSicht

KoArt-Nr	KoArtBez	KoSt-Nr	KoStBez	BABWert
40	Fertigungslohn	200	Produktion	2100
50	Gemeinkostenlohn	100	Fuhrpark	2500
50	Gemeinkostenlohn	200	Produktion	7300
60	Gehalt	100	Fuhrpark	4000
60	Gehalt	200	Produktion	7100
60	Gehalt	300	Verwaltung	8300
60	Gehalt	400	Vertrieb	6200

Allerdings sollte man noch nach ABC-Gesichtspunkten umsortieren (innerhalb der Kostenart nach dem BABWert, Absteigend):

Umsortiert innerhalb der Kostenart nach absteigenden Werten

BABSicht

KoArt-Nr	KoArtBez	KoSt-Nr	KoStBez	BABWert
40	Fertigungslohn	200	Produktion	2100
50	Gemeinkostenlohn	200	Produktion	7300
50	Gemeinkostenlohn	100	Fuhrpark	2500
60	Gehalt	300	Verwaltung	8300
60	Gehalt	200	Produktion	7100
60	Gehalt	400	Vertrieb	6200
60	Gehalt	100	Fuhrpark	4000

und wieder könnte eine freundlichere Aufbereitung vorgenommen werden.

SQL 33

Wo ist hier der Fehler ?

```
select C5.ZVIEWKTA.FENR, C5.ZVIEWKTA.PROSUMEI,
C5.ZVIEWKTA.ROSTUEVERM, C5.ZVIEWKTA.JJ, C5.ZVIEWKTA.PVERROHI,
C5.ZVIEWKTA.SUMGVERI, C5.ZVIEWKTA.MEMAVERI,
C4.ROSTASTUEW.ROSTASTUEW, (memaveri * rostastuew) ktrabwiw from
C4.ROSTASTUEW, C5.ZVIEWKTA, C4.STUELIM where
C5.ZVIEWKTA.FENR=C4.STUELIM.FENR and
C4.STUELIM.RONR=C4.ROSTASTUEW.RONR
```

Auflösung am Ende des Moduls

SQL 33

Grundgedanke:

Noch nicht das Gelbe vom Ei, aber immerhin nicht prozedural, sondern abfrage-orientiert

Lernziele: Programm:

- *Auswahl von Spalten: select... from*

  Bild 33/1: Auswahl von Spalten

- *Auswahl von Zeilen: select ... from ... where*

  Bild 33/2: Auswahl von Zeilen

- *Verknüpfung*

  Bild 33/3: Verknüpgung von Tabellen

- *Speichern einer Abfrage: create view ... as select...*

  Bild 33/4: Speichern von Abfragen

- *Verdichtung: group by ...*

  Bild 33/5: Verdichten

Aufgabe 33/6: SQL/Stückliste

Aufgabe 33/7: SQL/BAB-Plan-Ist-Vergleich

Nichts ist vergänglicher als eine Programmiersprache. Programmiersprachen sind meist umständlich formuliert, mühsam zu erlernen, eingeschränkt in ihren Fähigkeiten und schnell überholt, weil die Beseitigung der gröbsten Fehler ("Verbesserungen") als neuer release auf den Markt kommt.

SQL ist eine standardisierte Sprache (die jeder Hersteller über den standardisierten Kern hinaus um eigene Ergänzungen bereichert, um sich gegenüber dem Wettbewerb zu differenzieren und den Kunden - trotz Standardisierung - an sich zu binden).

Von den etwa 30 Befehlen, die unter anderem so simple Dinge leisten wie Anlegen von Tabellen und Eingeben (insert wird immer mit einfügen übersetzt) von Datensätzen.

Hier werden nur wenige (wesentliche) kurz besprochen, um einen Eindruck zu geben, was diese Sprache leistet (und nicht leistet).

Auswahl von Spalten (d. h. Variablennamen) aus einer Tabelle

SELECT ... FROM ...

Hinter SELECT die Spalten, hinter FROM die Tabelle.

Bild 33/1: Auswahl von Spalten

Auswahl von Zeilen (d. h. Datensätze heraussuchen) aus einer Tabelle, die einer **Bedingung** genügen

SELECT ... FROM ... WHERE

Hinter SELECT die Spalten, hinter FROM die Tabelle, hinter WHERE die Zeilenbedingung.

Bild 33/2: Auswahl von Zeilen

Verknüpfen von Tabellen

Mit demgleichen SELECT-Befehl wie schon besprochen mit folgenden Ergänzungen:

Hinter SELECT die Spalten, auch aus verschiedenen Tabellen (wenn in verschiedenen Tabellen gleiche Namen, dann zur Identifizierung den Tabellennamen vornewegstellen), hinter FROM die Tabellen, aus denen ausgewählt werden soll (die verknüpft werden sollen), hinter WHERE die Zeilenbedingung, hier die Gleichsetzung der Schlüssel aus verschieden Tabellen (wenn mehrere Schlüssel gleichgesetzt weren sollen, durch AND aneinanderreihen).

Bild 33/3: Verknüpfen von Tabellen

Speichern der Abfrage

CREATE VIEW ... AS

Damit die Abfrage (nicht deren Ergebnis, sondern der Befehl der die Abfrage erzeugt) gespeichert wird und jederzeit wieder auf die Tabellen angewendet weren kann, um ein aktuelles Abfrageergebnis zu erzeugen, setzt man vor den SELECT-Befehl ein CREATE VIEW ... AS, wobei der VIEW noch einen Namen erhalten muß.

Bild 33/4: Speichern der Abfrage

Verdichten

GROUP BY ...

Und Verdichten kann man auch.

Bild 33/5: Verdichten

Aufgabe 33/6: SQL

Die Sprachbefehle werden auch für einfache Probleme schon so umfangreich und außerdem ist die SQL-Syntax wie jede Syntax gewöhnungsbedürftig, so daß für den praktischen Gebrauch in den Datenbanksystemen Menüsysteme geschaffen wurden, die im Hintergrund die SQL-Befehle erzeugen.

Bild 33/1: Auswahl von Spalten

Tabelle

Spalte 1	Spalte 2	Spalte 3	Spalte 4	...	Spalte n

SELECT **Spalte 2, Spalte 4** FROM **Tabelle**

Spalte 2	Spalte 4

Bild 33/1 f: Auswahl von Spalten - Beispiel

BABWert

KoArt-Nr	KoSt-Nr	BABWert
40	200	2100
50	100	2500
50	200	7300
60	100	4000
60	200	7100
60	300	8300
60	400	6200

SELECT **KoArt-Nr, KoSt-Nr** FROM **BABWert**

KoArt-Nr	KoSt-Nr
40	200
50	100
50	200
60	100
60	200
60	300
60	400

Bild 33/2: Auswahl von Zeilen

Tabelle

Spalte 1	Spalte 2	Spalte 3	Spalte 4	...	Spalte n

SELECT ALL FROM **Tabelle** WHERE...

Spalte 1	Spalte 2	Spalte 3	Spalte 4	...	Spalte n

Bild 33/2 f: Auswahl von Zeilen - Beispiel

BABWert		
KoArt-Nr	KoSt-Nr	BABWert
40	200	2100
50	100	2500
50	200	7300
60	100	4000
60	200	7100
60	300	8300
60	400	6200

SELECT ALL FROM **BABWert** WHERE **KoArt-Nr=50**

KoArt-Nr	KoSt-Nr	BABWert
50	100	2500
50	200	7300

Bild 33/3: Verknüpfen von Tabellen

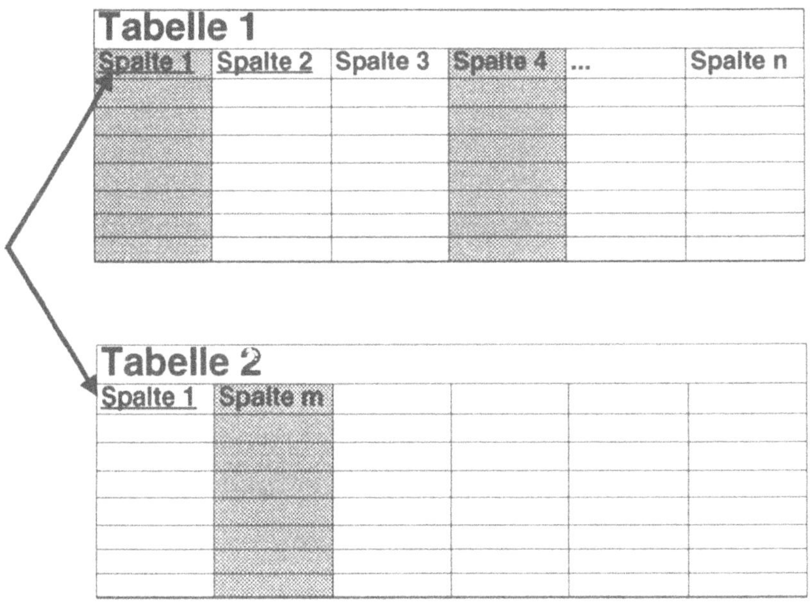

SELECT **Tabelle_1.Spalte_1, Tabelle_1.Spalte_4, Tabelle_2.Spalte_m**

FROM **Tabelle 1, Tabelle 2**

WHERE **Tabelle_1.Spalte_1=Tabelle_2.Spalte_1**

auf Deutsch: Aus Tabelle 1 sollen Spalte 1 und Spalte 4 ausgewählt werden, aus Tabelle 2 die Spalte m. Die Verknüpfung soll über die Spalte 1 erfolgen. Wenn die Bezeichnungen in beiden Tabellen gleichen Namen haben, so ist zur Unterscheidung immer der Tabellenname voranzustellen.

Bild 33/3 f: Verknüpfen von Tabellen - Beispiel

BABWert

KoArt-Nr	KoSt-Nr	BABWert
40	200	2100
50	100	2500
50	200	7300
60	100	4000
60	200	7100
60	300	8300
60	400	6200

KoArt

KoArt-Nr	KoArtBez
40	Fertigungslohn
50	Gemeinkostenlohn
60	Gehalt

KoSt

KoSt-Nr	KoStBez
100	Fuhrpark
200	Produktion
300	Verwaltung
400	Vertrieb

SELECT
BABWert.KoArt-Nr, KoArtBez, BABWert.KoSt-Nr, KoStbez, BABWert

FROM **BABWert, KoArt, KoSt**

WHERE **BABWert.KoArt-Nr=KoArt.KoArt-Nr**
AND **BABWert.KoSt-Nr=KoSt.KoSt-Nr**

ORDER BY **BABWert.KoArt-Nr, BABWert.KoST-Nr**

KoArt-Nr	KoArtBez	KoSt-Nr	KoStBez	BABWert
40	Fertigungslohn	200	Produktion	2100
50	Gemeinkostenlohn	100	Fuhrpark	2500
50	Gemeinkostenlohn	200	Produktion	7300
60	Gehalt	100	Fuhrpark	4000
60	Gehalt	200	Produktion	7100
60	Gehalt	300	Verwaltung	8300
60	Gehalt	400	Vertrieb	6200

Bild 33/3 f: Verknüpfen von Tabellen - Beispiel

Kommentierung dieser Syntax:

SELECT
BABWert.KoArt-Nr, KoArtBez, BABWert.KoSt-Nr, KoStBez, BABWert

FROM **BABWert, KoArt, KoSt**

WHERE **BABWert.KoArt-Nr=KoArt.KoArt-Nr**
AND **BABWert.KoSt-Nr=KoSt.KoSt-Nr**

ORDER BY **BABWert.KoArt-Nr, BABWert.KoST-Nr**

Hinter SELECT werden die auszuwählenden Spaltennamen angegeben. Wenn identische Spaltenbezeichnungen in den unterschiedlichen Tabellen vorkommen, so muß mit dem vorgestellten Tabellennamen gesagt werden, aus welcher Tablle die Spalte genommen werden soll. Reihenfolge wie in der Ausgabe gewünscht.

Aus der BABWert-Tabelle soll die Kostenartennummer genommen werden, dann die Kostenartenbezeichnung (da es diese Spaltenbezeichnungen nur in der KoArt-Tabellengibt, braucht man es nicht extra zu sagen), dann aus der BABWert-Tabelle die Kostenstellennummer, dann die Kostenstellenbezeichnung, dann den BAB-Wert.

Hinter FROM stehen die Tabellen, aus denen ausgewählt werden soll (die verknüpft werden sollen) (Reihenfolge beliebig)

Es werden die drei Tabellen genannt, aus denen ausgewählt werden soll (die verknüpft werden sollen. Dies sind die Tabellen BABWert, KoArt und KoSt

Hinter WHERE stehen die Bedingungen. Wenn es mehrere Bedingungen sind: durch AND verbunden.

Die Datensätze sollen hier über die gmeinsamen Schlüssel verbunden werden. Es soll die Kostenartennumer aus der Werttabelle mit der Kostenartennummer der Kostenarten-Stammtabelle verbunden werden und ebenso für die Kostenstellennummer.

Hinter ORDER BY stehen die Sortierkriterien in der gewünschten Reihenfolge.
Es soll erst nach Kostenart, dann nach Kostenstelle sortiert werden. Die "Voreinstellung" der Sortierung ist "aufsteigend". Bei absteigender Sortierung müßte DESC für "descending" ergänzt werden.

Bild 33/4: Speichern der Abfrage - Beispiel

Damit die Abfrage (nicht deren Ergebnis, sondern der Befehl, der die Abfrage erzeugt) gespeichert wird und jederzeit wieder auf die Tabellen angewendet weren kann, um ein aktuelles Abfrageergebnis zu erzeugen, setzt man vor den SELECT-Befehl

CREATE VIEW ... AS

wobei man diesem Speicherobjekt noch einen Namen geben muß, z. B. Babes, und dann folgt der schon bekannte SELECT-Befehl,
also:

CREATE VIEW **Babes** AS

SELECT
BABWert.KoArt-Nr, KoArtBez, BABWert.KoSt-Nr, KoStBez, BABWert

FROM **BABWert, KoArt, KoSt**

WHERE **BABWert.KoArt-Nr=KoArt.KoArt-Nr**
AND **BABWert.KoSt-Nr=KoSt.KoSt-Nr**

ORDER BY **BABWert.KoArt-Nr, BABWert.KoST-Nr**

Babes

KoArt-Nr	KoArtBez	KoSt-Nr	KoStBez	BABWert
40	Fertigungslohn	200	Produktion	2100
50	Gemeinkostenlohn	100	Fuhrpark	2500
50	Gemeinkostenlohn	200	Produktion	7300
60	Gehalt	100	Fuhrpark	4000
60	Gehalt	200	Produktion	7100
60	Gehalt	300	Verwaltung	8300
60	Gehalt	400	Vertrieb	6200

Bild 33/5: Verdichten - Beispiel

GROUP BY

Babes				
KoArt-Nr	KoArtBez	KoSt-Nr	KoStBez	BABWert
40	Fertigungslohn	200	Produktion	2100
50	Gemeinkostenlohn	100	Fuhrpark	2500
50	Gemeinkostenlohn	200	Produktion	7300
60	Gehalt	100	Fuhrpark	4000
60	Gehalt	200	Produktion	7100
60	Gehalt	300	Verwaltung	8300
60	Gehalt	400	Vertrieb	6200

SELECT **KoArt-Nr**, SUM **(BABWert)**

FROM **Babes**

GROUP BY **KoArt-Nr**

KoArt-Nr	
40	2100
50	9800
60	25600

Kommentierung:

Hinter SELECT steht die Spaltenauswahl.
Hinter SUM steht das Feld, über das summiert werden soll.
Hinter GROUP BY steht das Kriterium, über das verdichtet werden soll (jede hinter SELECT angegebene Spalte muß auch in der GROUP BY-Klausel genannt werden).
Um das obige Ergebnis zu erhalten, muß die Ausgangstabelle übrigens nicht sortiert sein.

Aufgabe 33/6: SQL/Stückliste

In Weiterführung von Aufgabe 25/8 seien zwei Betriebsaufträge 4711 und 4712 gegeben, mit denen 20 Regale 80 und 40 Regale 160 produziert werden sollen.

Auftrag

Bauf-Nr	Artikel	Aufmenge
4711	Regal 80	20
4712	Regal 160	40

Zu berechnen ist der Bruttobedarf für Baugruppen bzw. Kaufteile/Rohstoffe.

Auf der ersten Stufe der Stücklistenauflösung wird bestimmt, wieviel Fachböden, Seitenteile der verschiedenen Abmessungen sowie Schrauben benötigt werden (Brutto1).

Auf der zweiten Stufe der Stücklistenauflösung werden die Seitenteile und die Fachböden in "gehobelte Bretter" aufgelöst (Brutto2).

Stücklistenstruktur und Artikelstamm sind aus Aufgabe 25/8 übernommen:

Stüli

Oberteil	Unterteil	Anzahl
Regal 80	Seitenteil 80	2
Regal 80	Fachboden	4
Regal 80	Schraube	16
Seitenteil 80	gehobeltes Brett	80
Fachboden	gehobeltes Brett	60
Regal 160	Seitenteil 160	2
Regal 160	Fachboden	8
Regal 160	Schraube	32
Seitenteil 160	gehobeltes Brett	160

Artikel

Artikel
Regal 80
Regal 160
Seitenteil 80
Seitenteil 160
Fachboden
Schraube
gehobeltes Brett

Man formuliere in SQL.

Lösung zu Aufgabe 33/6: SQL/Stückliste

Die Lösung wurde mit Oracle erstellt, weshalb einige Syntaxdetails von Oracle (bzw. von Programmiersprachen allgemein) beachtet werden mußten (keine Umlaute, keine Binde- und Schrägstriche in den Variablennamen erlaubt). (C7 als "Vorsilbe" in den Variablennamen ist durch die Organisation der Aufgabentabellen bedingt und kann ignoriert werden).

Schrittweises Vorgehen: erst wird Brutto1 bestimmt. Brutto2 nimmt Bezug auf Brutto1.

SQL-Statement für View Brutto1:

```
select C7.STUELI.UNTERTEIL, sum (Stueli.Anzahl*Auftrag.Aufmenge) Brutto1
from C7.STUELI, C7.AUFTRAG
where C7.STUELI.OBERTEIL=C7.AUFTRAG.ARTIKEL
group by C7.STUELI.UNTERTEIL
```

Brutto1

Unterteil	Brutto1
Fachboden	400
Schraube	1600
Seitenteil 160	80
Seitenteil 80	40

SQL-Statement für View Brutto2:

```
select C7.STUELI.UNTERTEIL, sum (Brutto1.Brutto1*Stueli.Anzahl) Brutto2
from C7.STUELI, C7.BRUTTO1
where C7.BRUTTO1.UNTERTEIL=C7.STUELI.OBERTEIL
group by C7.STUELI.UNTERTEIL
```

Brutto2

Unterteil	Brutto2
gehobeltes Brett	40000

Aufgabe 33/7: SQL/BAB-Plan-Ist-Vergleich

In Weiterführung von Aufgabe 22/5 Wiederholfelder soll aus der Tabelle

BABPlWert

KoArt-Nr	KoSt-Nr	Plan/Ist	BABPlW
40	200	Plan	2100
50	100	Plan	2500
50	200	Plan	7300
60	100	Plan	4000
60	200	Plan	7100
60	300	Plan	8300
60	400	Plan	6200
40	200	Ist	2400
50	100	Ist	2300
50	200	Ist	7300
60	100	Ist	4500
60	200	Ist	7050
60	300	Ist	7900
60	400	Ist	6100

ein Plan/Ist-Vergleich erstellt werden. Man formuliere in SQL.

Die Lösung wurde mit Oracle erstellt, weshalb einige Syntaxdetails von Oracle (bzw. von Programmiersprachen allgemein) beachtet werden mußten (keine Umlaute, keine Binde- und Schrägstriche in den Variablennamen erlaubt).

BABPlWER

KoArtNr	KoStNr	PlanIst	BABPlW
40	200	Plan	2100
50	100	Plan	2500
50	200	Plan	7300
60	100	Plan	4000
60	200	Plan	7100
60	300	Plan	8300
60	400	Plan	6200
40	200	Ist	2400
50	100	Ist	2300
50	200	Ist	7300
60	100	Ist	4500
60	200	Ist	7050
60	300	Ist	7900
60	400	Ist	6100

Lösung zu Aufgabe 33/7: SQL/BAB-Plan-Ist-Vergleich

(C7 als "Vorsilbe" in den Variablennamen ist durch die Organisation der Aufgabentabellen bedingt und kann ignoriert werden).

Zunächst werden je ein view für die Plan- und die Istwerte erstellt und diese dann in einem weiteren Schritt gegenübergestellt. Die Sortierreihenfolge ist im Ergebnis Kostenart/Kostenstelle, was man ohne weiteres auf die vertrautere Reihenfolge Kostenstelle/Kostenart umstellen könnte.

SQL-Statement für View BABPlanW:

```
select C7.BABPIWER.KoArtNr, C7.BABPIWER.KoStNr,
(BABPIWER.BABPIW + 0) BABPlanW
from C7.BABPIWER where C7.BABPIWER.PlanIst = 'Plan'
```

BABPlanW

KoArtNr	KoStNr	BABPlanW
40	200	2100
50	100	2500
50	200	7300
60	100	4000
60	200	7100
60	300	8300
60	400	6200

SQL-Statement für View BABIstW:

```
select C7.BABPIWER.KoArtNr, C7.BABPIWER.KoStNr,
(BABPIWER.BABPIW + 0) BABIstW
from C7.BABPIWER where C7.BABPIWER.PlanIst = 'Ist'
```

BABIstW

KoArtNr	KoStNr	BABIstW
40	200	2400
50	100	2300
50	200	7300
60	100	4500
60	200	7050
60	300	7900
60	400	6100

Lösung zu Aufgabe 33/7 f: SQL/BAB-Plan-Ist-Vergleich

SQL-Statement für View BABPlIst:

```
select C7.BABPlanW.KoArtNr, C7.BABPlanW.KoStNr,
C7.BABPlanW.BABPlanW, C7.BABIstW.BABIstW
from C7.BABPlanW, C7.BABIstW
where C7.BABIstW.KoArtNr = C7.BABPlanW.KoArtNr
and  C7.BABIstW.KoStNr = C7.BABPlanW.KoStNr
```

BABPlIst

KoArtNr	KoStNr	BABPlanW	BABIstW
40	200	2100	2400
50	100	2500	2300
50	200	7300	7300
60	100	4000	4500
60	200	7100	7050
60	300	8300	7900
60	400	6200	6100

Auflösung der Vorspann-Frage: Antwort: Kein Fehler

Unternehmens-Funktionsmodell 34

Grundgedanke:

Flächendeckend.

Lernziele: Programm:

- ***Unternehmens-Funktionsmodell als Vision***

Bild 34/1: Unternehmensweites Funktionsmodell von Scheer

- ***Anspruch der Software-Hersteller***

Unternehmens-Funktionsmodell als Vision

Der Betriebswirt hat ein Faible für Gesamt-Total-Modelle. Die funktional gegliederte Betriebswirtschaftslehre ist ein (verbales) Funktionsmodell des Unternehmens; d. h. die Gliederung eines BWL-Buches liefert Anhaltspunkte für die Modularisierung der Ablauforganisation des Gesamtunternehmens auf oberem Niveau (in den Details ist der Betriebswirt nie so stark gewesen: er hat dies meist an den Informatiker delegiert)

Gesamt-Total-Modelle haben eine ehrwürdige Tradition in der Betriebwirtschaftslehre. Jede Generation von Betriebswirten bringt sie hervor: War es in historischer Zeit z. B. Grochla, der sich an **Totalmodellen der Ablauforganisation** versuchte, so ist es in unserer Zeit Scheer, dem dieser Lorbeer gebührt.

Bild 34/1: Unternehmens-Funktionsmodell von Scheer

Die Totalmodelle spielen die Rolle eines Generalbebauungsplans. Bevor man die erste Baracke errichtet, weiß man schon, wie der Gesamtplan aussieht.

Gleicht die real existierende Ablauforganisation im Unternehmen auch eher einem Flickerlteppich (patchwork), so hat das Gesamtmodell als Zielvorstellung doch etwas Aufbauendes und Erhebendes (Besonders natürlich für Leute, die noch nie ein Programm geschrieben haben).

Anspruch der Software-Hersteller

Im Prinzip könnten die Gesamtmodelle für einen Software-Hersteller von Bedeutung sein, denn er verspricht ja, die gesamte Ablauforganisation eines Unternehmens durch seine Softwarepakete abzudecken. Das spiegelt sich in seinen Prospekten.

Wie man in der Organisationsarbeit tatsächlich vorgeht, ob top-down oder bottom-up oder in einer Kombination, ist eine müßige Frage für Theoretiker.

Die Praktiker warten, bis sie einen Kunden finden, der ihnen einen Auftrag erteilt. Dann lösen sie das Problem des Kunden und versuchen anschließend diese Software auch noch anderen Kunden als Standard-Software zu verkaufen. Wenn der erste Entwurf universell und flexibel angelegt gewesen wäre, würden bei der Übertragung auf die anderen Kunden keine Probleme entstehen. Da aber jeder nur über die Summe der ihm bekannten Beispiele nachdenkt - das ist die höchste Stufe der Abstraktion, die erreichbar ist - wird an dem ersten Entwurf solange verbessert, bis er etwas allgemeingültiger wird und ohne allzu großen Anpassungsaufwand auch für andere Situationen verwendet werden kann.

Aber immerhin: die Gesamt-Modelle geben eine brauchbare Checkliste für die DV-konzeption ab.

In den Prospekten von **Softwareherstellern** findet man nicht nur das Versprechen, daß alle Probleme gelöst werden (Totalanspruch), sondern auch einen Eindruck von der Gliederung des **Gesamt-Funktionsmodells des Unternehmens**.

Wie der Marktführer im oberen Preis- und Leistungssegment - die Firma **SAP** - ihr Produkt gliedert, findet sich in Modul 54.

Bild 34/1: Unternehmens-Funktionsmodell von Scheer

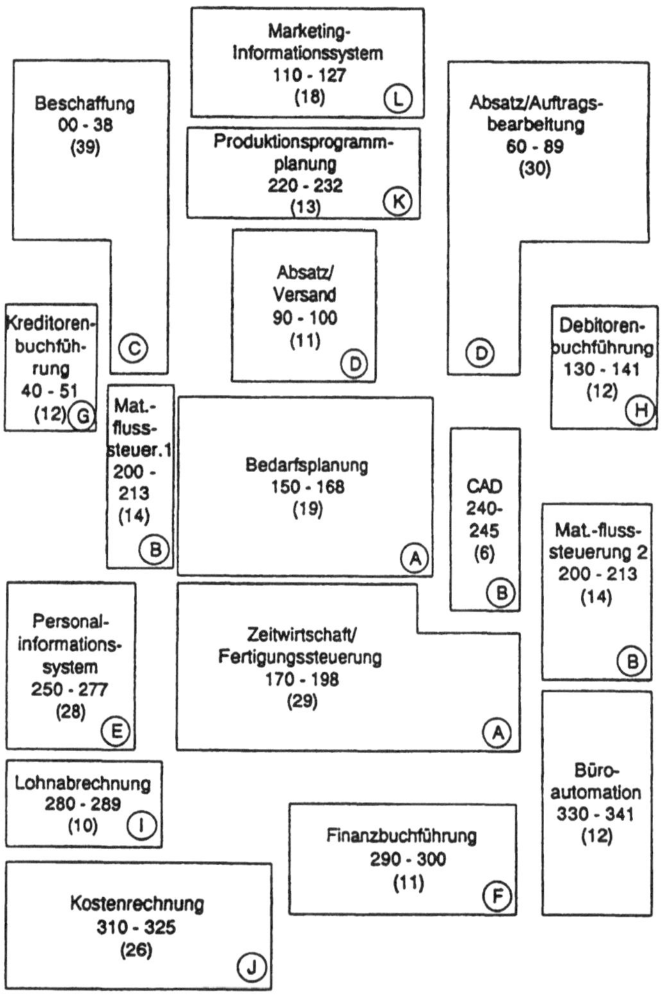

Abb. C.I.02: Erläuterungen zur Falttafel

Quelle: Scheer 1990 WI, S.520

Fallstudien

4.

4. Fallstudien

Die Fallstudien

- ***stellen komplexere Anforderungen und nähern sich der Praxis***

- ***sind ein Spielmaterial für vielfältige Auswertungen***

- ***können auch zur Ableitung von Anforderungen an die Controlling-Software dienen***

- ***die "Lösungen" sind naturgemäß nicht komplett, sondern sollen Hinweise geben, wie mit dem Material gearbeitet werden kann.***

4. Fallstudien

Überblick über die Fallstudien

41 Fallstudie Berichtswesen

Mehrdimensionales Berichtswesen (Berichtszeilen, Plan/Ist, Monate, Warengruppen, Lager/Strecke, Niederlassungen).

(Datendiskette vorhanden)

42 Fallstudie Ordis

Analyse und erste Strukturierung eines komplexen Problems. Methodendiskussion: Belegflußplan, Funktionsbaum, Datenmodell.

(Ausführliche Dokumentation vorhanden, ca. 80 Seiten)

43 BAB-Zoom

"Zoomen" von verdichteten Daten auf die unverdichteten Daten.

(Datendiskette vorhanden)

44 Fallstudie Vertrieb

Einfaches Beispiel aus der Auftragsbearbeitung für das Arbeiten mit Datenbank. Kann für die Bearbeitung mit entsprechenden Programmen z. B. ms-access eingesetzt werden. Ausführlich dokumentiert.

(Ausführliche Dokumentation vorhanden, ca. 200 Seiten (Fallstudien Vertrieb und BAB)), (Datendiskette vorhanden)

45 Fallstudie BAB

Einfaches Beispiel aus der Kostenrechnung für das Arbeiten mit Datenbank (und Tabellenkalkulation). Kann für die Bearbeitung mit entsprechenden Programmen z. B. ms-access und ms-excel eingesetzt werden. Ausführlich dokumentiert.

(Ausführliche Dokumentation vorhanden, ca. 200 Seiten (Fallstudien Vertrieb und BAB)), (Datendiskette vorhanden)

Fallstudien 4.

46 Fallstudie Controlling-Datenmodell

Komplexes Beispiel aus der Kostenrechnung für die Entwicklung eines Controlling-Datenmodells. Notwendigkeit unterschiedlicher Modellierungstiefe in Plan und Ist wird deutlich. Kostenrechnerisch ist Plankostenrechnung mit Stückliste und Arbeitsplan gegeben. Konkretes Datenmodell mit konsistentem Datensatz.
(Ausführliche Dokumentation vorhanden, ca. 200 Seiten), (Datendiskette vorhanden)

Die Zielrichtung der Fallstudien wird im folgenden näher dargestellt. Eine komplette Dokumentation ist aus Platzgründen nicht möglich.

Bezugsadresse für Dokumentation und Datendiskette (gegen Kostenbeitrag)
Prof. Dr. Franz Klenger
Emil-Figge-Straße 44
44 227 Dortmund
tel. 0231 755-5182 (Anrufbeantworter)
fax 0231 755-4902

Fallstudie Berichtswesen 41

Grundgedanke:

Die vielen Dimensionen in die Ebene bringen

Lernziele: Programm:

41 Fallstudie Berichtswesen

Mehrdimensionales Berichtswesen (Berichtszeilen, Plan/Ist, Monate, Warengruppen, Lager/Strecke, Niederlassungen)

(Datendiskette vorhanden, Bezugsadresse siehe unter 4.)

a) betriebwirtschaftliche Struktur des Berichtswesens
b) Datenmodell des Berichtswesens
c) Monatlicher Soll/Ist-Vergleich
d) Zeitreihe (Zeitvergleich)
e) Beliebiger Vergleich
f) Graphische Darstellung

Fallstudie Berichtswesen

Fallstudie Berichtswesen

Ein Handelsunternehmen mit 4 Niederlassungen Nord, West, Mitte, Süd bietet die Warengruppen 1 bis 10 jeweils über Lager und Strecke an. Das Streckengeschäft wird direkt vom Lieferanten zum Kunden abgewickelt, ohne Berührung des Lagers. Das Handelsunternehmen fungiert als Vermittler. Aus Sicht des Kunden ist das Streckengeschäft günstiger (geringerer Rohertrag für das Handelsunternehmen), muß aber längerfristiger disponiert werden und ist nur in größeren Partien möglich.

Die Zentrale (am selben Standort wie die Niederlassung Mitte) wickelt ausschließlich die Warengruppen 11 bis 12 ab und ist für Zentralfunktionen zuständig (Unternehmensführung, Finanzierung, einige zentrale Dienstleistungen). Die Kosten der Zentralfunktionen werden auf die Niederlassungen und den zentralen Handelsbereich (Warengruppe 11 und 12) umgelegt. Die Ergebnisrechnung hat folgende Struktur:

Umsatz
Wareneinsatz
DB I
Variable Gemeinkosten
DB II
Fixe Gemeinkosten
DB III = Betriebsergebnis
Neutrales Ergebnis
DB IV = Unternehmensergebnis

Variable Gemeinkosten sind insbesondere Boni, fixe Gemeinkosten z. B. die Personalkosten der Niederlassung.

Quelle: Klenger, Franz, Operatives Controlling, München, 3. Aufl. 1994
Aufgabe A 7/1(Seite 312) und Lösung L 7/1 (Seite 405)

Fallstudie Berichtswesen

a) betriebswirtschaftliche Struktur des Berichtswesens

Entwerfen Sie ein Berichtswesen für die Deckungsbeitragsrechnung.

(Auf ein Finanzberichtswesen wird verzichtet)

b) Datenmodell des Berichtswesens

Entwerfen Sie ein Datenmodell für das Problem, wobei Sie davon ausgehen sollten, daß Ihnen die Daten aus den Basissystemen (mainframe) des Unternehmens in der von ihnen gewünschten Form und Verdichtung zur Verfügung gestellt werden können. Mit anderen Worten: Sie brauchen nicht auf Urdaten aus Rechnungen etc. zurückzugreifen, andererseits müssen sie noch hinreichend unverdichtete (disaggregierte) Daten als Basis benutzen, so daß sie die Anforderungen der verschiedenen Auswertungsrichtungen erfüllen können.

Es ist von einer Zeitachse von mindestens 36 Monaten auszugehen, weil neben dem laufenden Jahr ein Vorjahr und ein Planjahr (Zukunft) im Zugriff sein muß.

Fixe Gemeinkosten sollen nur den Niederlassungen zuordenbar sein, aber weder den einzelen Warengruppen in der Niederlassung noch dem Lager- bzw. Streckenbereich.

Für c) bis f) stehen Ihnen zwei Dateien (Tabellen) zur Verfügung

Der Satzaufbau entspricht Lösung zu b) Datenmodell, siehe dort.

Fallstudie Berichtswesen

c) Monatlicher Soll/Ist-Vergleich

Es wird folgende Auswertung gewünscht

Eingabe:

NL: eine oder mehrere oder alle Niederlassungen
WG: eine oder mehrere oder alle Warengruppen
LS: Lager oder Strecke oder beides
Periode: Laufender Monat/Jahr
(Hochrechnung soll eine Hochrechnung der kumulierten Istwerte auf das Gesamtjahr sein).

Ausgabe

NL
WG
LS
Periode

Soll/Ist-Vergleich

	lfd Monat				kumuliert bis Monat				Gesamtjahr			
	Vorj	Plan	Ist	Abw	Vorj	Plan	Ist	Abw	Vorj	Plan	Hochr	Abw
Umsatz												
Wareneinsatz												
DB I												
Variable Gemeinkosten												
DB II												
Fixe Gemeinkosten												
DB III = Betriebsergebnis												
Neutrales Ergebnis												
DB IV = Unternehmenserg												
Abw=Ist minus Plan												

Die Zahlenspalten verdoppeln sich genaugenommen von 12 auf 24, da jeweils die Absolutwerte und Prozentwerte (bezogen auf Umsatz = 100 %) erforderlich sind.

Klenger: DV für Controller

Fallstudie Berichtswesen

d) Zeitreihe auf Jahresbasis

Es wird folgende Auswertung gewünscht

Eingabe:

NL: eine oder mehrere oder alle Niederlassungen
WG: eine oder mehrere oder alle Warengruppen
LS: Lager oder Strecke oder beides
Periode: Laufendes Jahr
(Hochrechnung soll eine Hochrechnung der kumulierten Istwerte auf das Gesamtjahr sein).

Ausgabe

NL
WG
LS
Periode

Zeitreihe						
	Jahr -3	Jahr -2	Jahr -1	Lf Jahr	Lfd Jahr	Abw
	Ist	Ist	Ist	Plan	Hochr	
Umsatz						
Wareneinsatz						
DB I						
Variable Gemeinkosten						
DB II						
Fixe Gemeinkosten						
DB III = Betriebsergebnis						
Neutrales Ergebnis						
DB IV = Unternehmenserg						
Abw=Hochr minus Plan						

Diese Auswertung ist besonders für Planungszwecke (erste vier Spalten) geeignet.

Klenger: DV für Controller

Fallstudie Berichtswesen

e) Beliebiger Vergleich (Dies ist eineVerallgemeinerung von c) und d))

Es wird folgende Auswertung gewünscht

Eingabe:
PIH: Plan oder Ist oder Hochrechnung (Hochrechnung soll eine Hochrechnung der kumulierten Istwerte auf das Gesamtjahr sein).
NL: eine oder mehrere oder alle Niederlassungen
WG: eine oder mehrere oder alle Warengruppen
LS: Lager oder Strecke oder beides
Periode von: es werden Monat und Jahr eingegeben
Periode bis: es werden Monat und Jahr eingegeben

Ausgabe

Beliebiger Vergleich					
	Spalte 1	Spalte 2	...	Spalte n	Abw
	PIH	PIH		PIH	
	NL	NL		NL	
	WG	WG		WG	
	LS	LS		LS	
	von	von		von	
	bis	bis		bis	
Umsatz					
Wareneinsatz					
DB I					
Variable Gemeinkosten					
DB II					
Fixe Gemeinkosten					
DB III = Betriebsergebnis					
Neutrales Ergebnis					
DB IV = Unternehmenserg					

Für Abweichung sollten Differenzen zwischen beliebigen Spalten möglich sein.

Klenger: DV für Controller

Fallstudie Berichtswesen

f) Grafische Auswertung

Hierbei ist zu denken an:
Indexreihen (Basisperiode wird = 100 % gesetzt)
Normierungen (Struktur) (Jeweilige Periode wird = 100 % gesetzt)
Kennzahlen mit ihren Bestandteilen (z. B. Rentabilität mit Gewinn und Kapital)
Vergleiche Ist / Ist bzw. Plan / Ist

Lösung zu Fallstudie Berichtswesen

a) betriebswirtschaftliche Struktur des Berichtswesens

Für das Ergebnisberichtswesen sind prinzipiell folgende Gliederungen in beliebiger Reihenfolge erforderlich:

- Niederlassungen
- Lager/Strecke
- Warengruppen

die nur durch ein Datenbanksystem realisiert werden können.

Das Unternehmen muß dennoch eine Gliederung zur **Hauptgliederung** erheben, in der regelmäßig jeden Monat berichtet wird (eine DIN-A4-Seite).

Wenn, wie zu vermuten, die Niederlassungen Profit-Center darstellen, so müßte dies eine Niederlassungsgliederung sein. Der Vergleich der Niederlassungsergebnisse ist Kritik und Ansporn für die Niederlassungsleiter gleich Profit-Center-Manager.

Wäre dagegen die Aufbauorganisation primär Lager-/Strecken-orientiert (Lager-Manager, Strecken-Manager, die gegenüber den Niederlassungsleitern anweisungsbefugt sind), so hätte dies entsprechende Auswirkungen auf das Berichtswesen.

Die Zentrale wird im Berichtswesen einmal abgebildet als Profit-Center "zentrale Warengruppen 11+12", zum anderen als zentrale Servicefunktion, deren Kosten den 5 Profit-Centern belastet wird.

Lösung zu Fallstudie Berichtswesen

	Nord			West			Mitte			Süd			Zentrale WG			Zentral-funktion			Σ		
	L	S	Σ	L	S	Σ	L	S	Σ	L	S	Σ	L	S	Σ	L	S	Σ	L	S	Σ
Umsatz																					
Wareneinsatz																					
DB I																					
Variable Gemeinkosten																					
DB II																					
Fixe Gemeinkosten																		X			
Zentralkosten			←			←			←			←			←			-X			
DB III = Betriebsergebnis																					
Neutrales Ergebnis																					
DB IV = Unternehmensergebnis																					

L = Lager
S = Strecke

Lösung zu Fallstudie Berichtswesen

Grundsätzlich sind folgende Dimensionen des Berichtswesens zu berücksichtigen: (vgl. Klenger 1994, S. 129 f)

- Plan/Soll/Ist-Struktur
- Zeitraumstruktur (laufender Berichtsmonat, kumulierter Berichtszeitraum, Gesamtjahr jeweils mit Vorjahr, Plan, Ist/Hochrechnung, Abweichung absolut und %))
- Kommentarstruktur
- Bausteinstruktur
- Hierarchiestruktur

Plan/Soll/Ist-Struktur: Plan- und Istwerte müssen dateimäßig vorliegen. Eine Sollermittlung soll nicht vorgenommen werden.

Zeitraumstruktur: ist voll zu berücksichtigen

Kommentarstruktur: nicht EDV-mäßig zu realisieren

Bausteinstruktur: Hier nur Erfolgsrechnungs als Deckungsbeitragsrechnung

Hierarchiestruktur: Wenn eine dezentrale Stuktur mit Niederlassungsleitern gegeben ist, müßte mindestens unterschieden werden in:

- Niederlassungsberichtswesen: nur Daten der Niederlassung
- Unternehmensberichtswesen: zusätzliche Vèrdichtung über die Niederlassungen

Darüberhinaus ist an folgendes zu denken:

Lösung zu Fallstudie Berichtswesen

Kennzahlenstruktur:

- Struktur des Deckungsbeitrags (jeweiliger Umsatz = 100%)
- Anteile (Umsatz bzw. Deckungsbeitrag)
  der Niederlassungen, Warengruppen, Lager/Strecke an Gesamt-Firma

Graphische Darstellungen:

- Zeitreihen für Umsatz bzw. Deckungsbeitrag mit Vorjahres- und Plan/Ist-Vergleich, Periodenwerte oder kumuliert
- Zeitreihen für Kennzahlen

Lösung zu Fallstudie Berichtswesen

b) Datenmodell des Berichtswesens

Das Deckungsbeitragsschema ist nicht auf allen Stufen gleich tief unterteilbar:
Die Zeilen Umsatz, Wareneinsatz und variable Gemeinkosten sind aufteilbar nach

- Niederlassung
- Warengruppe
- Lager/Strecke

während die Zeile fixe Gemeinkosten nur nach

- Niederlassungen

aufteilbar ist.

DB-Zeile	aufteilbar nach
Umsatz	NL, WG, LS
Wareneinsatz	NL, WG, LS
DB I	
Variable Gemeinkosten	NL, WG, LS
DB II	
Fixe Gemeinkosten	NL
DB III = Betriebsergebnis	
Neutrales Ergebnis	
DB IV = Unternehmensergebnis	

Lösung zu Fallstudie Berichtswesen

Daher sind zwei Dateien/Tabellen erforderlich:

UmVar (Konto, Plan/Ist, Jahr, Monat, Niederlassung, Warengruppe, Lager/Strecke, Wert)

Die Variable Konto nimmt folgende Werte an:
Umsatz
Wareneinsatz
variable Gemeinkosten

Fixe Gemeinkosten (Konto, Plan/Ist, Jahr, Monat, Niederlassung, Wert)

Die Variable Konto nimmt nur den folgenden Wert an:
fixe Gemeinkosten

Der Versuch, beide Dateien zu einer zusammenzufassen, führt nicht zum Ziel, da beide Dateien unterschiedliche Schlüssel haben.

Wollte man in der Tabelle "UmVar" unter Verzicht auf das Konto die drei Werte für Umsatz, Wareneinsatz und variable Gemeinkosten hintereinanderschreiben, würden wieder - die nach der 1. Normalform verpönten - Wiederholgruppen entstehen. (Ebenso, wenn man die Gruppe "Konto Wert" dreimal wiederholen würde)

Die Lösung zu c), d), e) , f) wird hier nicht ausgeführt. Es sind typische Aufgaben für Datenbanksysteme bzw. - wenn man in der vertrauten Umgebung der Tabellenkalkulation bleiben will - für den Spreadsheet-Connector.

Fallstudie Ordis 42

Grundgedanke:

Ehrfurcht vor der Komplexität

Lernziele: Programm:

42 Fallstudie Ordis

Analyse und erste Strukturierung eines komplexen Problems. Methodendiskussion: Belegflußplan, Funktionsbaum, Datenmodell.

(Ausführliche Dokumentation vorhanden, ca. 80 Seiten)

Bezugsadresse für die komplette Fallstudie siehe unter 4.

- ***Kurzdarstellungen des theoretischen Hintergrunds***
  - o ***Funktionsmodell (Aufgaben F1, F2)***
  - o ***Datenmodell (Aufgaben D1, D2)***

- ***top-down-Strukturierung (Aufgaben F3, D3)***

- ***Funktionsmodell***
  - o ***Auftragsabwicklung (Aufgabe F4)***
  - o ***Bestellwesen usw. (Aufgabe F5)***

- ***Datenmodell***
  - o ***Auftragsabwicklung (Aufgabe D4)***
  - o ***Bestellwesen usw. (Aufgabe D5)***
  - o ***Materialdisposition (Aufgabe D6)***
  - o ***Fertigungssteuerung (Aufgabe D7)***

Fallstudie Ordis

Zu dieser Fallstudie:

Die Firma Ordis ist ein Regalhersteller, der zwei Regalvarianten in Serie auf Lager fertigt und ab Lager verkauft.

- **Produktprogramm**
  - o **Zeichnungen**
  - o **Stücklisten**
  - o **Arbeitspläne**

- **Bestandführung**
  - o **F-Lager (Fertige Erzeugnisse)**
  - o **E-Lager (Einzelteile)**
  - o **R-Lager (Rohstoffe)**

- **Beschreibung des Dispositionsverfahrens**
  - o **Fertige Erzeugnissse**
  - o **Einzelteile**
  - o **Rohstoffe**

- **Aufgabe: Verbrauchsgesteuerte Lagerpositionen**

- **Aufgabe: Dispositionen aufgrund eines zusätzlichen eingehenden Kundenauftrags**

- **Interviews zur Aufnahme des Ist-Zustandes der Ablauforganisation**

Klenger: DV für Controller

Fallstudie Ordis: Funktionsbaum

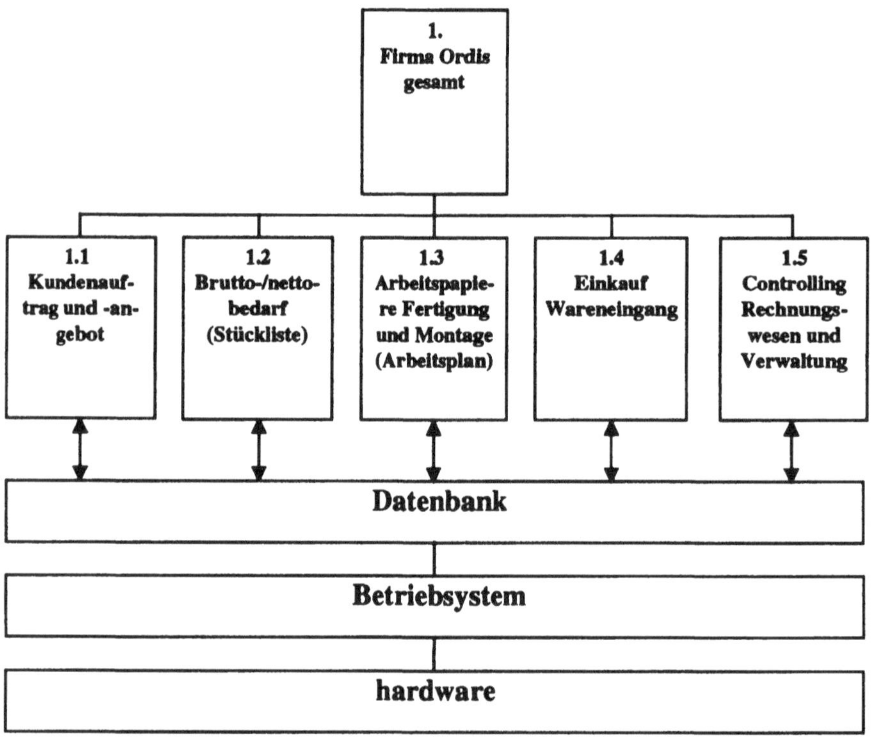

Klenger: DV für Controller

Fallstudie Ordis: Ablaufdiagramm

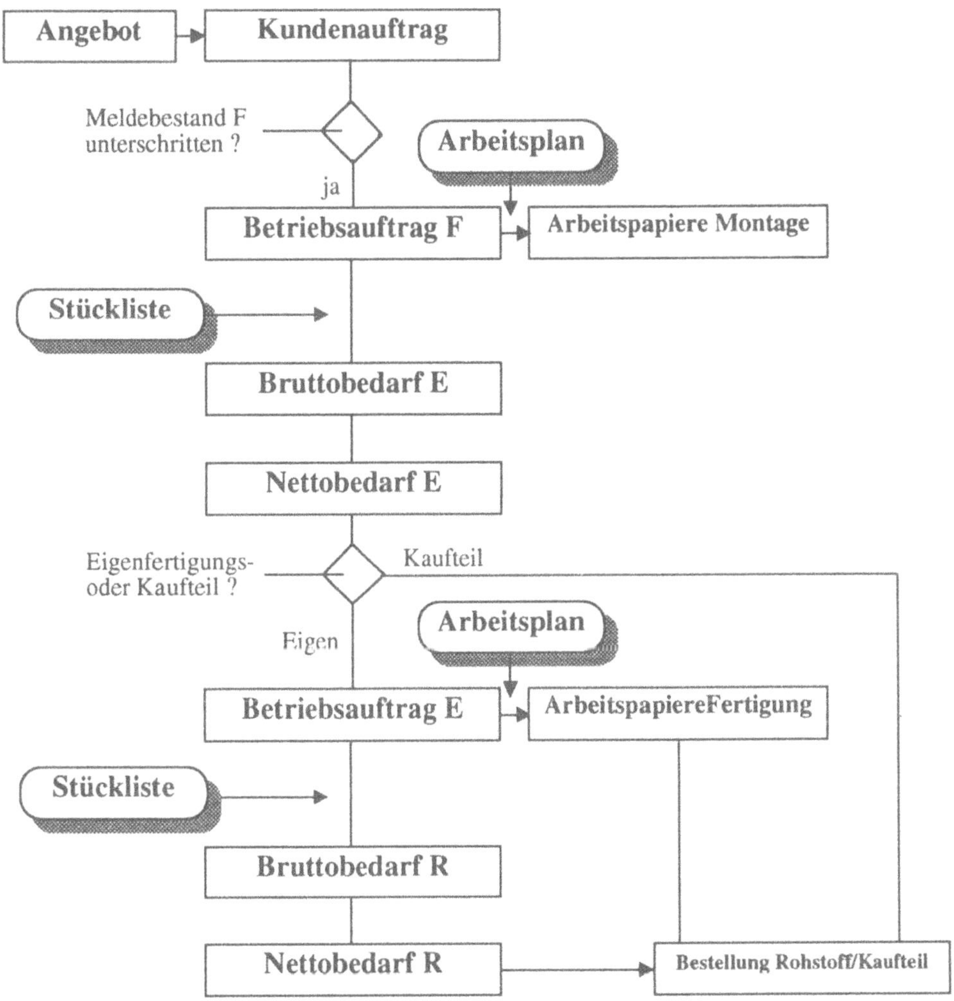

F = Fertige Erzeugnisse
E = Einzelteile
R = Rohstoffe

Klenger: DV für Controller

Fallstudie Ordis: Beispiel für Belegflußplan

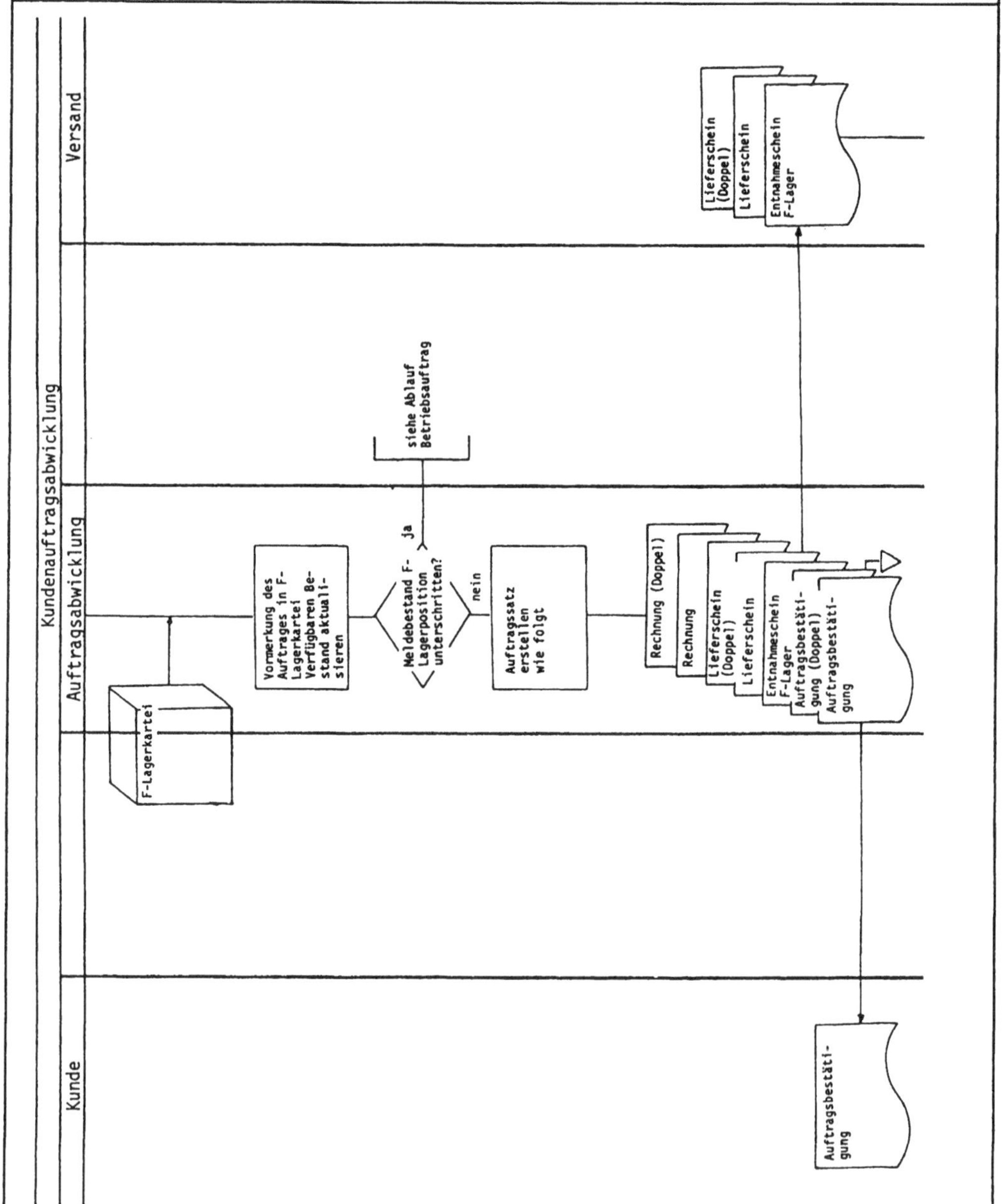

Klenger: DV für Controller

Fallstudie Ordis: Beispiel für Interviews

OF: Und wie ist das mit dem Auftragsdurchlauf?

OL: Überhaupt kein Problem. Der Auftrag kommt rein, wir merken ihn vor, prüfen, ob die Meldemenge unterschritten ist und erstellen dann den Auftragssatz, das ist ein Trennsatz mit 7 Blättern.
Auftragsbestätigung
Auftragsbestätigung-Doppel
Lagerentnahme F
Lieferschein
Lieferschein-Doppel
Rechnung
Rechnungs-Doppel.
Der wird von uns mit Maschine geschrieben. Die Daten drücken sich auf den Durchschlägen durch, dann wird der Satz getrennt und entsprechend verteilt.

OF: Das heißt, Auftragsbestätigung an den Kunden...

OL: ... das Auftragsbestätigungs-Doppel legen wir in der Kundenakte ab; die beiden Lieferscheine und der Lagerentnahmeschein gehen an den Versand. Die Rechnung und das Rechnungs-Doppel behalten wir, bis vom Versand das Lieferschein-Doppel zurückkommt. Dadurch bekommen wir die Information, daß geliefert wurde. Wir senden dann die Rechnung an den Kunden und geben das Rechnungs-Doppel an die Buchhaltung.

OF: Was geschieht mit dem Lagerentnahmeschein?

OL: Da fragen Sie am besten mal den Versand selber.

OF: Sie sagten am Anfang, daß der Auftrag vorgemerkt wird, was heißt das?

OL: Wenn Sie es so im einzelnen wissen wollen, der Auftrag wird eben vorgemerkt und fiktiv der Lagerbestand verringert.

OF: Wo erfolgt die Vormerkung?

OL: In der Lagerkartei.

OF: Können Sie mal ein Beispiel sagen?

OL: Nehmen Sie z.B. den Auftrag K14 über 10 Regale 80. Dann ziehe ich die Karte Regal 80; da habe ich einen verfügbaren Bestand von 70 noch drauf. Ich merke 10 vor und habe damit einen verfügbaren Bestand von nur noch 60.

OF: Sie sagten dann, daß Sie auch den Meldebestand überprüfen.

Klenger: DV für Controller

Gruppeneinteilung Fallstudie ORDIS			
Gruppe	**Aufgabe**	**Vorname Name**	**Vorname Name**
Gruppe 1	Vorspann+F1+F3		
Gruppe 2	Vorspann+F2+F3		
Gruppe 3	Vorspann+F3+F4		
Gruppe 4	Vorspann+F3+F5		
Gruppe 5	Vorspann+D1+D3		
Gruppe 6	Vorspann+D2+D3		
Gruppe 7	Vorspann+D3+D4		
Gruppe 8	Vorspann+D3+D5		
Gruppe 9	Vorspann+D3+D6		
Gruppe 10	Vorspann+D3+D7		

Aufgaben zur Fallstudie Ordis - Vorspann

In der Präsentation der Aufgaben sollen Sie die **Rolle eines Unternehmensberaters** übernehmen, der sich um den Auftrag für ein Organisationsprojekt bewirbt.
In der zur Verfügung stehenden Zeit (**20 min Präsentation, 20 min Diskussion**) sollen Sie einen Eindruck über Ihre methodische Vorgehensweise am konkreten Beispiel geben, ohne unbedingt das letzte Detail schon zu lösen. D. h. nicht unbedingt eine komplett ausgearbeitete Lösung, aber mehr als bloßes Geschwafel.

Leerformeln wie: "hier liegt ein informationelles Problem größerer Dimension vor, das wir mit geeignetem methodischen Instrumentarium angehen werden, wobei wir äußerst günstig arbeiten" werden wahrscheinlich die Zuhörer nicht besonders beeindrucken.

Selbstverständlich dürfen Sie Ihre Präsentation mit "Sprüchen" auflockern.

Primär sollen Sie aber Ihre Kompetenz zur Lösung des Organisationsproblems nachweisen !

Bereiten Sie 2-3 Folien vor mit den wesentlichen Aussagen bzw. mit graphischen Darstellungen (Faustformel: pro Stunde nicht mehr als 6 Folien).

Ergänzende Hinweise durch den Dozenten.

Aufgabe zur Fallstudie Ordis/Funktionsmodell

Aufgabe F 1

Stellen Sie das Funktionsmodell
Modul 31 **Funktionsbaum** dar.

Aufgabe F 2

Stellen Sie das Funktionsmodell
Modul 32 **Minispezifikation** dar.

Aufgabe zur Fallstudie Ordis/Funktionsmodell f

Aufgabe F 3

Stellen Sie die **Ablauforganisation** der Fa. ORDIS in einem Funktionsbaum **auf höchster Verdichtungsebene** (1 DIN A4 Seite) dar.

Etappenziele statt Endziele

Hinweis: Der Zweck dieser Aufgabe ist es, das Gesamtproblem "alles auf EDV umstellen" zu modularisieren. Dann kann man sich sukzessive an die Realisierung einzelner Module machen und Teilerfolge erzielen (z. B. Finanzbuchhaltung wurde zum Jahreanfang erfolgreich umgestellt, jetzt wird die Auftragabwicklung in Angriff genommen usw.).Wenn statt dessen "alles gleichzeitig" angegangen wird, besteht die Gefahr, daß "binnen endlicher Zeit" garnichts Vorzeigbares realisiert wurde und die Geschäftsleitung auf das große Finale vertröstet werden muß ("wegen unvorhersehbarer Probleme brauchen wir zwar nochmal etwa ein Jahr länger als ursprünglich vorgesehen, dafür ist dann aber auch alles gelöst"- wer soll das glauben ?)

Schnittstellen

Allerdings handelt man sich mit der Modularisierung auch das Problem ein, daß Schnittstellen (im Jargon: interfaces) entstehen, d. h. daß zwischen den Modulen Datenflüße entstehen.

Im Prinzip sollte man die Modularisierung so vornehmen, daß sich möglichst viel Datenflüße innerhalb des Moduls abspielen und möglichst wenig zwischen den Modulen.

Systematisch ist dieses Prinzip aber nur mit großem Aufwand, wenn überhaupt zu lösen, so daß Sie eine intuitive und plausible Modularisierung wählen sollten.

Stellen sie die Datenflüsse zwischen den Modulen wenigstens beispielhaft dar.

Aufgabe zur Fallstudie Ordis/Funktionsmodell 2f

Modularisierung nach Abteilungen ?

Noch ein Hinweis: Die Abteilungsgliederung der Firma ist wahrscheinlich keine gute Grundlage für die Modularisierung, da die Ablauforganisation ja gerade eine Querschnittsfunktion ist.

Beispiel Auftragabwicklung.

Zwar gibt es eine Abteilung, die sich Auftragabwicklung nennt. Bei genauerer Betrachtung stellen Sie aber fest, daß die Auftragabwicklung als organisatorisches Problem viele Abteilungen umfaßt (von der Auftragsabwicklung über die Materialdisposition bis zum Versand und zur Fakturierung). Die Abteilung Auftragabwicklung nimmt den Auftrag vom Kunden in Empfang und spielt die Rolle eines Koordinators. **Auftragabwicklung als DV-Problem ist jedenfalls mehr als das, was eine Abteilung gleichen Namens zufällig macht.**

Hinweis: In der Prozeßkostenrechnung - einer modernen Weiterentwicklung der Kostenrechnung - werden neben Kostenstellen (Abteilungen) und Kostenträgern (Produkten) noch weitere Objekte für die Kostenzurechnung betrachtet: die **Prozesse**. Ein Prozeß ist z. B eine Produktänderung, die aber nicht nur in der Abteilung Produktentwicklung betrachtet wird, die sie vielleicht auslöst, sondern darüberhinaus quer über alle Abteilungsgrenzen weg, um auch alle Folgekosten in anderen Abteilungen zu erfassen. In der Prozeßkostenrechnung sucht man nach den Hauptprozessen als "costdrivers", d. h. als kostenverursachenden Größen.

In der DV sucht man nach Abläufen als zusammenhängenden Bearbeitungsfolgen. Zwischen beiden - Prozessen und Abläufen - gibt es Ähnlichkeiten.

Aufgabe zur Fallstudie Ordis/Funktionsmodell 3f

Aufgabe F 4

Stellen Sie den **Ist-Zustand der Auftragsabwicklung** dar !

1) Lesen sie
   Fallstudie ORDIS, S. 2-5 (Beschreibung der Firma)
   Fallstudie ORDIS, S. 18-29 (Interviews).
   Daraus insbesondere die Interviews
   Auftragabwicklung, S. 19
   Versand, S. 23
   Buchhaltung, S. 28

2) Ergänzende Informationen erhalten Sie durch Interviews (Dozent).

3) Stellen Sie die Auftragsabwicklung dar

   a) mit Belegflußplan (liegt vor, siehe Fallstudie ORDIS)
   b) mit Funktionsbaum. Gehen Sie dabei auch auf den Datenfluß ein. Geben Sie einige Beispiel für die zu haltenden Daten.

4) Erörtern Sie die Vor- und Nachteile der Darstellungstechniken !

5) Nennen Sie Schwachstellen des Ist-Zustands und geben Sie Hinweise für ein DV-technisches Sollkonzept der Auftragsabwicklung !

Aufgabe zur Fallstudie Ordis/Funktionsmodell 4f

Aufgabe F 5

Stellen Sie den **Ist-Zustand des Bestellwesens / Wareneingang inkl. Rechnungsprüfung** dar !

1) Lesen sie
   Fallstudie ORDIS, S. 2-5 (Beschreibung der Firma)
   Fallstudie ORDIS, S. 18-29 (Interviews).
   Daraus insbesondere die Interviews

Einkauf	S. 28
Wareneingang / Läger	S. 23
Materialwirtschaft	S. 21
Buchhaltung	S. 28

2) Ergänzende Informationen erhalten Sie durch Interviews (Dozent).

3) Stellen Sie die Einkaufsabwicklung mit Wareneingang und Rechnungsprüfung dar

   a) mit Belegflußplan (liegt vor, siehe Fallstudie ORDIS)
   b) mit Funktionsbaum. Gehen Sie dabei auch auf den Datenfluß ein. Geben Sie einige Beispiel für die zu haltenden Daten.

4) Erörtern Sie die Vor- und Nachteile der Darstellungstechniken !

5) Nennen Sie Schwachstellen des Ist-Zustands und geben Sie Hinweise für ein DV-technisches Sollkonzept der Einkaufsabwicklung !

Aufgabe zur Fallstudie Ordis/ Datenmodell

Aufgabe D 1

Stellen Sie das Datenmodell
Modul 21 und 22, insbesondere **das Relationale Modell** dar.

Aufgabe D 2

Stellen Sie das Datenmodell
Modul 23 **Normalformen** dar.

Aufgabe zur Fallstudie Ordis/ Datenmodell f

Für D 3 bis D 7

Lesen Sie die Fallstudie ORDIS: Punkte 1,2,3,6,7.

Aufgabe D 3: In welchen Teilprojekten würden Sie die Umstellung der Firma ORDIS auf DV durchführen (Lesen Sie dazu auch Aufgabe F3) ?

Aufgabe D 4: Entwerfen Sie ein relationales Datenmodell für die Auftragsabwicklung der Firma ORDIS.

Aufgabe D 5: Entwerfen Sie ein relationales Datenmodell für das Bestellwesen und den Wareneingang incl. Rechnungsprüfung der Firma ORDIS.

Aufgabe D 6: Entwerfen Sie ein relationales Datenmodell für die Materialdisposition (Brutto- und Nettobedarfsrechnung) der Firma ORDIS. Berücksichtigen Sie insbesondere die Stückliste.

Aufgabe D 7: Entwerfen Sie ein relationales Datenmodell für die Fertigungssteuerung der Firma ORDIS. Berücksichtigen Sie insbesondere den Arbeitsplan.

Fallstudie BAB-Zoom 43

Grundgedanke:

Zoomen durch Doppelklick

Lernziele:

Programm:

43 Fallstudie BAB-Zoom
"Zoomen" von verdichteten Daten auf die unverdichteten Daten.

(Datendiskette vorhanden, Bezugsadresse siehe unter 4.)

Fallstudie BAB-Zoom

Fallstudie BAB-Zoom

a) Datenmodell BAB
Entwerfen Sie ein Datenmodell für den Betriebsabrechnungsbogen (BAB) im Ist (nur Primärkosten, keine Umlagen usw.).

Gehen Sie davon aus, daß die Belege auf Tagesbasis erfaßt werden.

b) Von der Belegebene zum BAB verdichten
Es stehen Ihnen drei Dateien(Tabellen) auf Diskette bzw. dem Server zur Verügung

gkoist
kart
kst

Der Satzaufbau (Tabellenstruktur) entspricht Löung zu a)
Es soll über die Belege verdichtet werden, so daß pro Kostenstelle und pro (Gemein-)Kostenart die Werte in der Periode ausgewiesen werden.

c) Vom BAB auf den Beleg "zoomen"

Es stehen Ihnen wie in b) die drei Dateien (Tabellen) zur Verfügung

Dazu können Sie auf die Auswertung als BAB (Verdichtung über die Belege) aus b) zugreifen.

Beim "Klicken" auf eine BAB-Zahl soll sich ein "Fenster" öffnen und es sollen die Daten der Belegebene erscheinen, die zu der (verdichteten) BAB-Zahl geführt haben (Zoom).

Klenger, DV für Controller

Fallstudie BAB-Zoom

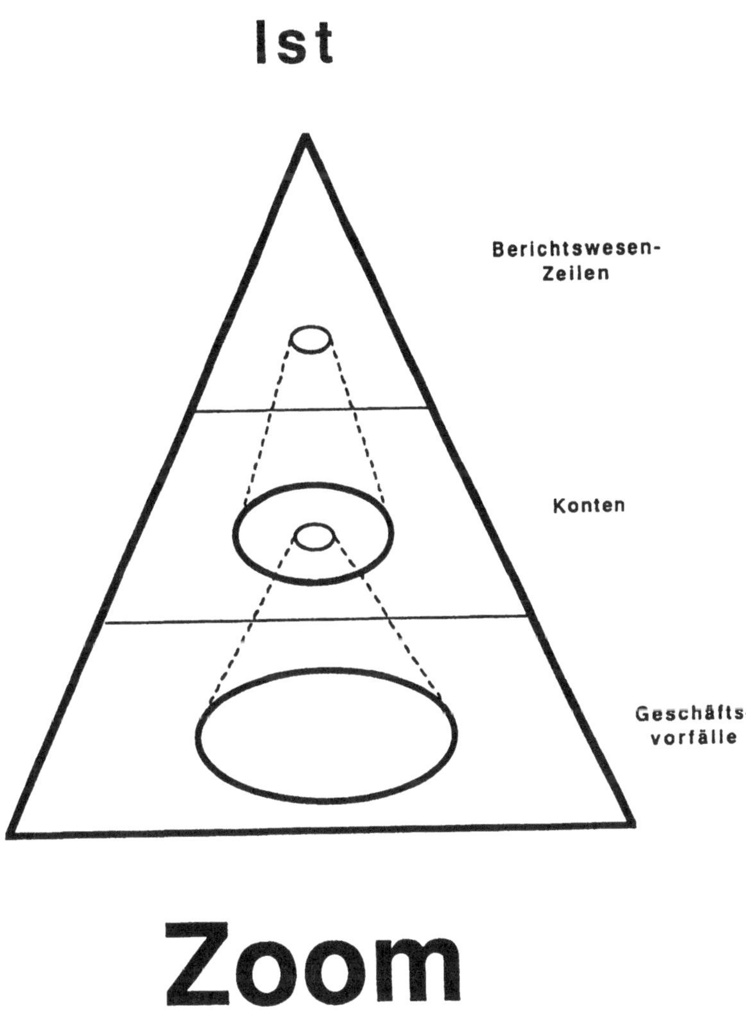

Klenger, DV für Controller

Lösung zu Fallstudie BAB-Zoom

a) Datenmodell

gkoist (kartnr, kstnr, jahr, monat, tag, belegnr, betrag)

kart (kartnr, bezeich)

kst (kstnr, bezeich)

b) Betriebsabrechnungsbogen: Verdichten über die Belegnummer

siehe die ähnliche Aufgabenstellung in Fallstudie 45.

c) Zoom: hierfür ist zur Zeit (1994) keine wirklich brauchbare Software bekannt ("Forest und Trees" wird gerade untersucht). Natürlich kann man programmieren, aber gesucht wird nach einer Software, die sich beim Verdichten "merkt", über welche Kriterien verdichtet wurde. Beim zoomenden Doppelklick muß dem Anwender die Liste der Kriterien, über die verdichtet wurde, angezeigt werden. Er wählt dann das Kriterium aus, das in dem tieferen Blick "entdichtet" werden soll (oder bei mehreren Verdichtungskriterien: die Reihenfolge, in der schrittweise die Detailsicht erfolgen soll). In Bild 52/2 sind Ansätze zu erkennen.

Fallstudie Vertrieb 44

Grundgedanke:

Arbei für Matula

Lernziele:

Programm:

44 Vertrieb

Einfaches Beispiel aus der Auftragsbearbeitung für das Arbeiten mit Datenbank. Kann für die Bearbeitung mit entsprechenden Programmen z. B. ms-access eingesetzt werden. Ausführlich dokumentiert.

(Ausführliche Dokumentation vorhanden, ca. 200 Seiten (Fallstudien Vertrieb und BAB)), (Datendiskette vorhanden)

Bezugsadresse für die komplette Fallstudie siehe unter 4.

Fallstudie Vertrieb

Vertrieb

Datenmodell

Artikel (Artikelnummer, Bezeichnung, Preis)

Kunden (Kundennummer, Anrede, Name, Vorname, Straße, Postleitzahl, Ort)

Auftragskopf (Auftragsnummer, Kundennummer, Auftragsdatum)

Auftragspositionen (Auftragsnummer, Artikelnummer, Menge)

Auswertungen

Die Auswertungen sind in einem Menü strukturiert.

Das Hauptmenü umfaßt unter dem Punkt "Datenbearbeitung" die Tabellenpflege der Tabellen Kunden, Artikel und Aufträge jeweils mit Anzeigen, Hinzufügen und Ändern von Datensätzen/Zeilen.

Die beiden weiteren Punkte des Hauptmenüs enthalten die eigentlichen Auswertungen, zum einen Auftragsbestätigungen, zum anderen eine Auftragsstatistik.

Damit wird nochmals deutlich, daß aus demselben Datenmodell unterschiedliche Auswertungen erhalten werden können.

Die Gesamtstruktur des Menüs ist auf der folgenden Seite dargestellt.

Fallstudie Vertrieb

Hauptmenü Vertrieb
Datenbearbeitung
    Datenbearbeitung
    Kunden
        Datenbearbeitung Tabelle Kunden
        Anzeigen
        Hinzufügen
        Ändern
        Zurück
        Zurück zum Hauptmenü
    Artikel
        Datenbearbeitung Tabelle Artikel
        Anzeigen
        Hinzufügen
        Ändern
        Zurück
        Zurück zum Hauptmenü
    Aufträge
        Auftragsbearbeitung
        Anzeigen Tabelle Auftragskopf
        Anzeigen Tabelle Auftragspositionen
        Aufträge erfassen
        Aufträge ändern
        Zurück
        Zurück zum Hauptmenü
    Zurück zur Hauptauswahl
Auftragsbestätigungen
    Auftragsbestätigungen
    Bildschirmanzeige
    Drucken
    Zurück zum Hauptmenü
Auftragsstatistik
    Auftragsstatistik
    Bildschirmanzeige
    Drucken
    Zurück zum Hauptmenü
Ende

Fallstudie BAB 45

Grundgedanke:

Mehr Arbeit für Matula

Lernziele: Programm:

Einfaches Beispiel aus der Kostenrechnung für das Arbeiten mit Datenbank (und Tabellenkalkulation). Kann für die Bearbeitung mit entsprechenden Programmen z. B. ms-access und ms-excel eingesetzt werden. Ausführlich dokumentiert.

(Ausführliche Dokumentation vorhanden, ca. 200 Seiten (Fallstudien Vertrieb und BAB)), (Datendiskette vorhanden)

Bezugsadresse für die komplette Fallstudie siehe unter 4.

Fallstudie BAB

BAB

Datenmodell

Gemeinko (Kartnr, Kstnr, Jahr, Monat, Tag, Belegnr, Betrag)

Kartstam (Kartnr, Bezeich)

Kststamm (Kstnr, Bezeich)

Auswertungen

Die Auswertungen sind in einem Menü strukturiert.

Das Hauptmenü umfaßt unter dem Punkt "Datenbearbeitung" die Tabellenpflege der Tabellen Gemeinkosten, Kostenartenstamm und Kostenstellenstamm jeweils mit Anzeigen, Hinzufügen und Ändern von Datensätzen/Zeilen.

Die beiden weiteren Punkte des Hauptmenüs enthalten die eigentlichen Auswertungen, zum einen Betriebsabrechnungsbogen, zum anderen einen Einzelnachweis je Kostenstelle (Belegniveau).

Damit wird nochmals deutlich, daß aus demselben Datenmodell unterschiedliche Auswertungen erhalten werden können.

Die Gesamtstruktur des Menüs ist auf der folgenden Seite dargestellt.

Fallstudie BAB

Hauptmenü BAB
Datenbearbeitung
    Datenbearbeitung
    Gemeinkosten
        Datenbearbeitung Tabelle Gemeinkosten
        Anzeigen
        Hinzufügen
        Ändern
        Zurück
        Zurück zum Hauptmenü
    Kostenarten
        Datenbearbeitung Tabelle Kostenarten
        Anzeigen
        Hinzufügen
        Ändern
        Zurück
        Zurück zum Hauptmenü
    Kostenstellen
        Datenbearbeitung Tabelle Kostenarten
        Anzeigen
        Hinzufügen
        Ändern
        Zurück
        Zurück zum Hauptmenü
    Zurück zum Hauptmenü
Betriebsabrechnungsbogen
    Betriebsabrechnungsbogen
    Bildschirmanzeige
    Drucken
    Zurück zum Hauptmenü
Einzelnachweis
    Einzelnachweis
    Bildschirmanzeige
    Drucken
    Zurück zum Hauptmenü
Ende

Fallstudie Controlling-Datenmodell 46

Grundgedanke:

Ein Härtetest für die Auswertungsmethoden oder: SQL und seine Grenzen

Lernziele: Programm:

46 Fallstudie Controlling-Datenmodell

Komplexes Beispiel aus der Kostenrechnung für die Entwicklung eines Controlling-Datenmodells. Notwendigkeit unterschiedlicher Modellierungstiefe in Plan und Ist wird deutlich. Kostenrechnerisch ist Plankostenrechnung mit Stückliste und Arbeitsplan gegeben. Konkretes Datenmodell mit konsistentem Datensatz.

(Ausführliche Dokumentation vorhanden, ca. 200 Seiten), (Datendiskette vorhanden)

Bezugsadresse für die komplette Fallstudie siehe unter 4.

Fallstudie Controlling-Datenmodell

Zu dieser Fallstudie:

- operatives Controlling
- integriert: Basispläne, Ergebnis- und Finanzpläne

intern:
- Grenzplankostenrechnung
- Mengenstandards: Stücklisten, Arbeitspläne
- Wertstandards
- Mehrverbrauch, Mehrzeiten
- Einkaufspreisabweichungen
- Umwertungen der Anfangsbestände RHB und UF+F

extern:
- KER als Brücke zwischen intern und extern
- Jahresabschluß
- Finanzplan und Triptychon-Darstellung

- jeweils Aufgabe und Lösung

Fallstudie Controlling-Datenmodell

Grundstruktur des SIOP (System der Integrierten Operativen Planung)

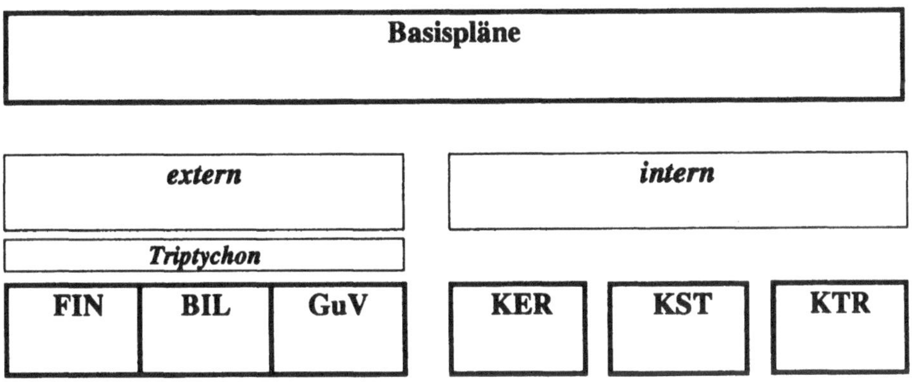

FIN Finanzrechnung
BIL Bilanz
GuV Gewinn- und Verlustrechnung (Erfolgsrechnung)

KER Kurzfristige Erfolgsrechnung (Brücke zwischen extern und intern)

KST Kostenstellenrechnung

KTR Kostenträgerrechnung
(Erfolgsquellen: Aufträge, Produkte, Kunden, Regionen, Personen, Vertriebswege)

Klenger: DV für Controller

Fallstudie Controlling-Datenmodell

Phasenbezug

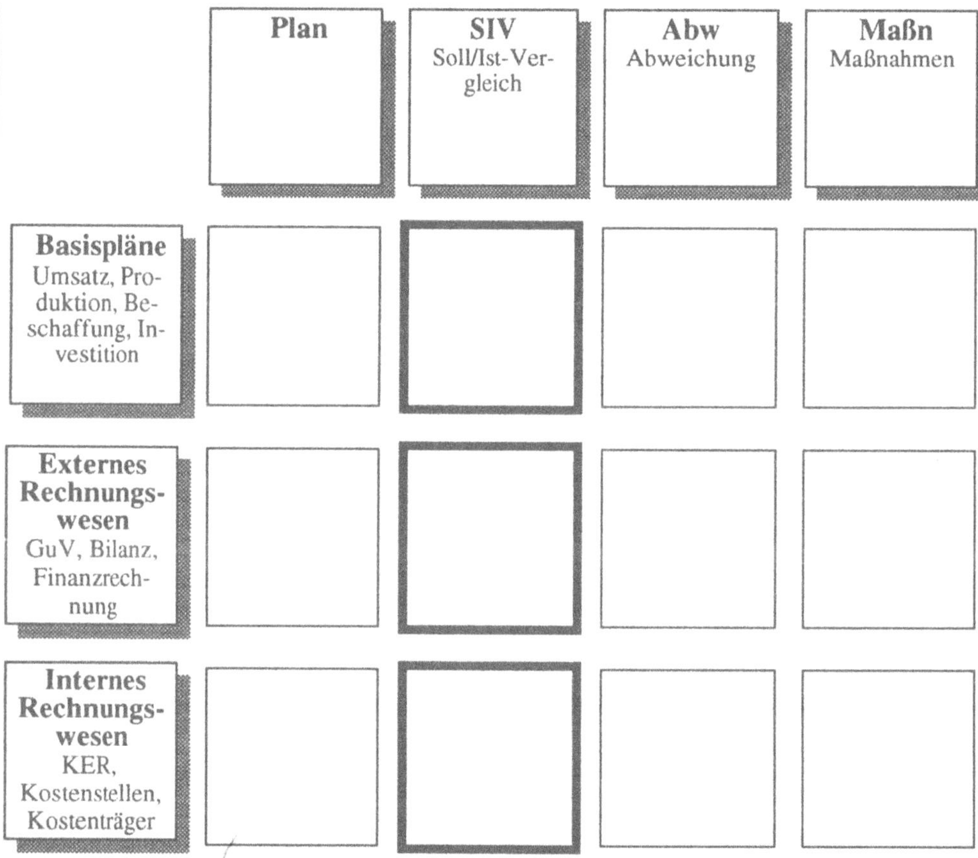

Für jede Phase sind spezifische Pobleme zu lösen:

- Planung ist mehr als die Ergänzung um einen Schlüsselwert für den Plan: das Modell ist auf wenige Bezugsgrößen, z. B. Umsatz und Investitionen zu reduzieren, aus denen alle anderen abgeleitet werden können
- Abweichungsanalyse ist nicht die Differenzbildung zwischen Ist und Plan, sondern die Ermittlung von Sollgrößen und damit von Abweichungsursachen
- Maßnahmen können kaum modelliert werden

Klenger: DV für Controller

Fallstudie Controlling-Datenmodell

Unterschiedliche Modellierungstiefe in Plan und Ist

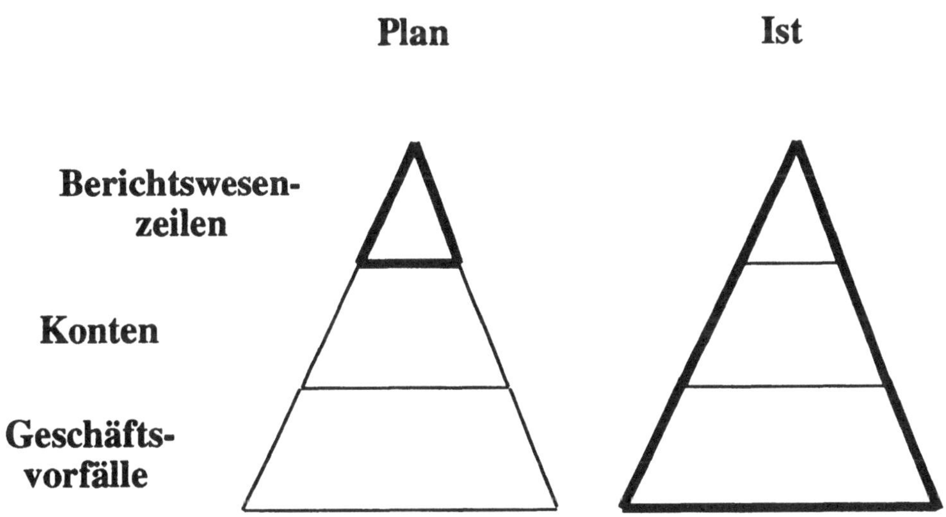

Fallstudie Controlling-Datenmodell

Datenmodell

KOARK:

```
Name
-----------------
KOARTNR
KOARTBEZ
```

KOST:

```
Name
-----------------
KOSTNR
KOSTBEZ
```

FE:

```
Name
-----------------
FENR
FEBEZ
```

FEW:

```
Name
------------------
FENR
LISTENPREISFEW
ABFEM
ABFESTUEW
UMSATZFEM
PRODFEM
PI
JJ
```

RO:

```
Name
------------------
RONR
ROBEZ
KOARTNR
```

ROSTASTUEW:

```
Name
-------------------
RONR
ROSTASTUEW
JJ
```

ROWERT:

```
Name
-------------------
RONR
EINKROSTUEW
EINKROM
ABROM
ABROSTUEW
PI
JJ
```

STUELIM:

```
Name
--------------
FENR
RONR
ROSTUEVERM
```

ARBPLANM:

```
Name
---------------
FENR
KOSTNR
ZEITSTUEVERM
```

LOHNWP:

```
Name
---------------
KOARTNR
KOSTNR
STDLOHNW
PI
JJ
```

GEMKOW:

```
Name
---------------
KOARTNR
KOSTNR
GEMKOGESW
PI
JJ
```

VARANT:

```
Name
---------------
KOARTNR
KOSTNR
VARANT
```

UMLAGE:

```
Name
---------------
ABGEBKOSTNR
EMPFKOSTNR
SCHLUESSELW
PI
JJ
```

Klenger: DV für Controller

Fallstudie Controlling-Datenmodell

Datenmodell f

INVEST:

```
Name
-----------------
KOSTNR
INVESTW
PI
JJ
```

KDZEN:

```
Name
-----------------
KDZENNR
KDZENNAME
KDZENANSCHR
```

REG:

```
Name
-----------------
REGNR
REGBEZ
```

FIL:

```
Name
-----------------
FILNR
FILNAME
FILANSCHR
REGNR
KDZENNR
```

KDRECHKOPF:

```
Name
-----------------
KDRECHNR
KDZENNR
JJ
```

KDRECHZEILE:

```
Name
------------------
KDRECHNR
FILNR
FENR
UMSATZFEKDRECHMI
UMSATZFEKDRECHWI
```

LIEFER:

```
Name
------------------
LIEFERNR
LIEFERNAME
```

LIEFERRECHKOPF:

```
Name
---------------------
LIEFERRECHNR
LIEFERNR
JJ
```

LIEFERRECHZEILE:

```
Name
---------------------
LIEFERRECHNR
RONR
EINKLIEFERRECHROMI
EINKLIEFERRECHROWI
```

FERTMELDKOPF:

```
Name
---------------------
FERTMELDNR
BETRAUFTRNR
```

FERTMELDZEILE:

```
Name
-----------------------
FERTMELDNR
FENR
FERTMELDFEMI
JJ
```

MEMATMI:

```
Name
-----------------------
MEMATNR
BETRAUFTRNR
RONR
MEMATBETRAUFTRROMI
JJ
```

MEZEITMI:

```
Name
-----------------------
MEZEITNR
BETRAUFTRNR
KOSTNR
MEZEITBETRAUFTRKOSTMI
JJ
```

GEMKOWI:

```
Name
-----------------------
BELEGNR
KOARTNR
KOSTNR
GEMKOGESWI
JJ
```

JJ:

```
Name
----------------
JJ
```

Klenger: DV für Controller

Fallstudie Controlling-Datenmodell

Datenmodell Abkürzungen

	A	B
1	ABFEM	Anfangsbestand Fertige Erzeugnisse Menge
2	ABFEStueW	Anfangsbestand Fertige Erzeugnisse Stückwert
3	AbgebKostNr	Abgebende Kostenstelle Nummer
4	ABRoM	Anfangsbestand Rohstoffe Menge
5	ABRoStueW	Anfangsbestand Rohstoffe Stückwert
6	ArbPlanM	Arbeitplan Menge
7	BelegNr	Belegnummer
8	BetrauftrNr	Betriebsauftragsnummer
9	EinkLieferRechRoMI	Lieferantenrechnung Rohstoffe Menge Ist
10	EinkLieferRechRoWI	Lieferantenrechnung Rohstoffe Wert Ist
11	EinkRoM	Einkauf Rohstoffe Menge
12	EinkRoStueW	Einkauf Rohstoffe Stückwert
13	EmpfKostNr	Empfangende Kostenstelle Nummer
14	FEBez	Fertige Erzeugnisse Bezeichnung
15	FENr	Fertige Erzeugnisse Nummer
16	FertMeldFEMI	Fertigmeldung Fertige Erzeugnisse Menge Ist
17	FertMeldkopf	Fertigmeldung Kopf
18	FertMeldNr	Fertigmeldung Nummer
19	FertMeldZeile	Fertigmeldung Zeile
20	FEW	Fertige Erzeugnisse Wert
21	Fil	Filiale
22	FilAnschr	Filiale Anschrift
23	FilName	Filale Name
24	FilNr	Filale Nummer
25	GemkoGesW	Gemeinkosten Gesamt Wert
26	GemkoGesWI	Gemeinkosten Gesamt Wert Ist
27	GemkoW	Gemeinkosten Wert
28	GemkoWI	Gemeinkosten Wert Ist
29	Invest	Investition
30	InvestW	Investition Wert
31	JJ	Jahr
32	KdRechkopf	Kundenrechnung Kopf
33	KdRechNr	Kundenrechnung Nummer
34	KdZen	Kundenzentrale
35	KdZenAnschr	Kundenzentrale Anschrift
36	KdZenNr	Kundenzentrale Nummer
37	KoArt	Kostenart
38	KoArtBez	Kostenartenbezeichnung
39	KoArtNr	Kostenartennummer
40	KoSt	Kostenstelle

Klenger: DV für Controller

Fallstudie Controlling-Datenmodell

Datenmodell Abkürzungen f

	A	B
42	KoStNr	Kostenstellennummer
43	Liefer	Lieferung
44	LieferName	Lieferantenname
45	LieferNr	Lieferantennummer
46	LieferRechkopf	Lieferantenrechnung Kopf
47	LieferRechNr	Lieferantenrechnung Nummer
48	LieferRechZeile	Lieferantenrechnung Zeile
49	ListenPreisFEW	Listenpreis Fertige Erzeugnisse Wert
50	LohnWP	Lohn Wert Plan
51	MeMatBetrAuftrKostMI	Mehrmaterial Betriebsauftrag Kostenstelle Menge Ist
52	MeMatMI	Mehrmaterial Menge Ist
53	MeMatNr	Mehrmaterial Nummer
54	MeZeitBetrAuftrKostMI	Mehrzeit Betriebsauftrag Kostenstelle Menge Ist
55	MeZeitMI	Mehrzeit Menge Ist
56	MeZeitNr	Mehrzeit Nummer
57	PI	Plan Ist
58	ProdFEM	Produktion Fertige Erzeugnisse Menge
59	Reg	Region
60	RegBez	Region Bezeichnung
61	RegNr	Region Nummer
62	Ro	Rohstoff
63	RoBez	Rohstoff Bezeichnung
64	RoNr	Rohstoff Nummer
65	RoStaStueW	Rohstoff Standardstückwert
66	RoStueVerM	Rohstoffstückverbrauch Menge
67	RoWert	Rohstoffwert
68	SchluesselW	Schlüsselwert
69	StdLohnW	Stundenlohn Wert
70	StueliM	Stückliste Menge
71	Umlage	Umlage
72	UmsatzFEKdRechMI	Umsatz Fertige Erzeugnisse Kundenrechnung Menge Ist
73	UmsatzFEKdRechWI	Umsatz Fertige Erzeugnisse Kundenrechnung Wert Ist
74	UmsatzFEM	Umsatz Fertige Erzeugnisse Menge
75	Varant	Variabler Anteil
76	ZeitStueVerM	Zeit Stückverbrauch Menge

Klenger: DV für Controller

Fallstudie Controlling-Datenmodell

Auswertungen

Plan

Basispläne

Kostenstellenrechnung
Kostenträgerrechnung

KER
Erfolgsrechnung(GuV)
Bilanz
Finanzrechnung
(Triptychon)

IST

Basispläne

Kostenstellenrechnung
Kostenträgerrechnung

KER
Erfolgsrechnung(GuV)
Bilanz
Finanzrechnung
(Triptychon)

Klenger: DV für Controller

Controlling-Software

5.

5. Controlling-Software

5. Controlling-Software

- ***Was sind die Kriterien für Controlling-Software (Modul 51)***

  Die grundlegende Unterscheidung ist die in Software
  - ***o ohne betriebswirtschaftliche Struktur***
  - ***o mit betriebswirtschaftlicher Struktur***

- ***ohne betriebswirtschaftliche Struktur***
  - ***o Datenbanksystem mit Reportkomponente***
  - ***o Datenbanksystem (Speicherung) und Tabellenkalkulation (Auswertung) (Schnittstellenproblem) (Modul 52)***
  - ***o Reportgeneratoren (Speicherung und Auswertung integriert gelöst) Markennamen: spreadsheet-connector (sc), tz-info, microcontrol (Modul 53)***

- ***mit betriebswirtschaftlicher Struktur***
  - ***o betriebswirtschaftliche Standardsoftware wie SAP (Modul 54)***

5. Controlling-Software

Wie in Modul 11 "DV für Controller - Anforderungen" bereits gesagt wurde, neigt der Controller zu einer groben **Segmentierung**:

- **kleine Softwaresysteme: make**
- **große Softwaresysteme: buy**, sofern verfügbar

Dieser Segmentierung **entspricht** die Einteilung in Software

- **ohne betriebswirtschaftliche Struktur**
  Das sind die bekannten Werkzeuge der Datenbanksysteme, Tabellenkalkulation, Graphik auf dem PC, mit denen kleine Softwaresysteme laufend selbst erstellt und weiterentwickelt werden

- **mit betriebswirtschaftlicher Struktur**
  Das ist die Standardsoftware für die großen dispositiven Systeme (Beispiel im oberen Preisbereich: SAP)

Bei der Software **ohne betriebswirtschaftliche Struktur** ist an sich das **Datenbanksystem** die naheliegende Wahl. Wegen schwach entwickelter Reportkomponente wird man versuchen die Tabellenkalkulation mit ins Spiel zu bringen. Allerdings nur in Kombination mit dem Datenbanksystem. Denn die Tabellenkalkulation ist für die Datenspeicherung ungeeignet.

Werden **Datenbank und Tabellenkalkulation** in Kombination benutzt, ergeben sich die bekannten **Schnittstellenprobleme**.

5. Controlling-Software

Die Klasse der **Reportgeneratoren** wie Spreadsheet-Connector (SC), tz-info, micro control, lösen das Problem auf ihre Weise: Datenspeicherung und Auswertung sind integriert.

Besonders der Spreadsheet-Connector zeichnet sich hier aus, weil er in der Tabellenkalkulationsumgebung von ms-excel benutzt werden kann.

Bei den Systemen **mit betriebswirtschafltlicher Struktur** - es sind die großen dispositiven Systeme auf Transaktionsbasis (einzelne Geschäftsvorfälle) - gibt es eine Vielzahl von Anbietern. Der Quasi-Monopolist im oberen Preisbereich, der durch sein R/3 auch einen relativen Sprung in Benutzerfreundlichkeit gemacht hat, ist hier SAP.

Controlling-Software 51

Grundgedanke:

mit oder ohne betriebswirtschaftliche Struktur

Lernziele: Programm:

- ***die Kriterien für die Beurteilung von Controlling-Software lauten:***
  - o ***welches Controlling-Objekt ?***
  - o ***welche Controlling-Meßgröße ?***
  - o ***welche Controlling-Phasen ?***
  - o ***welche Verdichtungsstufe ?***
  - o ***mit oder ohne betriebswirtschaftliche Struktur ?***

Bild 51/1: Kriterien für Controlling-Software

- ***Verdichtungsstufe***
  - o ***verdichtet: executive information systems (EIS)***
  - o ***unverdichtet: dispositive Systeme***

Bild 51/2: EIS und dispositive Systeme

- ***betriebswirtschaftliche Struktur***
  - o ***ohne betriebswirtschaftliche Struktur***
    - . ***allgemeine Programmiersprachen***
    - . ***anwendungsoffene Standard-Software***
    - . ***Reportgeneratoren***

Bild 51/3: Anwendungsoffene PC-Software - einige Markennamen

Controlling-Software 51

Lernziele: **Programm:**

- *o mit betriebswirtschaftlicher Struktur*
  - *. Modifizierte anwendungsspezifische und*
  - *. anwendungsspezifische Standardsoftware*

Bild 51/4: Portfolio der Controlling-Software

- *Make-or-buy-Entscheidungen bei Controlling-Software*
  - *o kleine Systeme: make*
    Anwendungsgebiet: verdichtete Berichtssysteme
    Hilfsmittel: entweder Datenbank und Tabellen kalkulation in Kombination oder Reportgeneratoren
  - *o große Systeme: buy*
    Anwendungsgebiet: dispositive Systeme auf Transaktionsbasis
    Notwendigkeit der Anpassung

Bild 51/5: Kleine Softwaresysteme selbst erstellen (make)

Bild 51/6: DV-Werkzeugkasten des Controllers

Kriterien für Controlling-Software

Die Kriterien für Controlling-Software sind
- o welches Controlling-Objekt
- o welche Controlling-Meßgröße
- o welche Controlling-Phasen
- o welche Verdichtungsstufe
- o mit oder ohne betriebswirtschaftliche Struktur

siehe Bild 51/1: Kriterien für Controlling-Software

Kriterium: Controlling-Objekte
- Konzern
- Gesamtunternehmen
- Sparten/Profitcenter
- Projekte

Wenn mehrere Abrechnungseinheiten existieren, so besteht die Notwendigkeit, diese zusammenzufassen (mehrere Unternehmen zum Konzern, mehrere Sparten zum Unternehmen).

Dazu ist außer hierarchischer Verdichtung meistens eine **Konsolidierung** notwendig, d. h. das Herauskürzen von internen Vorgängen wie konzerninternen Lieferungen, internen Forderungen bzw. Verbindlichkeiten oder Darlehensbeziehungen. Wenn dies vorgedacht ist, kann von Konzerneignung gesprochen werden.

Projekte haben ihre eigene Struktur, so daß auch eine spezialisierte Software notwendig ist.

Kriterium: Controlling-Meßgröße
- strategisch: Erfolgsfaktoren
- operativ: Gewinn, Liquidität

Man könnte annehmen, daß Software eigentlich nur für operative Systeme in Frage kommt. Tatsächlich gibt es aber auch für die strategische Planung einige Systeme, die die Präsentation von Portfolios beispielsweise ermöglichen. D. h. die Unterstüzung der strategischen Planung hält sich in der Begleitung.

Bild 51/1: Kriterien für Controlling-Software

Controlling-Objekte			
Konzern	Gesamt-unternehmen	Sparten/ Profit-Center	Projekte

Controlling-Meßgröße	
Strategisch	Operativ

Controlling-Phasen			
Planung	Soll/Ist-Vergleich	Abweichungs-analyse	Maßnahmen-definition
Präsentation			

Verdichtungsstufe	
verdichtet	unverdichtet
Beispiele	
EIS wie z. B. SC, TZ-Info Micro-Control	dispositive Systeme wie z. B. SAP

Quelle: in Anlehnung an Mennenöh 1992

Bild 51/1 f: Kriterien für Controlling-Software

Betriebswirtschaftliche Struktur				
ohne betriebswirtschaftliche Struktur			**mit** betriebswirtschaftlicher Struktur	
Allgemeine Programmiersprache	Anwendungsoffene Standard-Software	Reportgeneratoren	Modifizierte anwendungsspezifische Standard-Software	Anwendungsspezifische Standard-Software
Beispiele				
Assembler Cobol	Tabellenkalkulation Datenbanksystem Graphik	Spreadsheet-Connector tz-info Microcontrol	SAP	

→

Vorteil: Entwicklungsaufwand sinkt; Nachteil: Flexibilität für Sonderwünsche sinkt

Quelle: in Anlehnung an Mennenöh 1992

Kriterium: Controlling-Phasen
- Planung
- Soll/Ist-Vergleich
- Abweichungsanalyse
- Maßnahmendefinition
- Präsentation

Mit **Planung** ist hier weniger die Fähigkeit gemeint, neben einem Ist-Wert auch einen Plan-Wert abzuspeichern. Das wäre an und für sich eine Trivialität, die allerdings zu einer Verdopplung des Datenbedarfs führt. Wichtiger ist, daß diese Verdopplung nicht in der ganzen Datenpyramide sinnvoll ist. An der "Spitze des Eisbergs" neben dem Ist-Umsatz auch den Plan-Umsatz erfassen zu können, ist sinnvoll, nicht aber an der Basis auf dispositiver Ebene jede Rechnung im Ist auch "im Plan" zu erfassen. Das wäre ein unsinniges Unterfangen.

Mit Planung ist etwas anderes gemeint: die Zurückführung einer Vielzahl von Planungsgrößen auf wenige Bezugsgrößen im Sinne eines Kennzahlensystems für die Planung. Beispiel: Die Forderungen des Planjahres werden nicht autonom geplant, sondern in Abhängigkeit vom Planumsatz über die Kennzahl Forderungen zu Umsatz ermittelt.

Die Produkte dreplan und dbplan waren von dieser Art.

Abweichungsanalyse ist nicht schlicht die Differenzbildung zwischen Plan und Ist bzw. zwischen Soll und Ist, sondern die Zurechnung zu Abweichungsursachen.

Maßnahmendefinition dürfte in den gängigen Systemen nicht abgebildet sein, es sei denn als Checkliste möglicher Maßnahmen.

Präsentation begleitet alle Controlling-Phasen und meint hauptsächlich graphische Fähigkeiten.

Die Kriterien Verdichtungsstufe und betriebswirtschaftliche Struktur werden im folgenden gesondert besprochen.

Verdichtungsstufe

Die Optionen sind hier
- verdichtet
- unverdichtet

In den 70-er Jahren wurde schon einmal der Traum vom allumfassenden MIS (Managment-Informations-System) geträumt. Von oberster Verdichtungsstufe aus sollte es für das Top-Management möglich sein, sozusagen auf den Beleg zu "zoomen" und derart totale Kontrolle auszuüben. In der Praxis sind diese Theoriegespinste natürlich gescheitert. Dafür lassen sich kurz verschiedene Gründe nennen:
- die heterogene DV-Struktur in einem Unternehmen (Anwendungen aus allen DV-Zeitaltern sind nebeneinander vorhanden und passen nicht zusammen)
- die gleichzeitige Verfügbarkeit aller Daten in einem konsistenten Datenstand stellt heroische Anforderungen an die Disziplin der Menschen
- die Leistung der DV-Maschinen (performance) ist weit entfernt von den Anforderungen
- das top-Management will gar nicht auf den Beleg "zoomen", sondern hochverdichtete Informationen von einer menschlichen Quelle persönlich vorgetragen und interpretiert bekommen.

Da aber bekanntlich Träume nicht sterben, werden sie nach einer Ruhephase unter anderem Namen und unter Vermeidung der gröbsten Irrtümer sowie unter Hinweis auf den inzwischen erzielten Fortschritt wieder neu aufgelegt.

Die neue Bezeichnung heißt "executive information system" (EIS) (Kienbaum 1989) oder auch FIS (Führungsinformationssystem). Der Anspruch der Systeme bezieht sich auf die "Spitze des Eisbergs" (bzw. den schneebedeckten Teil des Mt. Fuji). Die Ist-Daten, die vom Belegniveau ausgehend durch geduldiges Verdichten in den dispositiven Systemen ermittelt werden, werden entweder direkt ins System eingegeben oder über eine Schnittstelle importiert.

Die SAP hat in ihrem dispositiven Gesamtsystem selbstverständlich auch eine EIS-Komponente - ein Zeichen dafür, daß die Hoffnung nicht aufgegeben wird, einmal über ein Gesamtsystem in voller Breite und Tiefe zu verfügen; im übrigen ist in dieser Software das Zoomen beipielhaft verwirklicht - sog. pick-up-Taste; die EIS-Komponente im SAP-System hat allerdings auch einen "Seiteneingang", d. h. durch Direkteingabe in die EIS-Komponente kann man schon mit diesem System arbeiten, auch wenn noch nicht alle Basissysteme voll integriert funktionieren.

Die EIS-Systeme haben oft hervorragende graphische Qualitäten, die die Akzeptanz erhöhen. Musterbeispiel ist TZ-Info (siehe Modul 53).

Die **Informationspyramide** hat **im Plan und im Ist unterschiedliche Tiefe**. Im **Ist** werden von den Geschäftsvorfällen ausgehend durch Verdichtungen z. B. auf Konten und weitere Verdichtung z. B. in Berichtszeilen die Ist-Zahlen entwickelt. Im **Plan** hat man von vorneherein ein verdichtetes Niveau und plant etwa nur die Berichtszeilen (weil detailliertere s nicht bekannt, nicht mit vertretbarem Aufwand ermittelbar und schon gar nicht untereindander abgestimmt werden kann)

siehe Bild 51/2: EIS und dispositive Systeme

Nicht alle Planwerte werden auch ins EIS-System übernommen. Beispielsweise ist es üblich auf Kostenstellenniveau zu planen. In vielen Fällen wird aber die Kostenstellenrechnung nicht Gegenstand des EIS sein, allenfalls in verdichteter Form (Kostenstellenbereiche).

Betriebswirtschaftliche Struktur

Die Optionen sind hier
- ohne betriebswirtschaftliche Struktur
- mit betriebswirtschaftlicher Struktur

- ohne betriebswirtschaftliche Struktur

Der Anwender kann die im folgenden genannten Werkzeuge benutzen, um selbst ein betriebswirtschaftliche Struktur abzubilden.

Die **allgemeinen Programmiersprachen** - Assembler und Cobol als Beispiel - sind schon gelegentlich - ohne jede Polemik, rein konstatierend - als das gekennzeichnet worden, was sie sind: der historische Entwicklungstand einer Branche, die ihre Zukunft noch vor sich hat. Zwar sind sie hochflexibel, aber auch ein Gipfel an Unwirt-

Bild 51/2: EIS und dispositive Systeme

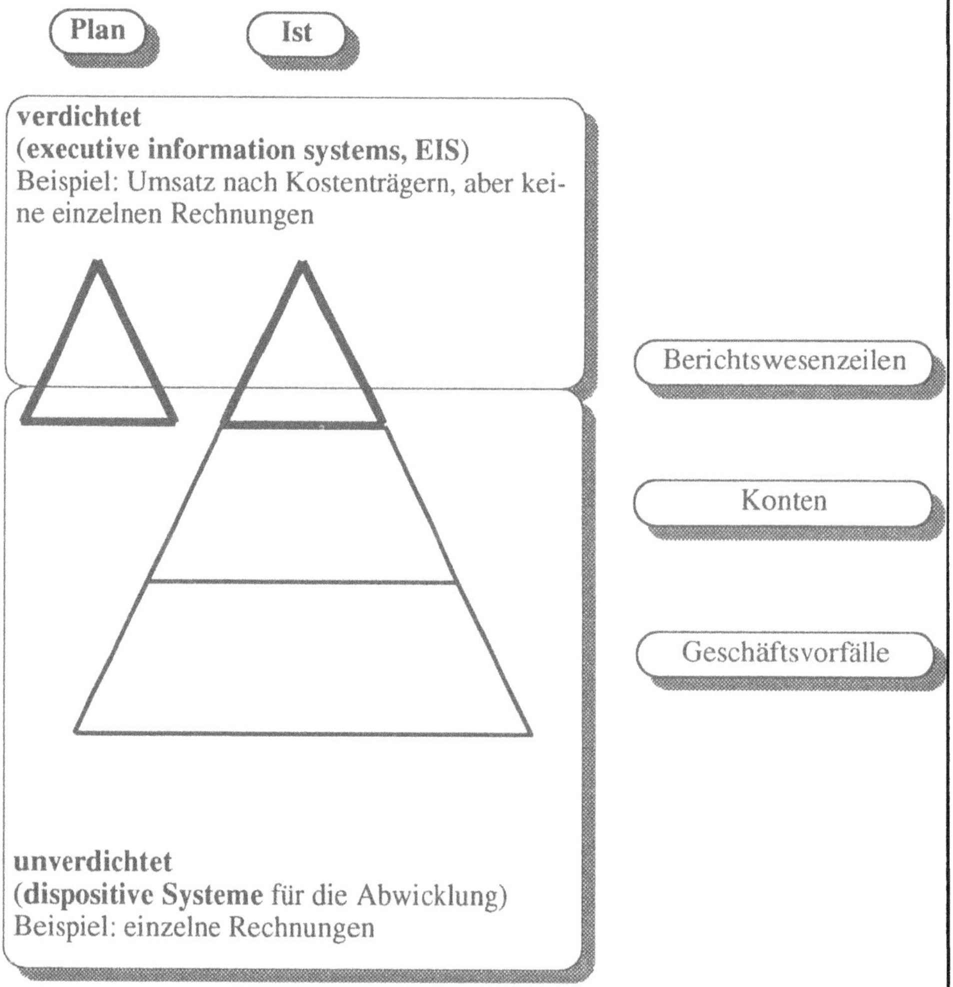

Klenger, DV für Controller

schaftlichkeit.

Anwendungsoffene Standard-Software
Hier ist an erster Stelle natürlich die **Tabellenkalkulation** zu nennen (Beispiele sind excel von Microsoft, lotus, quattro von Borland), die einen Quantensprung an Anwenderfreundlichkeit bedeutete. Aber sie löst die Datenstrukturierung und -speicherung nicht adäquat.

Relationale Datenbanksysteme sind in dieser Hinsicht natürlich stark. Die Berichtsgeneratoren haben aber noch nicht die Qualitäten einer Tabellenkalkulation, so daß immer noch beide Instrumente - Datenbanksystem und Tabellenkalkulation - in Kombination benötigt werden. Was die Schnittstelle zwischen Datenbank und Tabellenkalkulation betrifft: siehe Modul 52.

Die **Business-Graphik** auf Basis von Zahlen (im Gegensatz zur Präsentationsgraphik, deren Schwerpunkt bei eindrucksvollen Bildern liegt) ist einmal Bestandteil der Tabellenkalkulationen, andererseits gibt es spezialisierte Programme wie Powerpoint von Microsoft, harvard und freelance (Klenger/Schmidt 1992).

Bild 51/3: Anwendungsoffene PC-Software - einige Markennamen

Eine simultane Lösung der Datenspeicherung und Auswertung liefern die **Reportgeneratoren**, eine Klasse von Produkten, die speziell für das Berichtswesen in Unternehmen geeignet ist.

- mit betriebswirtschaftlicher Struktur

Die betriebswirtschaftliche Struktur ist "vorgedacht". Das ist an sich ein unschätzbarer Vorteil, denn erfahrungsgemäß zeigt sich, daß die Formulierung einer operationalen betriebswirtschaftlichen Struktur, die auch die gängigen Ausnahmen und Sonderfälle beinhaltet, doch viel schwieriger ist, als naiverweise ursprünglich angenommen. Ein Seitenhieb auf die mangelnde operationale Qualität der betriebswirtschaftlichen Ausbildung darf hier nicht fehlen. Aber fairerweise muß man zugestehen, daß sich auch ein kaum überblickbares Know-how der Ablauforganisation angesammelt hat, das in den betriebswirtschaftlich strukturierten Softwarepaketen enthalten ist.

Bild 51/3: Anwendungsoffene PC-Software - einige Markennamen

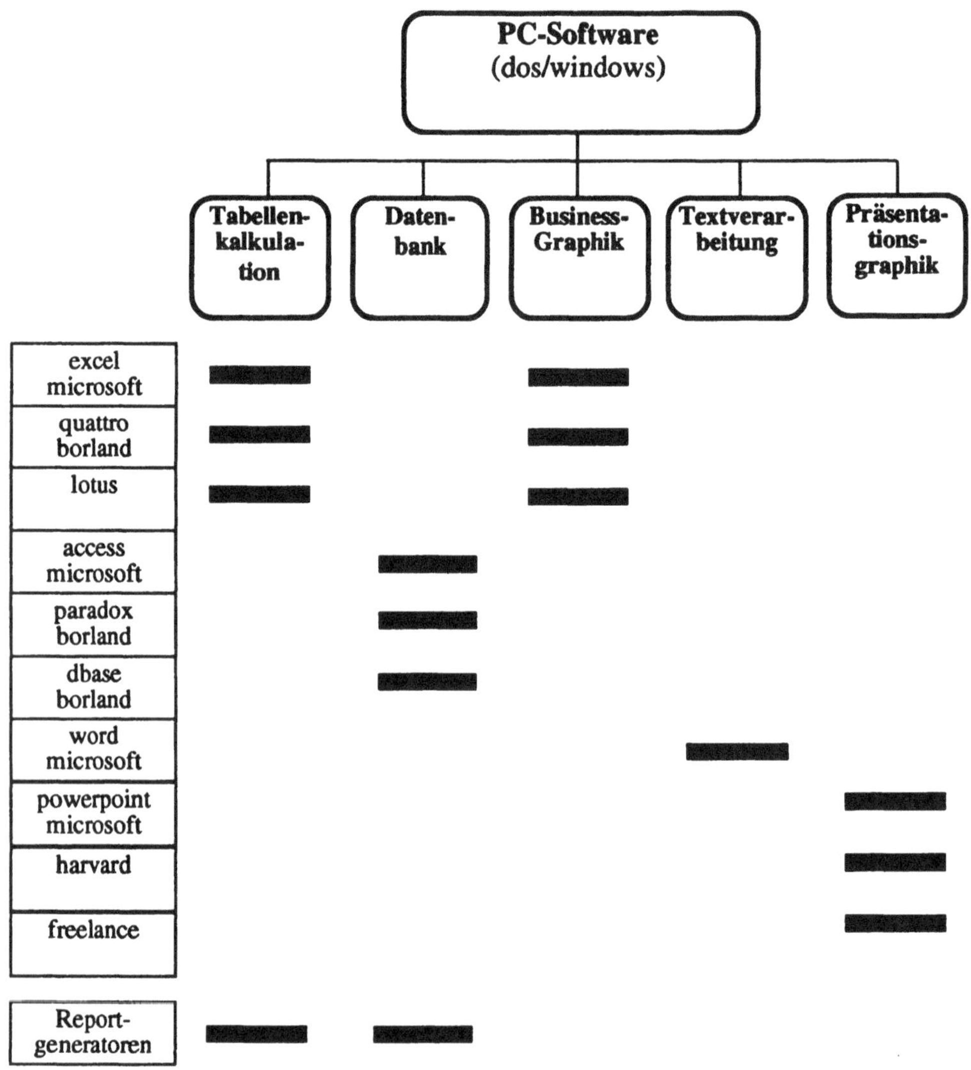

Klenger: DV für Controller

Die Unterscheidung in modifizierte und andere Systeme (Bild 51/1 f) soll darauf hinweisen, daß sich manche Kunden nicht mit der vorgegebenen Anpassungflexibilität zufrieden geben und ihre DV-Abteilung damit beschäftigen, ins Standardsystem so tief einzugreifen, daß der Software-Hersteller jede Verantwortung für die künftige Wartung des Systems ablehnt. Man erreicht dadurch eine unternehmensspezifische Lösung, gleichzeitig handelt man sich aber auch alle Nachteile der Eigenfertigung ein (Abhängigkeit von Programmierern, fehlende Dokumentation, Risiken bei der Bewältigung der Komplexität usw.)

Kombiniert man die **beiden Dimensionen verdichtet/unverdichtet** und **mit/ohne betriebswirtschaftliche Struktur** so erhält man eines der beliebten Portfolios.

siehe Bild 51/4: Portfolio der Controlling-Software

Beim heutigen Stand der Technik sind praktisch nur zwei Quadranten besetzt:

- Quadrant links oben:
  verdichtet und ohne betriebswirtschaftliche Struktur:
  die Domäne der Berichtssysteme auf hohem Verdichtungsniveau.
  Sie werden durch Instrumente ohne betriebswirtschaftliche Struktur realisiert, d.h. die betriebswirtschaftliche Struktur wird erst noch "hineinverdrahtet".
  Hilfsmittel sind einerseits Datenbank und Tabellenkalkulation und andererseits Reportgeneratoren.

- Quadrant rechts unten:
  unverdichtet und mit betriebswirtschaftlicher Struktur:
  die Domäne der dispositiven Systeme.
  Beipiel mit Integrationsanspruch und hoher Flexibilität ist SAP.

Warum auf hohem Verdichtungsniveau Systeme mit betriebswirtschaftlicher Struktur praktisch nicht bekannt sind, ist nicht ohne weiteres ersichtlich.

Es gibt auch immer wieder Systeme, die einen derartigen Anspruch stellen: auf hohem Verdichtungsniveau und mit universell verwendbarer betriebswirtschaftlicher Struktur. Vor einigen Jahren haben beispielsweise die Banken begonnen, ihren mittelständischen Kunden PC-basierte Planungssysteme anzubieten (dreplan von der Dresdner Bank, dbplan von der Deutschen Bank) Sie waren in-

Bild 51/4: Portfolio der Controlling-Software

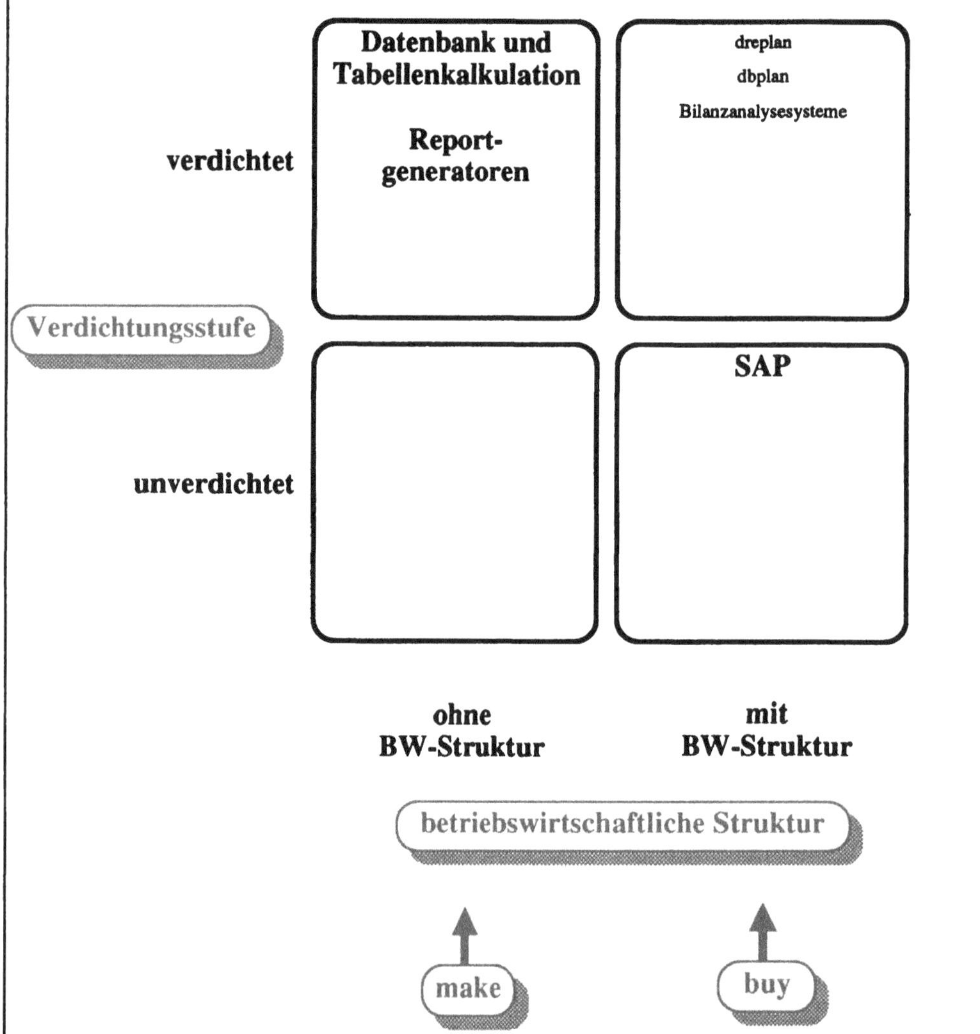

Klenger: DV für Controller

sofern bemerkenswert, als bewußt auf einem hohen Niveau (Bilanz und GuV) und nicht auf Transaktionsbasis (einzelne Geschäftsvorfälle) gearbeitet wurde. Auch waren durch eine intensive Kennzahlenbildung die Anforderungen an den Planungsinput reduziert worden (dbplan kam in einer Variante mit acht Eckwerten der Planung aus: Umsatz, Materialaufwand/Wareneinsatz, Personalaufwand, Abschreibungen auf Sachanlagen, Zugänge/Abgänge zu Sachanlagen, Darlehensaufnahme abzüglich Darlehenstilgung, Entnahme für Steuern, sonstige Entnahmen/Ausschüttungen)
Ob sich diese Systeme durchgesetzt haben, kann hier nicht beurteilt werden. Eine windows-Version ist jedenfalls nicht erschienen, was man als einen Hinweis werten kann. Vielleicht wurde der Vorteil der universell verwendbaren betriebswirtschaftlichen Struktur erkauft durch eine Beschränkung auf den kleinsten gemeinsamen Nenner (Bilanz und GuV), der für die meisten Belange des Controlling eben nicht ausreicht. Das gilt sicherlich für den Verzicht auf die explizite Modellierung der unterschiedlichen Kostenträger (Produkte, Geschäftsfelder usw.)
Spezialisierte Programme wie Bilanzanalysesysteme können in diesem Segment durchaus sinnvoll angewendet werden.

Die Demo-Versionen der Reportgeneratoren haben vordergründig auch eine betriebswirtschaftliche Struktur. Man darf aber ein Demobeispiel nicht mit einer universellen betriebswirtschaftlichen Struktur verwechseln. Reportgeneratoren haben gerade keine betriebswirtschaftliche Struktur, vielmehr ist diese für den konkreten Fall erst mit Hilfe des Reportgenerators zu entwickeln.

Make-or-buy-Entscheidung bei Controlling-Software

Überlagert man in dem angegebenen Portfolio noch die Frage Software-Kauf oder Eigenentwicklung (make or buy), so fällt auf, daß folgende Parallelität besteht:

Eigenentwicklung herrscht bei den hochverdichteten Berichtssystemen vor. Bei den administrativ-/dispositiven Systemen (Buchhaltung bis Materialwirtschaft usw.) wird die komplette betriebswirtschaftliche Struktur eingekauft.

Man kann diesen Zustand auch so beschreiben:

- kleine Systeme selber machen
- große System kaufen

Bild 51/5: Kleine Softwaresysteme selbst erstellen(make)

Bild 51/5: Kleine Softwaresysteme selbst erstellen (make)

	Kleine Softwaresysteme	Große Softwaresysteme
	make Eigenentwicklung	buy Kauf + Anpassung
Umfang	klein	groß
Lebensdauer	kurz (bis 1-2 Jahre)	lang (5-6 Jahre)
Produktivität in der Softwareerstellung	hoch	niedrig
Sprache	SQL	Cobol, Assembler
typisches Beispiel	Berichtssystem	Fibu, Kore

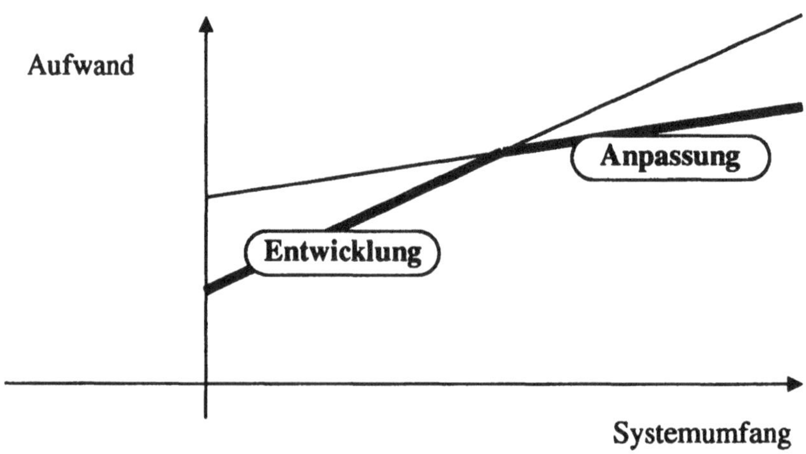

Klenger, DV für Controller

Bei **kleinen Systemen** hat man sich in der make-or-buy-Frage für das "make", die Eigenfertigung mit allen Risiken entschieden. Man bedient sich einer "Softwareproduktionsumgebung" auf dem PC. Die betriebswirtschaftliche Struktur entwickelt man selber.

Bei den **großen administrativ- /dispositiven Systemen** hat sich in der Betriebswirtschaft die Leitlinie verfestigt, nur Standardsoftware zu kaufen und keine Eigenentwicklung zu betreiben. In der make-or-buy-Frage hat man sich als Folge fehlgeschlagener Projekte (Kosten- und Terminüberschreitung, Rückstau vor der DV-Abteilung, mangelhafte Qualität der Software) für das "buy" entschieden. Genauer wäre zu sagen, daß man sich für den Kauf einer vorgedachten betriebswirtschaftlichen Struktur entschieden hat. Der Anpassungaufwand für die Standard-Software ist noch groß genug und bedingt Einarbeitung in die vom Softwarehersteller vorgedachte betriebswirtschaftliche Struktur einschließlich der Stellschrauben/Parameter, an denen man drehen muß, um die Anpassung für die konkrete Firma zu erreichen (customizing).

Damit ergibt sich der ultimative **DV-Werkzeugkasten des Controllers**:

bei den **hochverdichteten Berichtssystemen: buy + make:**
Standardsoftware ohne betriebswirtschaftliche Struktur für den PC kaufen (Tabellenkalkulation und Datenbank, Reportgeneratoren) (buy)
Eigenentwicklung der betriebswirtschaftlichen Struktur (make)

bei den **administrativ-/dispositiven Basissystemen: buy + customize:**
Standardsoftware mit betriebswirtschaftlicher Struktur kaufen (buy)
Anpassung der betriebswirtschaftlichen Struktur (customize)

Bild 51/6: DV-Werkzeugkasten des Controllers

Bild 51/6: DV-Werkzeugkasten des Controllers

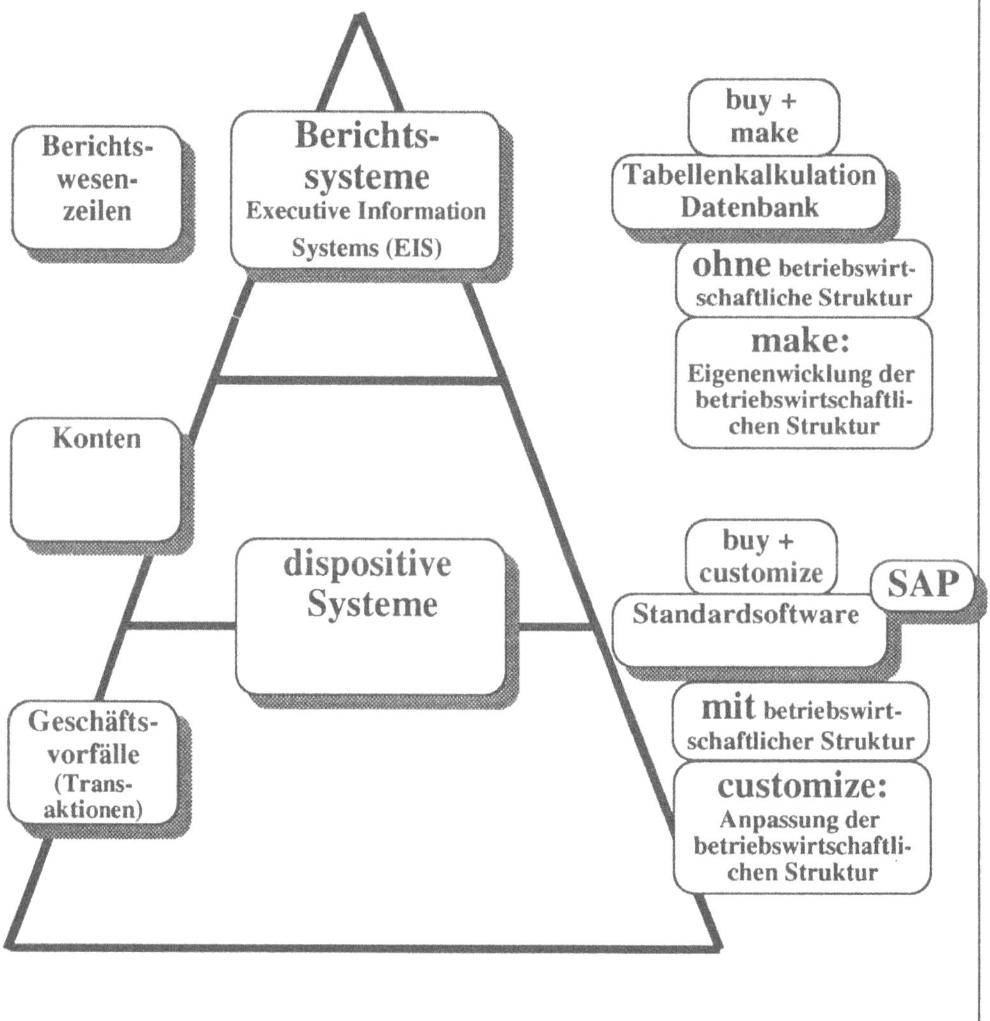

Klenger, DV für Controller

Schnittstelle Tabellenkalkulation - Datenbank 52

Grundgedanke:

kein Cobol, keine SQL: Auswählen durch Mausklick

Lernziele: Programm:

- ***Arbeitsteilung: Datenspeicherung im Datenbanksystem, Auswertung in der Tabellenkalkulation***

Bild 52/1: Datenbanksystem und Tabellenkalkulation

- ***Schnittstelle zwischen Tabellenkalkulation und Datenbank***

Bild 52/2: Schnittstelle zwischen Tabellenkalkulation und Datenbank

Tabellenkalkulation und Datenbank

In Modul 32 Minispezifikation war schon über das Zusammenspiel zwischen Tabellenkalkulation und Datenbank gesprochen worden.

Einerseits ist die Tabellenkalkulation eine fast universell verfügbare Kulturtechnik geworden. Es gibt kaum noch Personen, die neben einem Textsystem nicht auch eine Tabellenkalkulation zu bedienen verstehen.

Andererseits ist die Datenspeicherung in der Tabellenkalkulation unsinnig, weil kein Organisationsmittel zur Verfügung steht, um beispielsweise

3 Jahre
x 12 Monate
x 2 Plan/Ist
x 40 Berichtszeilen

zu ordnen, es sein denn irgendwie verteilt auf dem Arbeitsblatt oder mit Hilfe obskurer Makros, die außer dem Erfinder keiner nachvollziehen kann.

Für die Datenspeicherung ist das Datenbanksystem natürlich "wie geschaffen", allerdings lassen die Berichtsgeneratoren dieser Systeme zu wünschen übrig, d. h. sie verfügen nicht über die volle Funktionalität einer Tabellenkalkulation. Die einfache Lösung wäre natürlich, statt der schwachen Berichtsgeneratoren gleich eine Tabellenkalkulation als Oberfläche in die Datenbanksysteme zu integrieren. Auf diese einfache Idee ist aber noch niemand gekommen.

Daher ist beim derzeitigen Stand der Technik die Tabellenkalkulation in Verbindung mit einem Datenbanksystem zu nutzen. Die Arbeitsteilung ist dabei wie folgt: Datenbanksystem für die Datenspeicherung, Tabellenkalkulation für die Auswertung

Bild 52/1: Datenbanksystem und Tabellenkalkulation

Schnittstelle

Wenn man zwei Instrumente benutzt, muß man sich allerdings mit Schnittstellenproblemen herumplagen. Die Ergebnisse im Datenbanksystem werden von Hand über eine mehr oder weniger umständliche Befehlsfolge in die Tabellenkalkulation "importiert".

Da man diese Befehlsfolge bei jeder Aktualisierung wiederholen müßte, gibt es inzwischen den "dynamischen Datenaustausch" (dde = dynamic data exchange).
In früheren Fassungen dieser Arbeit war als Fazit zu diesen Instrumenten gesagt worden: "... Schnittstelle im jetzigen historischen Zustand vergessen und auf Verbesserungen warten".

Inzwischen hat die Tabellenkalkulation ms-excel (andere werden folgen) sich nach 4 untauglichen Versuchen im 5. release allmählich so verbessert, daß ein Minimum an Benutzerfreundlichkeit erreicht ist.

In Bild 52/2 wird ein Eindruck über die jetzige Prozedur gegeben:

Bild 52/2: Schnittstelle zwischen Tabellenkalkulation und Datenbank

- man ist in der Tabellenkalkulation und wählt die Datenquelle aus, z. B. access ("Datenquelle auswählen")

- man wählt die relevanten Tabellen/Dateien aus ("Tabellen hinzufügen"): im Beispiel die Gemeinkosten, die Kostenarten und die Kostenstellen. Es wird ein Verknüpfungsvorschlag gemacht entsprechend der gemeinsamen Schlüssel: im Beispiel die Verknüpfnung zwischen Kostenstellen und Gemeinkosten über die Kostenstellennummer und zwischen Kostenarten und Gemeinkosten über die Kostenartennummer.

- man stellt die Felder (Spalten) zusammen, die in der Abfrage erscheinen sollen und das Ergebnis der Abfrage erscheint. Bis hierhin ist es die "altbekannte" Abfragetechnik.

- Jetzt ruft man die Kreuztabelle, die zur Abwechslung und Verwirrung in diesem release inzwischen pivot-Tabelle heißt. Sie erscheint mit (Kopf-)Zeile, (Vor-) Spalte und dem Datenteil. Außerdem weren alle Felder der Abfrage angezeigt. Darüberhinaus gibt es ein Element "Seite", über das eine dritte Dimension neben Zeile und Spalte aufgebaut werden kann.

- mit der Maus "zieht" man bei gedrückter Maustaste z. B. das Feld

Kostenartenummer und die Bezeichnung der Kostenart auf die "Zeile" und die Kostenstellenummer und deren Bezeichnung auf die "Spalte". Außerdem das Feld Periode auf die "Seite". In dem Datenbereich der Tabelle soll der Betrag erscheinen, allerdings summiert über die Belegnummer.

- und schon ist das Ergebnis fertig: ein nomaler BAB, den man - wenn man will - in der Tabellenkalkulation weiterbearbeiten kann.

- Das Feld Periode spielt die Rolle eines Parameters bzw. einer dritten Dimension: durch Wahl des Parameters wird die jeweilige Auswertung erzeugt (durch Wahl der nächsten Periode erscheint der BAB der nächsten Periode).

- Zoom: man "doppelklickt" auf eine Zahl in dem BAB und es erscheint die tiefere Sicht, daß heißt die einzelnen Belege, über die verdichtet wurde.

- die Schnittstelle ist außerdem dynamisch ("dde"), d. h. bei Änderungen in der Datenbank erhält man auch in der Tabellenkalkulation eine aktualisierte Auswertung.

Fazit: kein Cobel, kein SQL, sondern man stellt sich das zusammen,was man braucht. Kenntnisse des Datenmodells sind natürlich nötig, das ist unabdingbar, ansonsten aber nicht die Kenntnis einer obskuren Syntax, um die Daten wiederzugewinnen, die man vorher ins Modell eingegeben hat.

I have a dream (Modul 32), es sind Annäherungen erkennbar.

Bild 52/1: Datenbanksystem und Tabellenkalkulation

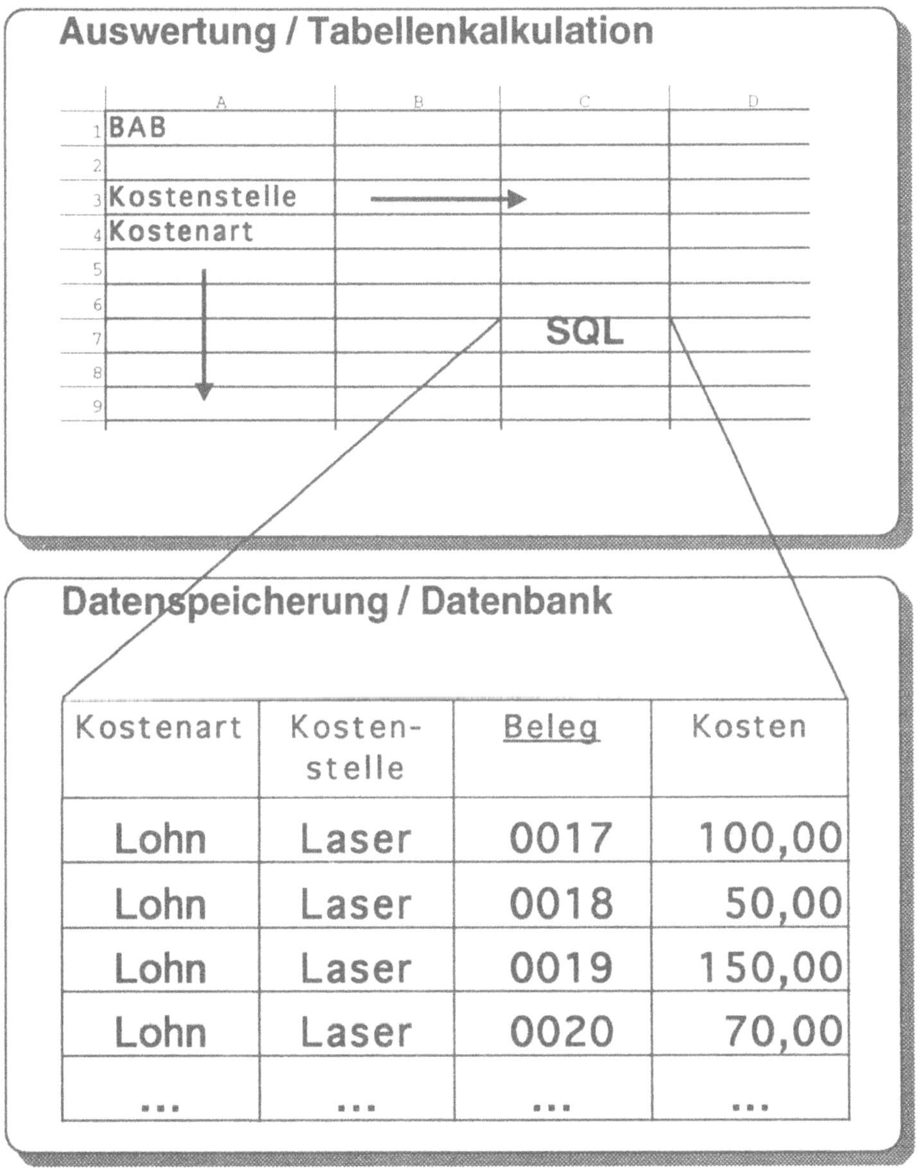

Klenger, DV für Controller

Bild 52/2: Schnittstelle zwischen Tabellenkalkulation und Datenbank

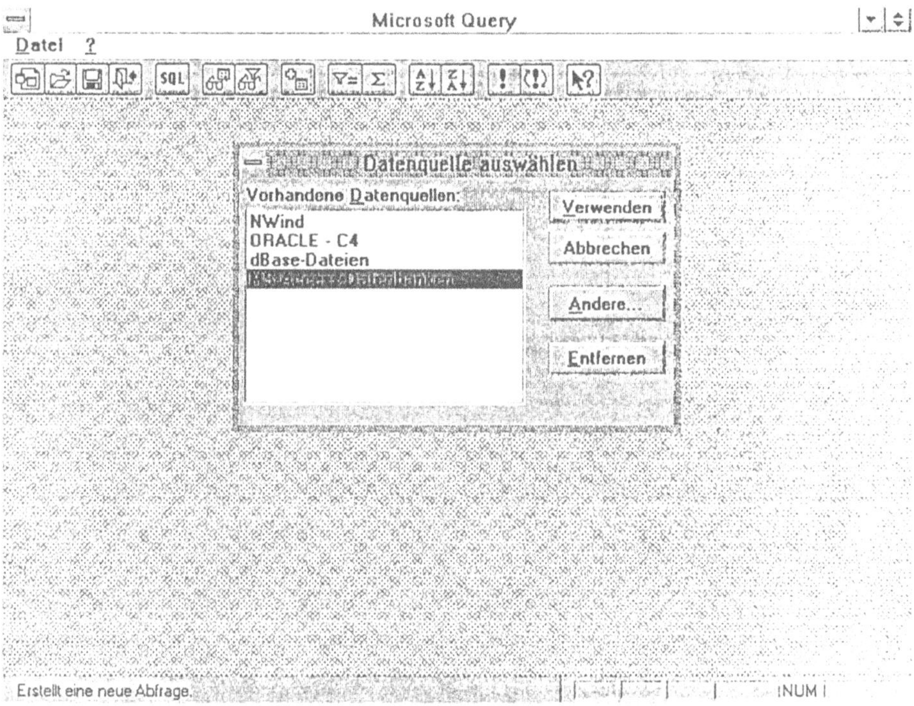

Schritte:

- **Verbindung zur Datenbank herstellen, im Beispiel zu ms-access**

Quelle: hardcopies aus excel

Bild 52/2 f: Schnittstelle zwischen Tabellenkalkulation und Datenbank

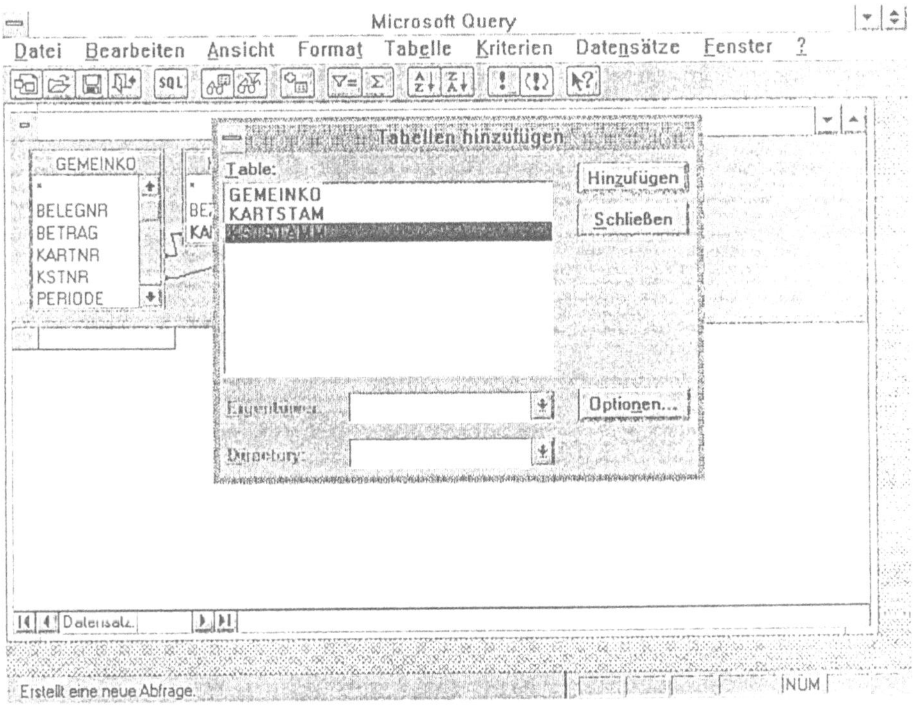

- **Tabellen auswählen, im Beispiel Kostenartenstamm, Gemeinkosten und Kostenstellenstamm**

Quelle: hardcopies aus excel

Bild 52/2 2f: Schnittstelle zwischen Tabellenkalkulation und Datenbank

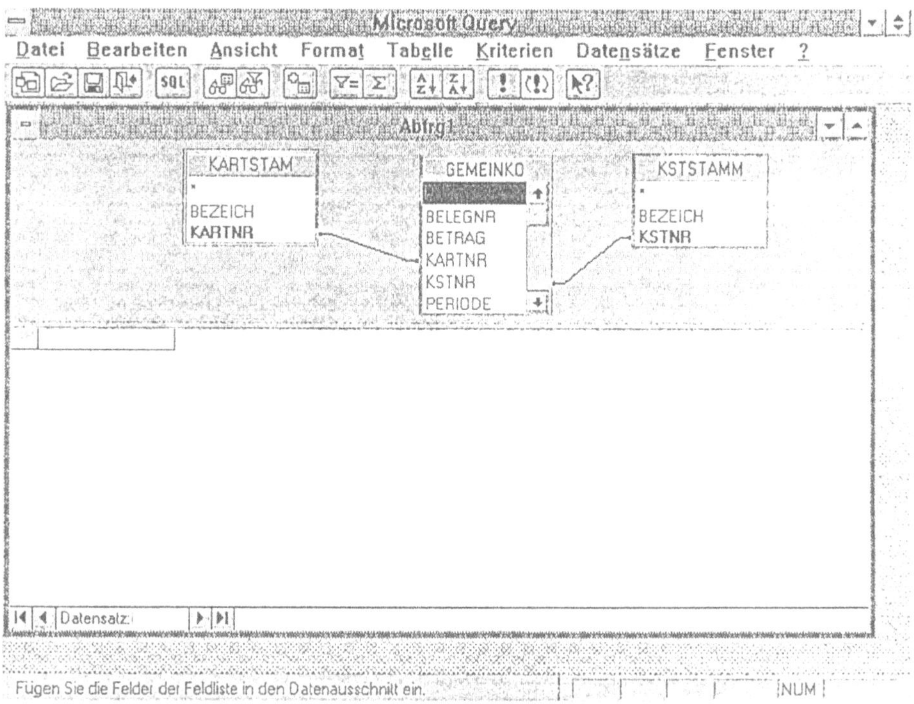

- **es erscheint ein Vorschlag zur Verknüpfung über die gemeinsamen Schlüsselfelder**

Quelle: hardcopies aus excel

Bild 52/2 3f: Schnittstelle zwischen Tabellenkalkulation und Datenbank

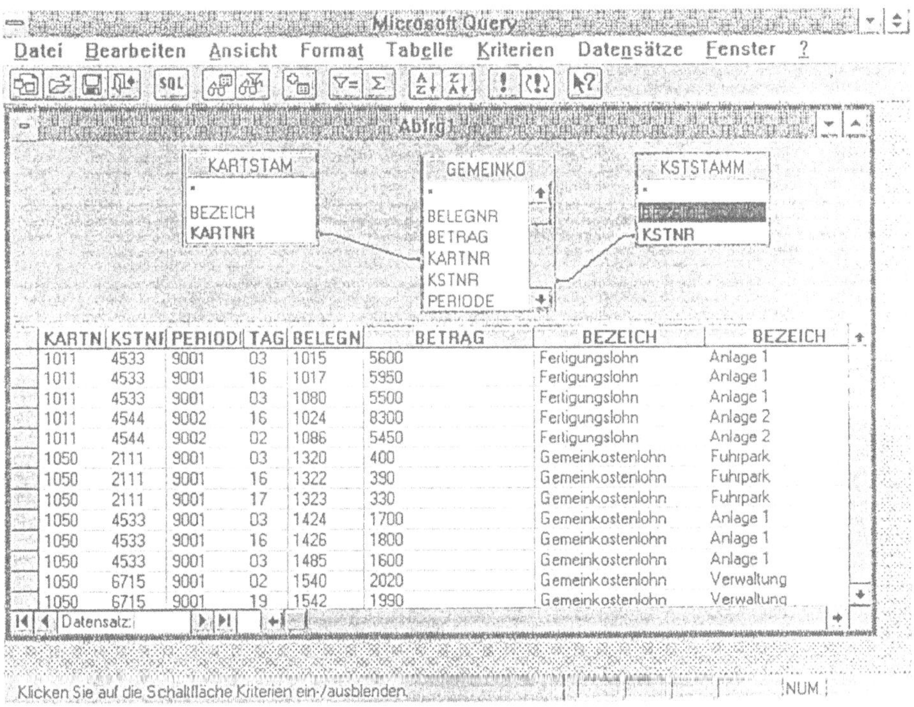

- **Felder (Spalten) für die Abfrage zusammenstellen**
- **es erscheint das Ergebnis**

Quelle: hardcopies aus excel

Bild 52/2 4f: Schnittstelle zwischen Tabellenkalkulation und Datenbank

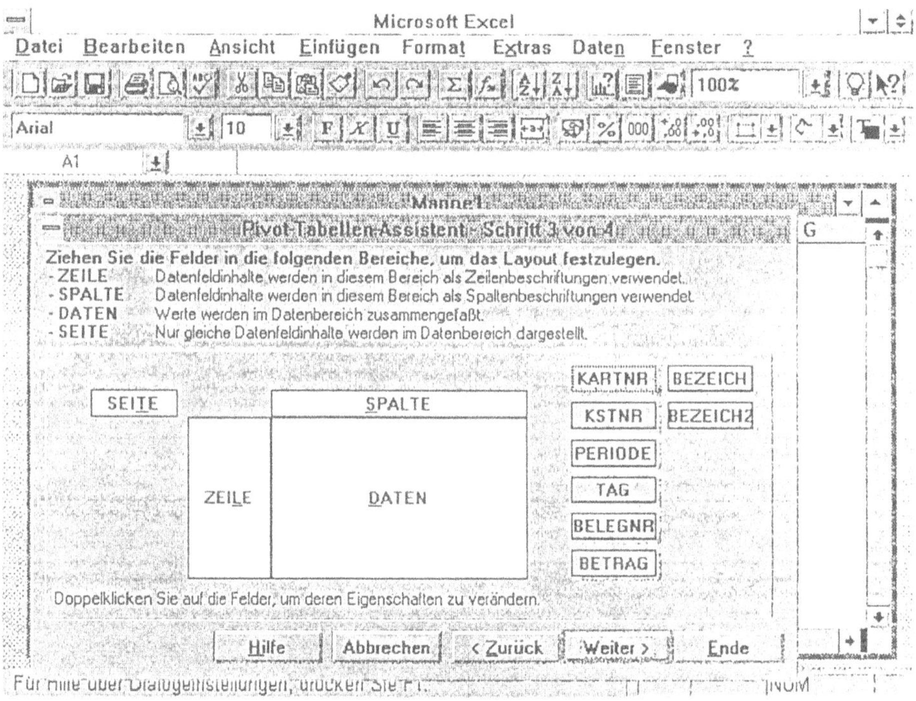

- **man ruft die Kreuztabelle (neuerdings pivot-Tabelle), die in ihrer Grundstruktur erscheint**
- **daneben stehen die Felder (Spalten) der Abfrage**

Quelle: hardcopies aus excel

Bild 52/2 5f: Schnittstelle zwischen Tabellenkalkulation und Datenbank

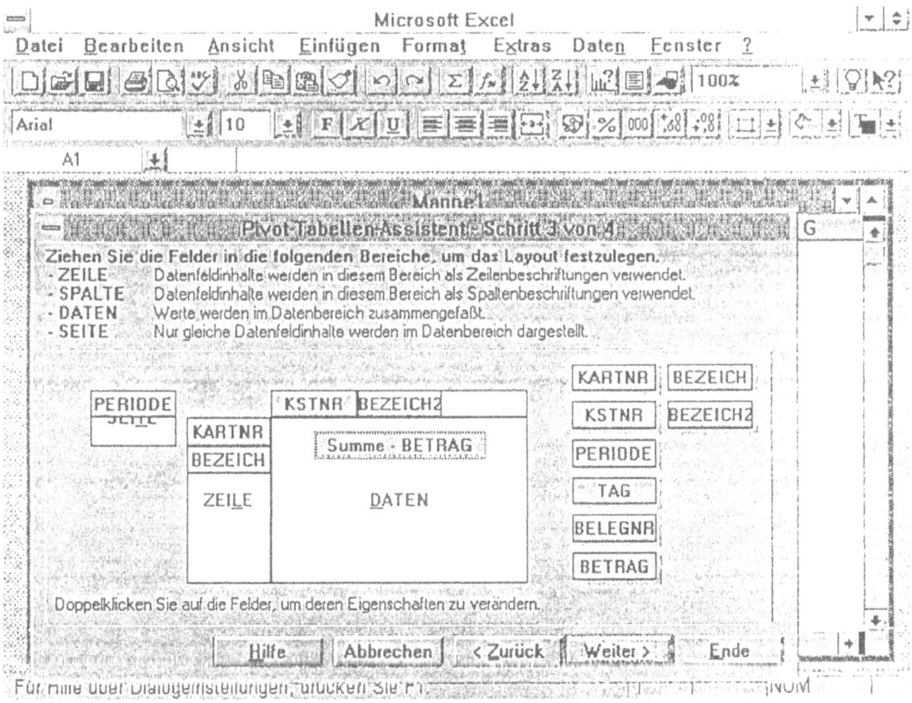

- es werden die Felder zugeordnet (durch Ziehen bei gedrückter Maustaste) im Beispiel:
  - o Kostenartennummer und (Kostenarten-)Bezeichnung auf "Zeile"
  - o Kostenstellennummer und (Kostenstellen-)Bezeichnung auf "Spalte"
  - o Periode auf "Seite"
  - o Betrag auf "Daten", wobei allerdings über die Belege, die in dieselbe BAB-Zelle fallen, summiert werden soll

Quelle: hardcopies aus excel

Bild 52/2 6f: Schnittstelle zwischen Tabellenkalkulation und Datenbank

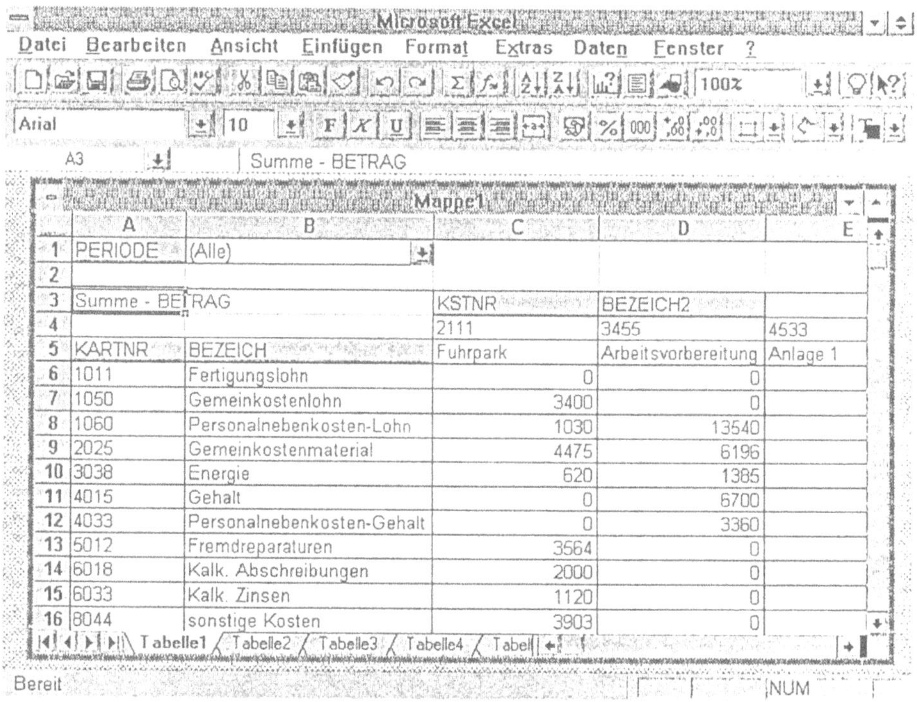

	A	B	C	D	E
1	PERIODE	(Alle)			
2					
3	Summe - BETRAG		KSTNR	BEZEICH2	
4			2111	3455	4533
5	KARTNR	BEZEICH	Fuhrpark	Arbeitsvorbereitung	Anlage 1
6	1011	Fertigungslohn	0	0	
7	1050	Gemeinkostenlohn	3400	0	
8	1060	Personalnebenkosten-Lohn	1030	13540	
9	2025	Gemeinkostenmaterial	4475	6196	
10	3038	Energie	620	1385	
11	4015	Gehalt	0	6700	
12	4033	Personalnebenkosten-Gehalt	0	3360	
13	5012	Fremdreparaturen	3564	0	
14	6018	Kalk. Abschreibungen	2000	0	
15	6033	Kalk. Zinsen	1120	0	
16	8044	sonstige Kosten	3903	0	

- **es erscheint der gewünschte BAB, zunächst für die Summe aller Perioden**
- **man beachte Kostenart 1050 und Kostenstelle 2111 mit einem Wert von 3.400. Auf diese Zahl wird im übernächsten Bild "gezoomt"**

Quelle: hardcopies aus excel

Bild 52/2 7f: Schnittstelle zwischen Tabellenkalkulation und Datenbank

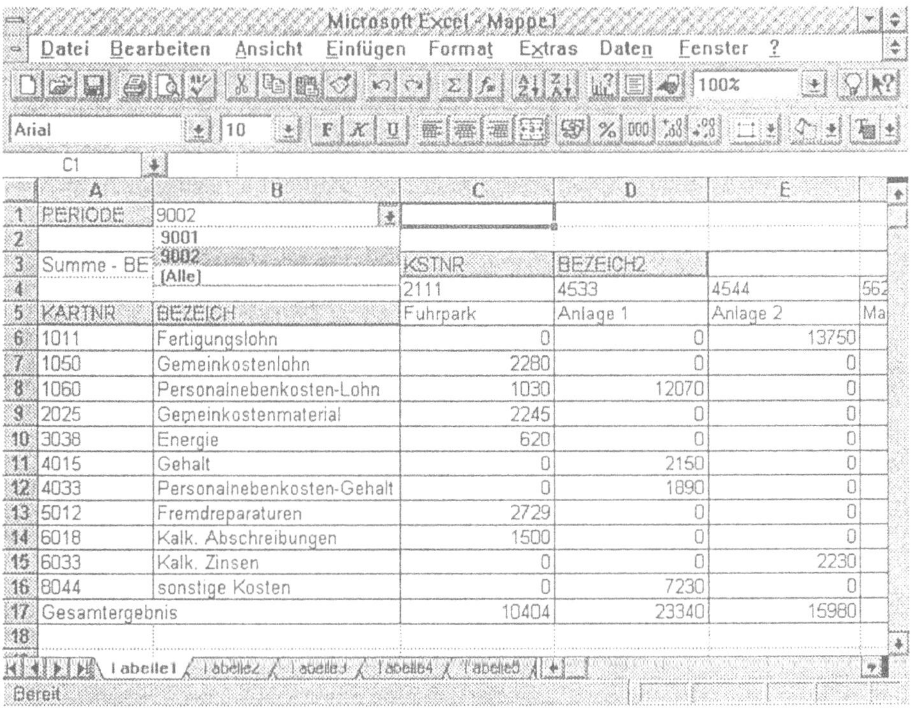

	A	B	C	D	E	
1	PERIODE	9002				
2		9001				
3	Summe - BE	9002 / (Alle)	KSTNR	BEZEICH2		
4			2111	4533	4544	562
5	KARTNR	BEZEICH	Fuhrpark	Anlage 1	Anlage 2	Ma
6	1011	Fertigungslohn	0	0	13750	
7	1050	Gemeinkostenlohn	2280	0	0	
8	1060	Personalnebenkosten-Lohn	1030	12070	0	
9	2025	Gemeinkostenmaterial	2245	0	0	
10	3038	Energie	620	0	0	
11	4015	Gehalt	0	2150	0	
12	4033	Personalnebenkosten-Gehalt	0	1890	0	
13	5012	Fremdreparaturen	2729	0	0	
14	6018	Kalk. Abschreibungen	1500	0	0	
15	6033	Kalk. Zinsen	0	0	2230	
16	8044	sonstige Kosten	0	7230	0	
17	Gesamtergebnis		10404	23340	15980	
18						

- **statt der Summe über alle Perioden kann auch eine einzelne Periode, z. B. 9002 (Februar 1990) ausgewählt werden; es erscheint der zugehörige BAB**

Quelle: hardcopies aus excel

Bild 52/2 8f: Schnittstelle zwischen Tabellenkalkulation und Datenbank

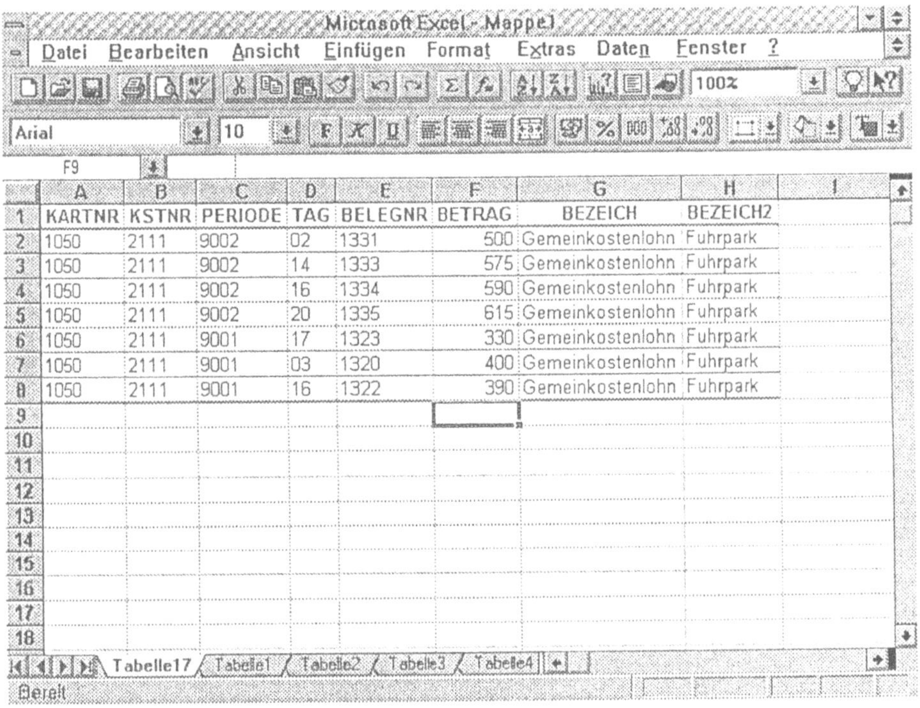

KARTNR	KSTNR	PERIODE	TAG	BELEGNR	BETRAG	BEZEICH	BEZEICH2
1050	2111	9002	02	1331	500	Gemeinkostenlohn	Fuhrpark
1050	2111	9002	14	1333	575	Gemeinkostenlohn	Fuhrpark
1050	2111	9002	16	1334	590	Gemeinkostenlohn	Fuhrpark
1050	2111	9002	20	1335	615	Gemeinkostenlohn	Fuhrpark
1050	2111	9001	17	1323	330	Gemeinkostenlohn	Fuhrpark
1050	2111	9001	03	1320	400	Gemeinkostenlohn	Fuhrpark
1050	2111	9001	16	1322	390	Gemeinkostenlohn	Fuhrpark

- **Zoom auf eine verdichtete Zahl des BAB zur Anzeige der "dahinterliegenden" Belege**

  (Kostenart 1050 und Kostenstelle 2111 über alle Perioden mit einem Gesamt-Wert von 3.400)

Quelle: hardcopies aus excel

Reportgeneratoren 53

Grundgedanke:

mehrdimensionales Berichtswesen oder:
die Kombinatorik in den Griff bekommen

Lernziele: Programm:

- ***Reportgeneratoren:***
  Integration von Datenbank, Auswertung und Graphik

- ***Anforderungsliste***

Bild 53/1: Anforderungsliste Reportgeneratoren

Bild 53/2: Stichworte zur Einführung eines EIS

- ***Spreadsheet Connector (SC): add-in zu excel***

Bild 53/3: Spreadsheet Connector (SC) innerhalb von excel

Bild 53/4: Spreadsheet Connector (SC): Beispiel Firma L.

- ***tz-info:***

Bild 53/5: tz-info

Reportgeneratoren 53

Lernziele:

- *micro control/hyperion*

Programm:

Bild 53/6: micro control / hyperion

Bild 53/7: Grobe Profile von EIS-Systemen

Reportgeneratoren

Die Reportgeneratoren oder Berichtsgeneratoren lösen das **Auswertungs- und Datenspeicherungs**problem **simultan.** Sie beinhalten **keine betriebswirtschaftliche Struktur**, sind aber speziell für das **mehrdimensionale** Berichtswesen eines Unternehmens geeignet.

Die Demoversionen führen natürlich eine Struktur vor. Bezogen auf einen konkreten Anwendungsfall muß man aber die betriebswirtschaftliche Struktur selbst entwickeln. Aufwand !

Es mag auch sein, daß einzelne dieser Produkte meinen, sie könnten eine betriebswirtschaftliche Struktur bieten (z. B. die Errechnung eines Deckungsbeitrags oder eine ROI-Kennzahl). Dies müßte aber eher als ein disqualifizierendes Merkmal betrachtet werden, wenn nicht zusätzlich ein Berichtsgenerator beliebige anderes Berichtsstrukturen zuläßt.

Kienbaum 1989 brachte u. a. Anforderungsprofile und Produktbeschreibungen von 36 Produkten. Es wurde auch eine Abschätzung der Gesamteinmalkosten (Konzeption betriebswirtschaftliches Modell, Software, Hardware) gegeben für zwei Fälle (Mittelständler und Maschinenbau-Holding): 95.000-395.000 DM (1989)

Fritz 1993 enthält eine Marktübersicht (Produktnamen und Hersteller) von ca. 40 EIS.

Bullinger 1993 enhält Profile über 32 "Führungsinformationssysteme (FIS)" und Kurzberichte über Anwendungen bei Daimler (macControl), Bahlsen (tz-info), Gervais Danone / BSN-Gruppe (express), Continental (commander).

Anforderungsliste

In dem folgenden

Bild 53/1: Anforderungsliste Reportgeneratoren

sind wesentliche Anforderungen für Reportgeneratoren genannt. Ausführliche Listen sind in der angegebenen Literatur enthalten.

Bild 53/1: Anforderungsliste Reportgeneratoren

Berichtszeilen mit Hierarchie, Rechenzeilen, Kennzahlenbildung

Objekte wie Gesellschaften, Produktgruppen, Vertiebswege, Kundengruppen, Vertriebsgebiete, jeweils mit Hierarchie

Plan/Ist

Zeitperiode Monat/Jahr

laufend (Mai) / **kumuliert** (Januar bis Mai)

Verdichtung entsprechend Hierarchie

Drill-Down (Zoom)

Graphik

Schnittstellen für Datenübernahme

Schnittstelle zu Tabellenkalkulation und Standarddatenbank

Dokumentation

Schulung

Klenger: DV für Controller

Aus einem Anwenderbericht der Dohle-Handelsgruppe (Harms 1992) seien einige Stichworte zur Einführung eines EIS zitiert.

Bild 53/2: Stichworte zur Einführung eines EIS

Drei Vertreter dieser Klasse von Reportgeneratoren sollen etwas näher beschrieben werden:

- Spreadsheet-Connector (Add-in zu ms-excel)
- tz-info
- Microcontrol bzw. hyperion

SC - Spreadsheet Connector

Spreadsheet Connector (Vorgänger-Produkte hießen TM/1) ist ein Produkt der United Information Technologies, in Deutschland vertreten durch Management Informations Systeme M.I.S. GmbH in Darmstadt.

Der Name Spreadsheet Connector ist eher eine Fehlbezeichnung. Daß irgendwelche Arbeitsblätter verbunden werden können, ist vielleicht auch interessant. Das Hauptmerkmal ist aber, daß **mehrdimensionale Tabellen** verwaltet werden können.

SC ist ein add-in zu excel, d. h. nach dem Laden von SC erscheint in der obersten Menüleiste von excel rechts die Ikone: SC. Man bewegt sich also in der vertrauten Umgebung von Excel, insbesondere auch mit dessen Graphikmöglichkeiten.

Bild 53/3: Spreadsheet Connector (SC) innerhalb von excel

Die Arbeitsweise von SC soll an einem Beispiel kurz erläutert werden.

Bild 53/4: Spreadsheet Connector (SC): Beispiel Firma L.

Bild 53/2: Stichworte zur Einführung eines EIS

Was wollten wir?

- Bedienungskomfort
- Integration
- Aktualität
- Übersicht
- Schnelligkeit
- Kennzahlen
- Prognose, Planung
- Warnpunkte
- Unabhängigkeit
- Flexibilität
- Schnittstellen
- Sicherheit
- Wirtschaftlichkeit

Quelle: Harms 1992

Bild 53/2 f: Stichworte zur Einführung eines EIS

Was wollten wir nicht?

- Ein Prestige-Projekt
- Lange Entwicklungszeiten
- Akzeptanzprobleme
- Alt und neu nebeneinander
- Die "Ideal-Lösung"
- Die Real-time-Statistik
- Ein Eigenleben der sog. "Betriebswirtschaftlichen Abteilung"
- Ein Host-System mit der "idealen" integrierten Datenbank
- Einen Reinfall

Quelle: Harms 1992

Bild 53/2 2f: Stichworte zur Einführung eines EIS

EINIGE SCHLAGZEILEN ZUM
THEMA EIS

DV-Spezialisten eignen sich nicht für die EIS-Entwicklung

Manager als EIS-Spezialisten?

Die Hälfte aller EIS bringt keine Vorteile

25 % der PC auf den Schreibtischen von Executives werden nie eingeschaltet

In 7 von 10 Fällen keine meßbaren Vorteile durch EIS

Unermüdliches Engagement ist das Wichtigste, scheitert das Projekt, so verliert man mehr als bei anderen Fehlschlägen.

Quelle: Harms 1992

Das Berichtswesen für die Firma L. hat folgende Dimensionen:

- **Dimension Jahr**
  mit den Ausprägungen der einzelnen Jahre, z. B. 1993, 1994

- **Dimension Monat**
  mit den Ausprägungen der Monate Januar bis Dezember;
  dazu noch die jeweils kumulierten Werte, z. B. kum. 02 (=Januar + Februrar)
  (Diese werden im SC nicht gespeichert, sondern aktuell errechnet;
  auf diese Weise ist aber der Zugriff für das Berichtswesen einfacher);
  dazu noch die Hochrechnung auf das Jahr, die in jedem Monat nach aktuellem Kenntnisstand gemacht werden kann, z. B. als Extrapolation der vorliegenden Monate auf das Jahr, aber auch durch Direkteingabe;
  dazu noch der Jahresplan (aus dem die Monatsplanwerte durch Zwölftelung ermittelt werden);
  alternativ ließe sich auch eine zusätzliche Plan/Ist-Dimension einführen.

- **Dimension Region**
  mit den Ausprägungen Nord, Süd und "alle Regionen" als Summe

- **Dimension Produkt**
  mit den Ausprägungen Serie und Projekte (entsprechend der beiden Geschäftsbereiche der Firma: Serienprodukte und Kundeneinzelfertigung in Projekten);
  beide Bereiche können noch weiter unterteilt werden, auch hierarchisch.

- **Dimension Konten**
  mit den Ausprägungen der einzelnen Berichtszeilen

Zwei Dimensionen auswählen, die übrigen sind Parameter
Auf dem Bildschirm oder dem Papierausdruck sind natürlich nur zwei Dimensionen darstellbar; daher muß man jetzt unterscheiden zwischen freien Dimensionen oder Laufvariablen, die alle Werte durchlaufen sollen und Parametern, die einen beliebigen, aber festen Wert annehmen.

Man wählt die gewünschte Dimension aus, z. B. Konten, und legt fest, daß diese in den Zeilen der Tabelle erscheinen soll; ebenso legt man für eine zweite Dimension fest, z. B. Monate, daß diese als Spalten erscheinen sollen.

Die übrigen Dimensionen kann man parametrisch einstellen, z. B. das Jahr auf 1994, die Region auf Nord und das Produkt auf Serie.

Es erscheint dann die gewünschte tabellarische Darstellung mit Konten als Zeilen, Monaten als Spalten und im übrigen für die eingestellte Parameterkonstellation: Jahr 1994, Region Nord, Produkt Serie.

Dateneingabe
Die Dateneingabe erfolgt - wenn man von automatischen Übernahmen absieht - in das angezeigte Arbeitsblatt, z. B. die Berichtszeilen (Konten) für Monat Februar für die gewählte Parameterkonstellation: Jahr 1994, Produkt Serie, Region Nord.

Änderung der Parameter
Will man sich eine andere Parameterkombination einstellen, z. B. statt Region Nord jetzt Region Süd (andere Parameter unverändert), so führt man einen Doppelklick auf den "button" Region aus, es erscheinen in einem Fenster die Ausprägungen der Dimension Region (die man natürlich vorher irgendwann angelegt hat). Man wählt Süd und bestätigt mit dem ok-button, dann erscheint die entsprechende Tabelle jetzt für Süd.

Änderung der angezeigten Dimensionen
Will man Nord und Süd miteinander vergleichen, dann muß man in der zweidimensionalen Darstellung natürlich auf eine der bisher festgelegten Dimensionen verzichten. Angenommen in den Spalten sollen jetzt statt der Monate die Regionen erscheinen, so doppelklickt man auf den button Region, und legt hier fest, daß Region als Spalte erscheinen soll. Da die Dimension Monat nicht mehr frei läuft, d. h. alle Werte annimmt, muß jetzt Monat als Parameter spezifiziert werden, entweder ein ausgewählter (im Beispiel Januar) oder alle als Summe.

Anzeige als excel Tabelle
Man kann für eine ausgewählte Zeilen- und Spaltendarstellung sowie Parameterkonstellation in eine normale excel-Tabelle wechseln (es muß der button "Schnitt" angewählt werden). Jetzt kann man sich in der vertrauten Umgebung der excel-Tabellenkalkulation bewegen und die Tabelle weiterbearbeiten: man kann Spalten einfügen, z. B. für Kennzahlen, mit den Zeilen- und Spalteninhalten rechnen usw.
Außerdem kann man - eigentlich trivial - diese Roh-Tabelle (noch ohne alle "Schönheit") auch ausdrucken (nicht als hardcopy, sondern als normalen Druck aus excel).

Der Bezug zum Spreadsheet-Connector wird durch eine automatisch vergebene Zelladresse hergestellt. (im Beispiel DBR5(...); diese Namensgebung ist SC-intern, sie hat *nichts* mit dem deutschen Wort Deckungsbeitragsrechnung zu tun)

Gestaltung in einem Berichtsformular
Schließlich kann man die Daten in ein eigens gestaltetes Berichtsformular bringen. Dieses legt man in excel an und stellt die Verbindung zur mehrdimensionalen Spreadsheet-Connector-Tabelle (und zu den im oberen Bereich des Arbeitsblattes einstellbaren Parametern) durch Angabe der Zelladdresse (siehe oben) her.

Soweit das Beispiel Firma L.

Die Fallstudie Berichtswesen (Modul 41) läßt sich ebenfalls sehr schön mit dem Spreadsheet-Connector lösen.

Vergleicht man den Spreadsheet-Connector mit einer relationalen Datenbanklösung so fällt der entscheidende Vorteil sofort auf:

- **vom relationalen Modell** wurde **die zentrale Tabelle** übernommen, die die Werte beinhaltet (wohingegen die Schlüsseldefinitionen in die Erklärung der Dimensionen gelegt wurden)

- der entscheidende Vorteil ist **die Leichtigkeit der Auswertung**, indem **Projektionen aus der Mehrdimensionalität in die Ebene** (zwei Dimensionen) hergestellt werden.

Das relationale Modell zu dem Beispiel Firma L. würde etwa wie folgt aussehen:

KER (Konto, Plan/Ist, Jahr, Monat, Region, Produkt, Wert)

Hinzu kommen noch "kleine" Tabellen, die die Schlüsselwerte erklären: z. B. für das Produkt:

Produkt (Prod-Nr, ProdBezeichnung)

Diese müßten in einer Auswertung wieder mit der Haupttabelle über die gemeinsamen

Schlüssel verknüpft werden.

Der Spreadsheet-Connector stellt die Werttabelle als Haupttabelle in den Mittelpunkt und legt die Information der "kleinen" Schlüsseltabellen in die Dimensionen und erkärt sie dort direkt.

Als **Schwachpunkt des relationalen Modells** war schon das **Fehlen eines adäquaten Funktionsmodells** für die Auswertung genannt worden. Die Arbeit mit der Verknüpfung über gemeinsame Schlüssel bzw. die Verwendung der SQL ist geradezu grobschlächtig verglichen mit der Eleganz der Projektionen im Spreadsheet-Connector.

Man mache den Test, indem man aus dem relationalen Modell eine Standardauswertung wie den in Bild 53/4 6f gezeigten Plan/Ist-Vergleich in einem relationalen Datenbanksystem wie ms-access zu erstellen sucht. Oder besser: man realisiere das Problem gleich im Spreadsheet-Connector und verwende die gesparte Zeit nach Belieben.

Es hat nichts mit Euphorie, sondern mit konkreten Implementierungs-Erfahrungen zu tun, wenn **für Berichtsprobleme** der Speadsheet-Connector oder einer der im folgenden besprochenen Reportgeneratoren empfohlen wird (die allerdings nicht in der Umgebung der Tabellenkalkulation arbeiten).

tz-info

Das Berichtswesensystem TZ-Info der MIK (Gesellschaft für Management und Informatik mbH, Konstanz) deckt die wesentlichen Anforderungen an ein Berichtssystem ab. Es zeichnet sich durch hervorragende Graphikfähigkeiten aus.

Bild 53/5: tz-info

Es ist die Realisierung von beliebigen **Abrechnungseinheiten** möglich: **Produktstruktur, Vertriebsstruktur, Organisationsstruktur**.

Der Anbieter sieht ansonsten sein Produkt in fünf **Aspekten (Konzeption)**:

- Datenstruktur
- Datenarten
- Perioden
- Systemfunktionen
- Schnittstellen

Mit **Datenstruktur** sind die Berichtszeilen gemeint und deren hierarchische Strukturierung.

Wie schon allgemein zu Reportgeneratoren gesagt: die Demoversionen zeigen eine **betriebswirtschaftliche Strukturierung** (**Analysebereiche**), so auch tz-info.

Wichtig ist aber, daß ein allgemeiner Berichtsgenerator existiert, der es erlaubt die individuellen Berichtsstrukturen abzubilden, so daß man nicht an die Vorschläge von tz-info gebunden ist.

Unter **Datenarten** werden Plan und Ist verstanden.

Die **Periode** dient zur Erfassung der Zeitachse in Jahren und Monaten

Bei den **Systemfunktionen** sind die **Graphikoptionen** bemerkenswert.

Das System besticht durch die **flexible Kombination der verschiedenen Berichtsdimensionen und deren graphische Darstellung**: So lassen sich für beliebig wählbare Perioden Plan/Ist-Vergleiche, Ist/Ist-Vergleiche periodenbezogen oder kumulativ durchführen. Für beliebig wählbare Größen lassen sich Zeitreihen mit Absolutwerten, als Strukturdarstellungen mit jeweils auf 100% normierten Summenwerten oder als Indexreihen mit einem =100 % gesetzten Basisjahr anzeigen. Kennzahlen werden gleichzeitig mit ihren Ausgangsgrößen dargestellt (z. B. Umsatzrendite als prozentuale Kennzahl gleichzeitig mit den Ausgangsgrößen Umsatz und Gewinn).

Schließlich wird mit den **Schnittstellenfähigkeiten** geworben.

Witzig ist auch die Abweichungsanalyse, die nach Eingabe eines Toleranzniveaus alle Größen "blinken" läßt, die das vorgegbene Niveau überschreiten. Ob das in der vielberufenen Praxis wirklich gebraucht wird, sei dahin gestellt, jedenfalls ein interessater Vorführeffekt.

Micro Control bzw. Hyperion

Micro Control von IMRS (Zentrale in Stamford, Connecticut, USA; Büro in Deutschland in Neu-Isenburg bei Frankfurt) nimmt für sich in Anspruch, "nicht nur die erste, sondern auch die technologisch am weitesten entwickelte Mikrocomputer-Software für **Konzernberichtswesen** und Konsolidierung" (Micro Control Systembeschreibung) zu sein.

Die windows-Version von Micro Control heißt Hyperion.

Auch hier findet man die verschiedenen Dimensionen eines Berichtswesens:

- Komponenten
- Datenkategorie
- Zeitraum/Frequenz
- Kontenplan
- Jahr

Bild 53/6: micro control / hyperion

Mit **Komponenten** sind die Abrechnungseinheiten gemeint.

Datenkategorien meint Plan, Ist usw.

Zeitraum/Frequenz meint die unterjährigen Zeitperioden, daneben gibt es das **Jahr**.

Kontenplan sind die Berichtszeilen. Es wird von einem "intelligenten" Kontenplan gesprochen, "als jedem Konto eine Reihe von "Attributen" zugeordnet werden können. Diese Attribute können ein Konto als Ertrags- oder Aufwandskonto, Aktiv- oder Passivkonto, konsolidiert oder nicht konsolidiert, konzernintern, Verlust, Gewinn, Gesamt- oder Zwischenergebnis usw. definieren." (Micro Control Systembeschreibung).

Hervorgehoben wird die
- Konsolidierung
- Währungsumrechnung

Mit der **Konsolidierung** ist einerseits die Verdichtung entsprechend der Hierarchie gemeint, andererseits auch die Konzernkonsolidierung im Sinne von Eliminierung von konzerninternen Lieferungen (Herausrechnung von Innenumsätzen und Innenzulieferungen).

Von der windows-Version Hyperion besteht eine Schnittstelle zu ms-excel und lotus, um deren Graphikmöglichkeiten zu nutzen. Damit ergibt sich ein etwas anderer Schwerpunkt als bei tz-info.

Das Bild 53/7 kann man für eine grobe Einsortierung der EIS-Systeme benutzen.

Bild 53/7: Grob-Profile von EIS-Systemen

Diese **Grobprofile** leisten nur eine Positionierung. Bei einander sehr ähnlichen Produkten kommt man fast zum gleichen Profil. Für eine Auswahlentscheidung muß man noch andere Kriterien hinzunehmen (man kann nicht die Kreuzchen zählen und daraus die Entscheidung ableiten).

Die Klassifizierung sei kurz kommentiert:
Obwohl Micro Control die Konzerneignung besonders hervorhebt (und mit den Stichworten Konsolidierung, Währungsumrechnung stützt), wird man den Berichtsgenerator von tz-info ähnlich einrichten können.

Beide Systeme stützen das operative Controlling.

Beide Systeme sind besonders für die Soll/Ist-Abweichungen geeignet.

Von Planeignung sollte dann gesprochen werden, wenn mit wenigen Bezugsgrößen (Umsatz, Investitionen) schon Pläne (über Kennzahlen) entwickelt werden können. Beiden Systemen könnte man eine derartige Struktur ein-"programmieren", aber das ist nicht ihr Schwerpunkt.

Dem Berichtsgenerator von Micro Control wird man ebenfalls eine Abweichungsanalyse einbauen können.

Die graphische Präsentation ist ein Wesensmerkmal von tz-info. Vielleicht sollte man die graphische Präsentation aber auch nicht überschätzen. Es lassen sich für Vorstands- und Aufsichtsratssitzungen interessante "Schaueffekte" erzielen, in der täglichen Arbeit sind die Controller vielleicht doch eher zahlenorientiert. Auch mancher Manager guckt als erstes und einziges die Ergebnisrechnung an. Wenn "rechts unten" alles stimmt (Gewinn), gibt er das Berichtswesen in die Ablage oder drückt die Escape-Taste. Wenn es "rechts unten" nicht stimmt (Verlust), ruft er seinen Assistenten (in fortschrittlichen Unternehmen kann es auch eine Assistentin sein).

Es wird von dem Europa-Controller eines amerikanischen Konzerns berichtet, der seinen Tag vor dem Bildschirm verbrachte und "seine" Gesellschaften "durchblätterte". Bei größeren Abweichungen pflegte er laut "Jesus Christ" (dschiises kreist) zu rufen. Von weitergehenden Maßnahmen ist nichts bekannt.

Beide Systeme arbeiten auf hohem Verdichtungsniveau (keine dispositiven Systeme, d. h. nicht auf Transaktionsbasis).

Beide sind ohne betriebswirtschaftliche Struktur, sondern diese muß beiden erst mitgegeben werden.

Bild 53/3: Spreadsheet Connector (SC) innerhalb von excel

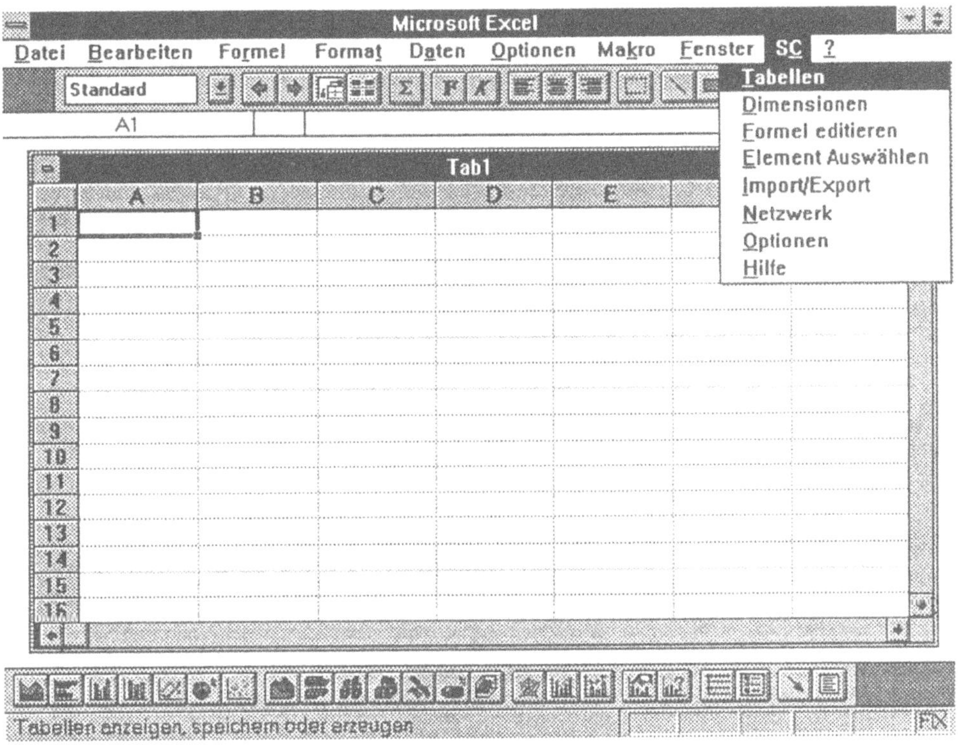

Quelle: hardcopy aus excel mit Spreadsheet-Connector

Bild 53/4: Spreadsheet Connector (SC): Beispiel Firma L.

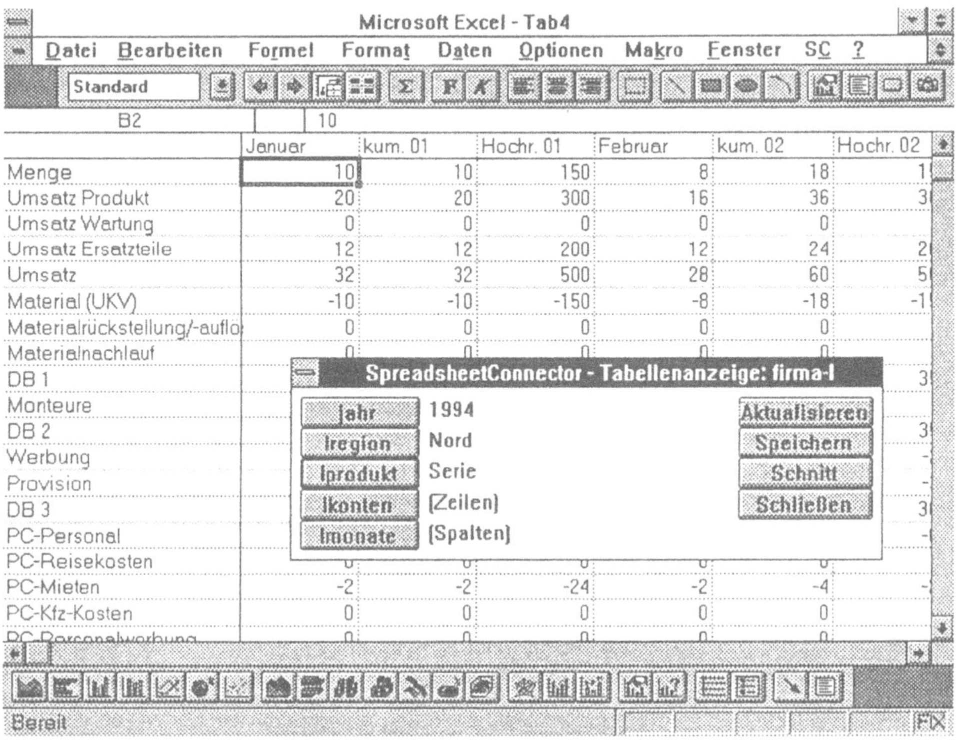

Zwei Dimensionen auswählen, die übrigen sind Parameter

- **Beispiel mit fünf Dimensionen: Jahre, Regionen, Produkte, Konten und Monate.**
- **zwei Dimensionen können "laufen", d. h. in Zeilen bzw. Spalten der tabellarischen Darstellung einen Wertebereich darstellen, im Beispiel "Konten" als Zeilen und "Monate" als Spalten**
- **die übrigen Dimensionen sind parametrisch festzulegen, im Beispiel Jahr auf 1994, Region auf Nord und Produkt auf Serie**

Dateneingabe

- **in die Zelle des Arbeitsblattes: z. B. Zeile Menge, Spalte Februar**
- **gilt für die gewählte Parameterkonstellation Jahr 1994, Produkt Serie, Region Nord**

Quelle: hardcopy aus excel mit Spreadsheet-Connector

Bild 53/4 f: Spreadsheet Connector (SC): Beispiel Firma L.

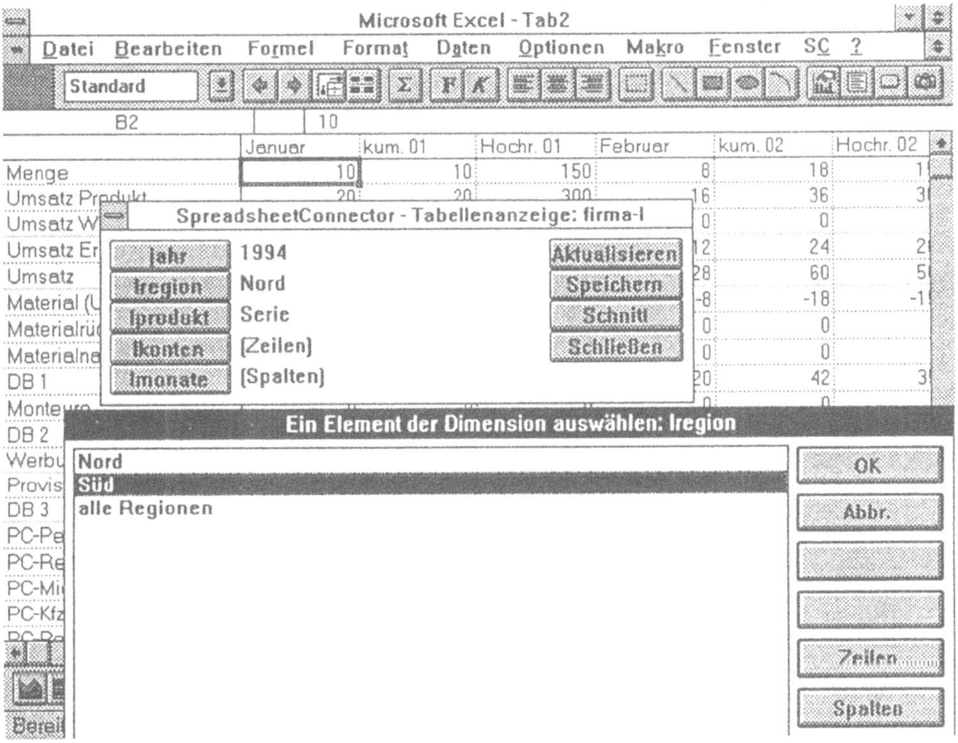

Änderung der Parameter

- **statt Region Nord soll jetzt Region Süd eingestellt werden (andere Parameter unverändert)**

  Doppelklick auf den "button" Region

- **Ausprägungen der Dimension Region erscheinen in einem Fenster**
- **Auswahl des gewünschten Parameters, im Beispiel Süd**

Quelle: hardcopy aus excel mit Spreadsheet-Connector

Bild 53/4 2f: Spreadsheet Connector (SC): Beispiel Firma L.

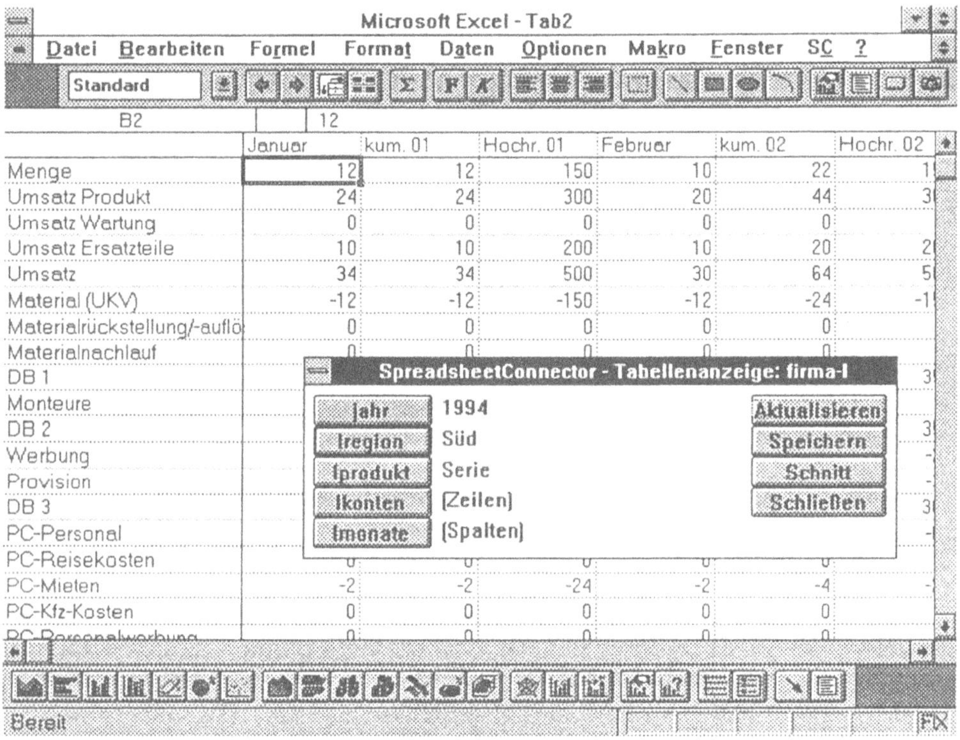

Änderung der Parameter - Forts.

- **Tabelle für die neue Parameterkombination (Region: Süd) erscheint**

Quelle: hardcopy aus excel mit Spreadsheet-Connector

Bild 53/4 3f: Spreadsheet Connector (SC): Beispiel Firma L.

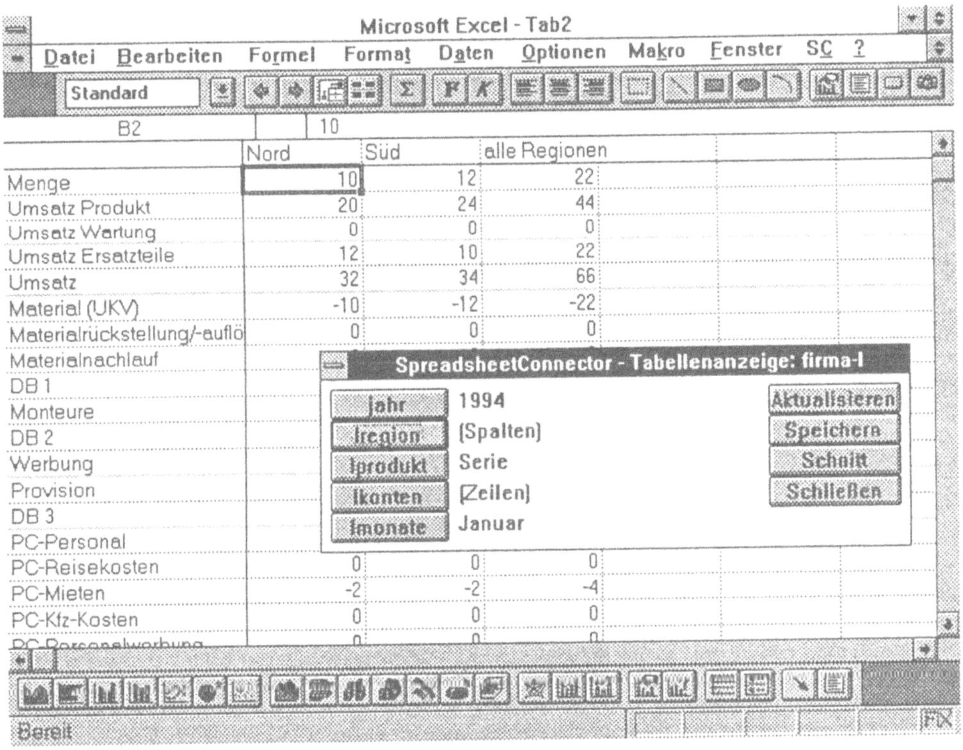

Änderung der angezeigten Dimensionen

- **statt Zeitvergleich jetzt Regionalvergleich gewünscht:**
  die Region wird Spalte (und "Laufvariable")
  Ausgehend von Bild 53 f im (unteren) Region-Fenster "Spalten" anklicken
  die Zeit nimmt den Charakter eines Parameters an (im Beispiel: Januar)

Quelle: hardcopy aus excel mit Spreadsheet-Connector

Bild 53/4 4f: Spreadsheet Connector (SC): Beispiel Firma L.

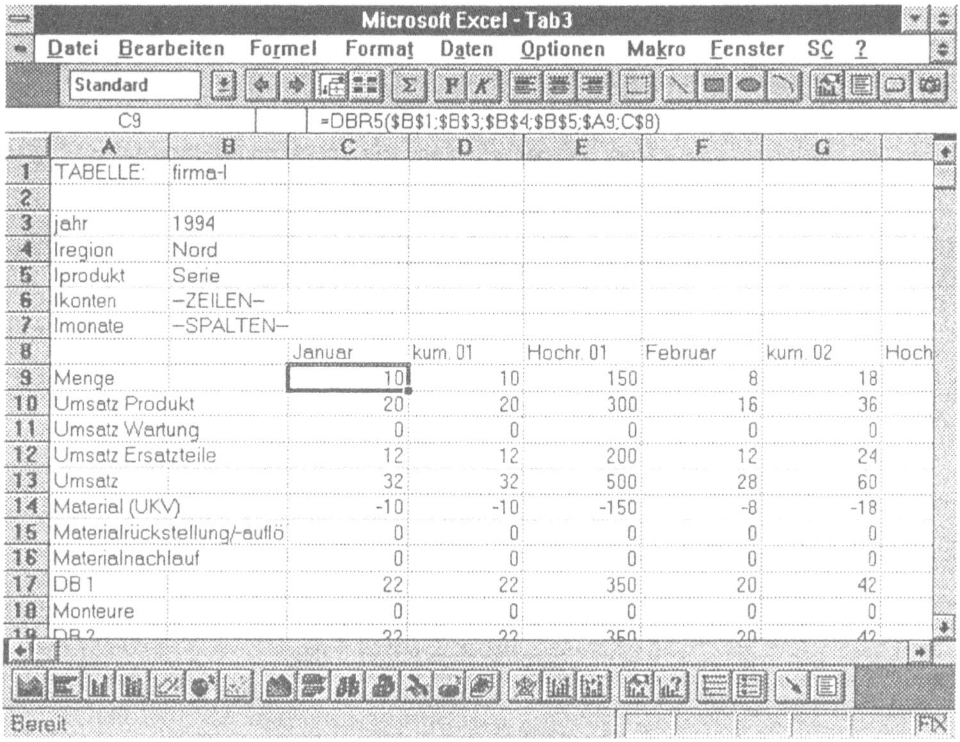
Microsoft Excel - Tab3

Datei Bearbeiten Formel Format Daten Optionen Makro Fenster SC ?

C9 =DBR5(B1;B3;B4;B5;$A9;C$8)

	A	B	C	D	E	F	G	
1	TABELLE:	firma-l						
2								
3	jahr	1994						
4	lregion	Nord						
5	lprodukt	Serie						
6	lkonten	–ZEILEN–						
7	lmonate	–SPALTEN–						
8			Januar	kum. 01	Hochr. 01	Februar	kum. 02	Hoch
9	Menge		10	10	150	8	18	
10	Umsatz Produkt		20	20	300	16	36	
11	Umsatz Wartung		0	0	0	0	0	
12	Umsatz Ersatzteile		12	12	200	12	24	
13	Umsatz		32	32	500	28	60	
14	Material (UKV)		-10	-10	-150	-8	-18	
15	Materialrückstellung/-auflö		0	0	0	0	0	
16	Materialnachlauf		0	0	0	0	0	
17	DB 1		22	22	350	20	42	
18	Monteure		0	0	0	0	0	
19	DB 2		22	22	350	20	42	

Bereit FIX

Anzeige als excel Tabelle

In Bild 53/4 3f button "Schnitt" anwählen

- **Bezug zum Spreadsheet-Connector wird durch eine automatisch vergebene Zelladdrese hergestellt**

  im Beispiel DBR5(...)

- **man befindet sich in einem normalen Arbeitsblatt der Tabellenkalkulation**

Quelle: Druck aus Excel

Bild 53/4 5f: Spreadsheet Connector (SC): Beispiel Firma L.

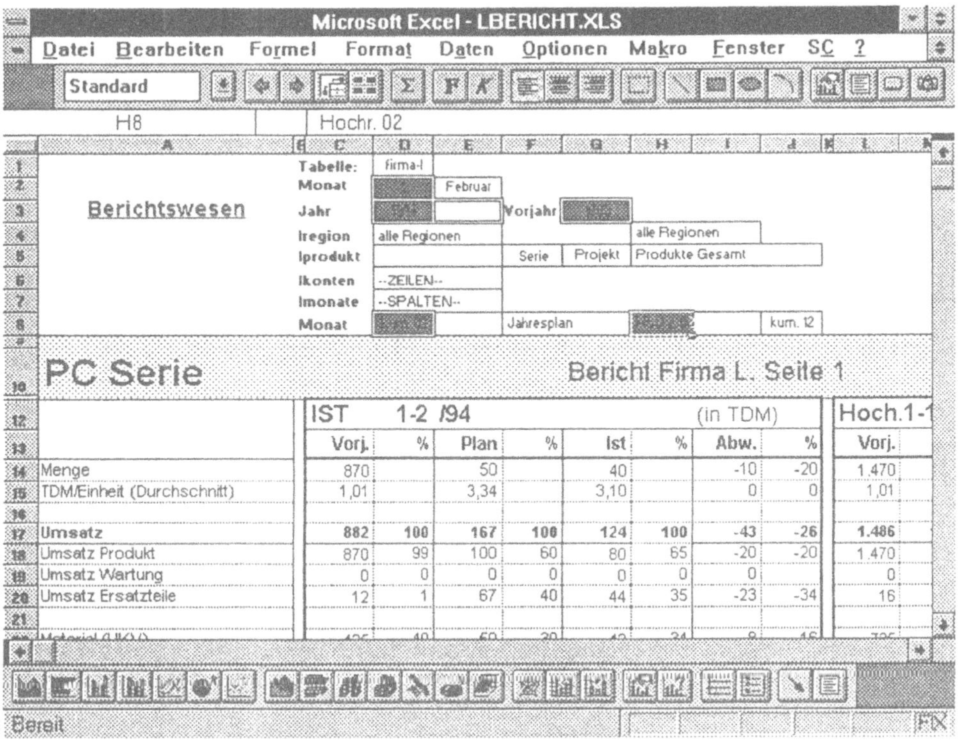

Gestaltung in einem Berichtsformular

- **Berichtsformular in der Tabellenkalkulation anlegen**
- **Verbindung zur mehrdimensionalen SC-Tabelle durch Eingabe der Zelladresse**

  (die Produkte erscheinen jetzt nicht mehr als eigene Dimension, weil in diesem Standard-Berichtswesen je Geschäftsbereich/Profitcenter/Produkt eine Seite gedruckt wird)

Quelle: hardcopy aus excel mit Spreadsheet-Connector

Bild 53/4 6f: Spreadsheet Connector (SC): Beispiel Firma L.

PC Serie — Bericht Firma L. Seite 1

	IST	1-2 /94					(in TDM)	
	Vorj.	%	Plan	%	Ist	%	Abw.	%
Menge	870		50		40		-10	-20
TDM/Einheit (Durchschnitt)	1,01		3,34		3,10		0	0
Umsatz	**882**	**100**	**167**	**100**	**124**	**100**	**-43**	**-26**
Umsatz Produkt	870	99	100	60	80	65	-20	-20
Umsatz Wartung	0	0	0	0	0	0	0	
Umsatz Ersatzteile	12	1	67	40	44	35	-23	-34
Material (UKV)	-435	49	-50	30	-42	34	8	-16
Materialrückstellung /-auflösung	0	0	0	0	0	0	0	
Materialnachlauf	0	0	0	0	0	0	0	
Zwi-su 1	-435	49	-50	30	-42	34	8	-16
DB 1	447	51	117	70	82	66	-35	-30
Monteure	-20	2	0	0	0	0	0	
Zwi-su 2 = Monteure								
DB 2	427	48	117	70	82	66	-35	-30
Werbung	-25	3	-7	4	-8	6	-1	14
Provision	-87	10	-10	6	-7	6	3	-30
Zwi-su 3	-112	13	-17	10	-15	12	2	-12
DB 3	315	36	100	60	67	54	-33	-33
PC-Personal	-100	11	-20	12	-20	16	0	0
PC-Reisekosten	-45	5	0	0	0	0	0	
PC-Mieten	-100	11	-8	5	-8	6	0	0
PC-Kfz-Kosten	-22	2	0	0	0	0	0	
PC-Personalwerbung	0	0	0	0	0	0	0	
Zwi-su 4	-267	30	-28	17	-28	23	0	0
DB 4	48	5	72	43	39	31	-33	-46

% Vorjahr, Plan, Ist (bzw. Hochr.) bez. auf jew. Umsatz = 100 % in Spalte — % Abweichung auf jew. Plan = 100 % in Zeile

Gestaltung in einem Berichtsformular - Forts.

- **das Berichtswesen in der engültigen Fassung** (nur Seite 1/linker Teil) wie auf der Vorseite, aber als Druck aus excel

Quelle: hardcopy aus excel mit Spreadsheet-Connector

Bild 53/4 6f: Spreadsheet Connector (SC): Beispiel Firma L.

Berichtsmonat: Feb 94

Hoch.1-12 /94 (in TDM)

Vorj.	%	Plan	%	Hochr.	%	Abw.	%
1.470		300		300		0	0
1,01		3,33		3,33		0	0
1.486	100	1.000	100	1.000	100	0	0
1.470	99	600	60	600	60	0	0
0	0	0	0	0	0	0	
16	1	400	40	400	40	0	0
-735	49	-300	30	-300	30	0	0
0	0	0	0	0	0	0	
0	0	0	0	0	0	0	
-735	49	-300	30	-300	30	0	0
751	51	700	70	700	70	0	0
-30	2	0	0	0	0	0	
721	49	700	70	700	70	0	0
-30	2	-40	4	-40	4	0	0
-147	10	-60	6	-60	6	0	0
-177	12	-100	10	-100	10	0	0
544	37	600	60	600	60	0	0
-150	10	-120	12	-120	12	0	0
-75	5	0	0	0	0	0	
-150	10	-48	5	-48	5	0	0
-36	2	0	0	0	0	0	
0	0	0	0	0	0	0	
-411	28	-168	17	-168	17	0	0
133	9	432	43	432	43	0	0

Abw. = Ist (bzw. Hochr.) - Plan

Gestaltung in einem Berichtsformular - Forts.

- **das Berichtswesen in der engültigen Fassung** (nur Seite 1/rechter Teil) Druck aus excel

Quelle: hardcopy aus excel mit Spreadsheet-Connector

Bild 53/5: tz-info

Produktstruktur, Vertriebsstruktur, Organisationsstruktur

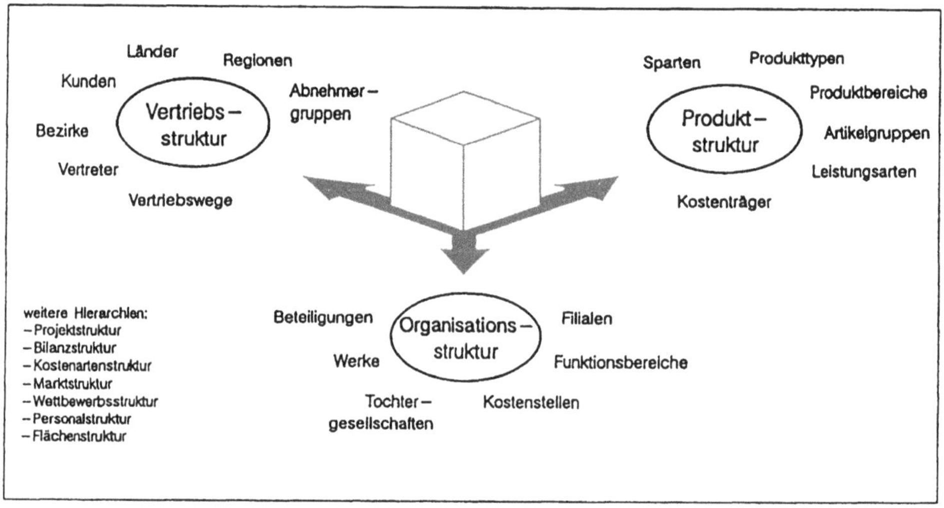

Bild A.23: Bei der Realisierung von Individualsystemen mit TZ-INFO stehen die Hierarchien für Produktstruktur, Vertriebsstruktur und Organisationsstruktur häufig im Mittelpunkt

Quelle: tz-info-Prospekt

Bild 53/5 f: tz-info

Konzeption

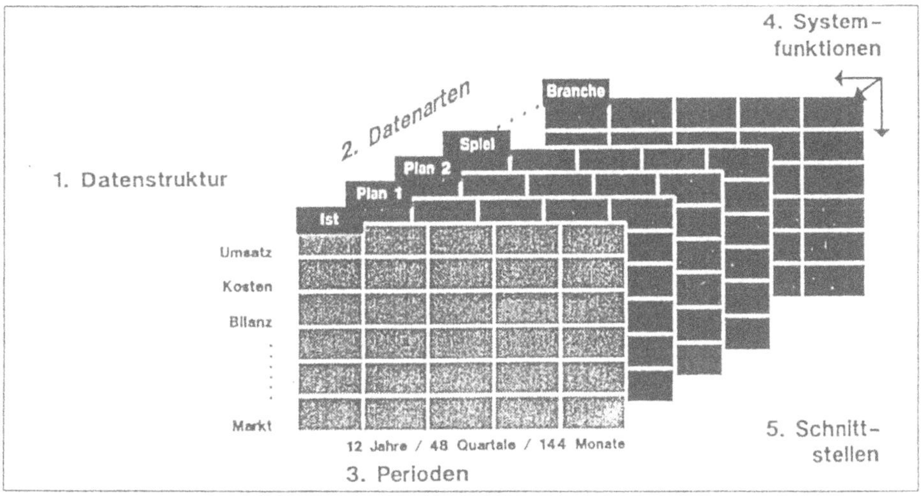

Bild A.20: Konzeption von TZ-INFO

Quelle: tz-info-Prospekt

Bild 53/5 2f: tz-info

Analysebereiche

3	**Erläuterungen Analysebereichen**
3.1	Umsatz (UM)
3.2	Absatz (AZ)
3.3	Durchschnittspreis (DP)
3.4	Variable Kosten (VK)
3.5	Variable Kosten in % vom Umsatz (V%)
3.6	Deckungsbeitrag (DB)
3.7	Deckungsgrad (D%)
3.8	Fixkosten (FK)
3.9	Erfolgsrechnung (ER)
3.10	Bilanz (BI)
3.11	Liquiditätsrechnung (LI)
3.12	Personalstand (PS)
3.13	Personalstunden (PH)
3.14	Markt (MA)
3.15	Sonderanalysen (SO)
3.16	Freie Kennzahlen

Quelle: tz-info-Prospekt

Bild 53/5 3f: tz-info

Graphikoptionen: Überblick

F 2 Standardgraphiken

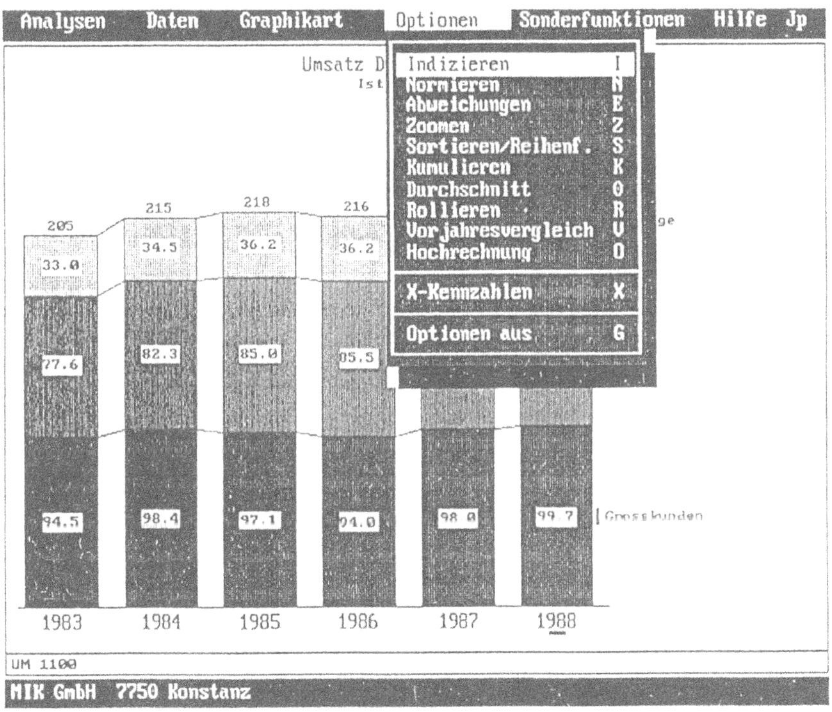

Bild F.1: Pull-Down-Menüs bieten Zugang zu allen Graphikfunktionen

Quelle: tz-info-Prospekt

Bild 53/5 4f: tz-info

Graphikoptionen: Dreiergraphik

F 4 Standardgraphiken

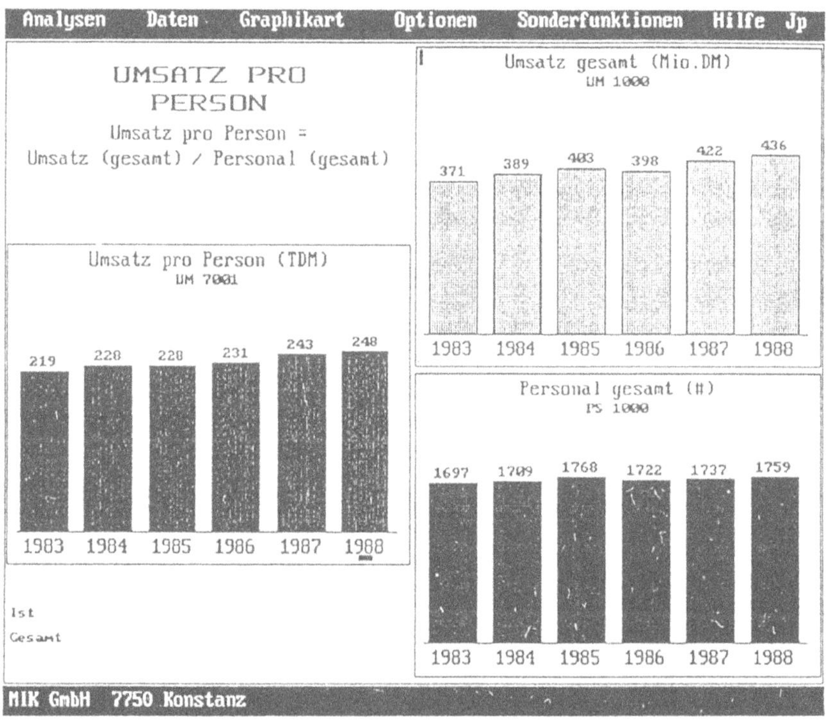

Bild F.3: Dreiergraphik (Beispiel)

Quelle: tz-info-Prospekt

Bild 53/5 5f: tz-info

Graphikoptionen: ABC-Analyse

F 17 Standardgraphiken

ABC-Analyse: Tastenfolge ABC (nur bei Balkengraphiken)

Für die aktuelle Periode der aktuellen Analyse wird eine ABC-Analyse durchgeführt. Dabei wird der kumulierte prozentuale Anteil der einzelnen Zeilen am Gesamtergebnis gezeigt (Bild F.8).

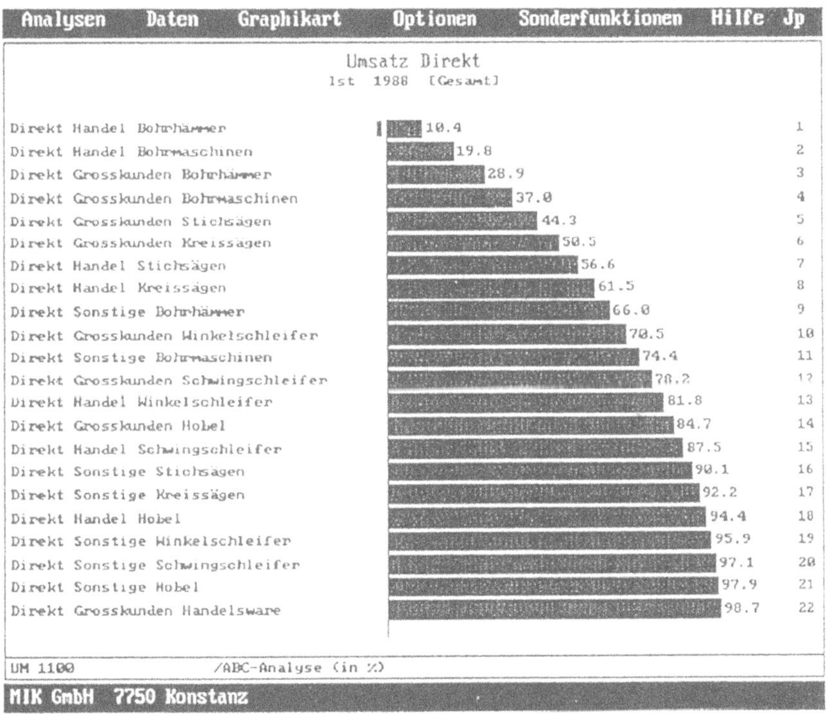

Bild F.8: ABC-Analyse (Beispiel)

Quelle: tz-info-Prospekt

Bild 53/5 6f: tz-info

Graphikoptionen: Gegenüberstellung

(z. B. Umsatz und Deckungsbeitrag)

F 20 Standardgraphiken

Der Bereichsvergleich ist nur zwischen Analysebereichen mit identischen Analysestrukturen und Maßeinheiten möglich.

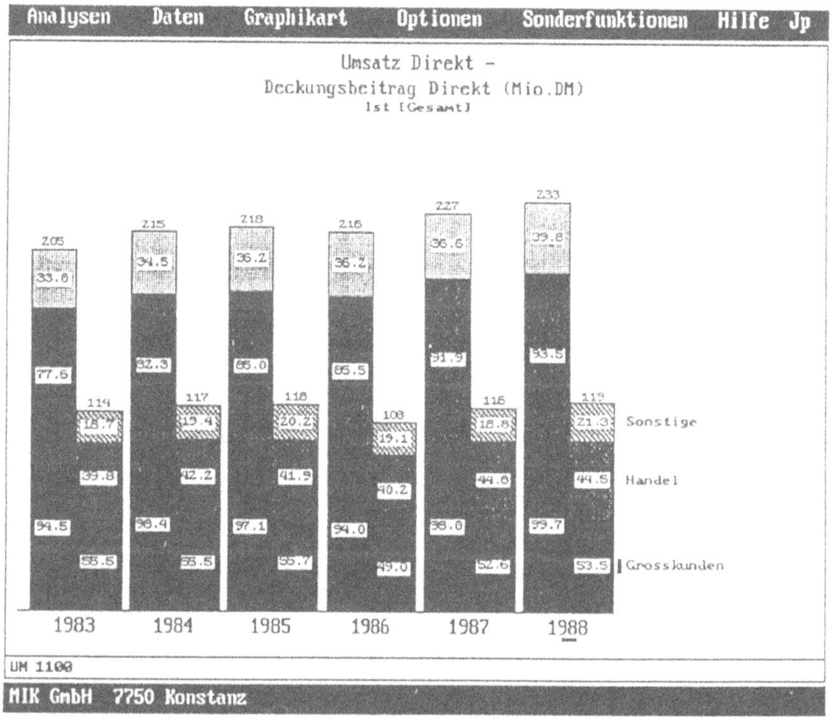

Bild F.10: Bereichsvergleich Umsatz-Deckungsbeitrag (Beispiel)

Quelle: tz-info-Prospekt

Bild 53/5 7f: tz-info

Graphikoptionen: Indizieren

F 24 Standardgraphiken

Werte indizieren: Taste I

Mit dieser Option können bei der Säulengraphik alle Werte auf eine beliebig wählbare Periode indiziert werden. Die Werte dieser Bezugsperiode werden alle auf 100 % gesetzt (Bild F.13).
Bei Balkengraphiken wird stattdessen auf eine bestimmte Zeile indiziert. Diese Zeile erhält den Wert 100 % (Bild F.14).
Indizieren ist in Graphiken mit negativen Werten nicht möglich.

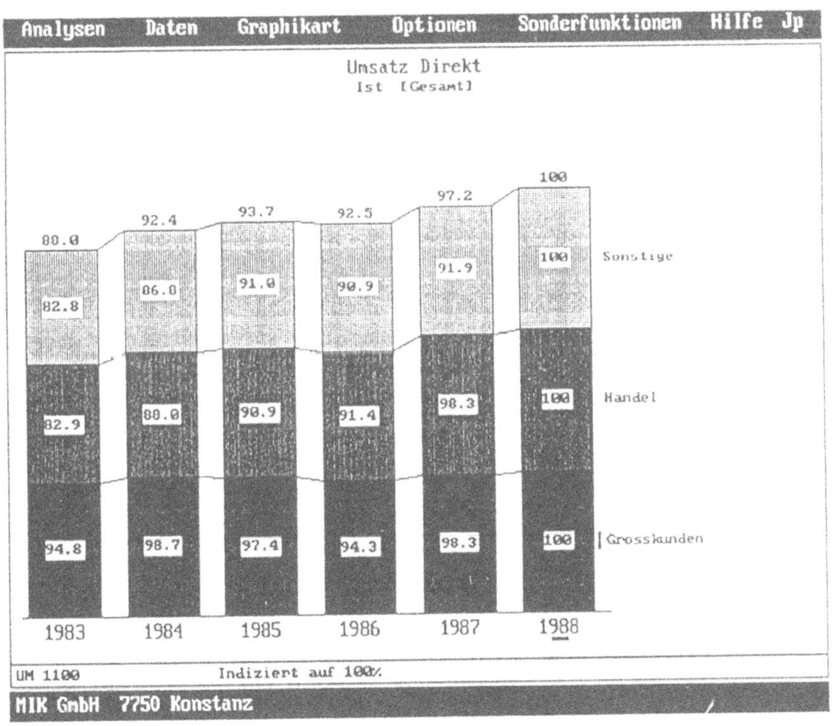

Bild F.13: Option Indizieren (Beispiel Säulengraphik)

Quelle: tz-info-Prospekt

Bild 53/5 8f: tz-info

Graphikoptionen: Normieren

F 26 Standardgraphiken

Werte normieren: Taste N

Mit dieser Option können Sie den prozentualen Anteil einer Position an der Periodensumme erkennen (aufgrund fehlender Schichtung in der Dreiergraphik nicht anwendbar, ebenfalls nicht bei negativen Werten) (Bild F.15).

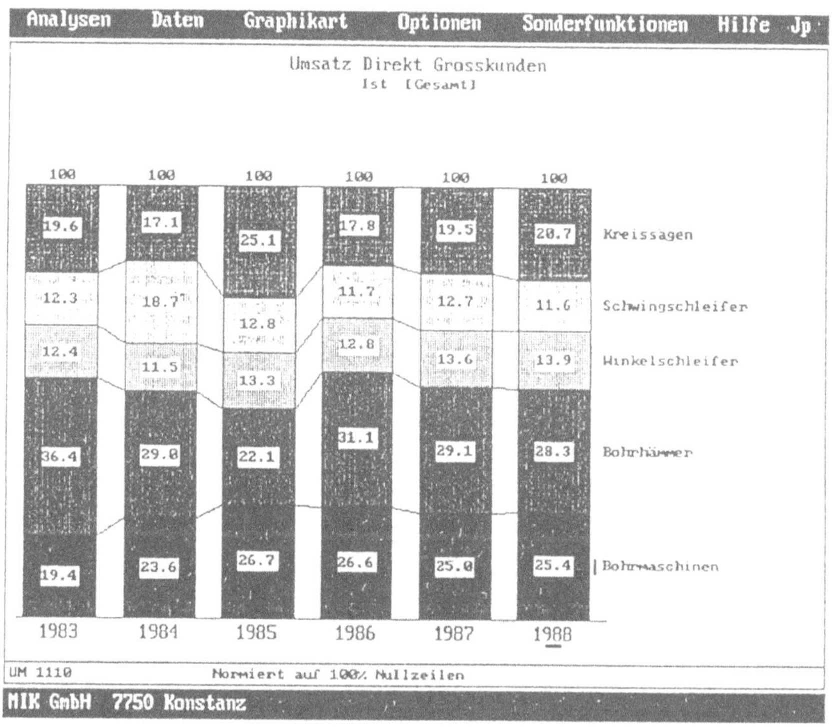

Bild F.15: Option Normieren (Beispiel)

Quelle: tz-info-Prospekt

Bild 53/5 9f: tz-info

Graphikoptionen: Abweichung gegenüber Basisjahr

F 28 Standardgraphiken

Nullabweichung berechnen: Tasten EN

Bei der **Säulengraphik** wird mit dem **Cursor links/rechts** die Bezugsperiode eingestellt, die als Basis für die Abweichungsberechnung dient. Bei dieser Berechnung erhält die Bezugsperiode den Wert 0 %, die Werte anderer Perioden werden in Prozent der Bezugsperiode ausgedrückt (Bild F.16).

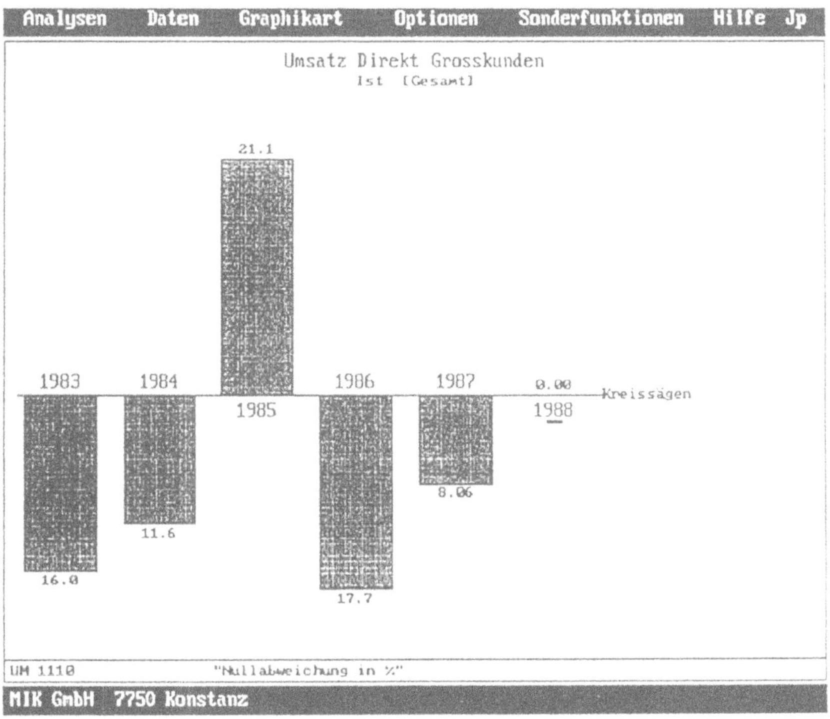

Bild F.16: Option Nullabweichung (Beispiel Säulengraphik)

Quelle: tz-info-Prospekt

Bild 53/6: micro control / hyperion

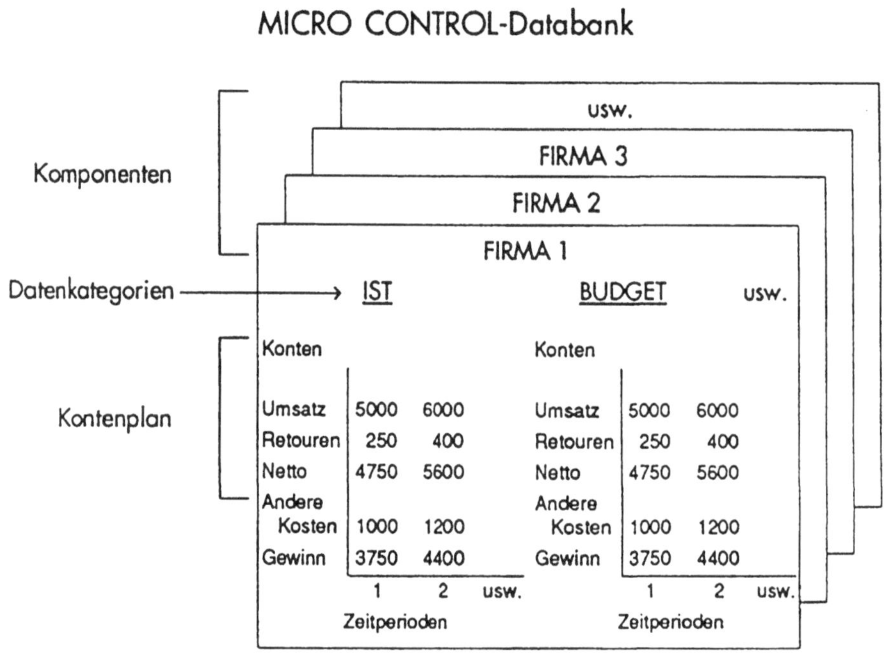

Abbildung 2 – MICRO CONTROL-Databank-Konzept

Quelle: micro-control-Prospekt

Bild 53/7: Grobe Profile von EIS-Systemen	
Micro Control	**tz-info**
Controlling-Objekte	**Controlling-Objekte**
x Konzern	x Konzern
x Gesamtunternehmen	x Gesamtunternehmen
x Sparten/Profit-Center	x Sparten/Profit-Center
Projekte	Projekte
Controlling-Meßgröße	**Controlling-Meßgröße**
strategisch	strategisch
x operativ	x operativ
Controlling-Phasen	**Controlling-Phasen**
Plan	Plan
x Soll/Ist-Vergleich	x Soll/Ist-Vergleich
(x) Abweichungsanalyse	x Abweichungsanalyse
Maßnahmendefinition	Maßnahmendefinition
Präsentation	x Präsentation
Verdichtungsstufe	**Verdichtungsstufe**
x verdichtet	x verdichtet
unverdichtet	unverdichtet
Betriebswirtschaftliche Struktur	**Betriebswirtschaftliche Struktur**
x ohne	x ohne
mit	mit
Klenger: DV für Controller	

SAP 54

Was Kunden über SAP sagen

Die DMR-Redaktion hat in einer Schnellumfrage einige SAP-Kunden über ihre Erfahrungen interviewt. Das dabei gewonnene Bild ist sicher unvollständig, läßt aber in Konturen doch einige Charakteristika erkennen.

"Die Einführung von SAP ist hart"

"Am Anfang mußte viel modifiziert werden"

"Bei neuen Releases muß man aufpassen, daß man nicht an der vordersten Front kämpft"

"Wir versuchen immer, zwei Releases zurückzuliegen"

"Den üblichen Knatsch hat man immer"

"SAP ist inzwischen etwas bürokratischer geworden - aber nicht im Service"

"Es werden viele Funktionen geboten, die gar nicht genutzt werden können"

"Wir haben ständig mehrere Berater im Haus"

"SAP ist immer noch stark industrieorientiert"

" Es gibt nur die Alternative, das alles selber zu machen"

"Das Wichtigste ist, daß man weiß, was man implementieren will"

"Für die internationale Kommunikation unter Konzerntöchtern hat SAP das stärkste Paket. Wir leben jetzt recht gut mit SAP"

Quelle: Diebold Management Report Nr. 5/92, S. 11

SAP 54

Grundgedanke:

ein Kompromiß: Standard kaufen und anpassen (customizing)

Lernziele: Programm:

- *Vorteile, Voraussetzungen, Probleme*
- *Struktur der Anwendungen*

Bild 54/1: SAP-R/3-Einstiegs-Bildschirm

Bild 54/2: SAP-Anwendungen

- *Schichtenmodell mit SAP*

Bild 54/3: Schichtenmodell mit SAP

- *"Architektur"*

Bild 54/4: Architektur des R/3-Systems

- *Einsatz an einer Hochschule*

Bild 54/6: R/3-Einsatz an einer Hochschule

Vorteile, Voraussetzungen, Probleme

SAP ist - nach Ausscheiden von ADV-Orga aus dem Markt vor einigen Jahren - der einzige Anbieter von Standardsoftware im oberen Preis- und Leistungsbereich - ein **Quasi-Monopolist.**

Während als Zielgruppe für das R/2-System die "high society", d. h. die größten 400 Firmen in Deutschland galten und diese das System auch mit ein bzw. mehreren Modulen einsetzten, ist durch das R/3-System die Zielgruppe weitergesteckt und umfaßt jetzt auch den vielzitierten (größeren bis sehr großen) Mittelständler.

Vergleichsweise hat das R/3-System einen Quantensprung an Benutzerfreundlichkeit gegenüber dem älteren R/2-System gemacht.

Die **Vorteile** des SAP-Systems sind

- dessen **Integration** der Anwendungen

- die **Datenbank**basierung (beim R/2-System ein eigenes Basissystem, beim R/3-System so bekannte Datenbanken wie Oracle, adabas, informix)

- die Offenlegung des **Datenmodells**

- die **Direktbuchung** ("real time"), z. B. wird mit dem Lieferschein/der Eingangrechnung gleichzeitig auch der Lagerzugang aktualisiert (und nicht erst nachdem am Monatsende irgendwelche batch-Läufe abgearbeitet sind, wie in traditionellen Systemen üblich)

- die Möglichkeit der flexiblen Anpassung (**Customizing**),

- die beliebigen zusätzlichen Auswertungen über das sog. **ABAP/4 Reporting** (eine Art Cobol mit SQL-Einsprengseln; /4 soll auf die Sprachen der 4. Generation hinweisen).

Die **Voraussetzungen** sind aber ebenso zu sehen:

- **Investitionen im Millionen-Bereich** für Hardware, Datenbank, SAP-Software,

Anpassung(customizing), laufenden Betrieb und Pflege:

- o Hardware: z. B. ein odere mehrere RISC-Maschinen als Server, ein Netz, PCs als clients
- o Betriebssystem unix oder andere
- o Datenbank: Oracle oder eine andere wie z. B. informix, adabas
- o SAP-Software
- o Netz- und PC-Software
- o Customizing: am Anfang und laufend
- o Programmieren der Zusatzauswertungen mit dem ABAP
- o laufender Systembetrieb (operating)
- o laufendes "einpflegen" der neuen releases und "puts"

Der universelle Einsatz wird durch die flexible Anpassung, das customizing, erreicht. Dies geschieht über Parameter (sog. Tabellenpflege).

Man sollte nie einen Monopolisten kritisieren, dennoch mit Verlaub einige Anmerkungen zu **Problem**bereichen:

- das **customizing erscheint als Stärke und Schwäche des ganzen Produktes**:
  - o einerseits hohe Flexibilität,
  - o andererseits ein Riesenaufwand, um viele Optionen auszuschließen, die man garnicht benötigt (sondern die auf Wunsch der Pilotunternehmen, immer Giganten wie Daimler, Bosch, ...berücksichtigt wurden) und die im Prozeß des customizing jetzt ausgeschlossen werden müssen.

- dazu kommen Eigenarten des Softwarenentwicklungsprozesses: das abstrakte Denken ist eine Fiktion, an der liebevoll festgehalten wird.

In Wirklichkeit werden die konkreten Probleme des (der) **Pilotkunden** gelöst und dies dann **zum Standard erklärt,** der aber im Einzelfall nochmal modifiziert und ergänzt werden muß ("einen kleinen ABAP schreiben").

- bei der Komplexität der Gesamtlösung kann diese nur extrem arbeitsteilig erstellt werden. Dadurch wird das Ganze von keinem mehr überschaut und es entstehen **segmentierte Wissensinseln**

- da eine brauchbare **Terminologie** nicht existiert bzw. den Entwicklern nicht bekannt ist, ergibt sich die schiere Unmöglichkeit, verständliche Texte zu formulieren

- die **Berater** sehen in der Intransparenz des Gesamtsystems ihre Chance und nutzen sie.

Gibt es eine Alternative: bei den kleineren Softwarehäusern und deren Paketen sind die Probleme nicht kleiner. Vordergründig sind die Lösungn kompakter und es gibt weniger anzupassen, aber nur deswegen, weil auch weniger gelöst wird. Wer einmal die kleinen Softwarehersteller erlebt hat, weiß, daß bei ihnen die quick-and-dirty-Lösungen überwiegen. Wenn man realistischerweise seine Ansprüche reduziert (man will ja nicht viel bezahlen) kann man aber auch hier gelegentlich eine brauchbare Lösung finden.

Im übrigen bin ich der Meinung, daß Karthago zerstört werden muß, sagte ein römischer Senator immer am Ende seiner Reden (Ceterum censeo, Carthaginem esse delendam). Ceterum censeo: I have a dream: Das SAP-System, d. h. eigentlich nur das Datenmodell und dann ein wirklich brauchbares Auswertungsinstrument. Natürlich nicht den ABAP, diese Arbeitsbeschaffungsmaßnahme für arbeitslose Programmierer. Solange es noch nicht soweit ist, ergibt sich eine Arbeitsteilung zwischen Controller und Wirtschaftsinformatiker: der Controller sollte "customizen" können, der Informatiker programmiert mit dem ABAP und schafft so einen neuen Engpaß.

Struktur der Anwendungen

Der Anspruch lautet: wir lösen alles und wir lösen es integriert. Das Gesamtpaket ist gegliedert:

in der älteren Fassung **R/2**

- RV Vertrieb, Fakturierung, Versand

- RM

    - RM-PPS Produktion
    - RM-MAT Materialwirtschaft
    - RM-QSS Qualitätssicherung
    - RM-INST Instandhaltung

- RP Personal

- RF Finanzbuchhaltung

- RA Anlagenbuchhaltung

- RK Kostenrechnung

- RK-P Projekte

in der neuesten Fassung (**R/3**) (die Begriffe sind wegen des internationalen Anspruchs englisch geworden)

- Büro
    - OC Bürokommunikation (Office Comunication)

- Logistik

    - SD Vertrieb (Sales Distribution)
    - MM Materialwirtschaft (Materials Management)
    - PP Produktionsplanung (Production Planning)
    - QA Qualitätssicherung (Quality Management)
    - PM Instandhaltung (Plant Maintenance)

- Finanz- und Rechnungswesen

    - FI Finanzwesen (Finance/Accounting)

o CO Controlling
o AM Anlagenwirtschaft (Fixed Assets Management)
o PS Projektsystem (Project System)

- Personalwirtschaft

o HR Personalwirtschaft (Human Resources)

- Branchenlösungen IS (Industry Solutions)

siehe Bild 54/1: SAP-R/3-Einstiegs-Bildschirm

siehe Bild 54/2: SAP-Anwendungen

Die Logistiker wird es freuen, alle anderen amüsiert es, wie sich eine völlig ungebräuchliche Gliederung in der Strukturierung bei SAP durchgesetzt hat. Keiner außer SAP gliedert die Betriebswirtschaft in Logistik, Personalwirtschaft und Finanz- und Rechnungswesen. Es ist ein Beispiel dafür, wie ein starker Hersteller einfach seine Terminologie durchsetzt und eine spezifische Verwirrung schafft. Man kann darüber rätseln, wie es zu solchen Resultaten kommen kann, wahrscheinlich durch "Management by Delegation": der Vorstand delegiert solange, bis auf unterster Ebene die Gliederung, die gerade auf dem Tisch liegt, oder die bei dem gerade behandelten Kunden gegeben ist, für allgemein gültig erklärt wird. Die SAP-Sprache wimmelt von solchen monströsen Neuschöpfungen. Gleichzeitig ein Dorado für Berater, die in die schöne neue SAP-Welt einführen.

Schichtenmodell mit SAP

Anknüpfend an das allgemeine Schichtenmodell (Bild 12/3) propagiert die SAP ein "Schichtenmodell mit SAP" ("Gruppenbild mit Dame"). Aus ihm kann man entnehmen, was man braucht, um mit der SAP-Software zu starten. Man hat im Minimum einen RISC-Server mit unix-Betriebssystem, eine Oracle- oder sonstige Datenbank und die SAP-Software.

Man sieht auch, welche Namen aktuell gehandelt werden.

siehe Bild 54/3: Schichtenmodell mit SAP

"Architektur"

Der Aufbau (in der pompösen DV-Sprache: "Architektur") des SAP-Systems wird mit dem folgenden Bild dargestellt.

Bild 54/4: Architektur des R/3-Systems

In dieser globalen Struktur besteht das System aus:

- den **Anwendungen** (Logistik, Finanz- und Rechnungswesen, Personalwesen)

- sog. Anwendungsbausteinen, das sind **allgemein** für alle Anwendungen **gültige Konzepte bzw Hilfssysteme**: Stammmdatenverwaltung, Regelung der Zugriffsberechtigung, Nummernsysteme, Fabrikkalender, Textsystem und ähnliches

- dem **Systemkern** mit
    - o **Dynpro** Interpreter (SAP-eigene Steuerung der Bildschirmdialoge und batch-Verarbeitung)
    - o **ABAP/4** Interpreter (SAP-eigene Programmiersprache: Advanced Business Application Programming 4th Generation Language)
    - o **data dictionary**

- der **Ablaufsteuerung**

- diversen **Schnittstellen:**
    - o für Programmierung
    - o zur Datenbank
    - o zum Betriebssystem
    - o zum Benutzer
    - o zur Kommunikation

Daß Hochschulen das SAP-Sytem in der Lehre einsetzen wollen, kann man nur als heroisch bezeichnen.

Die Theorieorientierung, die Pädagogikorientierung (Minibeispiele), die Veranstaltungsorgansiation in 90-minütigen Vorlesungen (statt Projekten), die Klausurorientierung (statt Projektbewertung) - all das steht eher konträr zu einem erfolgreichen SAP-Einsatz an Hochschulen.

Die bürokratischen Strukturen der Hochschulverwaltung tun sich eher schwer mit einer derartigen Investitionsentscheidung. Eine gut organisierte Verwaltung hat für innovative Projekte kein Geld - wie man schon bei Parkinson lernen kann. Andererseits verfügt sie auch nicht über ausreichende Instrumente, um eine derartige Entscheidung nachhaltig zu verhindern.

Mit anderen Worten: um ein derartiges Projekt durchzusetzen, braucht man Machtpromotoren. Und man braucht eine "SAP-Bewegung", um nicht von "Mafia" oder "Seilschaft" zu sprechen.

Die SAP hat sich zur Unterstützung der Nutzung des Systems an Hochschulen entschlossen, indem sie die Software kostenlos zur Verfügung stellt, wenn bestimmte Vorbedingungen erfüllt sind (wie immer, wenn es etwas kostenlos gibt, gehen viele Finger in die Höhe).

Die Bedenkenträger sind ehrenwert, wenn sie die Euphoriker bremsen, die kaum zwischen einer Tabellenkalkulation und der SAP-Software unterscheiden können.

Es bleibt abzuwarten, wie die Szene nach 3 Jahren aussieht: blühende Landschaften oder Investitionsruinen.

Der potentielle Nutzen beim Einsatz des SAP-Systems:

- Heranführen an die Komplexität der Praxissysteme

- stärkere Beschäftigung mit dem Datenmodell

- Kennenlernen einer zeitgemäßen Technologie

In dem

Bild 54/5: R/3-Einsatz an einer Hochschule

ist ein Beispiel für ein Einsatzkonzept an einer Hochschule gegeben.

Bild 54/1: SAP-R/3-Einstiegs-Bildschirm

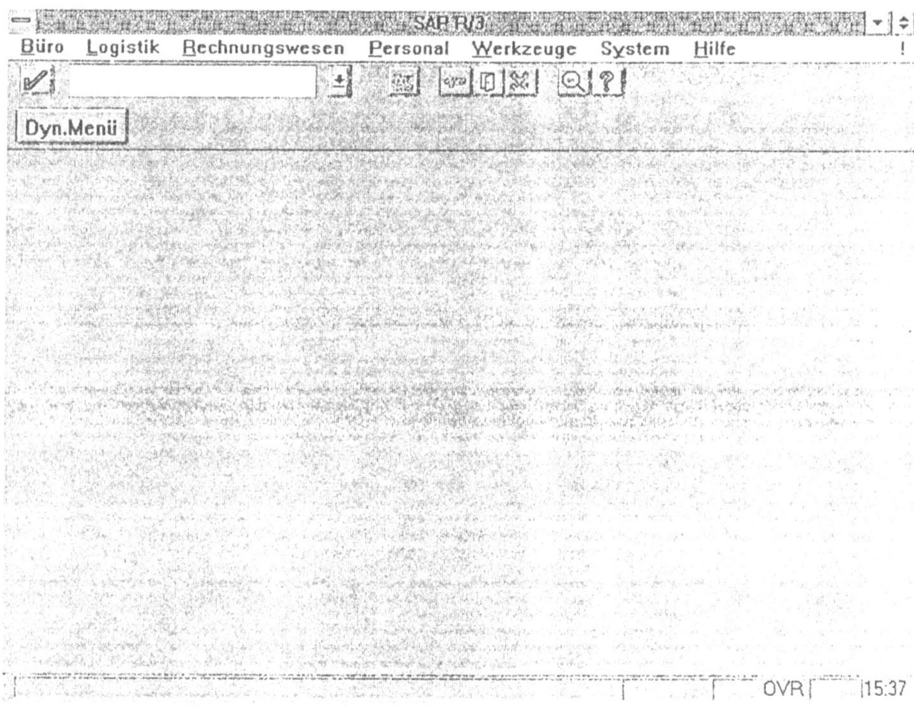

Quelle: SAP-hardcopy

Bild 54/2: SAP-Anwendungen

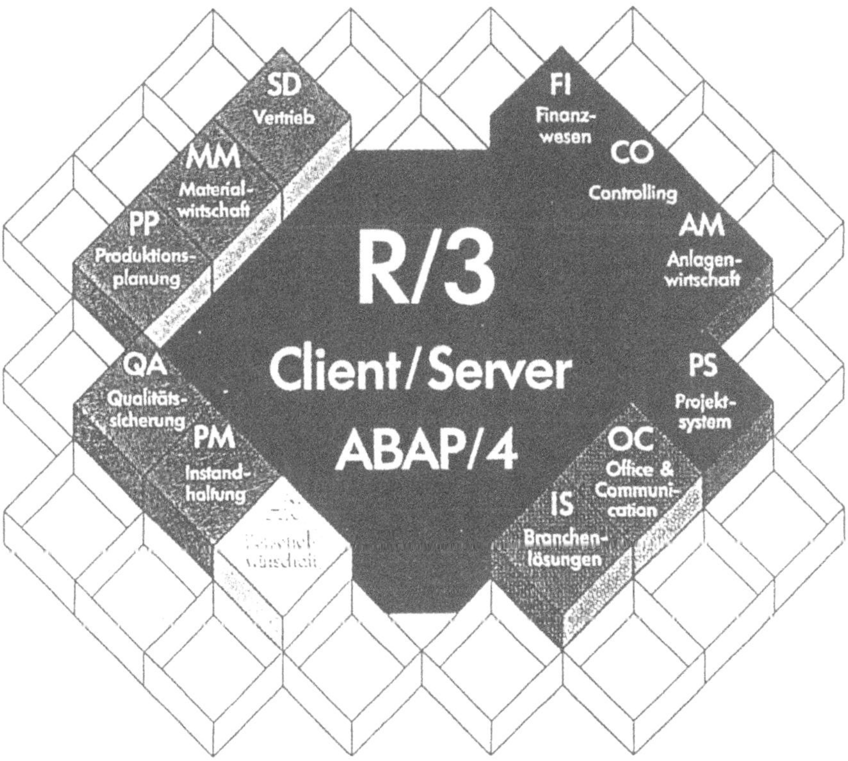

Quelle: SAP-Prospekt

Bild 54/3: Schichtenmodell mit SAP

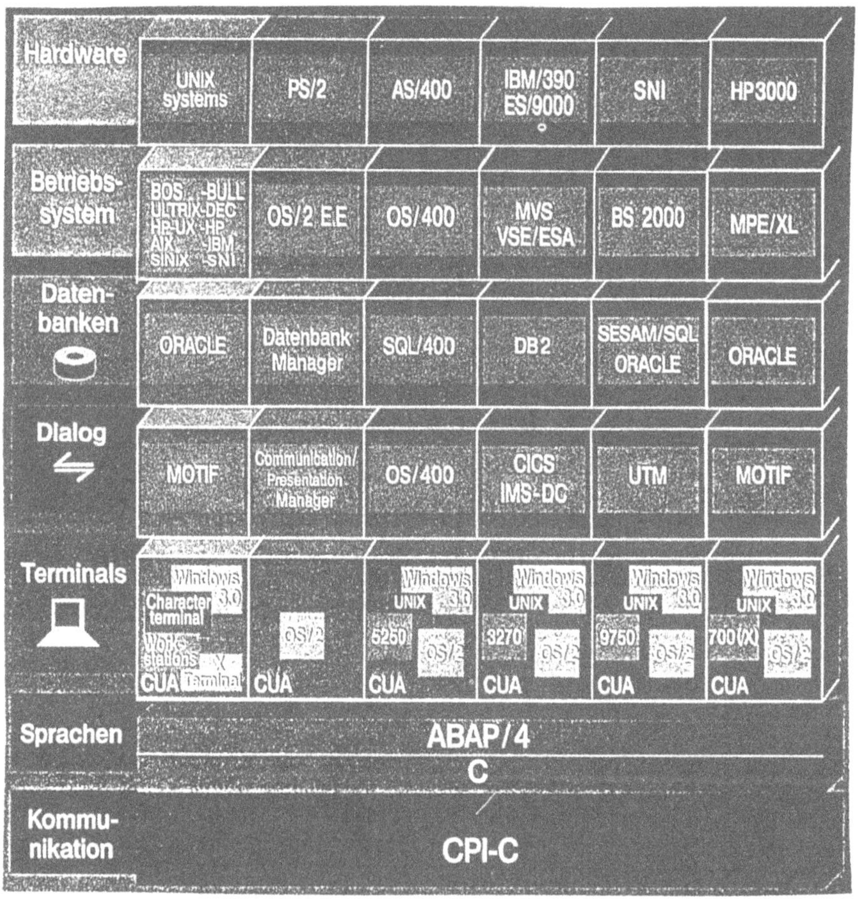

Quelle: SAP-Prospekt

Bild 54/4: Architektur des R/3-Systems

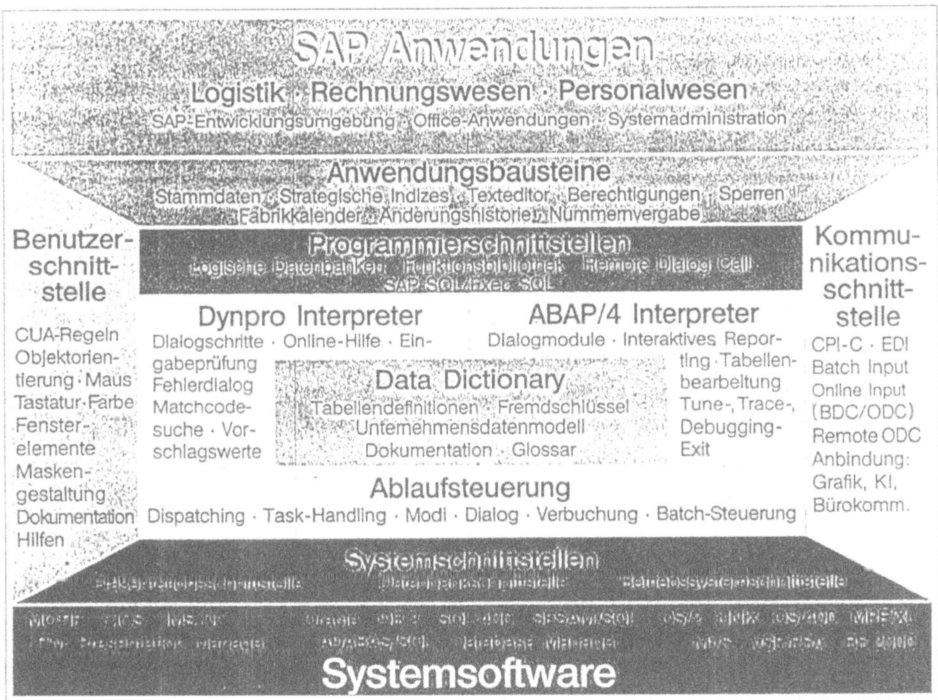

Quelle: SAP-Prospekt

Bild 54/5: R/3-Einsatz an einer Hochschule

Einsatz der SAP-Software System R3 am Fachbereich Wirtschaft einer Hochschule

Grundsatz

Der Einsatz der **SAP-Software ordnet sich** in die Zielsetzung des Fachbereichs und in die DV-Ausbildung des Studiums **ein**.
Es wird **nicht** angestrebt, quasi losgelöst von den Studien-Schwerpunkten eine Ausbildung von **SAP- Experten** zu leisten.

Einsatz in der Forschung

In Verbindung mit anderem DV-Know-How und anderen Systemen (Beispiel:Expertensysteme)
(wird hier nicht weiter ausgeführt)

Einsatz in der Lehre

Ebenen (gleichzeitig Schwierigkeitsgrad)

Der Einsatz ist auf mehreren Ebenen denkbar: (Anzahl * für Schwierigkeitsgrad)

- Systemeinrichtung (**): Berechtigungen, Aktivierung der Systemkomponenten
- Einrichtung einer Musterfirma (customizing)(**), d. h. Anpassung der vorhandenen Software an das betriebswirtschaftliche Sollkonzept (sog. Tabellenpflege im SAP-Kauderwelsch)
- Anwendung im Rahmen einer Musterfirma (*)
- ABAP-Programmierung(***): Erweiterung der Standardfunktionen durch die systemeigene Makro-Programmiersprache

Zur Zeit wird im Rahmen des Hauptstudiums hauptsächlich das customizing (und die Anwendung) behandelt.

Grundstudium

Die DV-Ausbildung des Grundstudiums wurde neuorienteirt:

- weniger prozedurales programmieren (weniger Cobol)
- mehr Datenbanken

Klenger, DV für Controller

Bild 54/6 f: R/3-Einsatz an einer Hochschule

Der Umgang mit dem PC wird als Basis-Technik im Gundstudium als Propädeutikum (Tabellenkalkulation) vermittelt.
SAP-Einsatz wäre hier **denkbar als Anwendung** im Rahmen einer bereits eingerichteten **Musterfirma** (zur Zeit aber weder vorgesehen noch realisiert)

Hauptstudium

Im Hauptstudium wird **in den Schwerpunkten** (Controlling, Rechnungswesen, Logistik/ Materialwirtschaft, Betriebsinformatik, Marketing usw.) die **DV-Durchdringung mit Hilfe der SAP-Software angestrebt**.

Es ist unbestritten, daß **zunächst "mit Bleistift und Papier"** das betriebswirtschaftliche Grundkonzept des jeweiligen Gebietes geklärt werden muß (Einsatz des PC mit Tabellenkalkulation ist hier denkbar, nicht aber gleich die komplexe SAP-Software).

Konzeptionell wird hier stärkeres Gewicht auf das **Datenmodell** (relationales Modell) gelegt, während früher ausschließlich die Rechenverfahren (Algorithmen) im Vordergrund standen
(früher ausschließlich: "wie berechne ich die Sollkosten",
jetzt auch: "welche Daten brauche ich für die Berechnung und in welchen Strukturen sind sie gespeichert")

Umfang im Hauptstudium: in dem Schwerpunkt mit 20 Semesterwochenstunden (SWS) werden **zunächst 4 SWS** für die SAP-Software eingesetzt. (Jeder Student wählt zwei Schwerpunkte, insofern SAP-Einsatz ausbaubar auf 4-8 SWS)
Schrittmacher sind die Schwerpunkte Controlling, Logistik/Materialwirtschaft, Betriebsinformatik; vorgesehen sind Rechnungswesen und Marketing)
Die Teilnehmer arbeiten selbst in Zweier-Teams mit dem System (Mandanten bzw Buchungskreise). Gruppengröße zur Zeit max. 10-20.

Die **Arbeitsweise** wird zur Zeit noch entwickelt:
Umfang der Fallstudie im Controlling: Es wird ein *kleines* Problem gelöst, das in Module strukturiert wird, damit "Erfolgserlebnisse" möglich sind.
Die Komplexität der Software (im Vergleich zu den "Mickey-Mouse-Beispielen" der Lehrbücher) darf nicht unterschätzt werden.

Klenger, DV für Controller

Bild 54/6 2f: R/3-Einsatz an einer Hochschule

Nutzen des SAP-Einsatzes

- Heranführen an die Komplexität der Praxissysteme
- stärkere Beschäftigung mit dem Datenmodell
- Kennenlernen einer zeitgemäßen Technologie

Voraussetzungen

hardware
Arbeitsspeicher 128-256 MB (Megabythe)
Festplatten 12-20 GB (Gigabythe)

Konfiguration des Fachbereichs Wirtschaft
1 Server: IBM RISC /6000-570 128 MB Arbeitsspeicher, 12 GB Platte, erweist sich als ständig erweiterungsbedürftig
Betriebssystem Aix (Unix)
5 Workstations 22 W 16 MB Arbeitsspeicher, 400 MB Platte
Betriebssystem Aix (Unix)
dazu die vorhandenen 486-er PCs (Dos)

Datenbank
Oracle (Diese Datenbank wird auch anderweitig im Fachbereich eingesetzt)
Budget ca. 20-40 TDM (inzwischen auch kostenlos, um dem Wettbewerber informix den Wind aus den Segeln zu nehmen)

software
System R/3 von SAP
kostenlos (unter Bedingungen)

Betreuungspersonal
hardwareseitig mindestens ein Mitarbeiter
softwareseitig mindestens ein Mitarbeiter
(mehr wäre besser)

Dozenten
in der ersten Phase ca. 5 Dozenten und Lehrbeauftragte (Unternehmensberatung), die mit dem System arbeiten, später mehr,
keine "SAP-Professoren", vergleiche Grundsatz: Einordnung in den Fachbereich

Klenger, DV für Controller

Bild 54/6 3f: R/3-Einsatz an einer Hochschule

Anwendungssoftware

SAP-R/3

Datenbank

oracle

Betriebssystem

aix

Server

IBM RISC /6000-570
128-256 MB Arbeitsspeicher
12-20 GB Platte

Netz

Ethernet mit Netware (Novell)

TCP/IP

Clients

ca. 100 486-er PCs

Klenger, DV für Controller

6. DV-Controlling

Die EDV leistet erstaunlich wenig.

Andreas D., ein Praktiker, der sich noch urtümliches Staunen bewahrt hatte.

Was die DV kostet, wäre eigentlich sekundär, wenn den Kosten eine Leistung gegenüberstünde. Nicht die Frage nach den DV-Kosten ist wichtig, sondern nach den DV-Tätigkeiten und den DV-Leistungen für den Anwender.
Was leistet die DV außer release-Wechseln auf Betriebssystem-, Datenbank- und Anwendungsebene, d. h. was leistet sie außer "Beschäftigung mit sich selbst". Gibt es Spielräume für Anwendungsfortschritt ?

DV-Controlling

6.

6. DV-Controlling

DV-Controlling 6.

Grundgedanke:

Die DV muß sich Wirtschaftlichkeitsbetrachtungen stellen - ein säkulares Ereignis

Lernziele: Programm:

- *Einordnung: DV-Controlling ist*
    - o *Funktions-Controlling*
    - o *strategisch und operativ*
    - o *funktionsbezogen und projektbezogen*
    - o *der Controllingzyklus mit Planung, Soll/Ist-Vergleich, Abweichungsanalyse und Maßnahmen (PSIAM) ist anwendbar*
- *Hauptprobleme:*
    - o *DV-Konzeption nach Schichten (Modul 61):*
        - . *Anwendungen*
        - . *Datenbanksystem*
        - . *Betriebssystem*
        - . *Hardware*
    - o *Management von Projekten der Softwareanpassung (weniger der Softwareentwicklung):*
        - . *Softwareauswahl (Modul 62)*
        - . *Projektcontrolling (Modul 63)*
    - o *Management des laufenden Betriebs:*
        - . *DV als Cost-Center (Modul 64)*

Einordnung des DV-Controlling

Während sich die Kapitel 1-5 mit Controller´s DV (dem DV-Werkzeugkasten des Controllers) beschäftigt haben, ist das 6. Kapitel dem DV-Controlling gewidmet. Man schaut auf die DV mit Controlling-Augen. Ob es unbedingt der Controller ist, der diesen Blick auf die DV-Abteilung wirft, sei dahingestellt. Wahrscheinlich ist es besser, wenn der Controller sein Instrumentarium zur Verfügung stellt, ansonsten aber den Bereichsmanager und DV-Fachmann dazu veranlaßt, selbst für etwas mehr Wirtschaftlichkeit und Kundenorientierung in seinem Bereich zu sorgen.

Mit der Einordnung des DV-Controlling soll sich nicht lange aufgehalten werden. DV-Controlling ist das Controlling einer Funktion: eben der DV- oder Organisationsabteilung. Es ist sowohl strategisch als auch operativ aufzufassen. Es ist neben der Funktionsorientierung auch eine Projektorientierung gegeben, da sich die Realisierung der DV-Ziele vielfach in Projekten abspielt. Besonders für diese Projekte gilt der bekannte Controlling-Zyklus mit Planung, Soll/Ist-Vergleich, Abweichungsanalyse und Maßnahmendefinition (PSIAM).

Hauptprobleme

Die Grundfragen des DV-Controlling lauten:

DV-Konzeption: Welche Anwendungen sollen auf welchen Datenbanken auf welchen Betriebssystemen und auf welcher Hardware laufen.

Eine Entscheidungsstützung durch Investitionsrechnungen ist meist nicht möglich, da man zwar die Kostenseite schnell, nicht aber die Nutzenseite quantifizieren kann.

Von Bedeutung sind strategische Trends wie "DV als Teil der Marktleistung", Dezentralisierung, Emanzipation der Anwender.

Von einer Ist-Analyse ausgehend wird man unter strategischen Gesichtspunkten einen Sollzustand definieren und dann das schwierige Problem der Überführung alter Lösungen in zeitgemäße zu lösen haben (Migration, Portierung).

Betrachtet man die Struktur des DV-Bereichs, so unterschiedet man zweckmäßig die **Projekte** und den **laufenden Betrieb**.

Projekte: Während sich die Informatik vorzugsweise mit der Softwareentwicklung beschäftigt, ist für das Unternehmen, dessen Zweck nicht die Entwicklung von Software ist, inzwischen bekannt, daß nach Möglichkeit Standardsoftware eingekauft werden sollte (statt sie selber zu entwickeln). Demnach sind die Methoden zur Steuerung der Softwareentwicklung - wenn es denn welche gibt - hier nicht von Interesse.

Die **Auswahl von Standardsoftware** ist daher zunächst die Hauptaufgabe für den Betrieb. Es wird der Versuch unternommen, die "Katze nicht im Sack zu kaufen", sondern aufgrund von Empfehlung durch Mundpropaganda, im Einzelfall auch einmal aufgrund einer detaillierten Durchprüfung eines Pflichtenheftes die Leistungen der Softwarekandidaten vor Einsatz abzuschätzen. Da die Software bekanntermaßen integriert ist und da die Hersteller alles tun, um ein "fremdgehen" des Anwenders zu erschweren, ist man oft durch eine unscheinbare Anfangsentscheidung auf Gedeih und Verderb dem Softwarelieferanten ausgeliefert (einmal IBM, immer IBM).

Hat man sich zu einer Entscheidung durchgerungen, beginnt die Softwareanpassung. Softwareanpassung wird hier nur so verstanden, daß eine parametrisch aufgebaute Software "eingestellt" werden muß, um die Belange des Betriebes zu treffen. Eingriffe in die Software werden hier nicht betrachtet.
Leider ist die Softwareanpassung der "fertig" gekauften Softwarepakete immer noch so umständlich, daß auch hierfür **Projektcontrolling** angebracht ist.

Die **Kostenrechnung der DV** bezieht sich neben der Erfassung der Projekte auf den laufenden DV-Betrieb. Der Grundgedanke heißt auch hier - wie überall in der Kostenrechnung, dem Verursacher die Kosten zu belasten. Die gängigen Verfahren der Kostenumlage nach Schlüsseln leisten gerade dies nicht angemessen. Die Prozeßkostenrechnung als modernes Instrument kann den laufenden Betrieb mit seinen repetitiven Tätigkeiten besser in den Griff bekommen, allerdings um den Preis eines gewissen Aufwandes. Wahrscheinlich würde man seine Energie besser in die Sanierung der DV stecken, d. h. in die Steuerung der wenigen Projekte, in denen man überhaupt noch Freiheitsgrade hat.

Wer das modische Stichwort "Outsourcing" vermißt: das ist eine den ganzen Prozeß der DV-Konzeption begleitende Frage, die üblicherweise Make-or-buy-Frage heißt. Am liebsten würde der DV-Manager all seine Probleme outsourcen und nur noch selbst erledigen, was er gut kann. Outsourcen sollte man aber nur das, was nicht zentrales Know-how der Firma ist.

DV-Konzeption 61

Grundgedanke:

ein polymorphes Gebilde mit einer Halbwertszeit von drei Jahren

Lernziele: Programm:

- *DV-Konzeption - ein polymorphes Gebilde*

- *Anwendungen als Ausgangspunkt*

  o *Ist-Zustand*

  Bild 61/1: Strukturierung der Anwendungen

  Bild 61/2: Y-Modell

  o *Vision*

  . *Strategische Trends*

  Bild 61/3: Markt

  Bild 61/4: Dezentralisierung der DV-Leistung

  o *Soll-Zustand*

  . *Robuste Näherungslösungen*
  . *Prioritäten für die nächsten 3-5 Jahre*

  Bild 61/5: Beispiel DV-Konzeption

  Aufgabe 61/6: Beispiel für DV-Konzeption

DV-Konzeption 61

Lernziele: Programm:

- ***Datenbank***
  - *o Oracle*
  - *o adabas*
  - *o informix*

Bild 61/7: Datenbankanbieter

- ***Betriebssystem***
  - *o dos*
  - *o unix*
  - *o proprietäre*
- ***Hardware***
  - *o client-server-Struktur*

Bild 61/8: Client-Server-Struktur

Bild 61/9: Hardware-Installationen

- **Überleitung vom Ist zum Soll (Migration/Portierung)**

Bild 61/10: "Parallele Verfügbarkeit von SAP-R/2 und SAP-R/3

DV-Konzeption - ein polymorphes Gebilde

Die Vorgehensweise ist im Prinzip einfach:

- Ist-Zustand
- Vision
- Sollzustand
  - o Näherungslösungen
  - o Prioritäten für die dringensten Projekte
- Überleitung vom Ist zum Soll (Migration/Portierung)

Bei einer Bestandsaufnahme im DV-Bereich (**Ist-Zustand**) stößt man unweigerlich auf die Hinterlassenschaften der Vergangenheit, ein Durcheinander von Hardware, Softwaresystemen, Programmen und Ruinen in allen Altersklassen und Dokumentationszuständen.

Kennzeichen für die DV-Krise:
- Warteschlangen der Projekte vor der DV
- 80 % der DV-Kapazität mit Pflege beschäftigt
- keine Dokumentation vorhanden
- die Assembler-Programmierer sind über 60 Jahre alt

Als **Vision** steht im Hintergrund eine integrierte Struktur in einer dezentralisierten Client-Server-Struktur mit Datenbank und benutzerfreundlichen Anwendungen.

Im nächsten Schritt (**Soll-Zustand**) sind relativ schnell und global unter Ressourcen- und Zeitrestriktionen Abstriche vom visionären Traum zu machen und eine harter Kern von Projekten zu definieren. Ohne das große Ziel aus den Augen zu verlieren sind - weit entfernt von dem Blütentraum einer integrierten Lösung - fragmentarische **Näherungslösungen** zu identifizieren und **Prioritäen** für die nächsten drei bis fünf Jahre zu setzen.

Es ist wie bei einer Sanierung. Viele Bereiche sind hoffnungslos, man kann sie nur mit einem Verfallsdatum versehen (Ende des Lebenszyklus) und sich selbst überlassen. Ein vitaler Kern ist Ausgangsbasis für eine Anzahl von Projekten mit hohem Grenznutzen.

Dann beginnen die Überlegungen, wie man den Istzustand in diesen so eng definierten

Sollzustand überführen kann: **Migration oder Portierung** genannt.

Die meisten Firmen geben sich Illusionen hin, was die Dauerhaftigkeit ihrer DV-Lösungen betrifft. Aus ehrenwerten Gründen (keine Kapazität, kein Geld) wird das Leben vieler Programmbereiche durch Wartung verlängert, die man längst durch neue Lösungen hätte ersetzen müssen. Der Aufwand für eine "Runderneuerung" der DV im 5-Jahresturnus ist viel größer als man wahrhaben will.

Die Abschreibungsdauer eines Hauses ist 50 Jahre. Danach müßte man es neu bauen. Es gibt viele Gründe, in der alten Ruine weiterzuhausen: kein Budget für ein neues, man hat die alten Mauern liebgewonnen, vordergründig erfüllen sie auch noch ihre Funktion, die Ungewißheit über die neue Lösung, Angst vor den räuberischen Methoden der modernen Baubranche.

Anwendungen als Ausgangspunkt

Ist-Zustand

Die Anwendungen sind der Ausgangspunkt der DV-Konzeption. Wie in der Organisationsuntersuchung üblich, wird man zunächst den **Ist-Zustand** feststellen. Anhand einer Checkliste, die branchen- und firmenspezifisch abzuwandeln ist, wird man - dem Schichtenmodell folgend - je Gebiet festhalten, welche Anwendungen auf welcher Datenbank auf welchem Betriebssystem und welcher Hardware ablaufen.

Man vermerke interessehalber bei allen Anwendungen, in welchem Jahr die Erst-Installation der Softwarepakete erfolgte. Ist es überspitzt zu behaupten, daß alle Pakete mit einem Alter über 5 Jahre sanierungsbedürftig sind ?

Ein Beispiel für eine Checkliste der wichtigsten Anwendungsgebiete ist enthalten in:

Bild 61/1: Strukturierung der Anwendungen

Bild 61/1: Strukturierung der Anwendungen

Marketing und Vertrieb
- **Angebotsbearbeitung**
- **Kundenauftragbearbeitung**
  - **Auftragsbestätigung**
  - **Rechnungsschreibung (Fakturierung)**
- **Tourenplanung**
- **Marketing-Informationssystem MAIS, Vertriebsinformationssystem VIS**

  Ein Marketing-Informationssystem (MAIS) oder Vertriebsinformationssystem (VIS) umfaßt externe Daten (Marktforschungsdaten wie z. B. GfK- oder Nielsen-Daten) und interne Daten.

  Der Kern der internen Daten ist eine Ergebnisrechnung als Deckungsbeitragsrechnung mit verschiedenen Sortierungsrichtungen (Produkte, Kunden, Vertriebswege, Außendienstmitarbeiter)

Forschung und Entwicklung
- **Computer Aided Engineering CAE,**
- **Computer Aided Design CAD (Zeichnungen)**

Produktion
- **Materialwirtschaft**
  - **Lagerbestand**
  - **Bruttobedarf (Stückliste)**
  - **Nettobedarf**
  - **Betriebsaufträge**
  - **Bestellwesen**

- **Zeitwirtschaft**
  - **verfügbare Kapazität**
    - **personell**
    - **maschinell**
  - **Kapazitätsbedarf (Arbeitsplan)**
    - **personell**
    - **maschinell**

Klenger: DV für Controller

Bild 61/1 f: Strukturierung der Anwendungen

Kapazitätsterminierung
Durchlaufterminierung

Betriebsdatenerfassung (BDE)
NC-Programmierung
Qualitätssicherung

Controlling/Finanz- und Rechnungswesen
Planungs- und Berichtssystem/EIS
Ein Berichtssystem sollte Basispläne (Umsatz, Produktion usw.) und Ergebnis und Finanzpläne abdecken.
Es sollte eine Plan/Ist-Dimension und eine Zeit-Dimension (Monate, Jahre) verwalten können.
Es arbeitet üblicherweise auf stark aggregiertem Niveau mit gewissen Zoom-Fähigkeiten auf die Details.
Typisch sind auch Graphikfähigkeiten.
Finanzbuchhaltung
Sachkonten
Anlagenbuchhaltung
Debitoren
Kreditoren
Betriebsabrechnung (=Kostenrechnung)
Kurzfristige Erfolgsrechnung (KER)
(=Betriebsergebnisrechnung)
Kostenstellenrechnung (BAB)
Kostenträgerrechnung
Kostenträgerstückrechnung (Kalkulation)
Kostenträgerzeitrechnung
Lohn- und Gehaltsabrechnung
Personalinformationssystem PIS

Allgemeines
Bürokommunikation

Klenger: DV für Controller

Eine andere Darstellung, die auf die Unterscheidung primär betriebswirtschaftlich und primär technisch orientierter System abstellt, ist in dem folgenden Bild nach Scheer enthalten. Sie weist auch auf unabdingbare Basissysteme hin wie Stückliste/Rezeptur, Arbeitsplan, Zeichnungen.

Bild 61/2: Betriebswirtschaftlich und technisch orientierte Systeme

Bild 61/2: Y-Modell

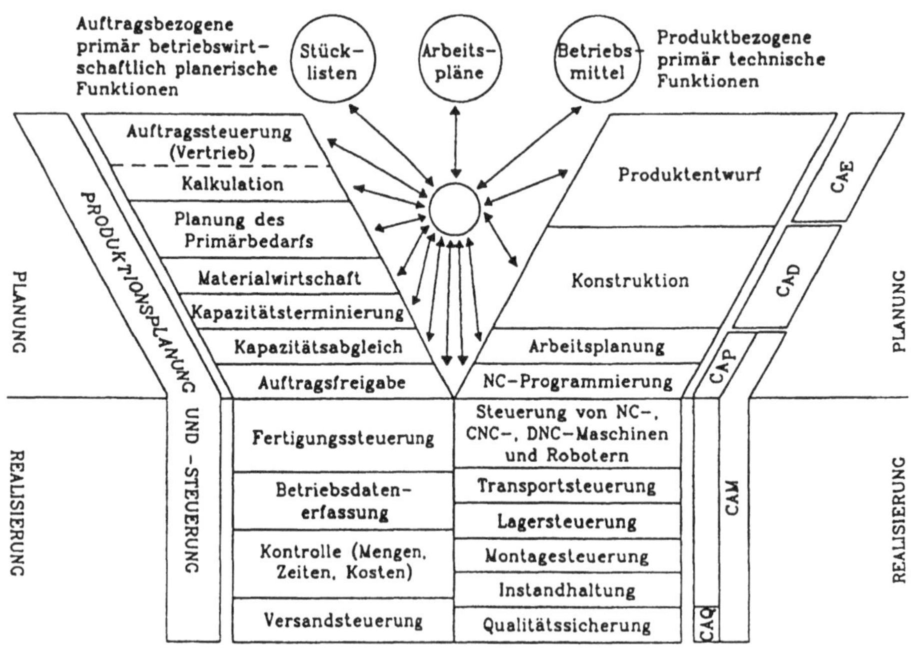

Abb. 3.B.I.01: Y-CIM-Modell der Informationssysteme in einem Industriebetrieb

Quelle: Scheer 1990 BW, S. 196

Vision

Die Vision ist die voll-integrierte Lösung auf Datenbankbasis mit dezentraler Verfügbarkeit und benutzerfreundlicher Oberfläche.

Da eine Investitionsrechnung kaum möglich ist wegen fehlender Quantifizierungsmöglichkeit der Nutzenseite, empfiehlt sich eine Orientierung an **strategischen Trends.**

DV als Bestandteil der Marktleistung: der bedeutendste Wandel in der DV besteht darin, daß nicht mehr nur administrative Funktionen recht und schlecht erledigt werden müssen, sondern daß eine funktionierende DV auch Bestandteil der Marktleistung ist.

Für einen Reiseveranstalter ist ein Buchungssystem, das er "seinen" Reisebüros anbieten kann, ein Marktargument, mit dem er die Vertriebspartner stärker an sich binden kann. Internationale Hotelketten haben ihr eigenes weltweites Buchungssystem, mit dem sie den Gast von Übernachtung zu Übernachtung weiterreichen (immer in den Häusern der Kette, versteht sich). Mittelständler-Hotels kooperieren und leisten sich gemeinsam ein Buchungssystem, um wettbewerbsfähig zu bleiben.

Beispiel Autovermieter: Das Geschäft wurde definiert als Vermieten von Autos. Dabei mußte recht und schlecht auch ein Papierkram miterledigt werden. In der Neudefinition gehört die automatische Abwicklung mit zur Marktleistung, mit der man sogar werben kann.

Bild 61/3: DV als Bestandteil der Marktleistung

Dezentralisierung: Controlling prüft grundsätzlich und in jedem Zusammenhang Dezentralisierungsmöglichkeiten, daher auch bei der DV. Nicht so sehr aus missionarischem Eifer, sondern in der Erkenntnis, daß die zentralen Konzepte gescheitert sind. Und auch nicht blind, sondern auf Basis eines Gegengeschäftes: Dezentraliserung gegen zentrale Transparenz auf bestimmtem (aggregiertem) Niveau.

Bei der DV liegt - historisch gewachsen - in der Regel ein Fall extremer und rücksichtsloser Zentralisierung dieser Funktion vor. Ursprünglich entstanden aus der Notwendigkeit des spezialisierten Know-Hows und unterstützt von der Geschäftsführung, um den Informationszugang zu monopolisieren, inzwischen aber obsolet geworden, weil contraproduktiv. Die Projekte werden behindert durch eine allzu starke Zentralisierung. Der Umgang des Anwenders mit einer sich zentralistisch auf-

Bild 61/3: DV als Bestandteil der Marktleistung

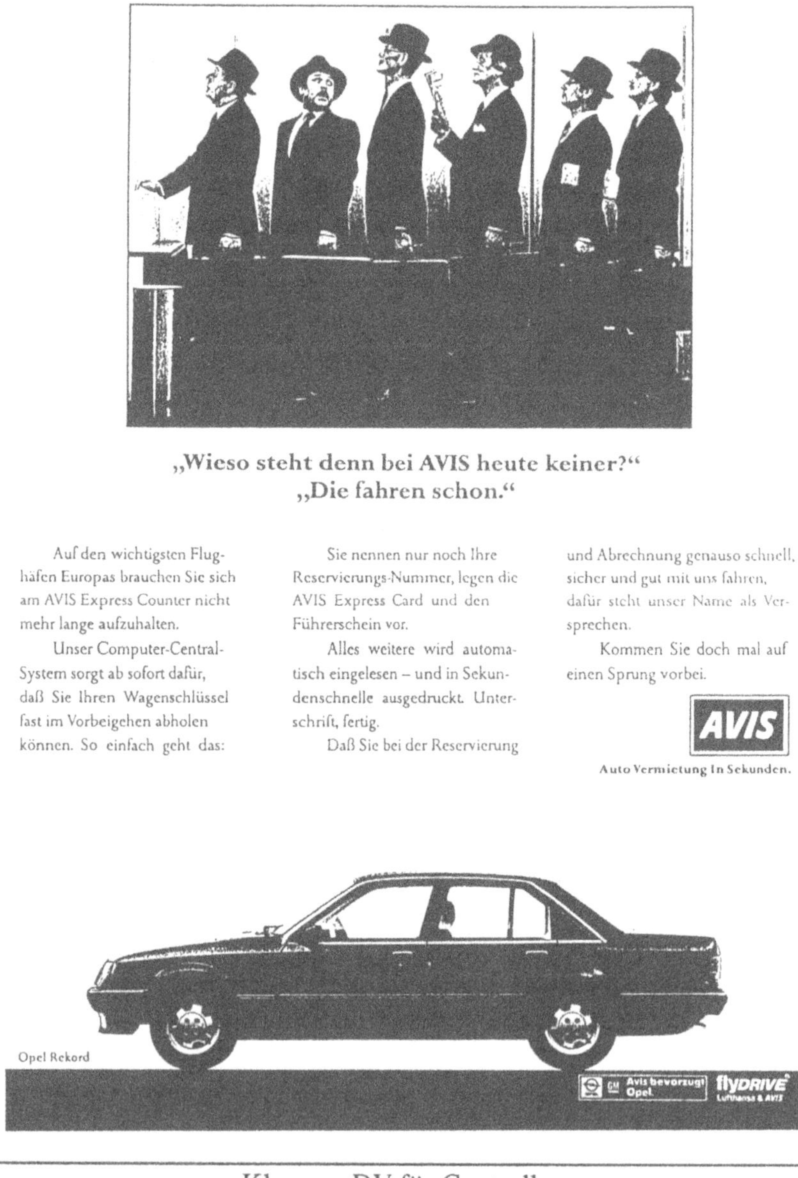

Klenger: DV für Controller

spielenden DV ist für den Anwender desmotivierend. Aber: Es rächt sich natürlich jetzt auch, daß der Anwender so lange "dumm" gehalten wurde. Es ist die Frage, ob sich der Anwender selbst überhaupt emanzipieren will, Verantwortung für seine Anwendungen übernehmen will, oder ob er nicht lieber in der bequemen Rolle des Forderers bleibt, der das Unmögliche fordert, wohl wissend, daß er weder dafür bezahlen muß, noch selbst für die Realisierung herangezogen wird.

Findet die zentrale DV zu einer echten und ehrlichen Dienstleistungsorientierung ? Die Kundenorientierung hat sich im Marketing nicht durch moralische Appelle durchgesetzt, sondern nur unter den Zwängen eines Käufermarktes.

Der Anwender muß in die Situation eines Käufers mit Alternativen versetzt werden.

Die Outsourcing-Bewegung ist nicht nur so zu verstehen, daß quasi leidenschaftslos die make-or-buy-Frage geprüft wird. Vielmehr geht es um Machtfragen: Darf der Anwender externe Softwarelösungen miteinbeziehen oder ist er weiterhin gezwungen ausschließlich bei seiner Zentrale zu bestellen. Der DV-Leiter ist zur Beantwortung von Outsourcing-Fragen objektiv kaum allein in der Lage, da er den Erhalt seiner Machtbasis im Auge hat.

Es soll Fachabteilungen geben, die sich durch externe Berater unterstützten lassen, um nicht von der DV-Abteilung über den Tisch gezogen zu werden. Ein Zeichen für die fehlende Vertrauensbasis und eine lange mißbräuchliche Machtausübung durch die Zentralabteilung.

Emanzipation der Anwender: Wie kann die Arbeitsteilung zwischen Zentrale und Dezentrale sein:

- dezentral (Fachabteilung): Dummer Anwender
- zentral (DV-Abteilung): Organisator, Systembetreuer ?

Die Fachabteilung muß in die Lage versetzt werden, ihre Löung "selbst zu machen", sonst wird der DV-Engpaß nie aufgelöst.

Wo ist die Schnittstelle zwischen Fach- und DV-Abteilung? Sie ist fließend: in manchen Bereichen mag es weiterhin den dummen Anwender geben. In Bild 12/3 war nahegelegt worden, daß der Controller anwendungsnah, der Informatiker systemnah seinen Schwerpunkte sucht. Für die Controller sollte als Richtschnur gelten, daß sie selbst ein System "customizen" können. Denn der Hinweis, daß nur am Anfang zu customizen sei, später aber nicht, ist Augenwischerei. Vielmehr ist eine laufende Anpas-

Bild 61/4: Dezentralisierung der DV-Leistung

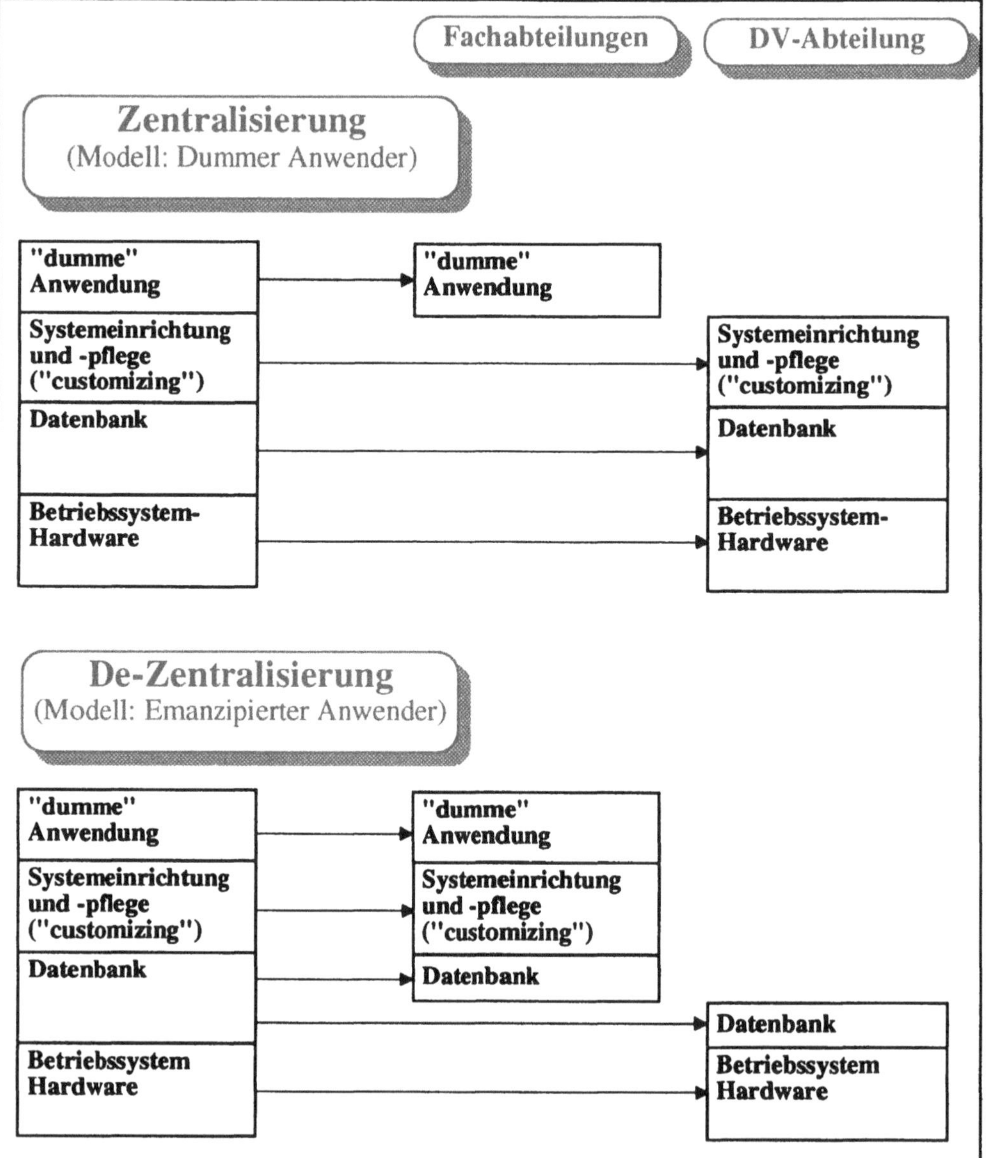

Klenger: DV für Controller

sung nötig.

Bild 61/4: Dezentralisierung der DV-Leistung

Soll-Zustand

Um von der Vision zum Soll-Zustand zu kommen, bedarf es asketischer Fähigkeiten - das Gegenteil von Marketing. "Eigentlich braucht er eine Knips-Kamera. Als er aus dem Fotoladen herauskommt, hat er eine Spiegelreflex mit wahlweise an- und abschaltbarer Belichtungsautomatik."

Der Soll-Zustand muß aus strategischen und operativen Zielsetzungen entwickelt werden und nicht zuletzt die begrenzten Ressourcen berücksichtigen:

- **Robuste Anwendungssysteme** bestimmen: Abschied von den Globalträumen. Näherungslösungen.

- Prioritäten für die **nächsten drei Jahre** festlegen

- begrenzte Resourcen berücksichtigen: Welche **Kapazität** steht **nach Abzug des laufendes Geschäfts und der Programmpflege** überhaupt zur Verfügung

- **Faktor 2** für Termin- und Kostenüberschreitungen bei DV-Projekten nicht vergessen

- die **make or buy**-Entscheidungen treffen

Beispiel Näherungslösungen: Kostenträgerrechnung
Man kann vom integrierten Kostenrechnungssystem schwärmen und wird es nie erreichen. Oder man begnügt sich z. B. für eine Kostenträgerrechnung mit einer Bewertung der fakturierten Umsätze zu Standardkosten. Was hierfür funktionieren muß: die Fakturierung, die Stückkalkulation (d.h.die Stückliste, der Arbeitsplan) und die Kostenstellenrechnung für die Kalkulationsparameter. Was noch nicht funktionieren muß: die Erfassung und Verrechnung aller Abweichungen auf Kostenträger (Mehrzeiten, Mehrmaterial, Ausschuß, Abweichungen der Kalkulationsparameter)

Bild 61/5: Beispiel für DV-Konzeption

Bild 61/5: Beispiel DV-Konzeption

	A	B	C	
1	**Anwendung**	**Ist**	**Vision**	**Soll**
2				
3	**Vertrieb/Marketing**			
4	***Vertriebspartner***			
5	Angebotsbearbeitung		Eigen/PC	ja
6	Auftragsbearbeitung		Eigen/PC	ja
7	Marketing		Standard/PC	später
8	Betriebswirtschaft		Standard/PC	später
9	Online-Reservierungen		Eigen/PC	ja
10	***Firmenintern***			
11	Angebote	Eigen/IBM		
12	Aufträge	Eigen/IBM		
13	Marketing	Eigen/IBM		
14	Vertriebssteuerung	Eigen/IBM		
15	Kundendienst	Eigen/IBM		
16				
17	**Produktion**			
18	***Basissysteme***			
19	Teilestamm	Eigen/IBM		
20	Stücklisten	Eigen/IBM		
21	Arbeitspläne	Eigen/IBM		
22	***PPS-Systeme***			
23	Bedarfsplanung		Eigen/IBM	später
24	Lagerbestand	Eigen/IBM		
25	Lagerplatz		Standard/DEC	später
26	Bestellungen	Eigen/IBM		
27	Wareneingang	Eigen/DEC	Eigen/IBM	später
28	Grobterminierung	Eigen/IBM		
29	Fertigungssteuerung	Eigen/IBM		
30	Betriebsdatenerfassung		Eigen/DEC	ja
31	Versand-/Tourenplanung	Eigen/IBM		
32				
33				

Klenger: DV für Controller

Bild 61/5 f: Beispiel DV-Konzeption

	A	B	C	
1	**Anwendung**	**Ist**	**Vision**	**Soll**
2				
3	***CAX-Systeme***			
4	CAD		kurzfr. Standard/PC	ja
5			später: Standard/DEC	
6	Verschnittoptimierung	Eigen/DEC		
7	NC-Maschinen		DEC	
8	Handling		?	
9	Fertigungskontrolle		Standard/PC oder DEC	ja
10	Wareneingangskontrolle		Standard/PC oder DEC	ja
11				
12	**Controlling/Rechnungswesen**			
13	Finanzbuchhaltung	Steeb/IBM	SAP R3/IBM	später
14	Anlagenbuchhaltung	Steeb/IBM	SAP R3/IBM	später
15	Lohn und Gehalt	PAISY/IBM	SAP R3/IBM	später
16	Kostenstellen	Steeb/IBM	SAP R3/IBM	später
17	Vorkalkulation		SAP R3/IBM	später
18	Nachkalkulation		SAP R3/IBM	später
19	Betriebsergebnis	Steeb/IBM	SAP R3/IBM	später
20	Planung/Bericht		Standard/PC	ja
21				
22	**Allgemein**			
23	Bürokommunikation		Standard/PC	später
24				
25				
26				
27				
28	Eigen=Eigenentwicklung			
29	Standard=Standardsoftware			
30	? = noch kein Konzept			
31				
32				
33				

Klenger: DV für Controller

Bild 61/5 2f: Beispiel DV-Konzeption

Kommentierung der DV-Konzeption

Ist

- **heterogene Struktur von kaufmännischen (IBM) und technischen (DEC) Systemen**
- **hoher Anteil aufwendig zu pflegender Eigensoftware**
- **keine Verbindung zwischen Vertriebspartnern und internem System**

Soll

- **Schwerpunkt bei der Anbindung der Vertriebspartner**
- **in der Produktion nur Betriebsdatenerfassung**
- **CAX-Systeme: Erfahrungen mit Standardsoftware auf PC sammeln**
- **zur Zeit keine Ressourcen für die Portierung der Steeb-Software**

- **zur Zeit Verzicht auf Datenbanksystem**

- **Hardware: Verteilung auf IBM und DEC wie bisher**
- **Netz: Vernetzung der PCs mit den beiden mainframes**

Klenger: DV für Controller

Aufgabe 61/6: Beispiel DV-Konzeption

Ein kleiner Mittelständler beauftragt nach dem Besuch eines Controlling-Seminars seinen Assistenten mit der Einführung einer modernen integrierten entscheidungsorientierten Kostenrechnung. Es fällt das Stichwort "Grenzplankostenrechnung". Die Zeitvorstellung für die Einführung ist maximal ein halbes Jahr. Die Firma stellt Werkzeuge in kleinen Serien her.

Dem Assistenten ist der Ist-Zustand der Firma auf dem DV-Gebiet bewußt:

kaufmännischer Bereich: Die Lohn- und Gehaltsabrechnung wird von einem Steuerberater über datev gemacht. Die Finanzbuchhaltung vom einem Dienstleister mit Hilfe einer Taylorix-Buchhaltung. Die Fakturierung über ein eigenentwickeltes Programm mit einer excel-Tabellenkalkulation auf einem Apple-Macintosh durchgeführt. Eine Materialwirtschaft ist nicht existent bzw. wird ersetzt durch monatliche Inventuren.

technischer Bereich: Die Zeichnungen werden über ein Apple-Macintosh-basiertes Programm verwaltet. Berechungen werden ebenfalls mit der excel-Tabellenkalkulation auf dem Mac durchgeführt.
Es existiert so gut wie keine Dokumentation der Programme.

Lösung zu Aufgabe 61/6: Beispiel DV-Konzeption

Anhand eines kleinen Kalkulationsbeispiels macht sich unser Assistent den Datenbedarf für eine Stückkalkulation klar:

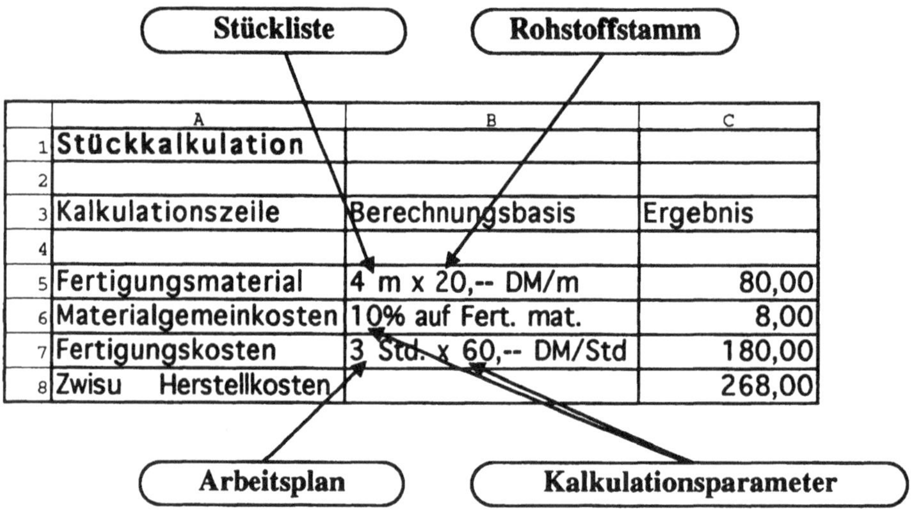

Keiner der Datenlieferanten ist in seinem Unternehmen als funktionierendes DV-System vorhanden.

In einem Buch findet er folgendes Bild, das ihm bewußt macht, daß die Kostenrechnung "ganz zum Schluß kommt": sie ist auf eine Vielzahl von Vorlieferanten für die Daten angewiesen.

Lösung zu Aufgabe 61/6 f: Beispiel DV-Konzeption

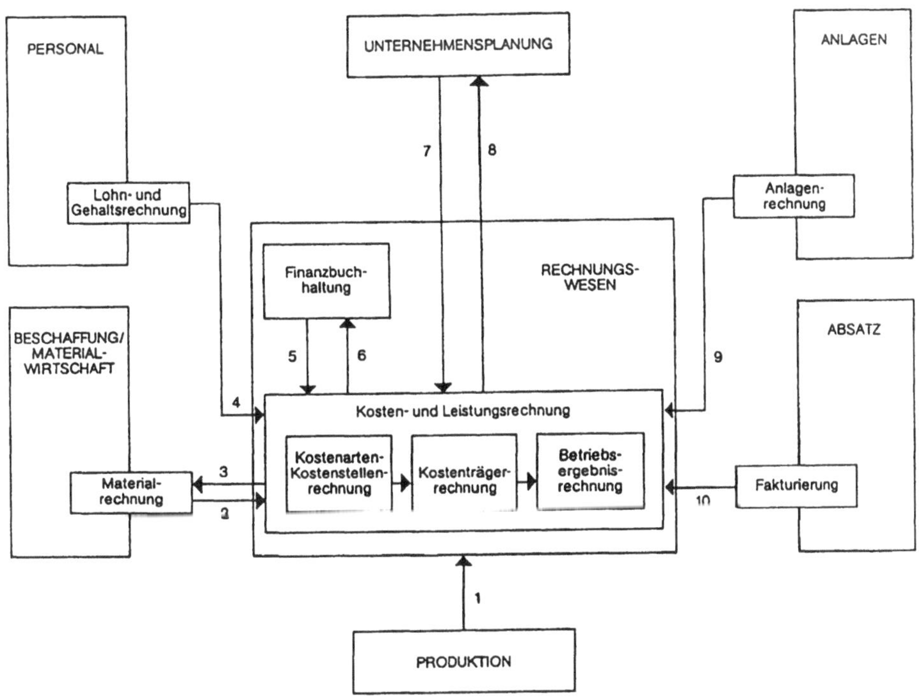

Abb. 3.5: Informationsbeziehungen der Kosten- und Leistungsrechnung

Quelle: Horváth/Weihe/Petsch 1986, S. 40

Lösung zu Aufgabe 61/6 2f: Beispiel DV-Konzeption

Nr.	Art der Information
1	Ist-Verbrauch Sollverbrauch Materialmengen (Stücklisten) Sollverbrauch Bezugsgrößenmengen (Arbeitspläne) Fertigmeldungen
2	Materialpreise und -mengen (bei Abgang in die Produktion)
3	Herstellkosten und -mengen für Fertigwaren
.4	Ist-Löhne und Gehälter
5	Erlöse, Erlösschmälerungen Sachausgaben Fremdleistungen
6	Bestand, Bestandsveränderungen an Halb- und Fertigfabrikaten
7	Plankosten und -erlöse Plandeckungsbeiträge
8	Plan-/Ist-Abweichungen
9	Kalkulatorische Abschreibungen Kalkulatorische Zinsen des Anlagevermögens
10	Erlöse und Mengen aus der verkauften Leistung

Quelle: Horváth/Weihe/Petsch 1986, S. 40

Lösung zu Aufgabe 61/6 3f: Beispiel DV-Konzeption

1. Idee: Auftrag zurückgeben

2. Idee: ein Erfolgserlebnis für den Chef produzieren
wir machen als erstes eine Kostenstellenrechnung (dafür müssen nämlich nur die Belege in der Finanzbuchhaltung mit einer Kostenstellennummer versehen werden), dann sehen wir weiter

3. Idee: das Problem "Outsourcen"

4. Idee: die Sache grundsätzlich angehen
wir brauchen eine DV-Konzeption
- Anwendungsgebiete mit höchster Priorität nennen
- Standardsoftware suchen
- Datenbank, Betriebssystem und hardware auswählen

5. Verbündete suchen bzw. zunächst eine Projektorganisation gründen

Datenbank

Ausgehend von den gewünschten Anwendungen wird man als nächstes die Frage nach einer Datenbanklösung stellen.

SAP setzt seine Anwendungspakete auf Fremddatenbanken (z. B. Oracle) auf. Wenn das Datenmodell transparent ist, könnte man im Prinzip direkt auf die Datenbank zugreifen und Auswertungen entwickeln. Bevorzugt wird aber der Weg über den SAP-eigenen ABAP.

Bei den kleineren Anbietern sieht es hinsichtlich Datenbank schlechter aus. Meist wird eine Eigenentwicklung angepriesen, die aber für den Anwender intransparent ist.

In der Kapazitätsrechnung sollte die Mannschaft, die die Datenbank pflegt, nicht vergessen werden.

Einige Datenbanknamen finden sich in

Bild 61/7: Datenbank-Anbieter

Hervorgehoben seien Oracle und Informix, die sowohl auf dem Mainframe als auch auf dem PC zu Hause sind.
Die Computerzeitschriften veröffentlichen von Zeit zu Zeit Übersichten über das Datenbankangebot (Bäurle 1993) (Harlessem 1994).

Betriebssystem

Entweder sind es "proprietäre" (Hersteller-eigene: z. B. bei IBM das OS/400-Betriebssystem für die AS/400-hardware, vgl. Bild 54/3) oder universell einsetzbare Betriebssysteme wie das Unix-Betriebssystem. Allerdings ist es den Herstellern wieder gelungen, durch ihre jeweiligen Unix-Derivate die Kundenbindung zu verstärken (aix von IBM, sinix von SNI usw.)

Hardware

Die einhellig vertretene Empfehlung lautet hier Client-Server-Struktur, ohne daß dafür ein "Beweis" geführt würde. Der Anwender als Client hat seinen persönlichen Computer, der im Netz mit den anderen Clients verbunden ist. Bestimmte Aufgaben werden auf Servern zentralisiert, insbesondere die Datenbank. Technisch unterscheidet sich der Server von den Clients allenfalls in der Leistungsfähigkeit (Prozessor, Arbeitsspeicher, externer Speicher).

Bild 64/8: Client-Server-Struktur

Für PCs gibt es Testberichte über die am Markt verfügbare Hardware.

Für den Mainframe - soweit er nicht gänzlich durch die Client-Server-Strukturen abgelöst wurde - hat man Schwierigkeiten, überhaupt einen Marktüberblick zu bekommen. Die Hersteller wenden sich mit ihren Angeboten nur an die wenigen Entscheidungsträger für die großen Systeme und machen ein maßgeschneidertes Angebot. Markttransparenz zu schaffen kostet Zeit und das ist beabsichtigt.

Bild 64/9: Installierte Informationssysteme in Deutschland

gibt einen Eindruck von der Vielzahl der Namen, die am Markt auftreten und gleichzeitig wieder den Hinweis, daß sich alles doch unter 5- 6 großen Namen abspielt.

Überleitung vom Ist zum Soll (Migration oder Portierung)

Nach Bestimmung eines Sollzustands ist die "Portierung", d. h. die Überführung des alten Systems in das neue das Hauptproblem.

So sind einige SAP-R/2-Anwender zur Zeit mit der Frage beschäftigt, ob und wenn ja wie sie die Kurve zum R/3-System schaffen können.

Bild 61/10: "Parallele Verfügbarkeit von SAP-R/2 und SAP-R/3"

Die Überleitung vom Ist zum Soll sollte in Form von **Projekten** gefaßt werden (**Maßnahmenplan:** was, wer mit wem, bis wann). Siehe auch Modul 63 Projektcontrolling.

Bild 61/7: Datenbank-Anbieter

PC	MF			
		Hierarchische		
		Netzwerk		
			IBM	
				IMS
			Siemens	
				UDS
		Relationale		
x			Symantec	
				F&A (Frage und Antwort) (Flat file)
			microsoft	
x				access für windows
x				foxpro
x				SQL-Server
			Borland	
x				paradox für windows (vormals dos)
				dbase (vormals Ashton Tate)
x				dbase III plus
x				dbase IV
x				dbase IV 1.5 (Mausbedienung)
x				dbase IV 2.0 erstmals (zugekaufter) compiler
x				dbase für windows wird immer noch erwartet
			Computer Associates	
x				Clipper (wie dbase, aber mit compiler)
			SPC	
x				Superbase (Basic)
			Connect	
x				Omnis
			Gupta	
x				SQLBase
			IBM	
	x			DB 2
			Siemens	
	x			Sesam
			Oracle	
x	x			Oracle
			Software AG	
	x			Adabas
			Informix	
x	x			informix

MF=Mainframe

Klenger: DV für Controller

Bild 61/8: Client-Server-Struktur

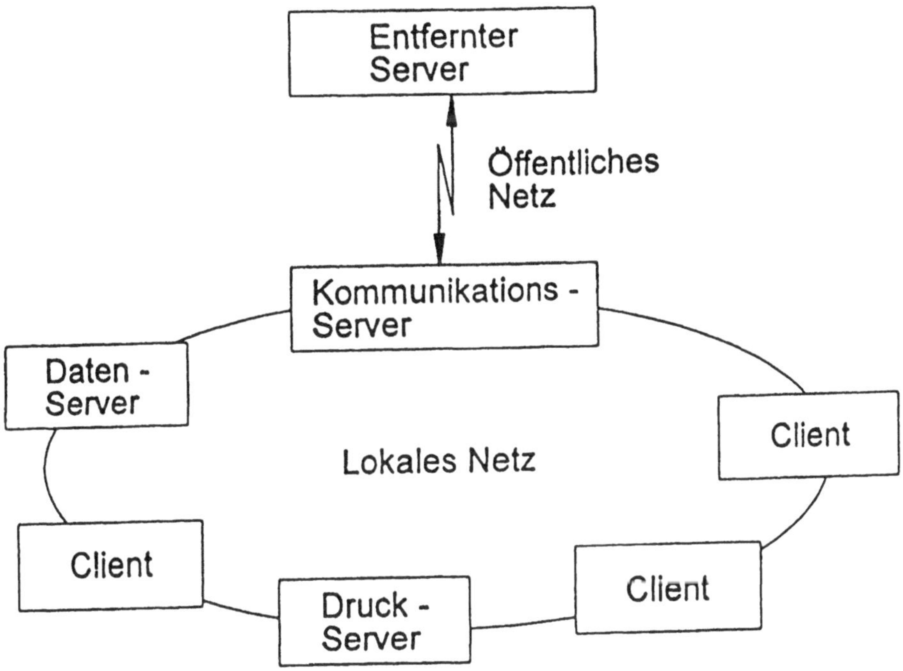

Abb. 4.15: *Prinzip des Client/Server-Modells*

Quelle: Stahlknecht 1993, S. 154

Bild 64/9: Installierte Informationssysteme in Deutschland

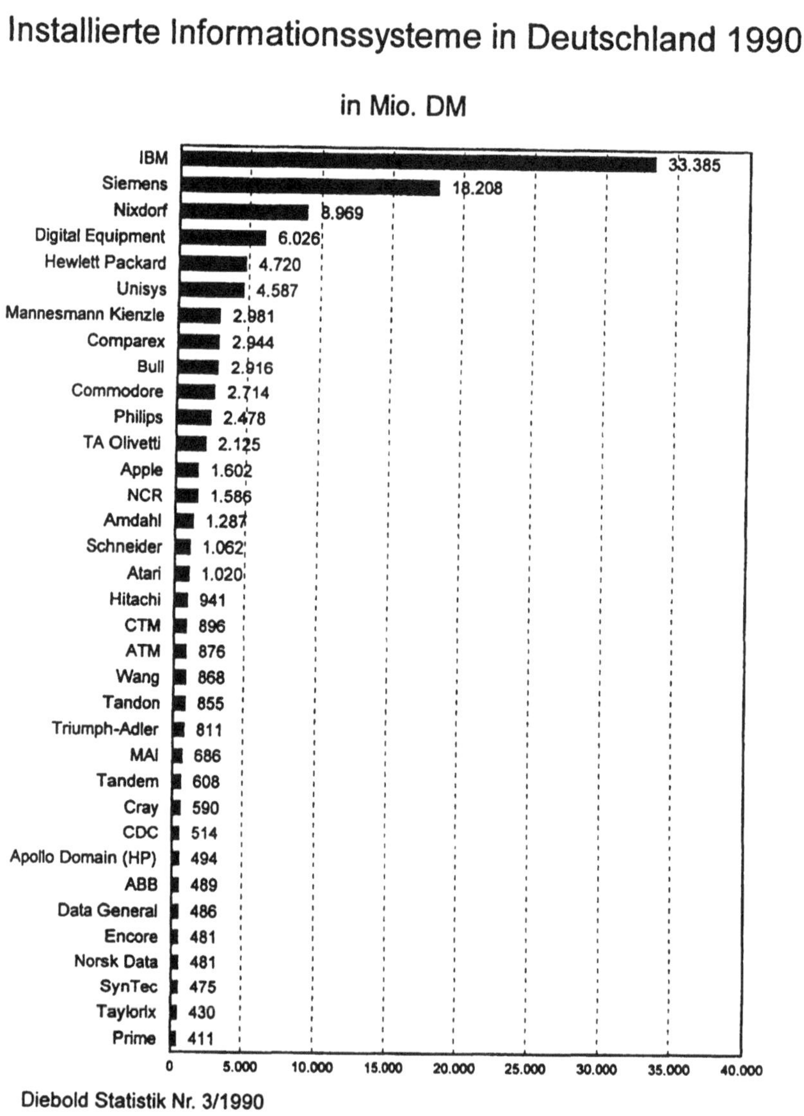

Quelle: Diebold Management Report - Nr. 3 - 1990

Bild 64/9 f: Installierte Informationssysteme in Deutschland

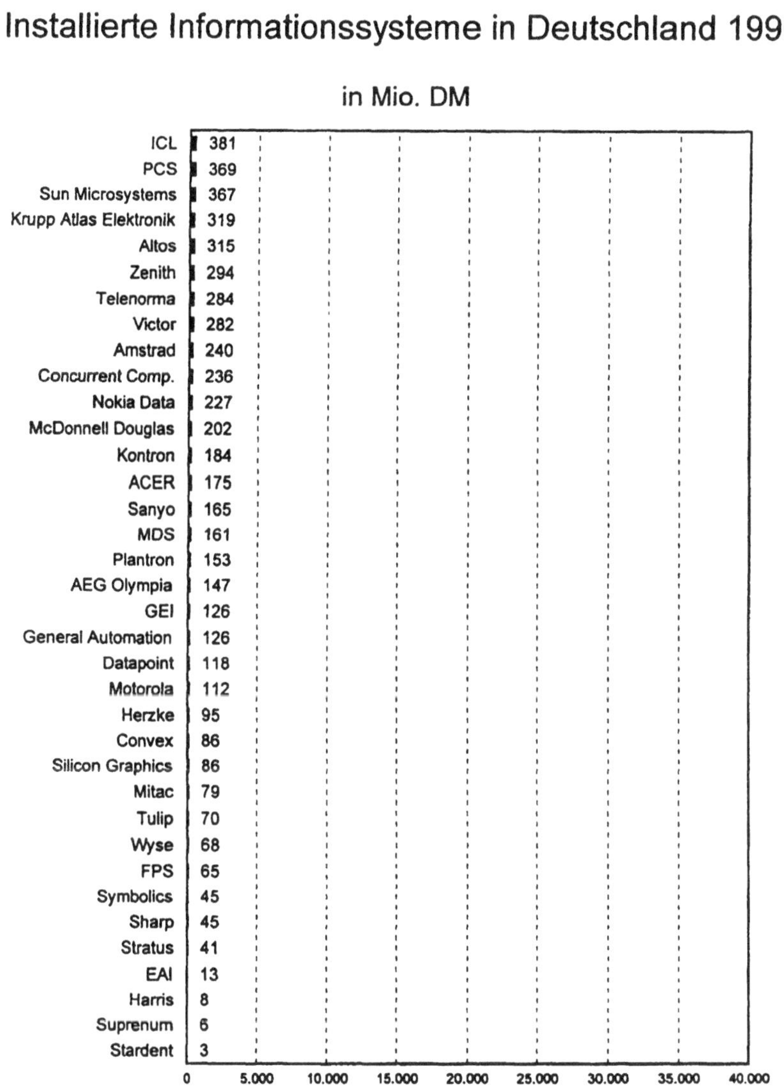

Diebold Statistik Nr. 3/1990

Quelle: Diebold Management Report - Nr. 3 - 1990

Bild 61/10: "Parallele Verfügbarkeit von SAP-R/2 und SAP-R/3"

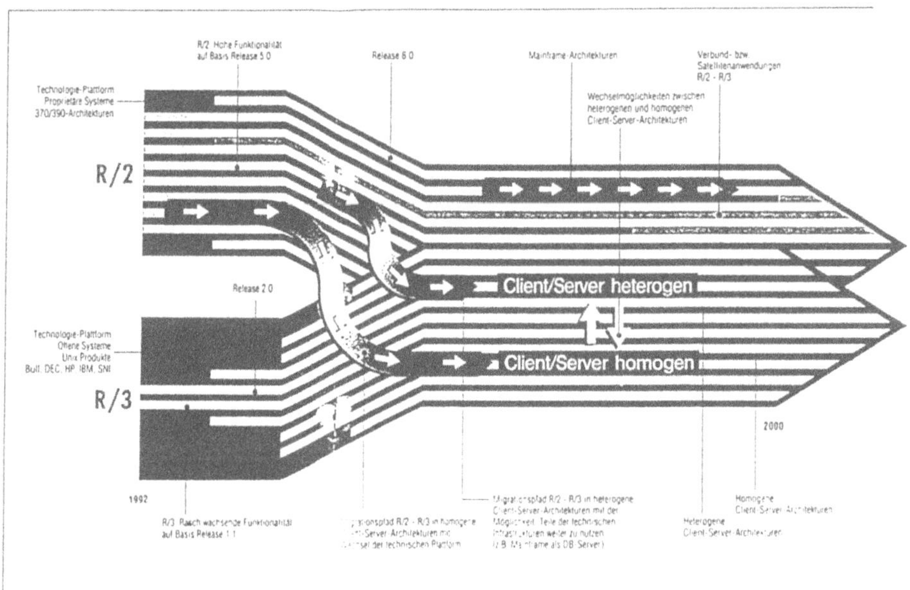

Quelle: SAP-Prospekt

Softwareauswahl und -anpassung 62

Kriterien:

Geld braucht se nich, aber scheen muss se sein.

Softwareauswahl und -anpassung 62

Grundgedanke:

Softwareauswahl: die Katze im Sack kaufen ?
Softwareanpassung: Anpassung durch Parametrisierung ist wahrscheinlich ein Irrweg

Lernziele: Programm:

- ***Standardsoftware oder Eigenentwicklung ?***

- ***Softwareauswahl - idealtypisch***
    - *o* ***Alternativen***
    - *o* ***Kriterien***
    - *o* ***Gruppierung der Kriterien***
    - *o* ***Kriterienwerte pro Alternative***
    - *o* ***Gewichtung der Kriterien***
    - *o* ***Beurteilung nach Alternativen***
    - *o* ***Beurteilung nach Kriterien (zur Überprüfung der relativen Einstufung)***
    - *o* ***Ganzheitliche Beurteilung***

Bild 62/1: Schema der Nutzwertanalyse

Bild 62/2: Beispiel zur Nutzwertanalyse (Autokauf)

Bild 62/3: Kriterienkatalog für Rechnungswesen-Software

Softwareauswahl und -anpassung 62

Lernziele:

Programm:

Bild 62/4: ISIS PC Report

Bild 62/5: Beispiel zur Softwareauswahl: Personalplanung und Personalarbeit

- ***Vorauswahl***
  - o ***Preisklasse***
  - o ***Portabilität (ablauffähig auf Betriebssystem....)***
  - o ***Anzahl Installationen***

- ***Softwareauswahl - realtypisch***
  - o ***Gruppeneinfluß***
  - o ***Branchenlösungen***
  - o ***Referenzen***
  - o ***User groups***

Bild 62/6: Kriterienkatalog für Vorauswahl

Bild 62/7: Die Top 40 der Softwarepaket-Anbieter in Europa

Bild 62/8: Die 15 größten Software-Unternehmen in der BRD

Bild 62/9: Softwareauswahl - realtypisch

Softwareauswahl und -anpassung 62

Lernziele: Programm:

- ***Softwareanpassung***
    - o ***über Parameter***
    - o ***durch Eingriffe***
    - o ***Basissystem zur Erfassung der Massendaten, Schnittstelle zu PC-Auswertungen***

Standardsoftware oder Eigenentwicklung ?

Durch viele Fehlschläge in der Softwareentwicklung hat sich inzwischen ein (Vor–)Urteil verfestigt: Wo immer möglich, **Standardsoftware kaufen und -anpassen.**

Eigenentwicklung ist etwas für Softwarehäuser oder für einen, der sich einen langen trial-and-error-Prozeß leisten kann. Das Software-Engineering hat entgegen der Propaganda so wenig an wirklichen Methoden, so wenig an wirklichem ingenieurmäßigem Vorgehen aufzuweisen, daß die normale Firma, deren Zweck nicht die Softwareentwicklung ist, sich hier besser enthält.

Allerdings ist die Alternative auch nicht begeisternd: denn die Software, die man vielleicht kaufen kann, paßt nicht wirklich auf die eigenen Verhältnisse, die Anpassung ist entweder überhaupt nicht oder nur sehr mühsam möglich.

Die sogenannte Standardsoftware ist in Wirklichkeit für einen Pilotkunden entwickelt worden, der den Entwicklungsprozeß bezahlt hat. Unter dem Etikett "Standard" versucht man sie nun nochmal an den Mann zu bringen, um weitere Deckungsbeiträge hereinzuholen. Die Abstraktionsfähigkeit der Softwarenentwickler ist auch nicht weiter entwickelt als bei anderen Experten: Sie denken über die Summe der Ihnen bekannten Beispiele nach. Das ist die höchste Abstraktionsstufe, die erreichbar ist.

In jedem Fall ist man auch beim Einsatz von Standardsoftware zu schmerzhaften Kompromissen gezwungen.

Softwareauswahl - idealtypisch

Rationale Entscheidungsprozesse funktionieren nach dem Schema der Nutzwertanalyse: Zwischen den Alternativen wird nach gewichteten Kriterien entschieden. Die Stiftung Warentest exerziert diese idealtypischeVorgehensweise bei Konsumgütern vorbildlich und erfolgreich vor.

Dennoch ist diese Entscheidungsprozedur bezogen auf das gesamte Spektrum des Käuferverhaltens eher die Ausnahme und im Normalfall vielfältig gestört: es existieren nur wenige oder gar keine echten Alternativen, die Kriterienwerte zu ermitteln ist zu mühsam oder nicht möglich, die Gewichtungen werden falsch gesetzt.

Software-Entscheidungen sind nur sehr **selten** losgelöst und **unabhängig** zu treffen. Das liegt an der Integration der Anwendungen. Durch eine unscheinbare Erstentscheidung, bei der man oft gar nicht deren Tragweite überblickt hat, ist man in der Folge "gefangen".

Und sie sind als strategische Entscheidungen nur sehr **schwer korrigierbar:** Die Joghurt-Entscheidung ist ungefährlich. Man kauft den falschen und ist beim nächsten Mal klüger. Man kauft die falsche Datenbank und ist mit ihr auf ewig "verheiratet".

Wie läuft die Nutzwertanalyse ab ?

- Welche Alternativen ?
- Welche Kriterien ?
- Gruppierung der Kriterien
- Kriterienwerte pro Alternative
- Gewichtung der Kriterien

- Beurteilung nach Alternativen
- Beurteilung nach Kriterien (zur Überprüfung der relativen Einstufung)
- Ganzheitliche Beurteilung

Das Schema der Nutzwertanalyse ist in

Bild 62/1: Schema der Nutzwertanalyse

enthalten.

Ein Beispiel aus dem täglichen Leben gibt

Bild 62/2: Beispiel zur Nutzwertanalyse (Autokauf)

Hinweis auf die Literatur: eine vorbildliche **Softwareauswahl für Rechnungswesen-Software** war in dem 1986 in 2. Auflage erschienenen Buch von Horváth/Weihe/Petsch 1986 enthalten. Inzwischen ist es zwar nicht mehr aktualisiert worden, die Vorgehensweise kann aber immer noch als Muster gelten (es gibt auch einen Eindruck von dem Arbeitsumfang einer systematischen Softwarebeurteilung).

Bild 62/1: Schema der Nutzwertanalyse

Kriterium	Gewicht G	Alternative 1		Alternative 2		Alternative 3	
		KW	KW*G	KW	KW*G	KW	KW*G
Zwisu K-gruppe 1							
Zwisu K-gruppe 2							
Zwisu K-gruppe n							
Gesamt							

KW: Kriterienwert

KW*G: Kriterienwert mal Gewicht (Ergebnis: gewichteter Kriterienwert der Alternative)

Zwisu K-gruppe: Zwischensumme Kriteriengruppe

Klenger: DV für Controller

Bild 62/2: Beispiel für Nutzwertanalyse (Autokauf)

Kriterium	Gewicht	VW Golf		Honda Civic		Renault R5	
		KW		KW		KW	
Motor	10%	2,0	0,20	1,0	0,10	3,0	0,30
Rost	5%	1,0	0,05	3,0	0,15	5,0	0,25
Sitze	5%	1,0	0,05	5,0	0,25	4,0	0,20
Funktion	20%		0,30		0,5		0,75
Design	10%	2,0	0,20	2,0	0,20	1,0	0,10
Sicherheit	10%	1,0	0,10	3,0	0,30	4,0	0,40
Preis	60%	5,0	3,00	1,0	0,60	2,0	1,20
Gesamt	100%		**3,60**		**1,60**		**2,45**

KW=Kriterienwert (deutsches Schulzensurensystem)

"Funktion" ist eine Kriteriengruppe
bestehend aus Unterkriterien (Motor usw.)

Fazit: Konsument kauft japanisch,
wenn er seiner Nutzwertanalyse folgt,
oder er ändert Kriterienwerte und Gewichte solange,
bis er das insgeheim gewünschte ordentliche Auto
auch aufgrund der Nutzwertanalyse kaufen kann

Klenger: DV für Controller

Bild 62/3: Kriterienkatalog für Rechnungswesen-Software

Alternativen

Wenn man nicht irgendwelche Anbieter dem Hörensagen nach kennt, ist man auf systematische Anbieterverzeichnisse angewiesen. Zu nennen ist hier insbesondere der ISIS PC Report und der ISIS Unix Report, die nach Sachgebieten (kommerzielle und technische) und nach Branchen eingeteilt sind.

Siehe Bild 62/4: ISIS PC Report

Nachteil: Es handelt sich um die Zusammenstellung von **Selbstauskünften** der Anbieter. Für den Wahrheitsgehalt dessen, was die Anbieter von sich behaupten, übernimmt keiner eine Garantie.

Nachteil: die Liste der möglichen Anbieter ist gelegentlich sehr lang. Daher ist unbedingt eine **Vorauswahl erforderlich** (siehe unten), um die Alternativen einzuschränken.

Manchmal ist auch das Gegenteil der Fall: die Adressen, die wirklich infrage kommen, reduzieren sich in einem oligopolistischen Markt auf ganz wenige: Sucht man eine Datenbank, die sowohl auf dem Mainframe als auch auf dem PC einsetzbar ist, gibt es zwar lange Listen von Datenbankanbietern, aber wirklich infrage kommen vielleicht nur zwei Namen: Oracle und Informix.

Weitere Quellen sind **Zeitschriften**, die periodisch zu bestimmen Produktklassen Anbieterbefragungen vornehmen und diese in "Tests" zusammenstellen. Daß die Zeitschrift wirklich alle Produkte selber ausprobiert hat, ist ganz selten einmal der Fall.

Kriterien

Man ist geneigt, in erster Linie an aufgabenbezogene Kriterien zu denken: Wie wird der Offene-Posten-Ausgleich in einer Finanzbuchhaltung vorgenommen ? Ebenso wichtig sind aber auch z. B. anbieterbezogene Kriterien (wielange ist der Anbieter schon am Markt als Hinweis darauf, ob es ihn in einigen Jahren noch geben wird)

Bild 62/3: Kriterienkatalog für Rechnungswesen-Software

Aufgabenbezogen

Finanzbuchhaltung

Nummernkreise

Stammdatenverwaltung

Bewegungsdatenerfassung und -verbuchung

Kontenabfrage und -veränderung

Offene-Posten-Ausgleich

Mahnwesen

Zahlungsregulierung

Periodische Ausdrucke und Abschluß

Auswertungen für Planung und Kontrolle

Integration mit anderen Anwendungen

Kosten- und Leistungsrechnung

Nummernkreise

Stammdatenverwaltung

Datenübernahme/Dateneingabe

Ausbaustufen der Kostenrechnung

Kostenarten-/Kostenstellenrechnung

Kostenträgerstückrechnung

Betriebsergebnisrechnung

Simulationsrechnung

Abfrage-/Auswertungsfunktionen

Integration mit anderen Anwendungen

Quelle: in Anlehnung an Horváth/Weihe/Petsch 1986

Bild 62/3 f: Kriterienkatalog für Rechnungswesen-Software

Benutzerbezogen
- Dialogsteuerung
- Gestaltung der Bildschirmmasken
- Dateneingabe
- Benutzerunterstützung

Systemtechnisch
- Flexibilität (Anpassung durch Parameter/Customizing, User-Exits)
- Portabilität
(Ablauffähigkeit auf Hardware-, Betriebs- und Datenbanksystemen)
- Zuverlässigkeit
    - Anzahl Installationen
- Effizienz (Hauptspeicherbedarf)

Bezugskonditionen
- Kaufpreis

Anbieterbezogen
- Solidität des Anbieters
- Branchenschwerpunkt

Zusatzleistungen
- Installation und Einführung
- Dokumentation
- Wartung

Quelle: in Anlehnung an Horváth/Weihe/Petsch 1986

Bild 62/4: ISIS PC Report

ISIS PC Report

Band 1

Register 1: **Verzeichnis der Unternehmen**

Verzeichnis der Programme nach Anbietern

Register 2: **Verzeichnis der Programmnamen, Branchen, Sachbegriffe**

Register 3: **Unternehmen**

Register 4: **Kommerzielle Programme**

Finanz- und Rechnungswesen

Personalwesen

Marketing/Vertrieb

Materialwirtschaft, Lagerwirtschaft, Bestellwesen

Fertigungsorganisation, Zeitwirtschaft

Instandhaltung, Wartung

Planungssysteme

Büroautomation

Desktop Publishing, Satztechnik

Text-/Dokumentenverwaltung,
Information Storage & Retrieval (IuD)

Präsentationsgraphik

Band 2

Register 5: **Branchenprogramme**

Register 6: **Technische Programme**

Register 7: **System-Programme**

Register 8: **Verbände**

Quelle: ISISReport

Gruppierung der Kriterien

Zusammenfassung der Kriterien zu Gruppen ist besonders wichtig bei langen Kriterienlisten (mehr als 7 Kriterien).

Kriterienwerte pro Alternative

Nach einem Punktsystem (z. B. Schulzensuren deutsch) ist jede Alternative und jedes Kriterium zu bewerten. Dabei muß die Richtung (negativ oder positiv) beachtet werden: hohe Qualität (positiv) bekommt eine gute Zensur, hoher Preis (negativ) eine schlechte.

Gewichtung der Kriterien

Zweckmäßigerweise zunächst für die Kriteriengruppen und dann innerhalb der Gruppen festlegen. Alle Kriteriengruppen stellen 100 % dar. Selbstverständlich sind die Gewichtungen (wie auch die Kriterienwerte) mehr oder weniger subjektiv. Aber sie sind nachvollziehbar. Man sollte zum Schluß nochmal das Gesamtergebnis auf Plausibiltät prüfen.

Beurteilung nach Alternativen

Diese ergibt sich automatisch durch die Multiplikation von Kriteriengewichten und Kriterienwerten und Addition über alle Kriterien. Die Alternative mit dem besten Gesamtwert hat gewonnen. Aber vor einer blinden Übernahme der Ergebnisse sollte man noch zwei Überprüfungen vornehmen, siehe im folgenden.

Beurteilung nach Kriterien (zur Überprüfung der relativen Einstufung)

Man überprüft zeilenweise, d. h. pro Kriterium, ob die relative Einstufung der Alternativen (bezogen auf das jeweilige Kriterium) Sinn macht. Ist die Rangfolge, die sich durch die Bewertung ergibt, plausibel ?

Ganzheitliche Beurteilung

Schließlich sind derart viele Einzelwerte und Gewichtungen in die Analyse eingeflossen, daß man nicht immer sicher sein kann, ob konsistent bewertet wurde. Macht das Endergebnis Sinn ? Was sind die Hauptargumente ? Wie sensibel reagiert die Auswahl auf eine Variation der Bewertung.

(natürlich kann man auch solange die Parameter variieren bis ein im vorhinein gewünschtes Ergebnis sich einstellt. Dann hat die Nutzwertanalyse nur Alibifunktion - sie soll "beweisen", was im vorhinein schon feststand)

Ein Beispiel zur Nutzwertanalyse von Software ist in

Bild 62/5: Beispiel zur Softwareauswahl: Personalplanung und -arbeit

enthalten, wo es um die Auswahl von (leicht verfremdeten) Softwarepaketen zur Personalplanung und Personalarbeit geht. Gleichzeitig ist dies auch ein Beispiel für eine Vorgehensweise ohne Punktbewertung und Gewichtung. Die gesamte Untersuchung hat mehr als 200 Seiten umfaßt und mehrere Mannmonate in Anspruch genommen.

Vorauswahl

Systematisch noch zulässig ist die Vorauswahl (durch sogenannte k. o. Kriterien), um den Alternativenkreis zu reduzieren. Einen VW Golf mit einem Mercedes zu vergleichen bringt nichts, weil die beiden Alternativen unvergleichbar sind, obwohl man mit beiden die Grundfunktion "Autofahren" erfüllen kann. Also wird über die Preisklasse eine Vorentscheidung getroffen. Wieviel wollen sie denn ausgeben? Eine Kennzahl DV-Kosten vom Umsatz zeigt dem kleinen Mittelständler schnell, daß ein SAP-System für ihn nicht infrage kommt.

Die Kriterien sind insbesondere

- Preisklasse
- Portabilität (ablauffähig auf Betriebssystem...)
- Anzahl Installationen

Bild 62/5: Beispiel zur Softwareauswahl: Personalplanung und Personalarbeit

Kriterium	Daisy	MOS	ZAP
Anwendungsbereiche			
Organigramm	nicht vorh.	mit Einschr.	vorhanden
Stellen	vorhanden	vorhanden	vorhanden
Personen	vorhanden	vorhanden	vorhanden
Bewerber	vorhanden	vorhanden	vorh. Konzept
Ausfallzeiten	vorhanden	vorhanden	vorhanden
Urlaubsanspruch	vorhanden	nicht vorh.	vorhanden
Urlaubsplanung	nicht vorh.	nicht vorh.	vorhanden
Aus- Und Fortbildung	nicht vorh.	vorhanden	vorhanden
Lohn- und Gehalt	vorhanden	vorhanden	vorhanden
Reisekosten	vorhanden	vorhanden	vorhanden
Anwendungsbereiche			
Rangfolge	3	2	1
Programmkonzeption			
Organisationseinheiten	nur d. Hilfslös.	i. O. Einschr.	i. O.
Stellen	i. O.	i. O.	i. O.
Personen	i. O.	i. O.	i. O.
Feldlänge, insbes. Schlüssel	flexibel	nicht flexibel	nicht flexibel
Programmiersprache	Cobol/Assembler	Assembler	Cobol/C
Programmkonzeption			
Rangfolge	2	3	1
Historik			
Historik	vorhanden	vorh. Einschr.	vorhanden
Historik			
Rangfolge	1	2	1
Datenschutz			
Zugriffsberechtigung	vorhanden	vorhanden	vorhanden
Protokollierung	vorhanden	vorh. Einschr.	vorhanden
Datenschutz			
Rangfolge	1	2	1
Empfehlung Rangfolge	2	3	1

Klenger: DV für Controller

siehe Bild 62/6: Kriterien der Vorauswahl

Bild 62/6: Kriterienkatalog für Vorauswahl
Preisklasse **Portabilität (ablauffähig auf Betriebssystem...)** **Anzahl Installationen**
Klenger: DV für Controller

Ihre Anwendung ist entscheidungsökonomisch, denn sie reduzieren den Alternativenkreis.

Preisklasse

SAP R/2 auf IBM-Betriebssystem und IBM-Maschine ist eine Größenordnung von mehreren Millionen und damit für die "oberen 400" Firmen angesagt.

Die anderen waren froh, daß es Nixdorf oder Steeb mit ihren Produkten für ihre Zielgruppe gab.

Inzwischen zieht SAP mit seinem R/3-System den Kreis weiter. R/3-System mit Datenbank von Oracle und einer Risc-Maschine addieren sich zu einer hübschen Summe, ganz zu schweigen vom Einführungsaufwand.

Der Preisbereich, nicht aber die konkreten Preise sind ein Vorwahlkriterium. Die Preise sind verhandelbar und nach Wettbewerbslage erstaunlich flexibel (weil die Software praktisch keine variablen Kosten verursacht, ist Umsatz gleich Deckungsbeitrag).

Portabilität (ablauffähig auf Betriebssystem...)

Vorab zu prüfen ist, of die zur Diskussion stehende Software auf dem Betriebssystem, der Datenbank, der Hardware ablauffähig ist. Wenn nicht, scheidet die Alternative sofort aus (es sei denn man erwägt auch die Eliminierung der hardware usw.).

Installationen

Damit stellt man sicher, daß man nicht das Versuchskaninchen ist. Oder - einer muß die Rolle ja übernehmen - man handelt eine Entschädigung aus, falls man der Pionier sein soll.

Die Vorauswahl ist kritisch, weil immer die Gefahr besteht, daß die geeigneten Alternativen vorschnell ausgeschieden werden.

Wenn sich 100 Bewerber auf eine Anzeige melden, greift die Personalabteilung zu einer Vorauswahl. Daß dabei der beste Bewerber auf der Strecke bleibt, ist möglich. Aber die Arbeit der Personalabteilung wurde reduziert. Kriterien der Vorauswahl können sein: saubere und vollständige Unterlagen, geradliniger Lebenslauf, zügiges Studium, blonde Haare, gute Zensuren. Viele erfolgreiche Leute erzählen gerne, daß sie nach diesen Vorauswahlkriterien keine Chance gehabt hätten. Das waren die Zeiten, wo Personalentscheidungen noch nicht von Personalberatungen und Personalabteilungen standardisiert worden waren.

Hinweis: Die realen Auswahlprozesse laufen oft in einer Kombination aus Vorauswahl und Nutzwertanalyse, auch sukzessive Filterung genannt (Berekoven 1985, S. 126): Jede betrachtete Alternative wird anhand einer Reihe einschlägiger Kriterien in der Weise beurteilt, daß diese nach der Rangfolge ihrer Bedeutung für das anstehende Problem untersucht werden. Für jedes Kriterium wird nun ein Mindestwert festgelegt, der erfüllt sein muß, anderenfalls scheidet diese Alterntive aus.

Softwareauswahl - realtypisch

Wie laufen Softwareentscheidungen realtypisch ab ?

Statt sachlicher Kriterien wirken oft **Gruppeneinflüsse**.

Bild 62/7: Die Top 40 der Softwarepaket-Anbieter in Europa

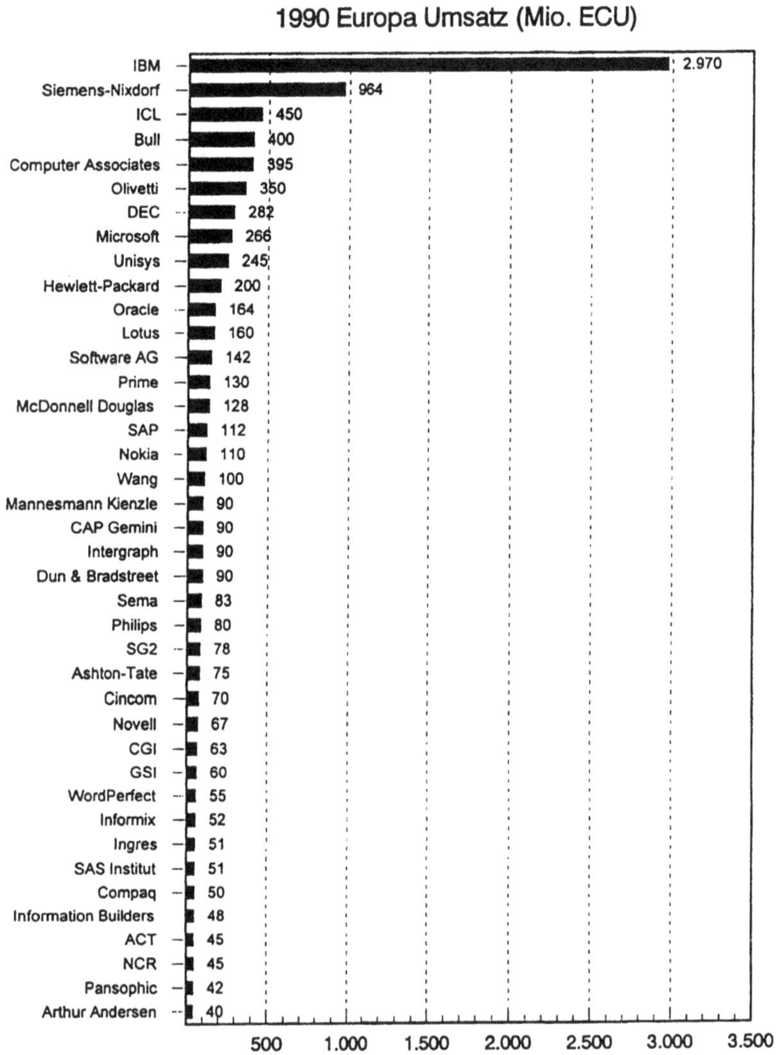

Ouelle: Diebold Management Report Nr. 1/92

Klenger: DV für Controller

Bild 62/8: Die 15 größten Software-Unternehmen in der BRD

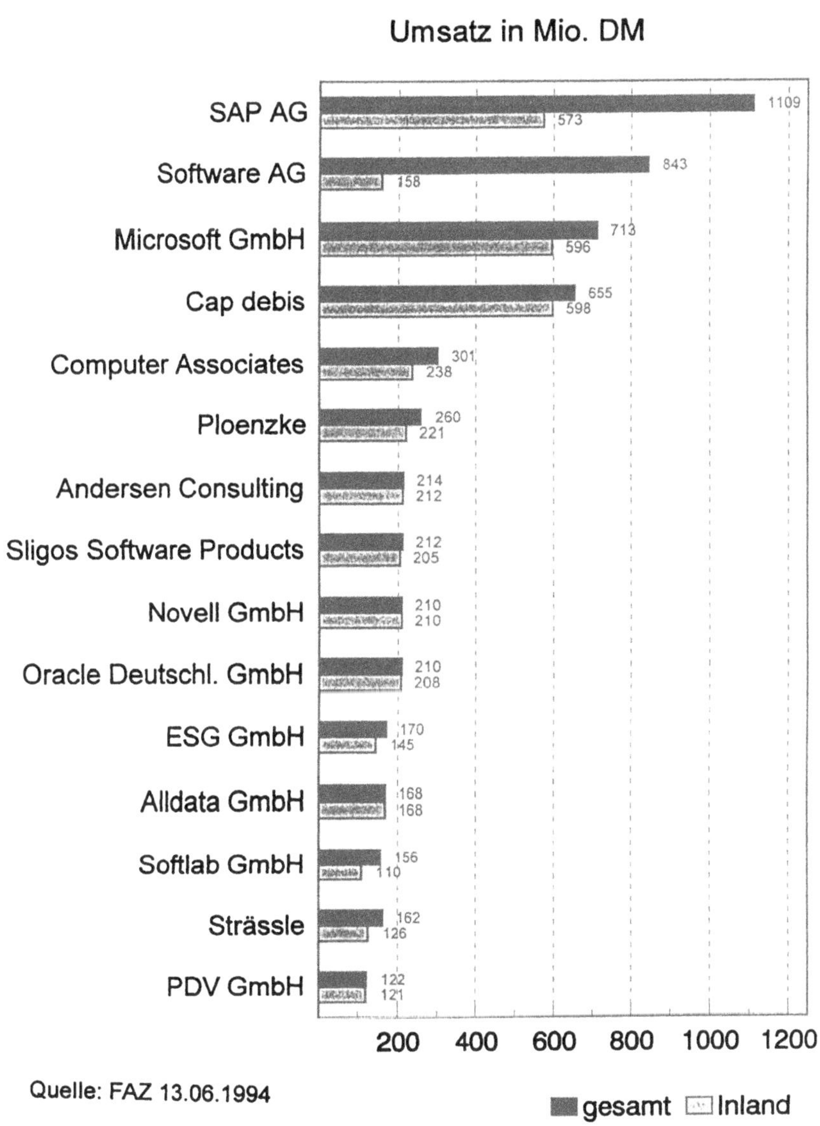

Quelle: FAZ 13.06.1994

Klenger: DV für Controller

Wenn Kinder unbedingt den Markenpullover brauchen, so ist für die Eltern der Gruppendruck der anderen "kids" noch durchschaubar. Bei DV-Entscheidungen sind solch frivole Vergleiche mit dem Kaufverhalten von Unmündigen verpönt, aber trotzdem sind sie relevant.

Was kann man falsch machen, wenn man - wie alle - die Produkte des Monopolisten IBM kauft. In historischer Sicht hat man tatsächlich bisher nie falsch gelegen. Es gab immer Beispiele dafür, daß ein Anwender punktuell beim Wettbewerb ein besseres Produkt günstiger gekauft hatte. Aber IBM existiert immer noch. Wo sind Nixdorf, Ericson, Wang und die anderen, die einmal die Schlagzeilen beherrschten.

Wenn soviele IBM kaufen, kann das doch garnicht falsch sein. Man war gruppenkonform. Selbst bei den vielen mittelmäßigen IBM-Produkten konnte man sich immer damit trösten, daß auch die anderen dieselbe Entscheidung getroffen hatten. Das half, die kognitiven Dissonanzen nach dem Kauf aufzulösen. In einem allgemein bekannten Standardwitz wird dieses Verhalten gekennzeichnet: Millionen Fliegen können sich nicht irren.

Eine Variante der Gruppeneinflüsse sind **Branchenlösungen.** Tatsächlich hat jede Branche ihre Besonderheiten. Davon sind zuallererst die Branchenmitglieder überzeugt. In der Tat: ein Handelsunternehmen braucht keine Stückliste, ein Industrieunternehmen ist im Vergleich zum Handel direkt phantasiearm, was die Abrechnungsmethoden betrifft (Lager, Strecke, Zentralinkasso).

Wer in der Brotbranche arbeitet, wird zunächst nach sogenannten Branchenlösungen fahnden, in denen er seine Terminologie und manchmal auch seine Probleme wiederfindet. Meistens gibt es nur einen bekannten Anbieter für die Branche und die Wahl wird wesentlich leichter: den oder keinen.

Bild 62/9: Softwareauswahl - realtypisch

Man fragt den Anbieter nach **Referenzen.** Welche Erfahrungen haben andere Kunden mit der Software gemacht. An sich eine gute Informationsquelle, wenn sich die Kunden auch zu ihren Fehlentscheidungen bekennen würden. Man könnte den ganzen Prüfaufwand sparen, wenn ein Vorläufer einen verläßlichen Tip geben würde.

Allerdings sind **user-groups** manchmal auch eine trübe fließende Quelle der Information. Denn auch die Softwarehersteller haben die user als Hauptinformationsquelle der

Bild 62/9: Softwareauswahl - realtypisch
Gruppeneinflüße/Mundpropaganda **Branchenlösungen** **Referenzen/user groups**
Klenger: DV für Controller

potentiellen Neukunden erkannt. Daher werden sie entsprechend gepflegt. Der Corps-Geist, das Wir-Gefühl: mein Nachbar hat dieselbe Entscheidung getroffen wie ich, also haben wir nichts falsch gemacht, sind neben gutem Essen und angenehmen Seminaren die Marketing-Instrumente, mit denen hier gearbeitet wird. Right or wrong - my country.

Man muß versuchen zu unterscheiden, was tatsächliche Produktzufriedenheit ist und was aus der nachträglichen Rechtfertigung einer problematischen Entscheidung resultiert.

Softwareanpassung

Standardsoftware statt Eigenentwicklung - dieser Grundsatz hat sich verfestigt. Aber er ist nicht beweisbar, sondern wird im trial-and-error-Verfahren entschieden.

Sozialismus oder Kapitalismus wird experimentell entschieden. Die sozialpsychologischen Experimente sind im Gegensatz zu physikalischen blutig und teuer. Ebenso ist es bei der Software (teuer).

Standardsoftware als Strategie zur Vermeidung von Eigenentwicklung funktioniert nur dann, wenn die "Standard"-Software so flexibel anpaßbar ist, daß das individuelle

Problem zufriedenstellend gelöst wird. Flexibilität wird sichergestellt durch

- Parametrisierung und wo das nicht ausreicht
- Eingriffe in den Standard und
- eine Schnittstelle zu PC-Auswertungen

Die optimale Lösung heißt zur Zeit Parametrisierung, d. h. die Anpassung (customizing) des Softwarepakets an die eigene Ablauforganisation.

Inzwischen ist nur leider das customizen so kompliziert geworden, daß einem auch Zweifel kommen können. Hätte man es nicht doch schneller selbst gemacht ? Bei realistischer Betrachtung auch aller Folgeprobleme: nein.

Eingriffe in den Standard verbieten sich, weil dann der Hersteller jede Veantwortung für die Wartung ablehnt und man alle Probleme der Eigenentwicklung hat.

Die Schnittstelle zu PC-Auswertungen ist entweder nicht existent (demnächst...) oder läßt an Benutzerfreundlichkeit zu wünschen übrig.

I have a dream: Die Basissysteme zur Erfasung der Daten im relationalen Modell. An der Mathematik angelehnte Auswertungsoperatoren, die etwas benutzerfreunldicher sind als SQL oder der ABAP von SAP.

Projektcontrolling 63

Erst dübeln, dann grübeln

Projektcontrolling 63

Grundgedanke:

Gibt es ein Rezept, um den Mißerfolg eines Projektes zu verhindern ?

Lernziele: Programm:

- ***Strategisches Projektcontrolling:***
  "die richtigen Projekte" (auswählen)

  - ***Kosten-Nutzen- Analysen:***
    Kosten quantitativ, Nutzen nur qualitativ
  - ***Marktargumente für Softwaresysteme***
  - ***Trends***

- ***Operatives Projektcontrolling: (die strategisch ausgewählten)***
  "Projekte richtig"(durchführen)

  - ***Modularisierung***

    Bild 63/1: Beispiel für falsche Projektsteuerung

  - ***Phasenkonzept***

    Bild 63/2: Projektplan nach dem Phasenkonzept

  - ***Kosten***
  - ***Termine***
  - ***Qualität***

Projektcontrolling 63

Lernziele:

- *Projektorganisation*
- *Projektführung*

Programm:

Bild 63/3: Projektorganisation

Bild 63/4: "Karriere-Leiter" - nicht bei Ploenzke

Strategisches und Operatives Projektcontrolling

Projektcontrolling ist für die Einführung und Anpassung von Standardsoftware relevant (von der Entwicklung von Software wird hier abgesehen, dafür würde es um so mehr gelten).
Beim Projektcontrolling gilt auch die übliche Unterscheidung zwischen strategischem ("die richtigen Projekte" auswählen) und operativem (die ausgewählten "Projekte richtig") Controlling.

Strategisches Projektcontrolling bezieht sich auf die Auswahl der "richtigen Projekte" und auf die Zusammenfassung in einem Gesamtprojektplan, der die begrenzten Ressourcen berücksichtigt.

Im Prinzip müßte man eine Investitionsrechnung für das Projekt machen. Die Kosten wird man noch am ehesten angeben können, bei der Nutzenquantifizierung wird man sich schwer tun. Statt dessen braucht man eine schlüssige Begründung, die die Übereinstimmung mit übergeordneten Zielen darstellt. Dies geschieht in der DV-Konzeption, so daß wir uns hier auf das operative Projektcontrolling konzentrieren.

In der klassischen Dreiteilung ist über

- Projektplanung (prozessual)
- Projektorganisation (strukturell)
- Projektführung (personal)

zu sprechen.

Projektplanung

Die Projektplanung sollte zwei Prinzipien befolgen:
- Modularisierung und
- Phasenkonzept

Modularisierung

Die Modularisierung bedeutet eine Zerlegung des Gesamtprojektes in Teilprojekte, die überschaubarer sind, vor allem aber einzeln terminierbar, so daß - bezogen auf Termine - **statt Endzielen Etappenziele** entstehen.

Die Modularisierung hat auch Auswirkungen auf den Soll/Ist-Vergleich: der Grad der Fertigstellung des Gesamtprojektes kann leichter geschätzt werden. Termin- und Kosteneinhaltung ist nur in Verbindung mit dem Fertigstellungsgrad beurteilbar.

Die Aussage: wir haben 55% des Kostenbudgets verausgabt, sagt allein noch nichts. Wenn das Projekt auch zu 55 % fertiggestellt ist, sind die Kosten eingehalten worden, ansonsten eben nicht.

Bild 63/1: Beispiel für falsche Projektsteuerung

Durch die Modularisierung handelt man sich allerdings auch ein neues Problem ein: es entstehen Schnittstellen. Und außerdem ist die Fertigstellung der Teilprojekte noch nicht identisch mit der Fertigstellung des Gesamtprojektes, wenn nämlich das Zusammenspiel der Teilprojekte nicht funktioniert.

Phasenkonzept

Das Phasenkonzept ist zum einen nichts anderes als der **Controlling-Zyklus** (PSIAM) mit

Planung
Durchführung
Soll/Ist-Vergleich
Abweichungsanalyse
Maßnahmen

Geplant werden - je Teilprojekt -

Termine
Kosten
Qualität

Bild 63/1: Beispiel für falsche Projektsteuerung

Projektplanung:

Projektziel: Einführung der SAP-Finanzbuchhaltung

Termin der Fertigstellung: heute in 6 Monaten

Projektkosten: (außer Soft- und Hardware) 18 Mannmonate

Projekt-Soll/Ist-Vergleich nach 3 Monaten (Halbzeit)

Projektziel: noch nicht erreicht

Termin der Fertigstellung: wird voraussichtlich in 3 Monaten erreicht

Projektkosten: zu 50 % verbraucht, Gesamtprojektkosten werden vorausssichtlich eingehalten

Projekt-Soll/Ist-Vergleich nach 6 Monaten

Projektziel: leider noch nicht erreicht

Termin der Fertigstellung: verschiebt sich um weitere 4 Monate

Projektkosten: zu 100 % verbraucht, weitere 12 Mannmonate sind erforderlich

Was wurde in der Projektsteuerung falsch gemacht ?

Klenger: DV für Controller

Bild 63/1 f: Beispiel für falsche Projektsteuerung

Daß Projekte *nicht* termin- und budgetgemäß fertiggestellt werden, ist nichts besonderes - es ist eher der Normalfall.

Das Problem ist, daß der zwischenzeitliche Soll/Ist-Vergleich (im Beispiel zur Halbzeit) versagt hat. Er hat die drohende Termin- und Kostenüberschreitung nicht frühzeitig signalisiert. Dies liegt vordergründig an der falschen Schätzung des Fertigstellungsgrades. Durch eine Modularisierung hätte man den Schätzfehler reduzieren können.

Wäre das Gesamtprojekt in z. B. 10 Teilprojekte aufgeteilt worden, die einzeln terminiert und budgetiert worden wären, so hätte sich zum Zwischentermin z. B. folgende Situation ergeben können:

	A	B	C
1	Soll/Ist-Vergleich zur Halbzeit		
2			
3	Teilprojekt	Soll	Ist
4		nach 3 Monaten	nach 3 Monaten
5	TP 1 (10 %)	fertig	fertig
6	TP 2 (15 %)	fertig	fertig
7	TP 3 (5 %)	fertig	in Arbeit (50%)
8	TP 4 (10 %)	fertig	in Arbeit (50%)
9	TP 5 (10 %)	fertig	in Arbeit (50%)
10	TP 6 (20 %)		
11	TP 7 (5 %)		
12	TP 8 (5 %)		
13	TP 9 (10 %)		
14	TP 10 (10 %)		
15			
16		Soll 50%	Ist 25% fertig
17			Ist 12,5% in Arbeit

Da man weiß, daß die Schätzung von Teil-Fertigstellung immer ungenau ist, wäre man zu dem Ergebnis gekommen, daß das Gesamtprojekt nur zu 25 % (wenn die Teilfertigstellungs-Schätzungen *nicht* stimmen) bis 37,5 % (wenn die Teilfertigstellungs-Schätzungen stimmen) erledigt ist.

Klenger: DV für Controller

Zum anderen bezieht sich das Phasenkonzept auf die Modularisierung (**Teilprojekte**). Nur die ersten Teilprojekte (Meilensteine) sind zunächst verbindlich geplant, während die späteren Teilprojekte, mangels Erfahrung, nur informatorisch angegeben sind und erst verbindlich geplant werden, wenn ein feedback aus den ersten Phasen vorliegt.

Bild 62/2: Projektplan nach dem Phasenkonzept

Bild 63/2 : Projektplan nach dem Phasenkonzept

	A	B	C	D
1	Teilprojekt	Plan		Status
2		Termin	Kosten	
3	TP 1 (10 %)	06/01	2 Mannmonate	verbindlich
4	TP 2 (15 %)	09/01	6 Mannmonate	verbindlich
5	TP 3 (5 %)	12/01	4 Mannmonate	verbindlich
6	TP 4 (10 %)	12/01	2 Mannmonate	informatorisch
7	TP 5 (10 %)	12/01	12 Mannmonate	informatorisch
8	TP 6 (20 %)	06/02	3 Mannmonate	informatorisch
9	TP 7 (5 %)	06/02	2 Mannmonate	informatorisch
10	TP 8 (5 %)	12/02	2 Mannmonate	informatorisch
11	TP 9 (10 %)	12/02	7 Mannmonate	informatorisch
12	TP 10 (10 %)	12/02	5 Mannmonate	informatorisch

Klenger: DV für Controller

Es werden immer wieder Berater auftreten, die den Eindruck erwecken, sie könnten eine verbindliche Projektschätzung für das Gesamtprojekt abgeben. Von einem unaufgeklärten Management werden sie außerdem zu solchen Angaben geradezu gedrängt: "Wie soll ich über ein Projekt entscheiden, wenn ich nicht (ungefähr) den Gesamtaufwand kenne. Ich denke, Sie hätten tausendjährige Erfahrung aus anderen Projekten".

Dumme Frager bekommen dumme Antworten. Würde der Berater hier wahrheitsgemäß antworten: Verehrter Geschäftsführer, Sie lassen sich ohnehin bei jedem Projekt auf eine ungewisse Reise ein, wir gucken nur bis zur nächsten Wegbiegung", so würde er ob solch frivoler Reden gefeuert. Also greift der Berater - entschuldbar - zu einer frommen Lüge und gibt unter allen Vorbehalten (die das Management überhört) eine Schätzung ab. Mundus vult decipir (nicht-klassisches Latein: die Welt will betrogen sein).

Soll/Ist-Vergleich

Ein zeitnaher Soll/Istvergleich je Teilprojekt nach Terminen, Kosten und Qualitäten ist ein Standard-Bestandteil des Controlling-Zyklus.

Es gibt spezialisierte Software für das Controlling von Projekten (z. B. ms-project (Microsoft), oder super project von Computer Associates).

Projektorganisation

Die organisatorische Struktur eines Projektes umfaßt

- Entscheidungsinstanz, üblicherweise Vorstand bzw. Geschäftsführung
  als Machtpromotor
- Projektsteuerungsgremium
  als laufendes Steuerungsgremium
- Projektteam,
  das die Projektarbeit leistet bzw. koordiniert

Bild 63/3: Projektorganisation

Projektführung

Planungsprozedur und Organisation reichen allein für ein erfolgreiches Projekt nicht aus, wenn die Motivation der Menschen fehlt. Hier soll sich auf einen Literaturhinweis beschränkt werden: Fuchs/Besier 1992 schildert die Projektsteuerung in einem Softwareunternehmen (Ploenzke) einschließlich der Anreiz- und sonstigen Motivationsinstrumente.

Bild 63/4: "Karriere-Leiter" - nicht bei Ploenzke

Bild 63/3: Projektorganisation

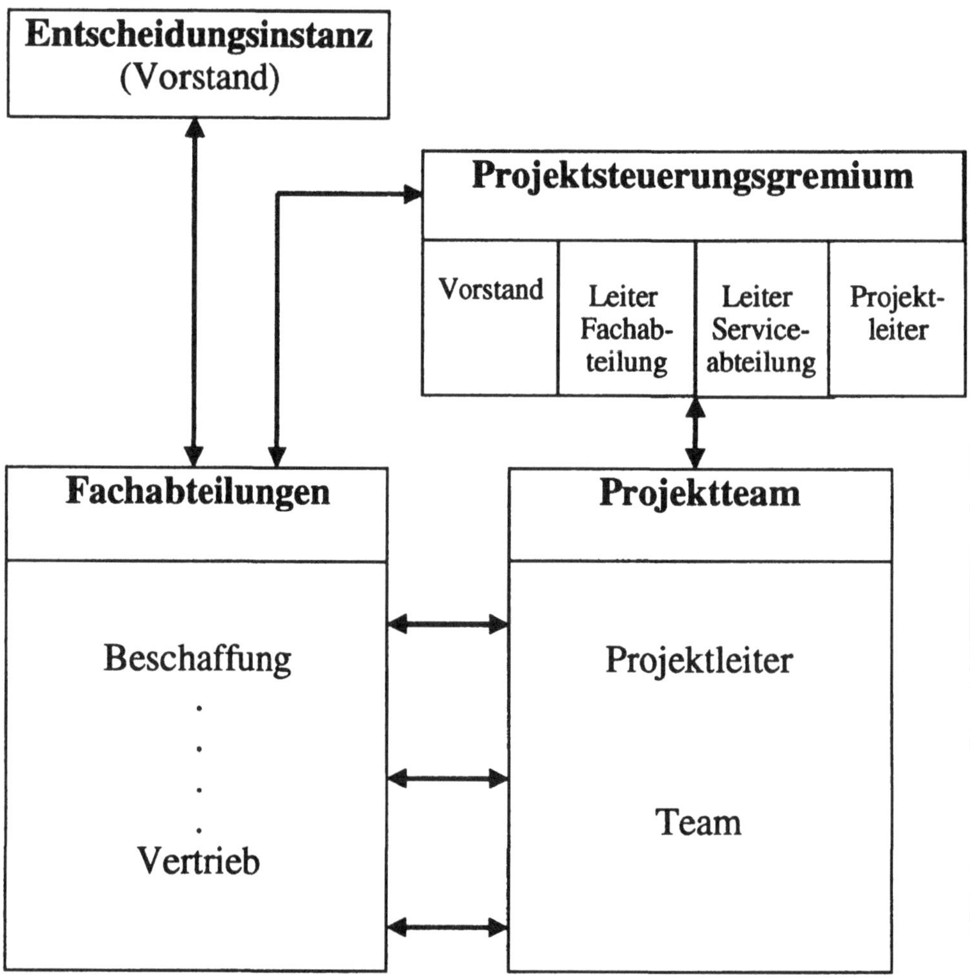

Klenger: DV für Controller

Bild 63/4: "Karriere-Leiter" - nicht bei Ploenzke

Quelle: Fuchs/Besier 1992, S. 187

DV als Cost-Center 64

Optimale Ablauforganisation

Ein Fachmann für organisatorische Abläufe untersuchte die Arbeitsweise eines Symphonieorchesters. Er kam zu folgendem Resultat:

Die Oboisten hatten während langer Zeitabschnitte nichts zu tun. Er empfahl, die Anzahl der Oboisten einzuschränken und die Arbeit gleichmäßiger über das ganze Konzert zu verteilen, um unnötige Belastungsspitzen zu vermeiden.

Weiter stellte er fest, daß alle zwölf ersten Violinen dieselben Noten spielten. Seiner Meinung nach war das überflüssig. Die Besetzung dieses Orchesterteils könnte drastisch verringert werden. Sollte es wichtig sein, ein großes Tonvolumen zu erreichen, empfähle sich der wirtschaftlichere Einsatz von elektronischen Verstärkern.

Störend auf die gleichmäßige Auslastung der Orchesterkapazität wirkte sich die große Anzahl von Sechszehntelnoten, Zweiunddreißigstelnoten und Triolen aus. Dabei handelte es sich um eine überflüssige Verfeinerung, und der Organisationsfachmann empfahl, daß alle Noten zur nächsten Achtelnote aufgerundet werden sollten. Diese Maßnahme würde es ermöglichen, einen Großteil der teuren Orchestermitglieder durch angelernte Kräfte mit geringem Lohn zu ersetzen.

Er bemerkte, daß zu viele Abschnitte der Musikstücke wiederholt wurden. Hier sollte stark vereinfacht werden. Besonders nutzlos fand er es, wenn z. B. die Blasinstrumente eine Reihe von Takten wiederholten, die von den Streichern vorher schon zufriedenstellend ausgeführt wurden.

DV als Cost-Center 64

Er fand weiterhin, daß, wenn alle unnötigen Wiederholungen und Abschnitte ausgelassen würden, das ganze Konzert auf 20 Minuten reduziert werden könnte, so daß keine Orchesterpause nötig wäre. Es war ihm aufgefallen, daß die Aufmerksamkeit der Zuhörer bei einigen Passagen bedeutend geringer war als bei anderen; durch Streichung dieser Teile wäre ein weiterer Nutzeffekt zu erzielen.

Die vierzehn verschiedenen im Orchester verwendeten Instrumententypen waren dem Fachmann ein Dorn im Auge. Einen besonderen Rationalisierungseffekt versprach er sich von der Verwendung jeweils nur eines Typs eines Blas-, Streich oder Schlaginstruments. Die Notenpartien müßten in diesem Fall durch Transponierung angepaßt werden, worin er technisch keine Schwierigkeiten sah.

Der Dirigent stand diesen Vorschlägen im Prinzip nicht feindlich gegenüber, bemerkte jedoch, daß im Falle der Durchführung ein drastischer Rückgang des Verkaufs von Eintrittskarten die Folge wäre. Der Organisationsspezialist betrachtete das als Vorteil, weil dann Teile des Konzertsaales geschlossen werden könnten, wodurch Gemeinkosten wie Licht, Platzanweiser, Heizung, Stuhlabnützung etc. gesenkt werden könnten.

Quelle nicht mehr auffindbar

DV als Cost-Center 64

Grundgedanke:

Controlling-Energien nur in Bereiche mit Freiheitsgraden stecken

Lernziele: Programm:

- ***Projekte***

- ***laufender Betrieb***
  - ***Kostenumlage nach Schlüsseln***
    - **leistungsunabhängig**
    - **leistungsabhängig mit DV-Bezugsgrößen**
    - **leistungsabhängig mit Anwender-Bezugsgrößen**:

      Bild 64/1: "Stückliste" von Anwenderbezugsgrößen

      Bild 64/2: Beispiele für Abrechnung des laufenden DV-Betriebs

  - ***Prozeßkostenrechnung im DV-Bereich?***

Das Unbehagen über die zu hohen DV-Kosten bei gleichzeitiger Intransparenz der Leistungen des DV-Bereichs läßt den Ruf nach Maßnahmen erschallen.

Die Vorstufe zu Maßnahmen (**Kostenmanagement**) ist eine höhere Kosten- und Leistungstransparenz des Bereichs (**Kostenrechnung**).

Was die DV kostet, ist dabei eher sekundär, wenn sie denn etwas leisten würde. Werden die Leistungen nicht erfaßt, ist die ganze Kostenrechnung der DV nutzlos. Aus derartigen Leistungsaufzeichnungen weiß man, daß die DV zu einem hohen Prozentsatz mit sich selbst beschäftigt ist: z. B. mit release-Wechseln und mit der Wartung von veralteten Programmen. Mit anderen Worten: ein Fortschritt für den Anwender ist nicht erkennbar. Nur eine **geringe Kapazität steht für neue Projekte** zur Verfügung.

Schnell wird auch nach einem eigenen Profit- oder Costcenter für die DV oder gar nach rechtlicher Verselbständigung (Ausgründung) gerufen.

Von einem echten Profitcenter könnte nur dann die Rede sein, wenn sowohl der DV-Bereich als auch die Abnehmer in ihrer Leistung Entscheidungsfreiheit haben ("sie können fremdgehen"). Solange aber der DV-Bereich nur das eigene Unternehmen als Kunden hat und umgekehrt die Unternehmensbereiche nur bei ihrer DV-Abteilung Leistungen beziehen können, liegt **kein Profitcenter** vor. Ausgründung wäre nur dann relevant, wenn man Außenstehende finanziell beteiligen möchte.

Daher ist die DV entweder eine Kostenstelle bzw. ein Costcenter (synonym).

Was ist zu tun ? Die **Energien** sollten **in die Bereiche** gelenkt werden, **die** überhaupt noch **Freiheitsgrade der Entscheidung haben**. Das sind im wesentlichen nur die Neu-Projekte.

Bei der Abrechnung der DV unterscheidet man daher zweckmäßig wieder den **laufenden Betrieb** und die **Projekte**.

Projekte

Die Projekte sind meist der einzige Bereich, in dem sich überhaupt noch eine gewisse Dynamik abspielt. Hier gilt das zum Projektcontrolling Gesagte (Modul 63). Die strategische Auswahl der Projekte läuft auf eine nachvollziehbare Argumentation hinaus, die mit den Unternehmenszielen abgestimmt werden sollte. (Rechenbar im Sinne einer Investitionsrechnung sind die Projekte nicht, weil die Nutzenseite nicht quantifizierbar ist).

Die Projekte sollten vorkalkuliert werden mit Stunden mal Stundensatz und können dann der empfangenden Kostenstelle entsprechend der Leistungserbringung belastet werden. Hat die DV-Abteilung mehr Stunden gebraucht als vorkalkuliert, so werden dennoch nur die vorkalkulierten Stunden im Ist wegbelastet, die Differenz bleibt in der DV-Abteilung "hängen" und führt zum Ausweis eines negativen Kostenstellenergebnisses; es sei denn, die DV kann das Projekt mit dem Empfänger "nachverhandeln" und den Nachweis erbringen, daß die Mehrkosten vom Besteller verursacht wurden.

laufender Betrieb

Der laufende DV-Betrieb ist üblicherweise eine Kostenstelle (oder ein Kostenstellenbereich), die als Hilfskostenstelle auf die Hauptkostenstellen umgelegt wird. Der Sinn dieser Umlage ist in erster Linie die Berücksichtigung der **DV-Kosten in der Kalkulation** (Stundensätzen bzw. Zuschlagssätzen).

Es wird zwar viel von verursachungsgerechter Zuordnung der Kosten gesprochen, aber Kostenbewußtsein allein bewirkt noch nichts. Denn **leider ist der laufende Betrieb im Grunde zementiert**, es fehlt die Entscheidungsfreiheit.

Dennoch sollte man eine **grobe** Übersicht haben, für welche Abteilungen die DV welche Leistungen erbringt. Sie ist als Grundlage für die DV-Konzeption wichtig, die sich (wie in Modul 61 ausgeführt) hauptsächlich mit der Frage herumschlägt, wie die veralteten Strukturen in zeitgemäße überführt werden können (Migration, Portierung).

Man sollte sich daher nicht von Kostenrechnern und Pseudo-Controllern beschwatzen lassen: es **lohnt nicht**, in verursachungsgerechte **Umlagen** viel Aufwand zu investieren. Es ist wie bei einer Sanierung: man arbeitet mit dem vitalen Kern weiter und überläßt den hoffnungslosen, veralteten Bereich sich selber.

Insofern sind die folgenden Ausführungen nur informatorisch (als "ein intellektueller Beitrag") zu sehen.

Die Umlagen können mehr oder weniger verursachungsgerecht erfolgen:

Kostenumlage nach Schlüsseln

- **leistungs*un*abhängig**: z. B. nach Bildschirmen
  Es wird zwar Proportionalität zwischen DV-Leistung und Schlüssel unterstellt, aber jeder weiß, daß dies nicht wirklich verursachungsgerecht ist. Konsequenzen (z. B. Bildschirme reduzieren) kann man daraus nicht sinnvoll ableiten.
  Alle Kosten werden wegbelastet, das Kostenstellenergebnis der DV ist null.

- **leistungsabhängig mit DV-Bezugsgrößen**: z. B. CPU-Zeiten:
  Geringe Aussagekraft für den Anwender

- **leistungsabhängig mit Anwender-Bezugsgrößen**:
  Anzahl Buchungen, Anzahl Mahnungen, Anzahl Datenbankabfragen.
  Dies würde eine "Stückliste" voraussetzen, d. h. die Überführung von Anwender-Bezugsgrößen in DV-Bezugsgrößen

  Bild 64/1: "Stückliste" von Anwenderbezugsgrößen

Wenn Planverrechnungspreise für die Bezugsgröße gelten, sollten diese auch der Ist-Abrechnung zugrunde gelegt werden. Es können im DV-Bereich damit von null verschiedene Kostenstellenergebnissse entstehen.

Bild 64/2: Beispiel für Abrechnung des laufenden DV-Betriebs

Prozeßkostenrechnung ?

Die Personalkosten des laufenden Betriebs werden den DV-Bezugsgrößen pauschal zugeschlagen. Hier ist - wie bei allen personalintensiven Gemeinkostenbereichen mit repetitiver Tätigkeit - eine Prozeßkostenrechnung denkbar. Im Mittelpunkt stehen nicht die Kosten, sondern die Tätigkeiten.

Man hätte Standardzeiten für Abläufe (Prozesse genannt) zu ermitteln. Sind erst einmal die Kosten einer Buchung oder einer Statisktik ermittelt, so kann ein heilsames Erschrecken über deren Höhe entstehen und die Frage, ob diese Leistung diesen Aufwand wert ist, eine Frage, die nicht gestellt wird, wenn man die Kosten nicht kennt oder wenn sie offensichtlich falsch ermittelt werden. Durch die Standardzeiten sind auch Auslastungsaussagen über die DV-Bereiche möglich.

Wenn der Besteller die Leistungen abbestellen würde, weil sie ihm diesen Betrag nicht wert sind, ist damit kein automatischer Einsparungseffekt verbunden, sondern in der DV sind entsprechende Maßnahmen zu ergreifen. Aber der Besteller wird nicht abbestellen, weil er keine Alternative hat und nicht "fremdgehen" darf.

Zur Stützung einer Outsourcing-Entscheidung sind die Ergebnisse der Prozeßkostenechnung viel zu filigran. Outsourcing ist strategisch zu argumentieren. Kostenrechnung hat hier nur eine untergeordnete Hilfsfunktion.

Bild 64/1: "Stückliste" von Anwenderbezugsgrößen

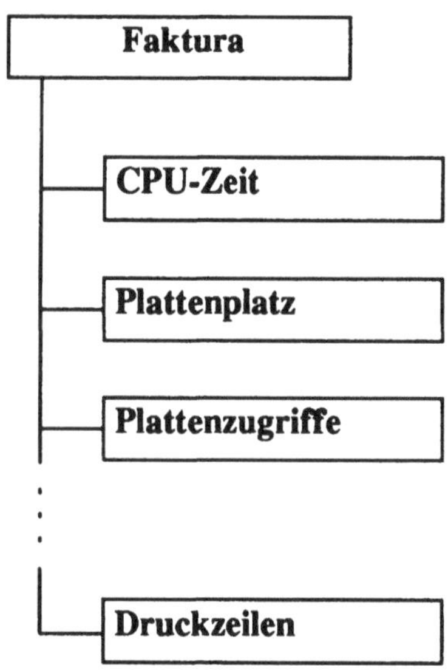

Quelle: Kargl 1993, S. 122

Bild 64/2: Bild 64/2: Beispiel für Abrechnung des laufenden DV-Betriebs

DV-Kostenstelle		
	Plan	Ist
Personal	1.000	1.200
Abschreibung	500	500
sonstige Kosten	250	300
Gesamt	1.750	2.000
Bezugsgröße	350	250
DM/Bezugsgröße	5,00	8,00
an empfangende Kostenstelle		
Bezugsgröße	350	250
DM/Bezugsgröße	5,00	5,00
Umlage	1.750	1.250
Ergebnis	0	-750

Empfangende Kostenstellen		
	Plan	Ist
...		
...		
...		
Gesamt ohne DV	40.000	43.000
von DV-Kostenstelle	1.750	1.250
Gesamt mit DV	41.750	44.250
an Kostenträger	41.750	42.000
Ergebnis	0	-2.250

Im Ist wird wegbelastet: die Ist-Bezugsgröße mal **Plan**satz (5 DM/Bezugsgröße)

Die Ist-Bezugsgröße soll die tatsächlich erbrachte Leistung messen; bewertet wird sie mit dem "vereinbarten" Plansatz (der die Rolle einer "Preisliste" spielt)

Klenger, DV für Controller

Korf erfindet eine Art von Büchern, die,
wenn man sie gelesen hat, ist man satt
Christian Morgenstern

Mit einer langen Literaturliste soll der Leser beeindruckt werden. Er soll annehmen, daß der Verfasser diese Bücher alle gelesen hat. Ein weiterer Zweck der Literaturliste ist im akademischen Betrieb die Erwähnung der Kollegenbücher (sogenannte Zitierkartelle).
In Wirklichkeit haben mir nur sehr wenige Informatik-Bücher weitergeholfen - was ich bei dem jeweiligen Titel kurz vermerkt habe. Daneben gibt es noch die Klassiker, deren Bücher - ob lesbar oder nicht - verehrungswürdige Denkmäler darstellen.
Ein Vergleich aus der Kostenrechnung: Kilger mit seinen Büchern ist einfach wie Goethe ein Denkmal, vor dem man sich verneigen kann, wenn man zur Verehrung neigt. Will man sich schnell und effizient über Kostenrechnung informieren, greife man zu Haberstock Band 1 und 2.
Wen verehrt man im Controlling, wen liest man ?
Wen verehrt man in der Informatik, wen liest man ?

Balzert 1990
Balzert, Helmut, Hrsg.
CASE
Systeme und Werkzeuge
BI Wissenschaftsverlag
2. Aufl. , Mannheim 1990

Bäurle 1993
Bäurle, Robert
The Big Easy ?
Datenbanken für Windows
PC Professionell
April 1993, S.152-235

Berekoven 1985
Berekoven, Ludwig
Internationales Marketing
Verlag Neue Wirtschafts-Briefe (NWB)
Herne/Berlin, 2. Aufl., 1985

Bleimann 1990
Bleimann, Udo
Dippel, Dieter
Turetschek, Günter
Wente, Klaus w.
Betriebsinformatik
Hanser 1990

Bullinger 1993
Bullinger, Hans-Jörg (Hrsg.)
Knoll, Peter; Niemeier, Joachim
Führungsinformationssysteme (FIS)
- Ergebnisse einer Anwender- und Marktstudie -
FBO-Verlag, Baden-Baden, 1993

Date 1986
Date, C. J.
An Introduction to Database Systems,
Vol. I
Fourth Edition, Reading/Mass.
Addison-Wesley, 1986

Dickschus 1989
Dickschus, Arthur
PC-Wissen - leichtverständlich
Markt & Technik Verlag
Haar bei München, 1989

Fritz 1993
Fritz, Burkhard
Controlling-Anforderungen an ein Führungsinformationssystem
Einführungsprozeß und Auswahlkriterien
in
Controlling Heft 6, November/Dezember 1993, S. 328-339

Fuchs/Besier 1992
Personalentwicklung mit Perspektive
Querdenker statt Aufsteiger
in
Fuchs, Jürgen, Hrsg.
Das biokybernetische Modell
Unternehmen als Organismen
S. 181 f
Gabler,1992

Hansen 1981
Hansen, Hans Robert
Wirtschaftsinformatik I
Einführung in die
betriebliche Datenverarbeitung
Uni-Taschenbücher
Gustav Fischer Verlag
3. Auflage, 1981

Harlessem 1994
von Harelssem, Marcus
Klahold, André
Stocksiefen, Frank
Windows-Datenbanken
Vergleichstest: Access - Approach - Foxpro - Paradox
in Chip Nr. 2 - Februar 1994

Harms 1992
Harms, Holger
Dohle Handelsgruppe
Berichtssysteme am Beispiel TZ - Info
Präsentation auf der
AK-Controlling-Tagung Nr. 2 des
Fachbereichs Wirtschaft der
FH Dortmund, 1992

Horváth/Petsch/Weihe 1986
Horváth, Peter
Petsch, Manfred
Weihe, Michael
Standard-Anwendungssoftware für das Rechnungswesen
Verlag Vahlen
2. Auflage, 1986

immer noch vorbildlich für eine systematische Softwareauswahl

ISIS PC Report
ISIS PC Report
Software für Personal Computer & PC-Netzwerke
Band 1 Register 1-4
Band 2 Register 5-8
Nomina, Gesellschaft für Wirtschafts- und Verwaltungsregister mbH
80 686 München, Hansastraße 28
Tel 089 57831-0, Fax 089 57831-111

ISIS Unix Report
ISIS Unix Report
Software für Unix-Systeme
Band 1 Register 1-4
Band 2 Register 5-8
Nomina, Gesellschaft für Wirtschafts- und Verwaltungsregister mbH
80 686 München, Hansastraße 28
Tel 089 57831-0, Fax 089 57831-111

Jung/Kleine 1993
Jung, Rüdiger H.
Kleine, Meinolf
Management
Personen - Strukturen - Funktionen - Instrumente
Hanser Verlag, 1993

Kähler 1990 SQL
Kähler, Wolf-Michael
SQL - Bearbeitung relationaler Datenbanken
Vieweg, 1990

Kähler 1990 dbase
Kähler, Wolf-Michael
dbase IV
2. Auflage, Vieweg, 1990

Kargl 1993
Kargl, Herbert
Controlling im DV-Bereich
Oldenbourg Verlag, 1993

Kienbaum 1989
Kienbaum Unternehmensberatung GmbH
PC-gestützte Chefinformationssysteme
Produkte, Anwendererfahrungen, Realisierungswege
1989

Klenger/Schmidt 1992
Klenger, Franz
Schmidt, Markus
Business-Graphik für Controller
Ein Produktvergleich
Controlling 6/1992, S. 342-347

Klenger 1993
Klenger, Franz
Controller und Case ?
Kostenrechnungspraxis 1/93, S. 33-38

Klenger 1994
Klenger, Franz
Operatives Controlling
Oldenbourg Verlag
3. Aufl., 1994

Klenger DV 1994
Klenger, Franz
DV für Controller
Oldenbourg Verlag
1994

Koop 1991
Koop, Fritz
Relationales Modell und SQL
Eine Fallstudie
Diplomarbeit
FH Dortmund
Fachbereich Wirtschaft
1991

Kracke 1993
Kracke, Ulrich, Hersg.
Datenbank-Management
Loseblatt-Sammlung, 2 Bände
Weka Verlag 1993

Kupper 1988
Kupper, Hubert
Zur Kunst der Projektsteuerung
Qualifikation und Aufgaben eines Projektleiters
bei DV-Anwendungsentwicklungen
Oldenbourg, 1988

Page-Jones 1991
Page-Jones, Meilir
Praktisches DV-Projektmanagement
Hanser, 1991
(amerikanisch-weitschweifig: ...as Joe told me yersterday...)

Mennenöh 1992
Mennenöh, Hartwig
DV-Arbeitsplatz für Controller
Arbeitskreis Controlling
Fachbereich Wirtschaft
FH Dortmund
unveröffentlichtes Arbeitspapier
1992

Mertens 1 1991
Mertens, Peter
Integrierte Informationsverarbeitung 1
Administrations- und Dispositionssysteme in der Industrie
Gabler Verlag, 8. Aufl., 1991

Mertens 2 1991
Mertens, Peter
Integrierte Informationsverarbeitung 2
Planungs- und Kontrollsysteme in der Industrie
Gabler Verlag, 6. Aufl., 1991

Mertens/Holzner 1992
Mertens, Peter
Holzner, Jochen
WI - State of the Art
Eine Gegenüberstellung von Integrationsansätzen der Wirtschaftinformatik
Wirtschaftsinformatik, 34. Jahrgang, heft 1, Februar 1992

Peters 1987
Peters, Lawrence
Advanced Structured Analysis and Design
Prentice Hall, 1987

Plötzeneder 1980
Plötzeneder, Hans D.
Wirtschaftsinformatik III
EDV-Anwendungen
Uni-Taschenbücher
Gustav Fischer Verlag, 1980

Pratt/Adamski 1987
Pratt, Philip J.
Adamski, Joseph J.
Database Systems Management and Design
Boston, 1987

Vergleich zwischen den Datenbankmodellen (hierarchisch, Netzwerk, relational, invertierte Dateien) an Hand eines durchgängigen Beispiels (Auftragsbearbeitung) (gut lesbar, allerdings in Englisch)

Rauh 1990
Rauh, Otto
Informationsmanagement
im Industriebetrieb
Verlag Neue Wirtschafts-Briefe, Herne, Berlin 1990

Der zur Zeit beste Management-overview. Top-down, aber ohne die üblichen Leerformeln wie "das Informationsproblem muß gelöst werden". Die Strukturierung mit hinreichenden Tiefgang, die sich ein Betriebswirt immer gewünscht hat.

Reichmann Sema 1993
Reichmann, Thomas, Hrsg.
DV-Gestütztes Unternehmens-Controlling
In Zusammenarbeit mit Sema Group
Vahlen Verlag, 1993

Reusch/Wintraecken 1990
Reusch, Peter J. A.
Wintraecken, J.-J.
Systemanalyse und Systemspezifikation
BI Wissenschaftsverlag, Mannheim, 1990

Reusch 1991
Reusch, Peter J. A.
Visual Cobol
Wuth-Verlag, Lünen, 1991

SC
Spreadsheet Connector
Sinper Corporation
Management Informations Systeme
M. I. S. GmbH
Bunsenstraße 22
Darmstadt

Scheer 1985
Scheer, August-Wilhelm
EDV-orientierte Betriebswirtschaftslehre
Springer-Verlag, Berlin, Heidelberg,
2. Auflage, 1985

Scheer 1990 BW
Scheer, August-Wilhelm
EDV-orientierte Betriebswirtschaftslehre
Springer-Verlag, Berlin, Heidelberg,
4. Auflage, 1990

Scheer 1990 WI
Scheer, A. W.
Wirtschaftsinformatik
Informationssysteme im Industriebetrieb
Springer
3. Auflage, 1990

Die "Bibel" für das relationale Modell. Flächendeckend für das gesamte Unternehmen dargestellt (in der Tradition der "Gesamt-Total-Modelle"). Schwerpunkt beim PPS-System. Ein Klassiker. Inzwischen auch in 4. Auflage.

Scheer 1991
Scheer, August-Wilhelm
unter Mitarbeit von Chr. Kruse, j. Michely, M. Zell
Wirtschaftsinformatik
Übungsbuch
Springer-Verlag, Berlin, Heidelberg,
1991

Schwarze 1991
Schwarze, Jochen
Einführung in die Wirtschaftsinformatik
Verlag Neue Wirtschaftsabriefe,
2. Aufl., 1991

Stahlknecht 1989
Stahlknecht, Peter
Einführung in die Wirtschaftsinformatik
Springer-Verlag, Berlin, Heidelberg,
4. Aufl. 1989

Hat in jeweils neuester Auflage (nichts ist so vergänglich wie die DV-Literatur) einen systematischen Überblick über die aktuellsten Stichwörter.

Steinbuch 1986
Steinbuch, Pitter A.
Betriebliche Datenverarbeitung
Kiehl Verlag, Ludwigshafen, 3. Auflage, 1986

tz-info 1990
tz-info
Das Management-Informations-System
Gesellschaft für Management und Informatik mbH, Konstanz
(MIK)

Wiborny 1991
Wiborny, Werner
Datenmodellierung, Case-Management
Addison-Wesley, Bonn, München, 1991

Wittlage 1980
Wittlage, Helmut,
Methoden praktischer Organisationsarbeit
Verlag NWB, Herne, Berlin, 1980

Wittlage 1984
Unternehmensorganisation
Einführung und Grundlegung mit Fallstudien
Verlag NWB, Herne, Berlin, 3. Aufl., 1984

Enthält hervorragende Kurzfallstudien mit Lösungen hauptsächlich für die Aufbau- aber auch für die Ablauforganisation. Bei der Ablauforganisation werden eher die traditionellen Methoden der Organisationsarbeit dargestellt.

Wittlage 1984 a
Wittlage, Helmut
Fallstudien mit Lösungen zur Organisation
Verlag NWB, Herne, Berlin, 1984

www.ingramcontent.com/pod-product-compliance
Lightning Source LLC
LaVergne TN
LVHW081356011026
849161LV00013BA/2832

* 9 7 8 3 4 8 6 2 2 5 2 5 9 *